国家社会科学基金重点项目
中国历史研究院重大学术项目
国家出版基金资助项目

总主编 李国荣 鱼宏亮
副总主编 王澈 杨海英 伍媛媛 李华川

明清宫藏丝绸之路档案图典 3

中国第一历史档案馆 中国历史研究院 ◎ 编著

沙漠之路卷

国家出版基金项目
NATIONAL PUBLICATION FOUNDATION

国家图书馆出版社

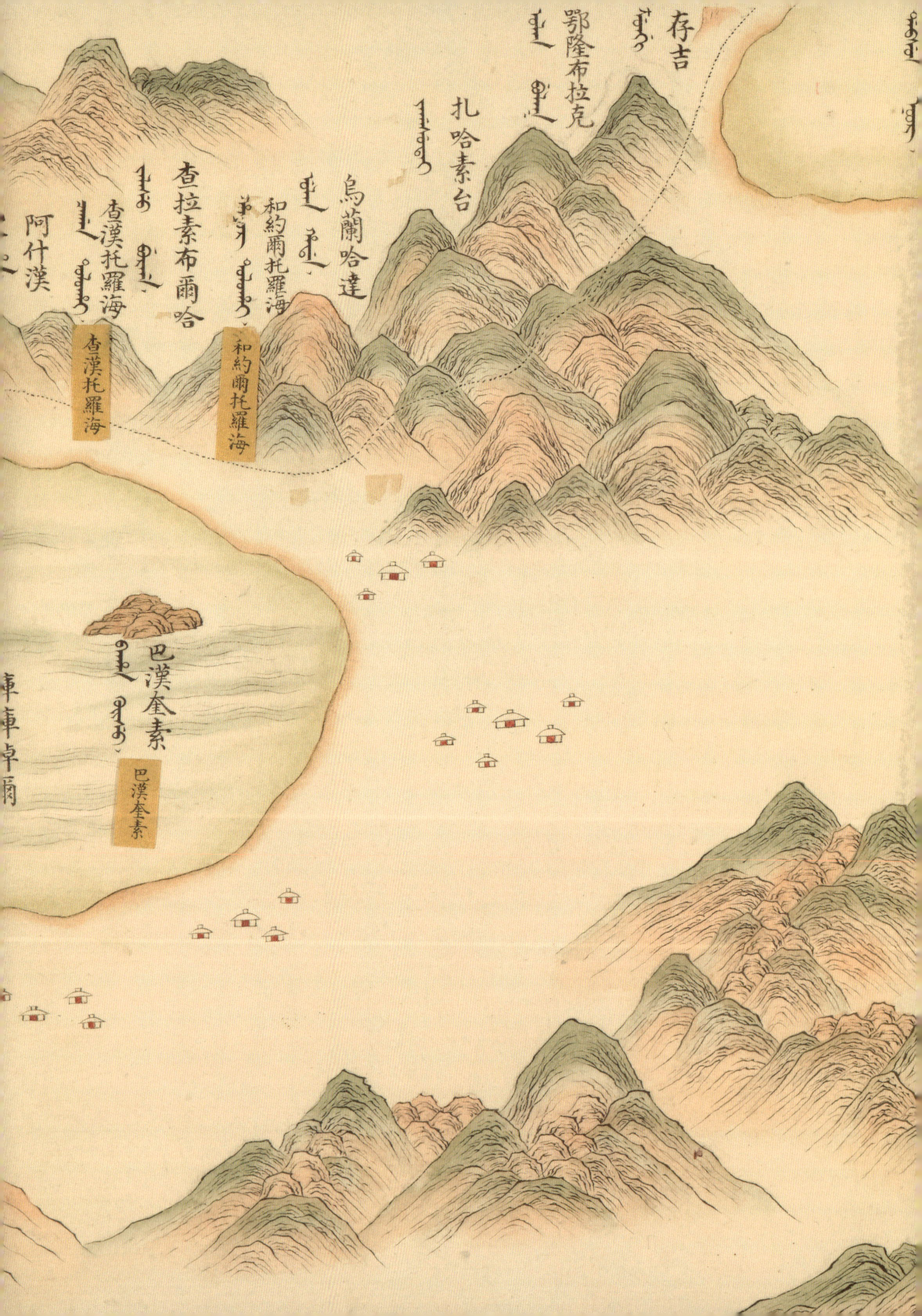
存吉
鄂隆布拉克
扎哈素台
烏蘭哈達
和約爾托羅海
查拉素布爾哈
查漢托羅海
阿什漢
查漢托羅海
和約爾托羅海
巴漢奎素
巴漢奎素

達布遜淖爾
珂爾
約呼賴郭勃
羅薩渾彩
昆却洛
阿爾哈林台
博洛托羅海
阿巴海布拉克
沙拉庫圖爾
哈拉烏素
珂爾
約呼賴郭勃
羅薩渾釆
昆却洛
阿爾哈林台
搽洛托羅海
阿巴亥布拉克
沙拉庫圖爾
哈拉烏素

《明清宫藏丝绸之路档案图典》
编纂委员会

主　任

高　翔　中国社会科学院副院长、党组副书记（正部长级）
　　　　中国历史研究院院长、研究员
孙森林　中国第一历史档案馆馆长、研究馆员

副主任

李国荣　中国第一历史档案馆副馆长、研究馆员
李国强　中国历史研究院副院长、研究员
卜宪群　中国历史研究院古代史所所长、研究员

总主编

李国荣　鱼宏亮

副总主编

王　澈　伍媛媛　杨海英　李华川

档案统筹

王　征

陆上丝绸之路编主编

王　澈　杨海英

海上丝绸之路编主编

伍媛媛　李华川

核心作者

过江之路卷　王　澈　杨海英
高山之路卷　吴剑锋　石竞琳　徐到稳
沙漠之路卷　郭　琪　吴四伍
草原之路卷　王　征　鱼宏亮
东洋之路卷　刘文华　李立民
南洋之路卷　刘文华　解　扬
西洋之路卷　伍媛媛　李华川　李　娜
美洲之路卷　朱琼臻　王士皓
地 图 提 要　孙靖国

明清时期的中国与世界

新解 15—19 世纪丝绸之路的八条线路

李国荣

丝绸之路是中国古代东西方著名的商贸通道，是沟通中外经济文化的重要桥梁。所谓明清宫藏丝绸之路档案，是指中国第一历史档案馆（以下简称“一史馆”）所藏明清时期中央政府档案中反映 15—19 世纪中国与世界各国通过海上航线、陆上交通进行经济文化交流的档案文献。明清两朝宫藏档案涉及53个国家，有汉、满、蒙古、藏、日、俄、英、法、德等各种中外文字，其中具有丝绸之路涵义的有关中外经济文化交往的档案 7 万余件。这些宫藏档案，从王朝角度记载了明清时期的中国与世界各国交往的历史详情，既具有中央政府的权威性，又具有原始文献的可靠性，同时也具有档案独存与价值独特的唯一性，是全面研究明清时期丝绸之路实况最为翔实的珍贵文献。对明清宫藏丝绸之路档案进行系统整理研究，具有重要的现实意义和特殊的学术价值。

一、明清宫藏丝绸之路档案整理研究的历史背景

明清时期的丝绸之路，是中国古代对外商贸文化交流的特殊形态。对明清宫藏丝绸之路档案的整理与研究，有着特定的历史背景。

一是时代背景。2013 年，国家主席习近平借用中国古代“丝绸之路”的概念，提出建设“新丝绸之路经济带”和“21 世纪海上丝绸之路”的合作倡议。这是关乎国家战略发展和人类命运共同体构建的宏远谋略，也是对社会科学工作者提出的重大命题。

二是学术背景。长期以来，学界丝绸之路研究成果甚为丰厚，但明清时期丝绸之路研究一直略显薄弱。这主要表现在：第一，谈起丝绸之路，往往认为主要存在于汉唐时期，将丝绸之路固化为中古以前的历史名片，明清时期的丝绸之路被严重弱化，甚至不认可近代中国丝绸之路的存在。第二，学界对出新疆而西行的陆上丝绸之路和出南海而西行的海上丝绸之路这两条经典线路的研究较为丰富，对其他线路的研究还不够充分，相对而言成果较少。第三，对明清时期丝路文献的挖掘，以往关注和利用的主要是地方性档案和民间文献，存在着地域性、分散性的特点，对明清中央政府这一最具权威性、系统性的档案文献却没有给予足够的利用与研究，从王朝视角和国家层面来透析明清时期丝绸之路还远远不够。整体看来，对明清时期丝绸之路个案化、碎片化和局部的研究比较多，系统的、整体的研究

还远未形成，而这恰恰有赖于明清宫藏丝绸之路档案的深层挖掘。

三是文献背景。2016年，一史馆与中国社会科学院历史研究所合作，正式启动“明清时期丝绸之路档案编研出版工程”。2019年，“明清宫藏丝绸之路档案整理与研究”列为国家社科基金重点项目，同时列为中国历史研究院重大学术项目。该课题项目成果主要包括：其一，在档案整理方面，对一史馆所藏明清丝绸之路档案进行系统化的全面梳理，建立明清宫藏丝绸之路档案专题数据库。其二，在编纂出版方面，精心组织、系统编纂《明清宫藏丝绸之路档案图典》，陆上丝绸之路四卷，海上丝绸之路四卷，由国家图书馆出版社出版。其三，在学术交流方面，一史馆与中国历史研究院自2016年开始，每年联合主办一次“一带一路”文献与历史研讨会，截至2020年已举办五次，这一研讨机制将继续推进下去。其四，在成果推介方面，核心期刊《历史档案》自2019年第1期起开设《明清丝路》专栏，持续刊发课题组系列研究成果。其五，在学术著述方面，一史馆与中国历史研究院的专家学者联合编写《明清宫藏丝绸之路档案研究》专著。明清时期丝绸之路档案的珍贵价值和独特作用越来越得以彰显。

二、明清宫藏档案中的陆上丝绸之路

陆上丝绸之路，传统意义上讲，是古代横贯亚洲连接欧亚大陆的商贸要道。它起源于西汉时期汉武帝派张骞出使西域，开辟了以都城长安（西安）为起点，经中亚、西亚，并连接地中海各国的陆上交通线路。这条通道被认为是古代东西方文明的交汇之路，而中国出产的丝绸则是最具代表性的货物，因此自19世纪末，西方学者开始称之为“丝绸之路”，作为一个专用概念，被广泛认可使用，产生了世界性的影响。一史馆档案揭示，明清时期的陆上丝绸之路并不仅仅是传统的自新疆西行亚欧的一条线路，而是分为四条线路，即东向过江之路、南向高山之路、西向沙漠之路、北向草原之路。

1. 陆上东向过江之路。这条线路主要是指横跨鸭绿江与朝鲜半岛的经济文化交流。中朝两国在地域上唇齿相依，隔江相望。明清时期，朝鲜是东亚地区与中国关系最为密切的藩属国，不仅有相沿成例的朝贡道路，也有定期开市的边境贸易。明崇祯四年（1631）正月初三日的礼部题稿非常明确地记载，从京师经辽阳东行再渡鸭绿江陆路至朝鲜的贡道。清乾隆九年（1744）四月二十三日户部尚书海望呈报中江地区朝鲜贸易纳税情形的奏折，则详细记载了朝鲜在中江采购的物品种类包括绸缎、丝帛、灰貂、棉花、毡帽等等，且有“在边门置买货物”“朝鲜人等不纳税课”的特殊优惠规定。这件奏折还记载了朝鲜为请领时宪书（当时的年历）而派遣使者的情况。又如，道光二十一年（1841）十月十五日礼部尚书色克精额的题本，反映了清政府对会宁、庆源边境贸易的管理，其中详细开列了兽类毛皮贸易的准许清单，“凡貉、獾、骚鼠、鹿、狗等皮，准其市易；貂皮、水獭、猞猁狲、江獭等皮，不准市易”。

2. 陆上南向高山之路。这条线路主要是从四川、云南、西藏等地出发，到达东南亚、南亚地区的经济文化交流，其中与安南、缅甸、印度、廓尔喀等国交流比较频繁。例一，乾隆五十七年（1792）十二月初一日，大将军福康安等大臣有一件联衔奏折，内容是与廓尔喀商议在西藏地区进行贸易通商之事，其中记载了清政府确定的对廓尔喀贸易基本原则：第一，允准贸易。“廓

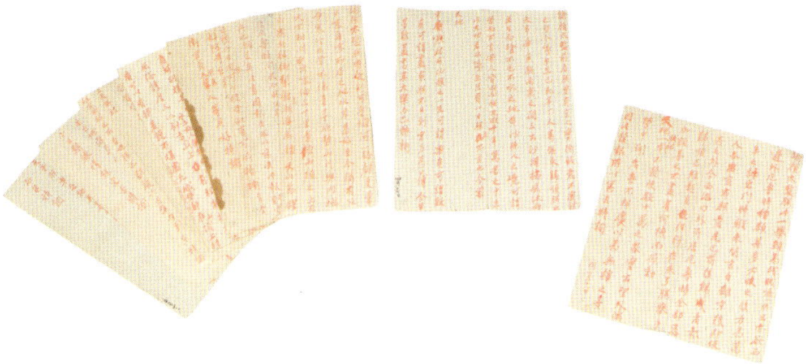

尔喀业经归命投诚，准其仍通买卖。”第二，官府统办。“所有贸易等事，竟应官为办理，不准噶布伦等私自讲说。”第三，确保公平。“一岁中酌定两次四次，予以限制。驻藏大臣仍不时稽查，亲加督察该处银钱，亦可公平定价，不致再有争执。”例二，乾隆五十八年（1793）八月初二日，署理两广总督郭世勋上奏说，安南除在原定通商贸易章程中规定的高平镇牧马庯和谅山镇驱驴庯设立市场之外，又在谅山镇花山地方设立市场。经查，花山地方确实交通便利，且人口稠密，利于双方贸易。郭世勋的奏折认为，安南“因地制宜”添设花山地方市场确是可取，并提议在贸易章程中正式添设花山地方市场。可见，清代中越边境贸易是十分频繁的。例三，光绪三十一年（1905）十二月，署理两江总督周馥向外务部递送咨呈，主要陈述了南方诸省种植的本土茶叶受到从锡兰、印度进口茶叶的冲击，将会导致茶商破产、茶户改种、本土茶叶被排挤出市场。经派员到锡兰、印度对英国人种植茶叶的方法进行考察，发现“我国茶叶，墨守旧法，厂号奇零，商情涣散，又好作伪，掺杂不纯”，如此局面必无法与进口的锡兰、印度茶叶相抗衡。同时还提出了“设机器厂，立大小公司”等应对措施。这里提出了如何在对外贸易中保护和改进民族产业的问题。

3. 陆上西向沙漠之路。这条线路是传统意义上丝绸之路的延续，它在漫长的中外交往史上发挥了巨大作用。自汉代通西域以后，中原与西北边疆的经济文化交流一直存在。唐中期以后，海上丝绸之路兴起，宋明两朝更因为不能有效掌控西域，西北的中外官方交往受到很大限制，因此学界对这条丝路的研究也往往详于唐以前而略于后。但档案揭示，在明清时期，漫漫黄沙铺出的丝绸之路一直十分活跃。明朝档案中，有一件崇祯十年（1637）八月初五日关于张家口开市买马及闭市日期的揭帖，记载了钦差御马监太监到张家口开市买马，闭市后与各部头领盟誓，“永开马市，以为彼此长久之利”，并以茶布等物品对各部头目进行犒赏。有清一代，尤其是乾隆二十二年（1757）彻底平定西北边陲后，逐步恢复西部贸易，中亚许多与新疆接壤的国家开始与清政府建立往来，并派出使者前往北京。乾隆二十七年（1762），爱乌罕（今阿富汗）汗爱哈默特沙遣使进京朝觐乾隆帝，沿途受到各地督抚的热情接待，而乾隆帝在接见使者时，得知爱哈默特沙抱恙在身，还特意赏赐药品及药方。正是在这种积极友善的氛围中，清政府与中亚诸国的来往呈现出良性化的态势，这条古老的丝绸之路再次焕发出勃勃生机。从清代档案可以看到，清政府长期从江南调集丝绸布匹经陕甘运至新疆地区，用来交换马匹等物，当时新疆地区主要的通商地点在塔尔巴哈台、喀什噶尔、库伦、伊犁等地，贸易对象除了当地部落，还有哈萨克、俄罗斯、浩罕等国。乾隆二十二年（1757）十一月二十八日，陕甘总督黄廷桂上奏朝廷说，哈萨克等地“为产马之区，则收换马匹，亦可以补内地调拨缺额”。由此可知，乾隆朝恢复西部贸易，一个重要目的是要获取哈萨克等地的马匹。乾隆二十四年（1759）十一月十一日，驻乌鲁木齐办事三等侍卫永德的满文奏折，主要内容就是呈报与哈萨克交换马匹及所用银两数目的详情。清政府与哈萨克贸易中，十分注意哈方贸易需求，如在绸缎的颜色方面，哈萨克人喜欢青、蓝、大红、酱色和古铜、茶色等，乾隆帝谕令贸易缎匹“悉照所开颜色办解”。档案还记载，乾隆四十三年（1778），理藩院侍郎索琳作为钦差前往库伦办理与“鄂啰斯”商人交易事宜，面对俄罗斯商人改变贸易地点和减少交税等情况，钦差大臣索琳草率下令关闭栅门断绝贸易。乾隆帝对索琳擅自做主关闭中俄贸易通道很是愤怒，当即将其革职。可见，乾隆帝对中俄贸易还是很看重的。在这期间，西北边陲的民间经济文化交流也很频繁，从清廷屡次颁布严查私自买卖玉石、马匹、茶叶等货物的谕令中，可看出民间商贸活动是广泛存在的。

4. 陆上北向草原之路。这条线路主要是由内地经漠北蒙古草原、中亚草原与俄罗斯等国的经济文化交流。在清代，俄皇多次派遣使团来华商谈贸易事宜。康熙时期，清政府在北京专门设立俄罗斯馆，以安置俄国使团和商队。雍正年间，还曾派出官方使团参加俄皇即位典礼。由于清朝分别在康熙和雍正年间与俄罗斯签订了划界及贸易条约，尼布楚、恰克图、库伦等地获得了合法的贸易地位，传统的草原丝绸之路进入了鼎盛时代。现存档案中有一件康熙三十八年（1699）正月十二日俄罗斯的来文档，是俄国西伯利亚事务衙门秘书长致送清朝大臣索额图的咨文，其内容就是奉俄皇旨令派遣商帮至北京贸易，“请予以优待”。康熙五十八年（1719）十一月三十日，俄国西伯利亚总督切尔卡斯基致函清廷说：俄国皇帝已得悉若干俄国商人在贵国经商确有某种越轨举动，嗣后俄商一概不容有任何损害中国政府之行为，如有任何俄国属民为非作歹，定予惩处。同时，恳请允准派往商队，照旧放行，允其进入内地直至北京。这类有关日常贸易纠纷的档案内容，说明中俄贸易已经呈现常态化，也从一个侧面反映了当时中俄贸易的广度和深度。一史馆现存的俄商来华贸易执照、运货三联执照、货物估价清册、进出口货物价值清单等档案，更详尽反映了中俄贸易的规模和内容。

三、明清宫藏档案中的海上丝绸之路

海上丝绸之路，一般说来是指从南海穿越印度洋，抵达东非，直至欧洲的航线，是古代中国与外国交通贸易和文化交往的海上通道。该路以南海为中心，所以又称“南海丝绸之路”。因海上船运大量陶瓷和香料，也称“海上陶瓷之路”或“海上香料之路”。海上丝绸之路的起点主要是广州和泉州，历史上也曾一度被称为“广州通海夷道”。一史馆档案揭示，明清时期的海上丝绸之路并不仅仅是传统的自南海下西洋的一条线，而是分为东洋、南洋、西洋、美洲四个方向。

1. 海上东洋之路。这条线路主要是与东亚各国之间的经济文化交流。东亚是明清时期朝贡体系的核心地区，自明初开始，朝鲜、琉球与中国延续了长达五百余年的宗藩关系及朝贡贸易。日本虽游离于朝贡体系边缘，但与中国也一直保持着密切的贸易往来。一史馆所藏档案中有一幅彩绘地图，墨笔竖书《山东至朝鲜运粮图》。经考证，这是康熙三十七年（1698）十二月十五日侍郎陶岱进呈的，是一幅从山东向朝鲜运送赈济粮米的地图。当时朝鲜连年饥荒，此图应是在运送赈济粮米到朝鲜后，为向朝廷呈报情况而绘制的。该图所示船只，从山东沿着海路将粮米运到鸭绿江，再转运上岸，是清代北洋海域海上交通的鲜活例证。康雍乾年间，清廷曾一直鼓励商船前往日本购运洋铜，中日间的海上贸易迅猛增长。雍正九年（1731）三月初三日江苏巡抚尹继善有一件奏折，请求派员前往日本采办洋铜，其中谈到“采办洋铜商船入洋，或遇风信不便，迟速未可预定”。尹继善同时奏报朝廷，正与各省督抚广咨博访，细心筹划，“通计各省需办之铜”。由此可见，前往日本采购洋铜的数量不在少数。档案记载，明清时期北京的国子监专门设有琉球官学，琉球国中山王“遣官生入监读书”，乘船到闽，然后登陆北上京师。琉球国派遣官生留学，在明清两朝一直没有间断，这反映了明清时期海上丝绸之路文化交流的一个侧面。

2. 海上南洋之路。这条线路主要是与菲律宾、印度尼西亚、澳大利亚、新西兰等南洋国家的经济文化交流，以朝贡、贸易、派驻领事与商务考察等事务居多。东南亚各国是明清朝贡体系的重要组成部分，自明初以来，东南亚各国逐渐建立了对中国的朝贡关系。菲律宾古称苏禄，明清时期朝贡商贸往来一直不断，雍正十三年（1735）九月初六日福建水师提督王郡的奏折，向朝廷具体呈报苏禄国吕宋各处到厦门贸易的船只数目。乾隆二十六年（1761）十一月初一日福州将军社图肯的奏折报告说，苏禄国番目吧啰绞缎来厦，呈请在贡期内所携带货物可否照例免税，得到乾隆帝允准。清政府一直鼓励沿海福建、广东等省从暹罗、安南等东南亚国家进口稻米，以纾解粮食压力。乾隆八年（1743）九月初五日，乾隆帝传谕闽粤督抚，“米粮为民食根本”，外洋商人凡船载米粮者，概行蠲免关税，其他货物则照常征收。光绪中期以后，在驻外使臣和地方督抚的奏请之下，清政府对南洋地区事务日益重视，先后选派官员前往考查商民情形。光绪十三年（1887）十月二十四日两广总督张之洞的奏折，就是呈报派遣官员前往南洋访查华民商务情形。从这份档案来看，调查殊为细致，认为小吕宋（马尼拉）华人五万余人，“贸易最盛，受害亦最深”，“非设总领事不可”；槟榔屿则“宜添设副领事一员”；仰光自英据之后，“为中国隐患”，“宜设置副领事”；苏门答腊华民七万余人，“宜设总领事”等。光绪时期的外务部档案还记载，清政府在澳洲设总领事馆，梁澜勋任总领事；在新西兰设领事馆，黄荣良为领事。由此，晚清政府在南洋各处先后设立了领事机构，处理侨民事务，呈递商务报告。清廷也多次派遣官员随舰船前往东南亚游历考察，光绪三十三年（1907）七月初三日直隶总督袁世凯的奏折，便是奏报派舰船前往南洋各埠巡视，当地侨民“睹中国兵舰之南来”，“欢声雷动”。一史馆档案中，还有《东洋南洋海道图》和《西南洋各番针路方向图》，是清政府与东南亚各国交往而绘制的海道图，图中绘有中国沿海各口岸通往日本、越南、柬埔寨、文莱、印尼、菲律宾等国的航线、针路和需要的时间，并用文字说明当地的物产资源，是南洋区域海上丝绸之路的鲜活体现。

3. 海上西洋之路。这条线路是传统的海上丝绸之路，主要是中国与西亚、非洲、欧洲通过海路的经济文化交流。明清时期，随着西方大国新

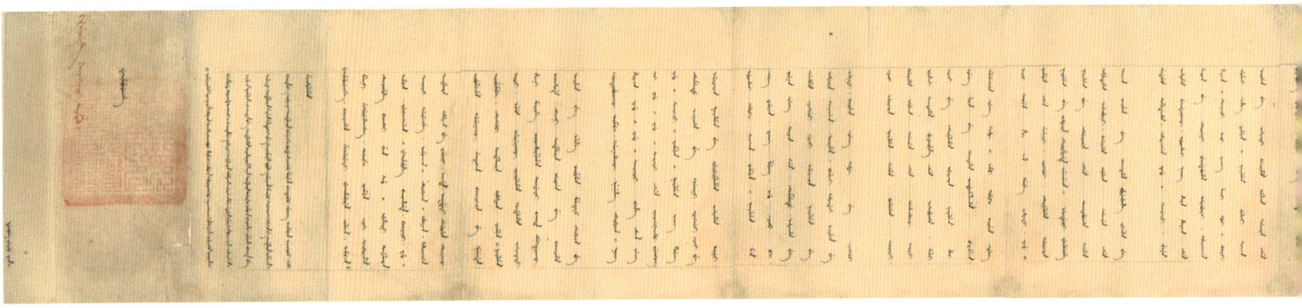

航路的开辟与地理大发现，以及借助于工业革命的技术成果，海上丝绸之路已由区域性的海上通道延伸为全球性的贸易网络。永乐三年（1405）到宣德八年（1433）间，郑和船队七下西洋，遍访亚非30多个国家，是中国古代规模最为宏大、路线最为长远的远洋航行，是海上丝绸之路在那个时代一个全程式的验证活动，也是海上丝绸之路发展史上的一次壮举。一史馆所藏明代《武职选簿》，就记载了跟随郑和下西洋船队中的随从水手等人物的情况。清初实行海禁，康熙二十三年（1684）七月十一日的《起居注册》记载，康熙帝召集朝臣商议解除海禁。次年，清政府在东南沿海创立粤海关、闽海关、浙海关、江海关四大海关，正式实行开海通商政策。由此，清代的中国通过海路与英国、法国、德国、意大利、比利时、瑞典等国的经济文化交流日益频繁。于是，法国的“安菲特里特号”商船、瑞典“哥德堡号”商船、英国马嘎尔尼使团纷纷起航来华。对西洋的科技、医药及奇异洋货等，康熙、雍正、乾隆几个皇帝都是极感兴趣。在康熙五十七年（1718）七月二十七日两广总督杨琳的奏折上，康熙帝御批：“西洋来人内，若有各样学问或行医者，必着速送至京城”，并下令为内廷采购奇异洋货“不必惜费”。大批在天文、医学、绘画等领域学有专长的传教士进入皇宫，包括意大利画家郎世宁、德国天文学家戴进贤、主持建造圆明园大水法殿的法国建筑学家蒋友仁等等。值得一提的是，乾隆二十九年（1764），清宫西洋画师郎世宁等绘制《平定西域战图》，次年海运发往西洋制作铜版画，历经种种波折，在12年后由法国承做的铜版画终于送到乾隆帝眼前，这是海上丝绸之路演绎的一起十分典型的中西文化交汇佳话。档案中还有大量外国商船和贡船遇难救助的记载，如乾隆二十六年（1761）九月十五日广东巡抚托恩多的奏折反映，瑞典商船遭风货沉，水手遇难，请求按照惯例抚恤救助。这说明清政府已经形成了一套有关维护海上贸易秩序的措施与政策。

4. 海上美洲之路。这是海上丝绸之路最远的线路，其航线最初是从北美绕非洲好望角到印度洋，再过马六甲海峡驶往中国广州，后来也通过直航太平洋经苏门答腊到广州。明万历元年（1573），两艘载着中国丝绸和瓷器的货船由马尼拉抵达墨西哥的阿卡普尔科港，这标志着中国和美洲贸易的正式开始。从此之后的200多年，以菲律宾为中转的“大帆船贸易”是中国和美洲之间最重要的贸易通道。清乾隆四十九年（1784），美国“中国皇后号”商船首航中国，驶入广州黄埔港，船上装载的西洋参、皮货、胡椒、棉花等货物全部售出，然后购得大量中国茶叶、瓷器和丝绸等商品。次年，“中国皇后号”回到美国时，所载中国商品很快被抢购一空。中美航线的直接

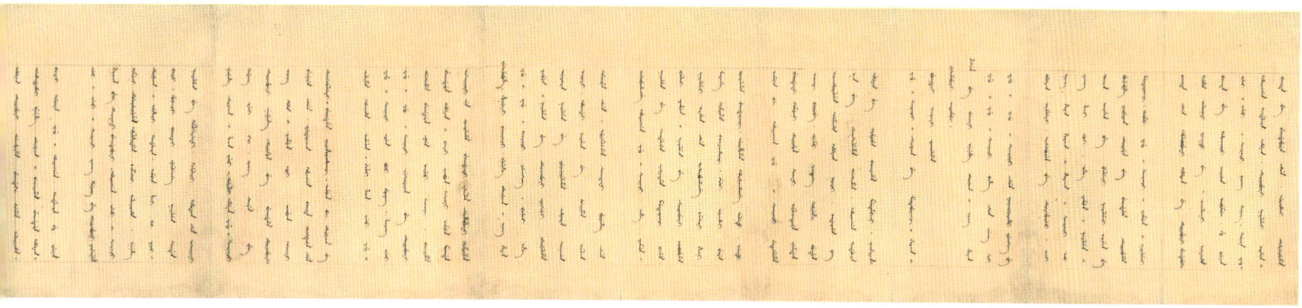

开通，开辟了中美间互易有无之门，促使中美之间的贸易迅速发展。道光二十三年（1843）闰七月十二日两江总督耆英等人的联衔奏折记载，“各国来粤贸易船只，惟英吉利及其所属之港脚为最多，其次则米利坚（美国），几与相埒”。这说明对华贸易，在当时美国仅次于英国。在美洲的开发和经济发展中，华侨及华工也做出了贡献。道光二十八年（1848）美国加利福尼亚州发现金矿，急需大量劳动力进行开采，大批华侨及华工涌入美国，拉丁美洲国家也在华大量招工。光绪元年（1875）七月初十日李鸿章奏报说，华工像猪仔一样运送美洲，澳门等处就设有“猪仔馆”。光绪七年中国与巴西签订《和好通商条约》，第一条就约定“彼此皆可前往侨居”，“各获保护身家财产”，从而为巴西在华招工提供了合法性。除了经济上的贸易往来，中美在文化上也相互交流，清末的“庚款留学”即是其中之一。宣统元年（1909）至宣统三年（1911），清政府共派遣三批庚款留美学生，为近代中国培养了一大批著名人才。从宫藏赴美留学生名录可以看到，后来成为清华大学终身校长的梅贻琦、中国现代物理学奠基者之一胡刚复、新文化运动倡导者胡适等均在其列。

四、明清宫藏丝绸之路档案的重要价值和独特作用

明清宫藏丝绸之路档案的系统整理，从王朝政府和国家层面为丝绸之路研究提供了更为丰富、更加权威的文献基石。透过对明清宫藏档案的考察，将有助于我们匡正和重新认识明清时期丝绸之路的历史定位。

第一，丝绸之路在明清时期并没有中断，而是实实在在地一直在延续和伸展。我们注意到，国内外学界高度认可，丝绸之路是中华民族走向世界的标志，丝绸之路的起伏与中华民族的兴衰息息相关，丝绸之路把古代的中华文化与世界各个区域的特色文化联系起来，对促进东西方之间的交流发挥了极其重要的作用。然而，在较长一段时间内，学界对丝绸之路的研究主要停留在汉唐时期，明清时期的丝绸之路被严重忽视和扭曲，甚至不认可近代中国丝绸之路的存在。为什么明清时期的丝绸之路被淡化？原因大致有两个：一是，人们受到清朝闭关锁国的传统认知的影响，一度不认可近代中国丝绸之路的存在，乃至认为丝绸之路出现了历史空白期。有的学者即使承认明清时期还有丝绸之路，也感到那是穷途末路，无足轻重。由此，往往严重弱化了明清时期丝绸之路的历史作用。二是，近代以来西方列强大肆殖民侵略带来的新的世界贸易规则和秩序，与传统中国同远近邻邦的贸易交往活动有着

截然不同的内涵和影响，列强这种新的带有殖民色彩的贸易秩序逐渐推广的过程，也是传统中国互利贸易秩序被排挤并逐渐被遗忘的过程。通过挖掘与梳理，翔实的宫藏档案充分揭示，明清时期的丝绸之路并没有中断，而是一直延续下来，尽管不同时间段有起有伏。透过这些王朝档案和历史记忆，让我们听到了明清时代的陆上丝绸之路仍是驼铃声声，看到了明清时代的海上丝绸之路仍是帆影片片。

第二，明清时期的丝绸之路并不限于传统说法的两条经典之路，而是形成了纵横交错的诸多线路，就目前档案文献研究，至少可开列出八条线路。长期以来，提起丝绸之路，大多认为只是自新疆西行的陆上丝路和自南海下西洋的海上丝路。明清丝绸之路档案的挖掘，印证了明清丝绸之路不仅存在和延续，而且还有其自身特色，乃至构成了特定历史时期的丝绸之路网络。这就是远远不限于传统的简单的陆上一条路、海上一条线，而是随着古代科技的发展、轮船时代的到来，多线并举，展现的是明清时期中国与世界交往的大格局。应该看到，近代以来，虽然海洋远程贸易逐渐成为连接世界的主要形式，但以中国为中心的东亚地区依然活跃着通过陆上线路进行的外交与贸易活动，也就是说，在明清时期，海上丝绸之路与陆上丝绸之路一直是并行的，只是不同阶段各有侧重罢了。同时，中国传统朝贡体系中的朝鲜、琉球、越南等国，在晚清中国朝贡体系解体以前，依然保留着传统的朝贡贸易，这些藩属国的传统贡道与丝绸之路的某些线路也大多契合，是丝绸之路的特殊存在形式。传承至今的档案文献为我们铺陈了明清时期的丝路轮廓，那就是陆上丝绸之路和海上丝绸之路又各分为纵横交错的四个方向。明清时期海陆丝绸之路的八条线路，是基于一史馆所藏明清档案的挖掘而得出的丝路历史阐释，是古代丝绸之路在工业时代、轮船时代的扩展。这个丝路框架，基本涵盖了明清时期所有以中国为中心的贸易路线与贸易活动，是对丝绸之路历史尾声的一个新的解读，也将大大丰富和改变学界对丝绸之路的传统认知。

第三，明清宫藏丝绸之路档案勾勒了历史与现实相通的时空走廊，为“一带一路”国家倡议提供了重要的历史依据和文献支撑。通过对明清时期丝绸之路档案的考察，让我们大致还原了明清时期中国与世界的贸易联系，并加深了我们对这块古老大地上所发生的丰富多彩的人类交往活动的历史理解，这也正是这些珍贵档案的价值所在。我们从中看到明清时期丝绸之路的万千气象，那是古代丝绸之路的延伸，那是一个纵横交错的远程贸易圈，那是一个四通八达的中外交汇网。大量明清时期中国与丝绸之路沿线国家和地区进行经济文化交流的档案记载，充分说明了东西方交流是相互的这种双向性，阐释了明清时期丝绸之路的特殊存在形式及其重要的历史地位。从某种角度上讲，作为立意高远的“一带一路”倡议，与其时间距离最近、历史关联最直接的，就是明清时期的丝绸之路。通过对明清宫藏档案的历史价值和文化内涵的深入挖掘，进一步充实了“一带一路”倡议的历史文化内容。可以说，明清时期的丝绸之路构成了与当今“一带一路”框架相贯通契合的中外海陆交通脉络，明清宫藏丝绸之路档案是对“一带一路”倡议的历史诠释。

丝绸之路与世界贸易网络

鱼宏亮

16、17世纪起，中国历史就全面进入了世界历史研究的视野之中。17世纪德国数学家莱布尼茨（G. W. von Leibniz，1646—1716）在《中国近事》一书中说："在这本书中，我们将带给读者一份发回欧洲的有关最近中国政府允许传播基督教的报告。此外，本书还提供许多迄今为止鲜为人知的信息：关于欧洲科学的作用，关于中国人的习俗和道德观念，特别是中国皇帝本人的道德观念，以及关于中国同俄国之间的战争与媾和。"尽管莱布尼茨通过法国来华传教士白晋（Joachim Bouvet，1656—1730）等人获得了有关中国的第一手资料，但他的重点主要在中国的道德、礼仪、经典等方面。直到19世纪黑格尔《历史哲学》一书，才全面考察了中国历史与世界各民族历史的诸多同异与特性。黑格尔认为："历史必须从中华帝国说起。因为根据史书的记载，中国实在是最古老的国家，它的原则又具有那一种实体性，所以它既是最古老的、同时又是最新的帝国。中国很早就已经进展到它今日的情状。但是因为它客观的存在和主观运动之间仍然缺少一种对峙，所以无从发生变化，一种终古如此的固定的东西代替了一种真正的历史的东西。"黑格尔的历史哲学以人的绝对意志和人类精神的发展作为历史发展的标尺，在他的眼中，中国历史因为在宗教和精神方面受制于专制王权，所以是停滞的，没有历史的，也是封闭的："这个帝国早就吸引了欧洲人的注意，虽然他们所听到的一切都渺茫难凭。这个帝国自己产生出来，跟外界似乎毫无关系，这是永远令人惊异的。"黑格尔对中国历史进行过深入研究，对先秦到清代的礼制、皇权、地理、北方民族都有论述。在他的《历史哲学》体系中，中国占有重要的地位。黑格尔的《历史哲学》影响了以后一个多世纪欧洲历史学对中国的历史叙事。直到20世纪七八十年代，人们才重新开始从世界历史的角度来重新看待中国历史，尤其是明清时期中国与世界各地的贸易联系。

一

第二次世界大战以后，欧洲汉学开始明显分化，原来欧洲中心论的一系列理论和观点遭到质疑。德国历史学家贡德·弗兰克（A. G. Frank）1998年出版的《白银资本》认为从航海大发现直到18世纪末工业革命之前，是亚洲时代。欧洲之所以最终在19世纪成为全球经济新的中心，

是因为欧洲征服了拉丁美洲并占有其贵金属，使得欧洲获得了进入以亚洲为中心的全球经济的机会。《白银资本》一书描绘了明清时期广阔的中外贸易的宏大画面，将中国拉回到世界历史的中心。

美国历史学家彭慕兰（Kenneth Pomeranz）于2000年出版的《大分流：欧洲、中国及世界经济的发展》一书详细考察了18世纪欧洲和东亚的社会经济状况，对欧洲的英格兰和中国的江南地区做了具体的比较，以新的论证方法提出了许多创新性见解。认为1800年以前是一个多元的世界，没有一个经济中心，西方并没有任何明显的、完全为西方自己独有的内生优势；只是19世纪欧洲工业化充分发展以后，一个占支配地位的西欧中心才具有了实际意义：“一个极为长期的观点提醒我们考虑怎样把东亚西欧之间十九世纪的分流放到全球历史的背景中。”

与此相关联，王国斌（Wong R. Bin）和罗森塔尔（J. Lauvent Rosenthal）合著的《大分流之外：中国与欧洲经济变迁中的政治》，围绕着1500—1950年之间的各种世界经济的要素进行讨论。李伯重《火枪与账簿：早期经济全球化时代的中国与东亚世界》亦从全球化的角度来描述明清以来中国与世界的贸易与政治联系。

2006年，彭慕兰与史蒂文·托皮克（Steven Topik）新出版《贸易打造的世界：1400年至今的社会、文化与世界经济》，作者通过此书表达了“中国的历史和世界贸易的历史已经通过各种途径交织在一起”的思想。

实际上，早在19世纪后期，西方汉学家已经开始利用第一手的调查资料与中西方文献来重建中古时期的中外历史了。1868年（清同治七年）11月，德国地理学家李希霍芬（Ferdinand von Richthofen）从上海出发，开始在中国境内进行地质考察。到1872年5月底，李希霍芬在中国境内总共进行了七次长短不一的地理地质考察，搜集了大量资料和数据。同年他回到德国，开始整理研究这些资料，到1877年，开始出版《中国：亲身旅行和据此所作研究的成果》(*China: Ergebnisse eigener reisen und darauf gegründeter studien*）一书。在第一卷中，他将公元前114年至127年中国与中亚、印度之间的贸易通道称为“丝绸之路”（德文Seidenstrasse或Sererstrasse）。根据俄罗斯历史学家叶莲娜·伊菲莫夫娜·库兹米娜的研究，“伟大的丝绸之路的名字第一次出现于公元4世纪早期的马赛林（Ammianus Marcellinus）的《历史》第23册中”。李希霍芬使用“丝绸之路”一词属于再发现。但是由于李希霍芬在此后的西方地理学界的重要影响和地位，他的这一用语成为学界公认的名称，从此“丝绸之路”就被公认为指称公元前后连接中国与中亚、欧洲的交通线路的专用概念，产生世界性的影响。由此，欧亚古代的贸易与文化联系通道也引起人们的重视。

二

从古典时代起，欧亚大陆虽然从地理条件上来说是连为一体的，但是高原和大山将这块大陆分隔开来，使得古希腊地理学家将其划分为两个大洲。但是欧亚大陆中部地区拥有一块广阔的大草原，从东亚的中国东北部一直延伸到西欧的匈牙利。“它为由欧亚大陆边缘地区向外伸展的各文明中心进行交往提供了一条陆上通道。靠大草原养活的游牧民们总是赶着他们的牧群，到处迁徙，并随时准备着，一有机会，就去攫取北京、德里、巴格达和罗马的财富。肥沃的大河流域和平原创造了欧亚大陆古老的核心文明，而大草原则便利了这些文明之间的接触和联系。”贯穿在这个连接体的贸易通道，也就是为世人熟知的丝绸之路。从更广阔的范围来看，丝绸之路从亚洲东部的中国，一直延伸到西欧和北非，是建立欧亚非三个地区间最为著名的联络渠道。“沿着它，进行着贸易交往和宗教传播；沿着它，传来了亚历山大后继者们的希腊艺术和来自阿富汗地区的传播佛教的人。”中国先秦文献《管子》《山海经》《穆天子传》等书中对昆仑山、群玉之山的记载，经20世纪殷墟考古发掘对来自和田地区的玉器的鉴定，证实了古文献中记载的上古时代存在西域地区从中原获取丝绸而输出玉器的交换关系，早期的中国与中亚地区的玉石—丝绸之路为人所认知。

从16世纪中后期以来，传统上属于欧洲地区的罗斯国家逐渐开始向东殖民，进入了广袤的亚欧大陆北部西伯利亚地区活动。这样，俄罗斯的哥萨克人开始活跃于蒙古北部边界地带，与明朝、蒙古各部发生各种政治、经济联系。在官方建立正式联系前，由这些地区的人民开展的贸易活动实际上早已经存在。俄国档案显示，“俄国同中国通商是从和这个国家交往的最初年代开始的。首先是由西伯利亚的商人和哥萨克自行开始同中国进行贸易。人们发现从事这种贸易非常有利可图，于是西伯利亚各城市的行政长官也参与此项活动”。由于俄罗斯处于西欧通往中国的中间地位，所以英国也多次派使节前往俄罗斯要求开通前往中国贸易的商路。俄罗斯外交事务部保存的档案记录的1616年、1617年间英国使节麦克利与俄方会谈纪要显示，尽管俄罗斯设法阻止了英国的请求，但却下令哥萨克军人调查通往中国的商路。这些活动通过莫斯科的英国批发商约翰·麦利克传递到英国，引起王室和政治家的注意。英国地理学家佩尔基斯记录了俄罗斯人开辟的通过北方草原通往中国的商路。从官方的记录来看，除了活跃的民间贸易外，至少从明代末年起，以明朝北方卫所为节点的南北交流通道已经非常活跃。中国文献《朔方备乘》曾经记录蒙古喀尔喀、车臣二部都曾经进贡俄罗斯鸟枪一事，认为“谦河菊海之间早有通商之事”，即指叶尼塞河上游与贝加尔湖之间的贸易路线。

18世纪俄国著名的文献学家、历史学家尼古拉·班蒂什根据俄罗斯外交事务部档案编著的《俄中两国外交文献汇编1619—1792》一书，收录了两件中国明代皇帝致俄皇的“国书”，其中一件标以万历皇帝，一件标以万历皇帝之子，文书记载了两名俄罗斯使臣因通商事前往中国，中国皇帝则表达了鼓励之意。不管这两件文书的真实程度如何，该文件收录在俄皇米哈伊洛维奇的外务衙门档案中，在反映中俄早期贸易关系的文献中具有一定价值［两件文书收录在尼古拉·班蒂什·卡缅斯基编《俄中两国外交文献汇编（1619—1792）》一书中，但根据耶稣会传教士的识读，认为这两件文书时间更早，为明成祖时代致北方王公的册封诏书。但两件诏书何以保存在俄皇的外交档案中，亦为不解之谜。另外，由于明清时代中国特有的天下观，直至晚清之前，中国皇帝致外国的文书从未以国书的形式冠名。因此西方各国外交档案中的中国皇帝"国书"，都是翻译明清时代皇帝的诏书、上谕而来］。

根据俄方档案记载，第一个从莫斯科前往中国的使节团是巴依科夫使团，1654年前往办理商务，并奉有探明"中华帝国可以购买哪些货物，可以运去哪些货物，由水路或陆路达到这个国家有多远路程"等信息的使命。可见，到17世纪中期官方的外交路线已经畅通。17世纪早期的探险活动是后来《尼布楚条约》和《恰克图条约》得以签订的地理背景。到了17世纪中后期，通过中俄条约的形式将明末以来形成的北方贸易路线固定下来。从此，库伦和恰克图成为官方贸易的正式场所。

在中国第一历史档案馆所藏的官方档案中，从顺治到乾隆期间至少有50件档案内容为与俄罗斯贸易的，其中贸易线路涉及从东北的黑龙江到北京、张家口、鄂尔多斯、伊犁、哈萨克整条草原丝绸之路的商道。这反映在明清时代，传统的草原丝绸之路进入了鼎盛时代。由于清朝分别在康熙与雍正年间与俄罗斯签订了划界和贸易条约，尼布楚、恰克图、库伦等地获得了合法的贸易地位，这条线路虽然被俄罗斯所垄断，传统亚欧大陆的商道中间出现了代理商性质的梗阻，但北方丝绸之路并未衰落，甚至还更加兴盛。根据两件内阁和理藩院档案［《为遣员至蒙古会盟处传谕蒙古各众做贸易不得行骗等事（满文）》《函达俄商在中国境内所有妄为举动定加惩处请仍旧照约将俄商放行入境由》］，可以看出，中俄贸易从顺治到康熙间已经呈现常态化，中央部院题奏中这类日常贸易纠纷的内容显示了贸易的广泛和深度。

北方贸易路线上的主要商品为茶叶。据研究最早进入俄国的茶叶是崇祯十三年（1640）俄国使臣瓦西里·斯达尔科夫从中亚卡尔梅克汗廷带回的茶叶二百袋，奉献给沙皇。这是中国茶叶进入俄国之始。即使在海运大开之后，通过陆路进入欧洲的茶叶依然占有重要地位。其中一个重要原因在于，陆路运输茶叶的质量要远远高于海洋运输茶叶的质量。这一点，《海国图志》中也有解释："因陆路所历风霜，故其茶味反佳。非如海船经过南洋暑热，致茶味亦减。"这种中国茶质量的差异，在19世纪的欧洲，已经成为人所共知的常识。马克思在《俄国的对华贸易》一文中专门指出，恰克图贸易中的中国茶叶"大部分是上等货，即在大陆消费者中间享有盛誉的所谓商队茶，不同于由海上进口的次等货。俄国人自己独享内地陆路贸易，成了他们没有可能参加海上贸易的一种补偿"。

三

以海洋航线为纽带的世界贸易体系的形成。新航路将欧洲与撒哈拉沙漠以南的非洲、欧洲与亚洲、美洲、大洋洲都联系在了一起。"欧洲航海者创造了一个交通、交流、交换的环球网络，跨文化之间的互动比以往更为密集和系统了。"在传统航路与新航路上，欧洲商船把波斯地毯运往印度，把印度棉花运往东南亚，再把东南亚的香料运往印度和中国，把中国的丝绸运往日本，把日本的银和铜运往中国和印度。到 16 世纪，在印度洋的贸易世界，欧洲人已经占有了一席之地。而西班牙人、荷兰人在加勒比海、美洲建立的殖民地，使得欧洲的产品越过大西洋换来墨西哥的白银、秘鲁的矿产、巴西的蔗糖和烟草进入欧洲市场和亚洲市场。非洲的土著居民则被当作奴隶而贩运到各大殖民地。

传统的地区性贸易网络“已经扩大为而且规模愈来愈大的扩大为世界市场”。根据一个从 1500—1800 年间 7 个欧洲国家抵达亚洲船只数量的统计来看，从最初的 700 多艘的总量增长到了 6600 多艘。而美洲到欧洲的金、银贩运量在这 300 年间则分别增长了 20 倍和 10 倍，中国的白银进口量则从 1550 年的 2244 吨增长到 1700 年的 6951 吨。葡萄牙人在记录他们的东方贸易时说：“欧洲与东洋的贸易，全归我国独占。我们每年以大帆船与圆形船结成舰队而航行至里斯本，满载上毛织物、绯衣、玻璃精制品、英国及富朗德儿出产的钟表以及葡萄牙的葡萄酒而到各地的海港上换取其他物品……最后，在澳门滞留数月，则又可满载金、绢、麝香、珍珠、象牙精制品、细工木器、漆器以及陶器（瓷器）而返回欧洲。”

这反映了无论从数量还是种类上，进入国际市场的商品都大幅增加。固定的商品交易所、证券市场开始出现亦有重要意义。1531 年安特卫普商品交易所开业，“供所有国家和民族操各种语言的商人使用”。阿姆斯特丹、伦敦此后也分别成立粮食交易所和综合交易所。最后，处于新航路之上的港口开始成为世界贸易中心，取代大陆体系时代的陆路交通枢纽城市的地位，开始在世界经济体系中扮演重要角色。

起先是技术的进步带来的探险与新航路的开辟，然后是商品与人员的全球性流动，最后是法律与文化在各地区的碰撞，一个以海上贸易路线为纽带的海洋时代开始兴起并主导了世界历史的走向。

四

这样一个商品和货币、物资与人员、知识与宗教频繁而紧密往来的时代，中国明、清时期的中央与地方政府不可能自外于世界。万历时期曾任福建巡抚的许孚远在评论嘉、万时期的海禁政策时说：“然禁之当有法而绝之则难行，何者？彼其贸易往来、籴谷他处，以有余济不足，皆小民生养所需，不可因刖而废屦者也。不若明开市舶之禁，收其权而归之上，有所予而有所夺，则民之冒死越贩者固将不禁而自止。臣闻诸先民有言，市通则寇转而为商，市禁则商转而为寇。禁商犹易，禁寇实难。此诚不可不亟为之虑。且使中国商货通于暹罗、吕宋诸国，则诸国之情尝联属于我，而日本之势自孤。日本动静虚实亦因吾民往来诸国侦得其情，可谓先事之备。又商船坚固数倍兵船，临事可资调遣之用。商税二万，不烦督责，军需亦免搜括之劳。市舶一通，有此数利。不然，防一日本而并弃诸国，绝商贾之利、启寇盗之端，臣窃以为计之过矣。”明、清两代都实行过海禁政策，明代是因为倭患，清代则由于郑氏。海禁“虽禁不严，而商舶之往来亦自若也”，但长期来看，给沿海人民甚至国计民生都带来严重后果，所以地方大员多以“开洋”为主要筹划：“莫若另为立法，将商人出洋之禁稍为变通，方有大裨于国计民生也。”

通过数件珍贵的明代天启、崇祯年间兵部尚书有关海禁事宜的题行稿，可知明朝皇帝长期坚守的海禁政策至明末清初已与日益增多的对外贸易需求相悖。康熙二十三年（1684）七月十一日，在内阁起居注中有康熙帝召集朝臣商议开海贸易的记录。翌年即1685年，清政府在东南沿海创立粤、闽、浙、江四大海关，清廷实行开海通商政策。

乾隆二十六年（1761）九月十五日，广东巡抚托恩多上奏“瑞典商船遭风货沉抚恤遇难水手折”，请求按照惯例，对朝贡各国或外洋各国来中国贸易的商船予以灾难救助。从明清时代对朝贡体系和外洋贸易的维护来看，中国明确制定了有关维护这一范围广阔的贸易秩序的措施与政策。无论是陆路贡使和商客的接待、陪护、贸易纠纷、借贷的规定，还是海路贸易中由于漂风、漂海等遇难船只、人员、货物的抚恤、资助，都颁布有详细的措施和法令。《大清会典》在“朝贡”条目下设有专门的“周恤”“拯救”等内容，具体规定了朝贡贸易或者自由贸易中发生的疾病、死难、漂风、漂海等灾难事件中的救助责任与赏罚措施（参阅《嘉庆朝钦定大清会典事例》卷四百“礼部·朝贡”“周恤、拯救”等内容）。这些由中国制定、各国遵守的法令与政策，是前近代世界贸易秩序存在并得以维持、延续的重要因素。从鸦片战争以后，以海、陆丝绸之路为主体的世界贸易秩序开始被以西方近代国际法为主导的世界贸易秩序所取代，但其间蕴含的互通、平等、周济的贸易精神，在现代依然有重要的价值。

对于历史的描述，从封闭停滞的中国到世界贸易中心的中国的巨大变迁，反映了中西方历史学界不同时期的中国认识观。现在我们通过中国自身的历史文献与档案史料来重新看待这一时期的中国历史，是在这些路径之外的一种全新的中国历史观。从明清档案来看，中国与世界的贸易联系在陆路、海路都存在多条路线，陆地上除了传统的西向、北向的两条丝绸之路外，还有东向的朝鲜贸易，南向的通往印度、安南、暹罗的高山之路等四条主要线路，海上除了传统通往欧洲的海路外，尚可细分为南洋、美洲、东洋等四条海路，这样，以明清档案还原的八条丝绸之路贸易网络，重新展现了明清以来中外的联系途径。八条丝绸之路远远不能涵盖所有以中国为中心的贸易路线与贸易活动，但是这是一个新的解释框架，我们希望这个框架能够描绘一部中国本位的中外贸易与文化交流史，也为我们重新认识明清以来的中国与世界，提供一个新的视角。

前　言

鱼宏亮　王　澈

在先秦至秦汉时代，丝绸之路是中国与中亚、地中海区域最为重要的联系纽带。中国丝绸制造有着悠久的历史。作为一种重要商品，其外传也可以追溯到公元前。在阿尔泰山北麓，今俄罗斯南西伯利亚发掘的一个叫巴泽雷克的墓地出土的刺绣和织锦，考古年代为公元前500年左右。这个墓地还出土了战国时期的铜镜，都反映出早在先秦时期，此地就与华夏地区有着联系。新疆托克逊阿拉沟墓地出土的丝织物，年代被定为战国时期。考古发现证实，至少战国时代就有中国丝绸西传。公元前后罗马时期的文献记录更为丰富。汉武帝时期张骞出使西域，通过艰苦卓绝的外交努力，开辟了一条官方维护的中西贸易通道后，中国的丝绸就源源不断地流入到罗马帝国，罗马逐渐成为中国丝绸外销的最大市场，中国的丝绸在当时成为一种流行的时尚品，古罗马的皇室、贵族均以拥有丝绸服饰而自豪，用中国丝绸制作的衣服，成了最时髦、最讲究的服装。华丽的丝绸被视为最珍贵的衣料，价比黄金，丝绸成了遥远的东方的象征物。因此，希腊、罗马时期的历史学家以“赛里斯”(Seres)——“丝绸之国”来指代中国。

一

传统意义上的“丝绸之路”是一条横贯亚欧大陆、以丝绸和多种商品贸易为主的古代陆上商路。以中国的古都长安（今陕西省西安市）为起点，经过河西走廊，经天山南北麓分为南北两条道路，北路翻越葱岭（今帕米尔高原），抵达现在的伊朗和中亚，直到地中海沿岸。南路穿越今天的巴基斯坦、阿富汗等地，抵达印度或者波斯湾。这是陆上丝绸之路的传统路线，我们称之为沙漠丝绸之路。从汉到唐，穿越西域的沙漠丝绸之路一直是联系东西方世界的主要通道。汉武帝时期统一西域，保证了这条大通道的秩序与稳定。东西方国家纷纷通过这条道路进行商业与外交活动，促进了丝绸之路的繁荣，也将亚欧大陆联系起来，成为古代世界最大的跨越大洲的世界网络。

穿过蒙古高原抵达伏尔加河、多瑙河、亚美尼亚以及中亚，可以抵达西欧，形成了著名的草原丝绸之路。16、17世纪以来，俄罗斯开始形成统一国家，成为横亘在亚欧大陆上最主要的国家。随着17世纪俄罗斯向西伯利亚的扩张，俄罗斯逐渐与中国发生直接的贸易与外交联系。中国第一历史档案馆藏清顺治十二年（1655）《为俄罗斯察罕汗派遣使节前来上贡事》（满文）等档案，显示了清朝与俄罗斯最早的使节往来，也不断延绵着北方草原丝绸之路的历史。此后俄罗斯占据了欧洲与中国外交与贸易的中间商的地位，并一直延续到鸦片战争以后。

除了传统的沙漠丝绸之路与草原丝绸之路外，西南的茶马古道，以及从西南穿越高山丛林的出境线路，也是另外一条古代丝绸之路——高山丝绸之路。通过西南的茶马古道，能够到达印度洋，加入海上丝绸之路。

同时，由于特殊的地缘关系，中国与朝鲜之间一直维护着一种紧密的封贡关系。尤其是明清以来，作为中国的藩属国，朝鲜与中国的贸易关系从未中断。跨越鸭绿江抵达朝鲜地区，形成陆上的过江丝绸之路，这也是一种以贸易与外交连接的重要通道，且更为稳固而久远。

二

在地理大发现以前，亚欧大陆的联系主要依靠陆上丝绸之路，也就是传统的沙漠丝绸之路与草原丝绸之路。对东西方联系道路的探索与开通，促进了商品、交通甚至战略物资在丝绸之路上的流通。除丝绸、布匹等珍贵货物外，交通工具及其相关的知识与技术，就逐渐成了中西交流的主要物品。在漫长的亚欧大陆商业线路上，主要是通过骆驼、马、驴等交通工具传输物品和人员。但在汉代开辟丝绸之路的时候，骆驼的普及不如马匹。西方学者薛爱华认为，“汉代在开拓西域时，商业性与军事性驼队中使用了成千上万的大夏驼”，中亚来的商队主要也是驼队。但是，汉朝在经营西域时，人员往来、货物运送与文书传递，主要以马匹为主。《居延汉简》和《肩水金关汉简》中都记载有“吏马驰行”的文字。总体上，马在古代战争中具有更为重要的战略地位，两汉时期，在国内地区主要以车、马为交通工具；在西域等长途贸易中，主要以骆驼为交通工具。而西域和中亚地区生产的良种马匹——天马，在两汉时期，一直是中原王朝统治集团梦寐以求的战略物资。

在内蒙古鄂尔多斯等多个地区发现的战国、秦、汉时期的墓室壁画中，绘有载着外交使节的“轺车出行”，正反映出秦汉时代派出乘坐着“轺车”的使节往来于亚欧大陆上的情景。西汉张骞开通西域后，中原王朝的使节最远抵达西罗马地区和地中海沿岸。交通的开辟，使得各国人员与物品得以进行世界性的交流与传播。西汉“文景之治”以后，汉朝成为东西方人员、物品荟萃之所：“养民五世，天下殷富，财力有余，士马强盛。故能睹犀布、玳瑁则建珠崖七〔郡〕，感枸酱、竹杖则开牂柯、越巂，闻天马、蒲陶则通大宛、安息。自是之后，明珠、文甲、通犀、翠羽之珍盈于后宫，蒲梢、龙文、鱼目、汗血之马充于黄门，巨象、师子、猛犬、大雀之群食于外囿。殊方异物，四面而至。”西汉国家设有专门的“酒池肉林”来招待西域与中亚各国的使节，使节们带来的各种奇珍异物都汇聚长安。东汉桓帝延熹九年（166），罗马皇帝马可·奥勒留（Marcus Aurelius）派使节出访汉朝到达洛阳，向汉桓帝献上礼物。南北朝时期，由于战争等多种不稳定因素，陆上丝绸之路出现短暂衰落，不过到了唐代很快再度繁荣。贞观十四年（640），唐太宗在西域设立安西都护府，保证了陆上丝绸之路的畅通，沿途商旅团队得以安全和正常地运转，造就了后来盛唐时期长安城万国来朝的繁华景象。

在亚欧大陆上行走的，除了作为主要交通工具和战略物资的马、骆驼等动物外，商品与物种也是丰富多彩。输出的商品，除耳熟能详的丝绸、茶叶、瓷器等三大商品外，还有谷子、高粱、樟脑、桂皮、姜黄、生姜、水稻、麝香和大黄等，更有陶器以及其他手工业品等。张骞第一次出使西域到大夏（中亚地区塞种人的部落国家），看见市场上有出产于蜀地的竹杖和细布。当然，人种、书籍、技术、文化的西流更呈现了一幅广阔的画面。

通过丝路输入中国的更多，首先是人种，汉武帝时安息（即波斯，今伊朗）王就送了两个犁轩（东罗马）魔术师给中国，时称幻人。文献记载他们"蹙眉峭鼻，乱发拳须"，是典型的欧洲人。西域各部族的人员源源不断地进入中原地区，在长安、洛阳、扬州、泉州等地定居生活，成为中国人中的一部分，杂技、魔术（幻人）、角抵等游戏、竞技活动充斥日常。其次是宗教与文化，经过中亚传来的景教（基督教）、佛教、祆教等宗教对中国的文化产生了重大影响。动物、植物、金属、矿石等物品更是部分改变了中国人的食物结构和风俗习惯。美国学者谢弗撰写的《唐代的外来文明》一书，罗列了从人种、家畜、野兽到香料、金属、书籍等 19 大类，非常丰富。

明代以后，茶叶开始传入欧洲，充当了亚欧大陆上的主要商品和文化使者。17 世纪荷兰著名医师尼克拉斯・迪鲁库恩作为第一个热情推广饮茶的西方人，在《医学论》一书中，着力描述了茶的药用效果。在德国，虽然传教士激烈反对饮茶，说中国人之所以面黄肌瘦，就是太爱饮茶的缘故；在瑞典，人们起初对茶和咖啡的引入都抱怀疑态度，不敢贸然享用，但后来茶叶在欧洲大陆还是逐渐得到普及。

近代有史可考的文献记录表明，茶叶输入欧洲始于明万历四十年（1612）荷兰东印度公司运送了第一批茶叶到首府阿姆斯特丹。法国人到 1636 年才开始饮茶。英国最初是从荷兰输入茶叶的，到 1669 年英国东印度公司才直接从中国输入茶叶。此后饮茶成为英国人的"国俗"，"下午茶"成为各个阶层人士的习惯，甚至变成英国人的标志之一。

从现存的资料来看，大航海以前，无论是从陆上丝绸之路西传还是海上转口西传的茶叶消费，都停留在中亚和阿拉伯地区，欧洲人开始饮茶的记录都比较晚。这可能与中亚阿拉伯地区垄断了欧亚大陆两端的直接贸易有关，也是促使欧洲人探索新的通往东方的道路、出现地理大发现的原因。

17 世纪以后，机器动力一举从力量和速度上都超越了自然的人与动物，依靠骑兵的机动性屡次毁灭农业文明与商业城市的游牧组织，从此也逐渐退出历史舞台。所以，17 世纪也是游牧部落毁灭传统王朝的最后世纪。此后，世界历史舞台上的主角就变成了工业化国家。以马匹和骆驼为标志的传统丝绸之路迎来了新的主角与流通方式，开启了丝绸之路的新时代。

为了反映明清时期欧亚大陆的主要交流通道，我们将陆上丝绸之路分为四条主要道路，选取相关档案与文献来加以展示：

东路过江之路，即与朝鲜半岛的交往。撷取档案 76 件，主要反映了中朝之间的封贡关系、边境贸易和文化交融，包括相沿成例的朝贡道路、定期开市的边贸、年复一年领取中国皇帝颁行的历书等。

西路沙漠之路，是传统意义上的"丝绸之路"。撷取档案 92 件，主要反映了清朝与俄罗斯及中亚各国的贸易往来、维护国家领土完整统一的措施、对西北地区的治理开发、维护各民族团结稳定等。

南路高山之路，将中国与东南亚、南亚诸国紧密联系在一起。撷取档案 85 件，主要反映了东南亚藩属国在封贡体系下的朝贡活动、经贸往来以及贸易管理等。

北路草原之路，主要涉及了现在的俄罗斯和蒙古。撷取档案 105 件，主要反映了库伦、恰克图贸易促成的蒙汉贸易和中俄经济联系的兴盛繁荣以及中俄间政治、商贸和边界事务等。

三

审视陆上丝绸之路的历史变迁，我们发现，在近代海洋时代到来以前，亚欧大陆存在着通过多个方向的丝绸之路连接形成的大陆体系。这个大陆体系包括了亚洲、欧洲、非洲的众多国家和民族，是近代以前范围广泛、影响深远、历史悠久的世界体系。

从中国周边来讲，中国与朝鲜半岛政治、经济联系紧密，东南地区的安南、缅甸等国也从制度上和贸易上都纳入了同一政治共同体的朝贡体系，所以双方往来的事务中具有特别的内容和意义。朝鲜和安南都使用汉字或者处于汉字文化圈，而作为藩属国，则与中国共享“历法”甚至某些法律制度。明清时期，中原王朝的“历书”通过定期的“赐历”“颁历”进入藩属国，以规范各国的农事、节令等活动，是共同体内享受文明成果的重要“权利”。因此彼时朝鲜、安南都有“小中华”的意识，显示了这一共同体于政治、经济联系之外在文化上的反映。

进入近代以来，亚洲朝贡体系受到新兴的国际关系的冲击，在将近半个世纪的列强侵略中，东亚和东南亚地区的藩属国最终都走上民族国家的道路，传统朝贡体系让位于现代国际关系。现存的众多条约、章程与档案，比较完整地反映了这个过程。传统上通过陆上丝绸之路连接起来的俄罗斯、中亚地区各国，与明清王朝形成的关系也发生了本质的变化。

近代以来的科学革命也深刻地影响着亚欧大陆的贸易与交往模式。1826 年英国修建从利物浦到曼彻斯特的铁轨，出现了世界上第一条铁路。从 1891 年开始修建直至 1916 年全线通车的俄罗斯西伯利亚大铁路，成为第一条横贯欧亚的陆上新型运输线路，俄罗斯于 1900 年就出版了围绕西伯利亚大铁路的社会资源的全面调查报告。陆上运输方式的革命，深刻地改变了人类的行为模式，并且对全球的生产、经济产生深远影响。

近代的地理大发现，促进了海洋航路的开辟和全新的海洋体系的形成，并催生了一系列近代资本主义革命和政治经济新秩序。

海洋时代将世界扩大为一个全面联系的世界，也将近代才产生的社会制度与生产方式推广到了全球。这种改变历史发展速率与广度的变迁，遮蔽了人类曾经依靠大陆所创造的共同财富与文明。封贡体系的形式固然与单个民族国家为核心的世界体系格格不入，但在古代社会，正如美国历史学家彭慕兰所言：“朝贡制度的设计和基本运作力量，源自对文化、政治、身份地位的关注，而非源自对追求最大利益的关注。”中华封贡体系的核心意识形态“天下观”中最关注的，是以道德标准来规范各国的利益与冲突，所谓“化干戈为玉帛”，以礼乐教化来组织国家关系，最大限度地减少通过战争与屠杀来解决争端，以捍卫人类社会的文明成果。这是大陆体系与海洋秩序相区别的本质所在。利益最大化是新兴的资本主义带给世界的新理念，在 19 世纪前这种理念在中国还不具有道德上的正当性，以此来衡量古代丝绸之路上结成的古老关系，难以认识到真正的丝绸之路精神。

以此来看，丝绸之路作为中西方交往的重要桥梁，曾经对古代亚欧大陆的人类历史进程起到重要的推动作用，也将在新的历史时期焕发出新的活力，为人类命运共同体的实现贡献新的功能和价值。

沙漠之路卷·导言

吴四伍　郭　琪

历史上的丝绸之路及其贸易交往，得到学界的大力发掘，特别是文献学和考古学成果众多，其中尤以敦煌文书为代表，它们详细地记载了明清之前沙漠丝绸之路上的战争与贸易情况。无论是西汉时期的张骞出使西域，还是隋唐时期的突厥和战，往往在双方战争断杀后，经济、贸易与文化联系却得以连绵不绝、繁荣发展。明清以来，伴随着中央集权体制的发展，中央政府对西部政治、经济的管理愈渐成熟，并为陆路西路的贸易研究留下了诸多难得的档案。仅就清代来说，涉及新疆的就有几十万件，其中不乏以满文、藏文等少数民族文字记载的档案。因此，区别于明清之前的陆路西路研究，特别是迥异于文献学和考古学的路径，借助明清档案，人们对于陆路西路的贸易往来有着更为实际、清晰的认识。

清朝作为一个少数民族统治的王朝，对于少数民族问题的处理有着特殊感情，其管辖新疆以及处理该地区的贸易往来，呈现出独特的管理价值与经验，他们更多尊重西部各民族的习惯，更多注重西部边境的和平，更多考虑交易双方的长期利益。清朝对于新疆等地贸易交往的管理，展现出了灵活的策略，体现了重视边疆民众生活的情怀，为今日和平的丝绸之路贸易留下了难得的宝贵经验。

一

清朝在陆路西路开展的对外贸易，官方力量起着主导作用。此类贸易受到朝廷的严格控制，采取类似内地省份的奏销制度，实施题本奏报。乾隆二十八年（1763）五月，大学士兼管户部事务傅恒等奏报新疆上一年采办各项物料，路径是从甘肃转运喀什噶尔的交易，主要品种有缎匹、瓷器，连同装盛木箱并驼运骡头、鞍屜、缰掌、饲喂料草等，每项记录都十分详细，如“采买大红、香色、月白、宝蓝、沙绿等色锦缎各四匹，共二十匹，每匹俱宽二尺，长一丈二尺，价银四两二钱，共用银八十四两，又采买瓷器饭碗五百件，每件价银三分二厘，共银一十六两，汤碗三百件，每件价银三分二厘，共银九两六钱，大茶钟二百件，每件价银二分，共银四两，七寸盘二百件，每件价银四分，共银八两，五寸盘二百件，每件价银二分八厘，共银五两六钱，菜碟一百件，每件价银二分，共银二两”。除了交易货品外，报销项下还有官员和兵役的口食费用，总共报销银两高达504400余两。清朝西部贸易不仅规模较为宏大，管理也极为严格，显示了朝廷对西部贸易的重视程度。

此外，民间商团、宗教团体和朝觐活动附带

派委員弁人等妥為辦理均能覈實徵收著有成
效自應量予鼓勵中營遊擊升任甘肅副將勒豐
額著交部從優議敘等因欽此欽遵抄出到部此
案喀什噶爾辦理徵收布稅並添收茶稅甘肅
副將勒豐額總辦稅務稽覈彈壓均屬實心欽奉
旨交部從優議敘臣等公同酌議應請將換防甘

的商品交易，也有着重要的作用。在中亚各部首领赴西藏熬茶和朝觐活动中，除了捐赠大量金银、宗教用品外，使团还往往携带数量巨大的皮毛和其他物资进行交易。清朝中央政府虽然在各种场合尽量将此类活动纳入管理和规范，但民间进行的商贸活动依然活跃并且数量巨大。

二

不同于考古与文献，档案的史料价值往往具有专一性和针对性，明清时期的西部贸易档案对于了解朝廷怎样管理西部贸易和边境事宜，有很高的学术价值。这些档案数量大，时间跨度长，涉及范围广，为我们了解有清一代西部贸易的具体情形，提供了珍贵的资料。

（一）明代至清代顺康雍时期

明清时期的西部边疆与东南地方形成了新的联结纽带，贸易成为了交往主流。明代在嘉峪关以西设立关西七卫，作为地方行政与军事管理机构，奠定了西域地区的政治经济秩序稳定的基础。明朝中后期与蒙古俺答汗等部落议和局面的形成，藏传佛教格鲁派宗喀巴大师在蒙古受到信奉和尊崇，使得蒙古、西域、西藏等地区的商业与贸易秩序得到保障，也为中亚地区人民通过陆上西路进入内地进行商贸活动提供了条件。这种局面一直延续到清朝初年。

清代顺康雍时期的西部边疆，最为核心的矛盾是清政府与准噶尔部的争斗。准噶尔部入藏熬茶，试图联合西藏势力，遭到清政府的严密防范，《熬茶档》对于此种行为多有详细记载。康熙帝为了统一西部，多次深入西域征讨准噶尔，康熙三十六年（1697）战争取得阶段性胜利，康熙帝欢喜之情溢于言表，亲自手书："朕两岁之间，三安沙漠，御风沐雨，并日而食，不毛不水之地，黄沙无人之境，可谓苦而不言苦，人皆避而朕不避，千辛万苦之中，立此大功，若非噶尔旦有一日，朕再不言也。今蒙天地宗庙护佑成功，朕之一生，可谓乐矣，可谓致矣，可谓尽矣。"

（二）乾嘉时期

乾嘉时期的西部边疆管理进入新的历史时期，对准噶尔部的战争获得彻底的胜利。乾隆二十二年（1757）春，朝廷再次出兵，镇压阿睦尔撒纳，彻底平定西北边陲。乾隆帝逐步恢复西部贸易，尤其注意妥善处理对哈萨克贸易，嘱咐陕甘总督委派范清洪等人专门办理，强调双方贸易重在交往，维护和平，逐利其次："贸易之事，不过因其输诚内乡，俾得贸迁有无，稍资生计，而彼处为产马之区，则收换马匹，亦可以补内地调拨缺额，并非藉此以示抚循，亦非利其所有，而欲贱值以取之也。将来交易之际，不必过于繁苛，更不必过于迁就，但以两得其平为是。"由此可见，乾隆帝恢复西部贸易，主要目的是通过双方相对公平的商贸活动安定两地的局面，使得人民得以安居乐业。至于通过哈萨克贸易获得马匹等物资，只是起到调剂的作用，并非主要目的。

乾隆帝对于西路经济贸易，重视长期效益，反对内地商人和官员的短视牟利。这一时期，国泰民安，国力强盛，积极开展与西部少数民族的经济贸易，得到他们的高度认同，其中土尔扈特部的回归，更是有力地证明了清朝国家认同在西部少数民族部落中的重要意义。有关土尔扈特部回归的档案，详细记载了乾隆帝对于土尔扈特部回归的精心安排。

乾隆三十六年，蒙古部落土尔扈特部东归，是中华民族团结统一史上的大事。为了妥善安置该部，乾隆帝做了周密部署，一方面要求大学士刘统勋、陕甘总督吴达善等官员妥善安排，务求安置好回归人员；另一方面又命边境官员将该部落代表护送至热河地区觐见，表达了乾隆帝的喜悦之情。其中，乾隆帝特别强调："远人挈眷来归，量地安插，赏项在所必需，现令舒赫德等悉心筹议，但恐伊犁存贮之项或尚不敷支给，则由甘肃解往似为便易。昨曾降旨于西安藩库贮项内，拨银二百万两，赴甘备用。"土尔扈特部东归显示了清朝多民族国家治理政策的成功实践与巨大影响。

乾隆朝晚期，对西部边疆的管理开始趋向保守与谨慎。一方面，严格管控官方及民间贸易，确保茶叶、玉石、绸缎等贸易货物的正常流通，同时又确保货物质量。乾隆四十九年，新疆镇西府知府永庆手下衙役非法扣押贩茶商人，殴打致伤，大学士阿桂便将此事奏报乾隆帝，将永庆革职，并按照失察例议罪。另一方面，在与俄罗斯等国的国际贸易中，乾隆帝也强调必须遵循官方贸易途径，禁止走私。乾隆五十四年，乾隆帝专门"传谕盛京将军、直隶、江南、闽浙、山东各督抚各于沿海口岸饬属实力稽查"，以杜绝民间商贩从新疆私贩大黄出洋，售与俄罗斯，显示了清政府对中俄贸易的管控力度和决心。

嘉庆年间的西部边疆管理，沿袭了此种息事宁人的做法，对浩罕（今哈萨克南部地区、乌兹别克东部以及塔吉克和吉尔吉斯部分领土）等地贸易尽量维持现状。清朝与浩罕等地交易，恪守传统策略，尽量不起事端，利润追求反在其次。嘉庆十六年（1811），浩罕伯克爱迈尔所差商人携带货物以及孔雀、驼绒、水獭、糖果等来喀什噶尔交易，却未依例携带给喀什噶尔参赞大臣铁保的问好书信及该阿奇木图记信字，铁保后派亲信打听，方知该伯克年幼不知礼节，便照惯例处理："当即遵照向例，将其货物免税一半，照例赏给宴席，令其妥速出境，除将其呈送奴才等驼绒四匹、水獭皮四张、糖果二盘亦照例交库变价，至其所递信字译系寻常通候之语，并无紧要字样，并交印房备案。"嘉庆二十四年，浩罕屡次提出添设阿克萨哈尔一职，以管理喀什噶尔等地的贸易往来，均遭到了嘉庆帝的明确拒绝，可见清政府在维护边境贸易的管理权力方面的决心。

（三）道咸同光时期

道光初年，清朝与浩罕关系交恶。道光九年（1829），道光帝要求浩罕伯克交出收留的黑帽阿浑奈玛特等张格尔叛军残余，并断绝与浩罕的贸易往来以示制裁。为此，道光帝谕令边境官员严格遵守善后奏定章程："现在善后奏定章程业已周妥，该大臣等务当遵照前旨，严密稽察，勿任大黄、茶叶偷漏出卡，亦不得仍令该夷隐混贸易，即为妥善。至于卡外各犯，既已畏罪远窜，总当置之不问，断不可意存招致，妄生边衅，如办理稍有不善，或致大黄、茶叶仍有偷漏，惟伊等三人是问，恐不能当此重咎也。"道光十年，清政府考虑边境稳定，特别是西北蒙古及各卡伦外的部落贸易，决定再次恢复茶叶、大黄等贸易，主要是考虑了当地的贸易利益。

道光末年，国内政局动荡，特别是鸦片战争之后，清政府的统治屡屡遭到西方列强的侵扰，这些都对西路的贸易产生了巨大的影响。道光二十七年，因"七和卓叛乱"事件，浩罕与喀什噶尔的贸易中断，英吉沙尔、叶尔羌等地大量人口或因逃避战乱、或被裹挟离开新疆。叛乱平定之后，浩罕伯克表示自己与七和卓之乱并无瓜葛，恳请与清朝照旧通商免税。三月初六日，道光帝下旨表示同意，两地贸易开始逐渐恢复。

与此同时，清朝与俄罗斯之间的贸易往来也发生了重要变化。恰克图作为中俄边境贸易中心与国际运输中枢的作用降至低点，而伊犁、塔尔巴哈台两地随着中俄贸易间的发展，逐渐从主商道的商队营地发展为大商业点。俄罗斯经过考察，认为这两座城市能够成为中俄贸易间的新贸易中心，遂多次请求清朝在伊犁和塔尔巴哈台开放贸易。道光三十年正月，道光帝去世，咸丰帝继位，恰逢科瓦列夫斯基上校再次代表俄罗斯向清朝请求在伊犁、塔尔巴哈台、喀什噶尔三处开放贸易。经过征询伊犁将军萨迎阿及奕山的意见，四月初四日，咸丰帝下谕给理藩院，同意开放伊犁、塔尔巴哈台两处为贸易地点，并由奕山与俄罗斯商议具体事宜。至于喀什噶尔，则以“处中国极边之地，商人运货艰难，每至赔累，不能获利”为由予以拒绝。

咸丰年间，太平天国运动在全国爆发并很快波及大半个中国，清政府的统治遭遇了重大危机，而西部边疆的管理和贸易也出现了问题。咸丰七年（1857）六月，倭里罕、铁完库里两和卓在喀什噶尔发动叛乱，攻下喀什噶尔和英吉沙尔两处城池。驻扎于伊犁和乌鲁木齐的清军前往平叛，于八、九月间数次击溃叛军，倭里罕裹挟一万余名当地民众逃亡浩罕。咸丰帝遂命伊犁参赞大臣法福礼与浩罕伯克胡达雅尔联系，要求其拿获并交出倭里罕，否则禁止浩罕商人前来贸易。胡达雅尔知道咸丰帝的要求后，派人拿获了倭里罕，并向法福礼请求继续通商。后法福礼上奏咸丰帝，请求允许继续与浩罕通商。咸丰八年四月十五日，伊犁参赞大臣法福礼就平叛倭里罕之后的新疆局势，草拟了善后六条章程上奏咸丰帝，其中建议在喀什噶尔征收布税一条，在得到了咸丰帝的允准后，于喀什噶尔等城逐渐推广开来。咸丰十年中俄《北京条约》签订后，俄罗斯获得了在库伦（今蒙古乌兰巴托）、张家口、喀什噶尔等地免税贸易等特权。咸丰十一年二月，咸丰帝在总理各国事务衙门的设立章程内要求新疆各处将各国在新疆的商情按月奏报，尤其是对俄罗斯在伊犁通商事务的管理，伊犁将军常清、参赞大臣景廉必须每月集中汇报一次。五月，库伦办事大臣色克通额发现俄罗斯商人打算在库伦常川通商，便一面阻止俄商贸易，一面按要求奏报咸丰帝。五月二十七日，咸丰帝下旨，指出条约中虽然准许俄罗斯商人在库伦等地经过时行销零星货物，但“并无准在库伦常川通商之语”，命奕䜣等通知固理修士行文俄罗斯使者伊格那提业幅，表示准许俄商照约行销零星货物，“倘欲设立行栈，永远在该处贸易，则是险背合约，中国碍难允准”。

同治初年，新疆地区出现阿古柏入侵事件，边境管理和贸易都陷入困境。同治三年（1864），浩罕军官阿古柏率军入侵新疆喀什噶尔等城，至同治九年时，已经占领了新疆大半部。阿古柏的侵略使得原本由嘉峪关向西去往新疆的通商贸易道路受阻，新疆各城日用所需只能转由乌里雅苏台（今蒙古乌里雅苏台）贩卖运送。而此时的乌里雅苏台地区贼匪流窜，四处劫掠焚烧，使得从归化、绥远两城运送货物去乌里雅苏台的商队遭到极大损失，不少商队停止了贸易活动。同时，阿古柏与俄、英两国来往密切，通过出卖清政府在新疆地区的国家利益来换取两国对自己的支持。清政府深知阿古柏的入侵对新疆危害甚大，决心派兵西征，只是正逢日本侵略台湾，东南海防局势十分紧张。一时间，海防与西征孰轻孰重、谁先谁后的问题成为朝廷争论的焦点。光绪元年（1875）二月初三日，清朝下旨，命军机大臣就如何应对新疆目前之局势进行妥善筹划，不必急于进取，以守住疆域为主，同时，督促钦差大臣陕甘总督左宗棠一面办理肃州（今属甘肃省酒泉市）裁兵事宜，以为出关西征节饷，一面办理肃州粮运事宜，作为西征的后路粮台，并将西征各项准备工作秘密上奏。光绪三年，左宗棠收复除伊犁外新疆全部领土。在被阿古柏侵占的十余年间里，清政府在新疆大部分地区的行政管理机构均被破坏，为了重新建立对新疆地区的管理，清政府采取了一系列措施，包括设立抚民府等临时善后机构等，加强了对新疆地区的行政与贸易管理。

三

沙漠丝绸之路是中国古代陆上丝绸之路的主要路线，也是传播汉、唐文明的主要通道。元代开辟了世界性的亚欧驿路与贸易路线，是北方陆上丝绸之路的鼎盛时期。到了明清时期，由于西域、中亚地区地缘政治的变化，奥斯曼土耳其、俄罗斯先后崛起于亚欧大陆的连接地带，陆上丝绸之路的样态与主体也发生新的变化，传统的沙漠丝绸之路的内涵与意义也随之具有了新的特征。我们根据中外档案中保存的各种珍贵贸易与外交资料，将这种新的样态予以描绘，使得人们对于西路贸易的了解和研究具有了新的深度和广度。从历史档案来看，明清时期的丝绸之路西路贸易，具有以下重要特征：

一是由于中亚地区局势的复杂化，政治与外交接触更为重要。在西路贸易的开拓、恢复和维护中，朝廷的政治考量始终是第一位的，重于局部的经济利益。乾隆帝对此认识清晰："但贸易之事，不过因其输诚内乡，俾得贸迁有无，稍资生计，而彼处为产马之区，则收换马匹，亦可以补内地调拨缺额，并非藉此以示抚循，亦非利其所有，而欲贱值以取之也。将来交易之际，不必过于繁苛，更不必过于迁就，但以两得其平为是。"西路贸易中，中国与其他国家和政权的政治交往是第一位的，经济利益是第二位的。嘉道以后，清朝面对浩罕等通商要求，更多的是从维护西部边疆的稳定考虑，而不仅仅追求获取贸易利益。

二是在西域和中亚地区创造和维护和平局面，反对侵夺和欺凌，保护人民的生命财产安全，是明清时期对外交往中一贯的主导思想。土尔扈特部的东归，正是发生在西方殖民主义肆掠全球的时代，是域外的少数民族部落为了摆脱沙俄不断欺压而回归祖国的重大举措。这一历史事件有力地表明，清政府出于维护自身政权稳定、边境安定、边境民众生活稳定的目的，所采取的与周边国家和平友好交往、开展和维护边境贸易的政策，对于周边各部落民众具有极大的吸引力和重要性。清朝的国家认同是各民族的大认同，是超越地区局限的中华文化认同和国家认同。明清时期丝路贸易得以繁荣昌盛，其内在的动力在于中华民族的和平与友好的精神，从而赢得各族民众对国家的高度认同。

三是维护正常贸易交往与贸易秩序，倡导公平、公正的商业规则与商业文化，诚信原则得到彻底贯彻。以乾隆帝为代表的清朝政府，基于自身国力的雄厚，考虑周边部落和民众的生活，始终要求内地商人保证商品质量，重视新疆及周边国家、部落等交易方的实际需求。此种诚信原则使得双方的交易得以延续，尽管中间历经了王朝换代、战火冲突等各类事件，但是西路上的贸易规模和文化往来始终得以发展。

当然，清朝沙漠丝绸之路的贸易也存在着自身的历史局限，值得后世借鉴，主要体现在商品的生产和管理基本由官办企业或者地方政府控制，对商人的自发性、积极性与主体性造成了一定的约束，这又是值得总结的历史经验。

凡　例

1. 本书所辑档案，均为中国第一历史档案馆所藏明清两朝原始档案。

2. 本书依据所辑档案涉及的国家（地区），分为陆上丝绸之路编与海上丝绸之路编。陆上丝绸之路编分为四卷，即过江之路卷、高山之路卷、沙漠之路卷、草原之路卷；海上丝绸之路编分为四卷，即东洋之路卷、南洋之路卷、西洋之路卷、美洲之路卷。

3. 本书所辑档案，大抵按照档案文件形成时间依次编排。部分关于同一事件或主题的多件档案，编为一组，以最早时间进行排序。

4. 每件档案时间，以具文时间或发文时间为准；没有具文或发文时间者，采用朱批、抄录、收文时间；有文件形成时间过程者，标注起止时间。没有明确形成时间的档案，经考证推断时间；暂难考证时间者，只标注朝代。

5. 本书所辑档案标题，简明反映各件档案的责任者、文书种类、事由、中西历时间等信息，文字尽量反映档案原貌。

6. 本书所辑档案，一般以“责任者＋文书种类＋时间”的方式命名，如遇一件档案分排多页或一件档案内含多份者，则标注“之一”“之二”等。

7. 因版面所限，本书所收个别档案为局部展示。

8. 本书所辑档案，均撰拟相应释文，简要阐释档案的主要内容和相关历史背景。

目录

按以語矣因取宋史
等所脩也以蒙古人
者則以蒙古
合名不正而言
栴哈喇海齊
合今蒙
其音譯
繞昆侖
之北自貴
之貴德
仍
者
萬里
義蓋
武帝紀因
益增人不信
所具
名昆
蒙
武
昆都倫
貴德堡
黃河
果嗇順

務予計已竭　靈源致虔祭因遣侍衛往窮源命必至歸來新圖
使即河源是叶蒙古語鄂敦鄂敦星宿謂此固非差訛然河其南寄因
黃金别流無敢廁詢以蒙古名曰阿勒（兩字作一字讀後仿此）坦郭勒叶阿勒坦謂
石詢蒙古名字阿勒坦噶達素北極星名意司水見道經不紛今古
叶醲泉作金色真源信無二山上有金色更無林木翳東南流折北
色微淡以易東至貴德堡遂作純黃色叶向稱星宿源亦未大差致
張騫支機石更述荆楚記或到星宿海傳會傳奇僞統
其詳惟額　安瀾賜
使窮河源其山多玉石采來天子按古圖書名河
謂騫使大夏之後窮河源惡覩所謂昆侖者乎故
鄧展遂謂河源出於積石是皆拘墟未見顔色之
紀載已外言語不通而欲定其確實何異北轅適
名而以為河源元蒙古也鄂敦即星宿彼時訛
古語可此為近之今則更溯以上遂得真源然
昆侖在今回部中回部諸水皆東注蒲昌海即
地伏流至青海始出則星宿海諸水皆是也而
異更在星宿海之上非昆侖之水伏地至此以出
瀆而何濟水三伏三見此亦一證矣獨漢書所云
元臯就詢之阿彌達則稱河源皆土山無石無石
古語及漢書更問之親履其地之人辛欲定此
乎不亦甚難乎於甚難而得決疑傳正亦一大

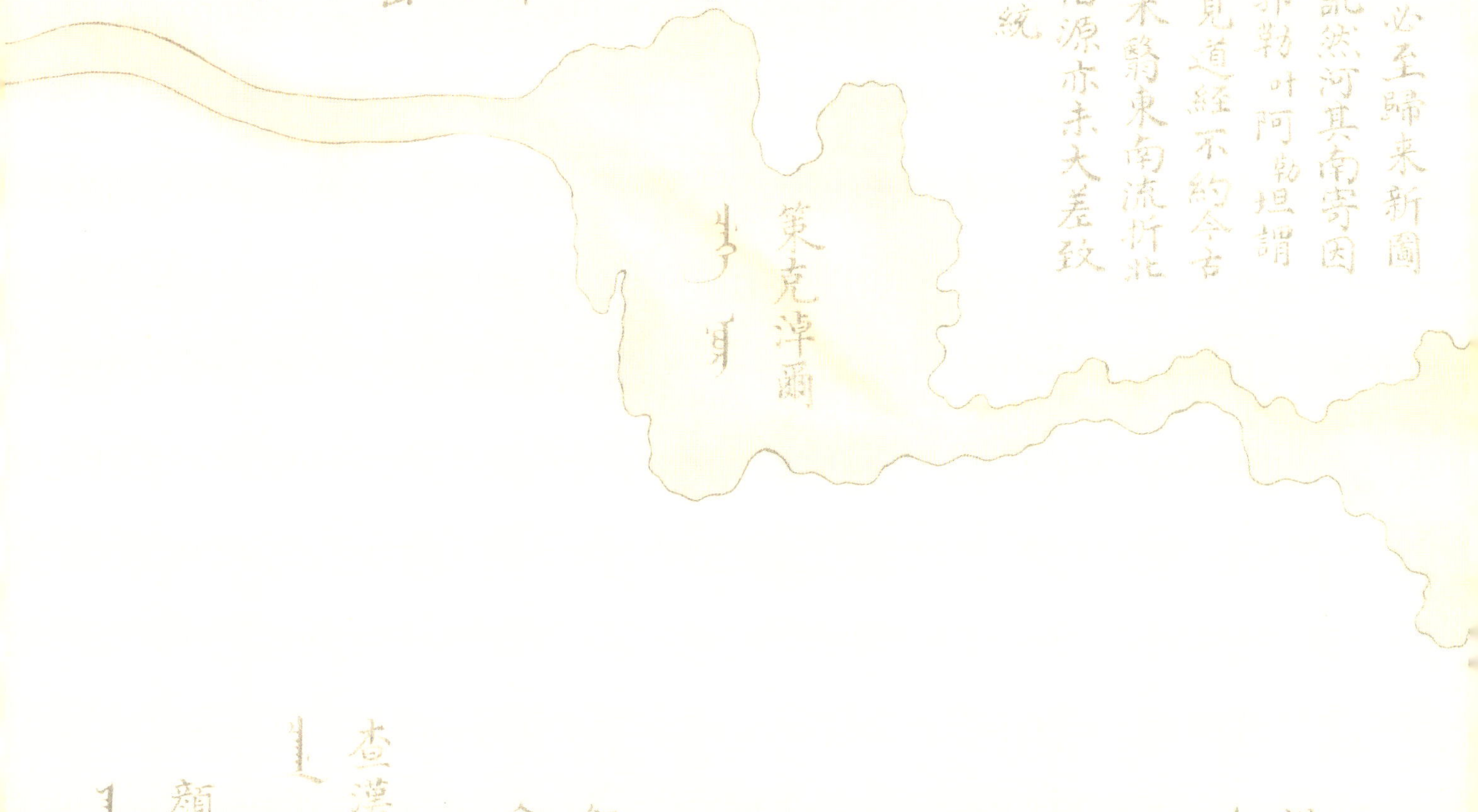

康熙帝朱谕：

平定噶尔丹

康熙三十六年（1697）

17世纪后叶，噶尔丹控制卫拉特诸部落，建立了“准噶尔汗国”，并勾结俄罗斯进攻蒙古等地，威胁清朝的西部边疆。康熙帝亲征噶尔丹，历乌兰布通之战、昭莫多之战，终于击败该部。康熙三十六年二月，康熙帝第三次亲征，噶尔丹众叛亲离，服毒自杀（一说病死），叛乱得以平定。康熙帝于四月十七日发下谕旨：“朕两岁之间，三安沙漠，御风沐雨，并日而食，不毛不水之地、黄沙无人之境，可谓苦而不言苦，人皆避而朕不避，千辛万苦之中，立此大功，若非嘎尔旦有一日，朕再不言也。今蒙天地宗庙护佑成功，朕之一生，可谓乐矣，可谓致矣，可谓尽矣。”西部边疆的统一与稳定，为西路商贸的发展奠定了良好的基础。

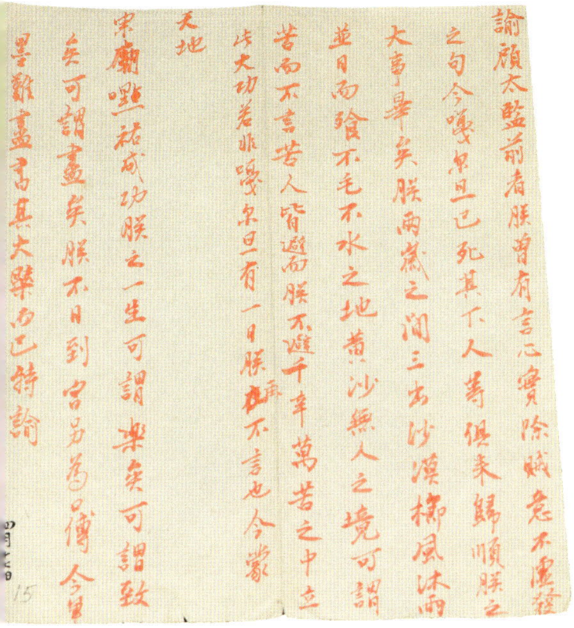
諭顧太監前者朕曾有言不實除賊意不處發之句今噶尔丹已死其下人等俱来歸順朕之大事畢矣朕两歳之間三出沙漠櫛風沐雨並日而餐不毛不水之地黄沙無人之境可謂苦而不言苦人皆避而朕不避千辛萬苦之中立此大功若非噶尔丹一日朕再不言也今蒙
天地
宗廟默祐成功朕之一生可謂樂矣可謂致矣可謂盡矣朕不日到宫另爲口傳今以朱墨歡喜書其大槩而已特諭
四月七日
15

諭顧太監朕此一舉雖爲殘賊噶尔丹亦欲西邊外厄魯特種類甚多必收之後方爲萬年之計出门時縱未明言自離京後即使人各處宣布朕意先已前後歸附者數過之外今西海内外所居厄魯特全部落歸順已經起身往行在来了朕舉手加額喜之不盡有何德而感動
天地默祐一舉不發收數十萬之衆實出望外滿營中聞者無不相慶以爲無疆之喜因此發報所以寫去特諭
閏三月十日
5

康熙帝朱谕（康熙三十六年）

内红线诸道连各家道路有红圈
者系细路大道然圈者远迎要
巴堞圈者名郡落之将候蓝圈
为匠佐之好藏自沙哈赤家米
来贸将释此过圈共三万馀里此
圈不道断一大六年大练线者
乃各山川水道面路不通行红
线为各山川大道可通多将牧
夷人来往贸易也

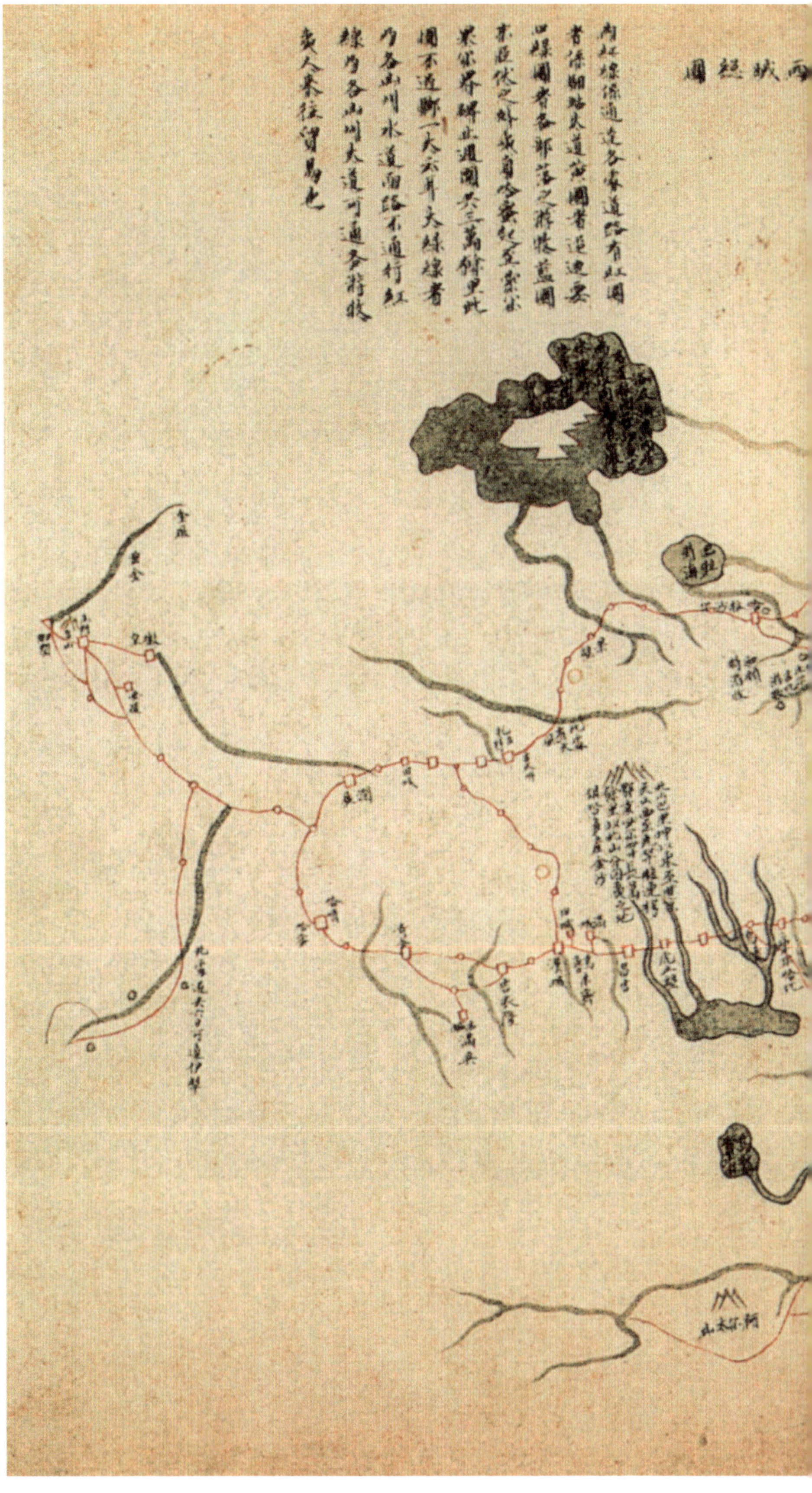

西域总图（清）

陕甘总督尹继善奏折：

为备办准噶尔贡使呢玛一行进京事

乾隆十四年十二月初八日（1750年1月15日）

安西提督永常奏折：

为准噶尔贡使呢玛在哈密购货情形事

乾隆十五年四月十一日（1750年5月16日）

北方游牧民族与中原农耕民族在长城一带进行的经济交流，早在明代甚至更早就已经开展，主要通过朝贡贸易和互市贸易的方式来实现。至清代，准噶尔部与清政府的朝贡贸易，更使得其与清政府在政治、经济等方面的联系进一步密切起来。噶尔丹时期，准噶尔部不仅年年遣使到内地贸易，有时还一年两次，商队人数也从百数十人扩大至数百人。其中作为“贡物”的马匹、兽皮等与清廷作为“赏赐物”的缎布、瓷器等进行交换，更重要的是通过贡物以外多携带的货物进行贸易，一般毛皮细软等便于驼载的货物于贡使进京时在京货卖，牛羊马驼等则多留于肃州（今属甘肃省酒泉市）货卖。此种贸易分为“官办”和“商办”两种，“官办”即由清政府动用库银及库贮绸缎、茶叶、布匹等物先与之兑换，待商队离开后，再将货物发至邻省及附近州县发售，购置第二年商队所需货物，“商办”即由政府召集外地富商大贾包揽买卖的贸易。乾隆十四年，噶尔丹策零之子策旺多尔济纳木札尔派遣使臣呢玛入贡，整支队伍47人，共携带马678匹、驼181只、牛129只、羊2585只，并恳求将多带的牛羊马匹在哈密变卖，购买梭布、缎、茶等，得到了乾隆帝的同意。

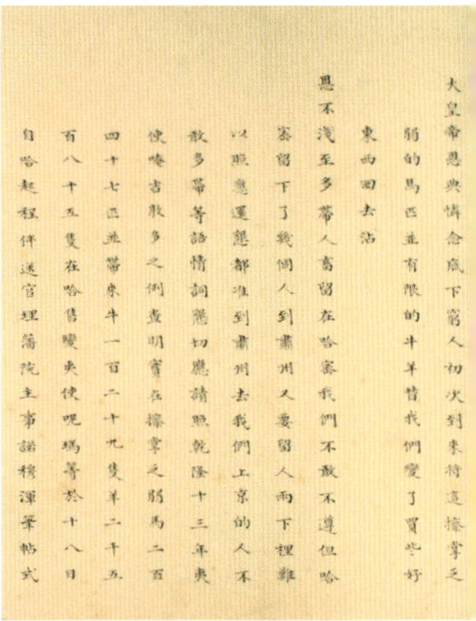
大皇帝恩典憐念底下窮人初次到來將這擡掌之
弱的馬匹並有限的牛羊惜我們變了買些好
東西回去沾
恩不淺至多帶人畜留在哈密我們不敢不遵但哈
密留下了幾個人到肅州又要留人兩下裡難
以照應還懇都准到肅州去我們上京的人不
敢多帶等語情詞懇切應請照乾隆十三年夷
使噶吉散多之例查明實在擡掌之弱馬二百
四十七匹並帶來牛一百二十九隻羊二千五
百八十五隻在哈售變夷使呢瑪等於十八日
自哈起程伴送官理藩院主事諾穆渾筆帖式

乾隆拾肆年拾貳月
日

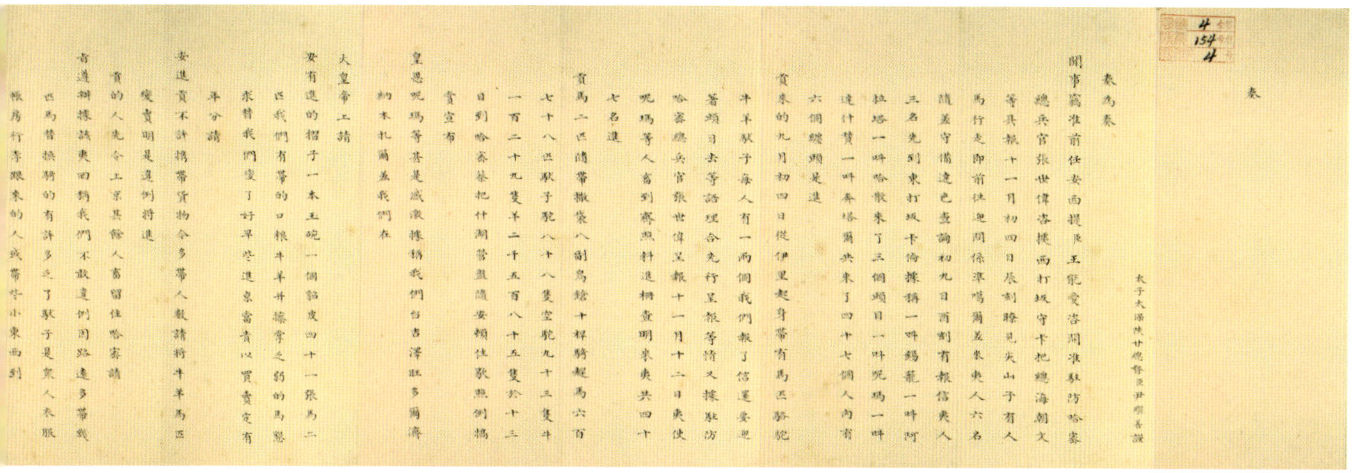

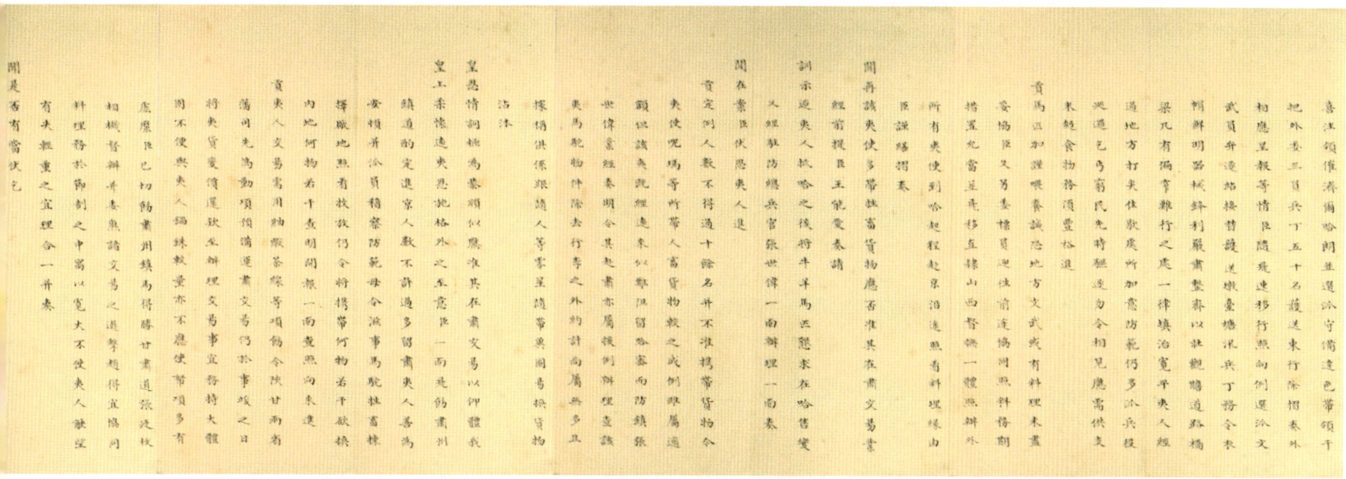

陕甘总督尹继善奏折（乾隆十四年十二月初八日）

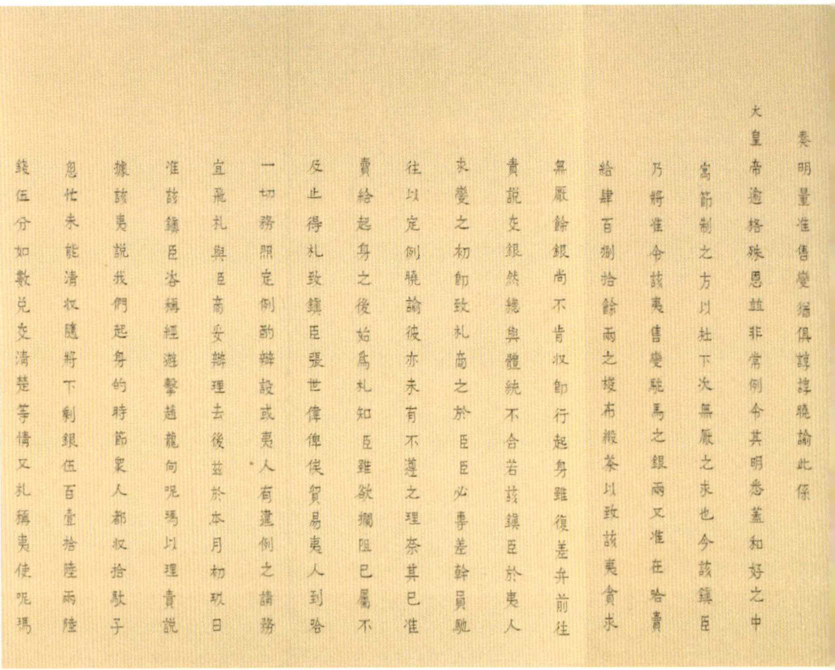
奏明量准售變猶俱諄諄曉諭此係
大皇帝逾格殊恩並非常例令其明悉蓋和好之中
寓節制之方以杜下次無厭之求也今該鎮臣
乃將准令該夷售變駝馬之銀兩又准在哈賣
給肆百捌拾餘兩之梭布緞茶以致該夷貪求
無厭餘銀尚不肯收即行起身雖復差弁前往
責說交銀然總與體統不合若該鎮臣於夷人
求變之初即致札商之於臣臣必專差幹員馳
往以定例曉諭彼亦未有不遵之理奈其已准
賣給起身之後始爲札知臣雖欲攔阻已屬不
及止得札致鎮臣張世偉俾俟貿易夷人到哈
一切務照定例酌辦設或夷人有違例之請務
宜飛札與臣商妥辦理去後茲於本月初玖日
准該鎮臣咨稱經遊擊趙龍向呢瑪以理責說
據該夷說我們起身的時節衆人都收拾駄子
忽忙未能清收隨將下剩銀伍百壹拾陸兩陸
錢伍分如數兌交清楚等情又札稱夷使呢瑪

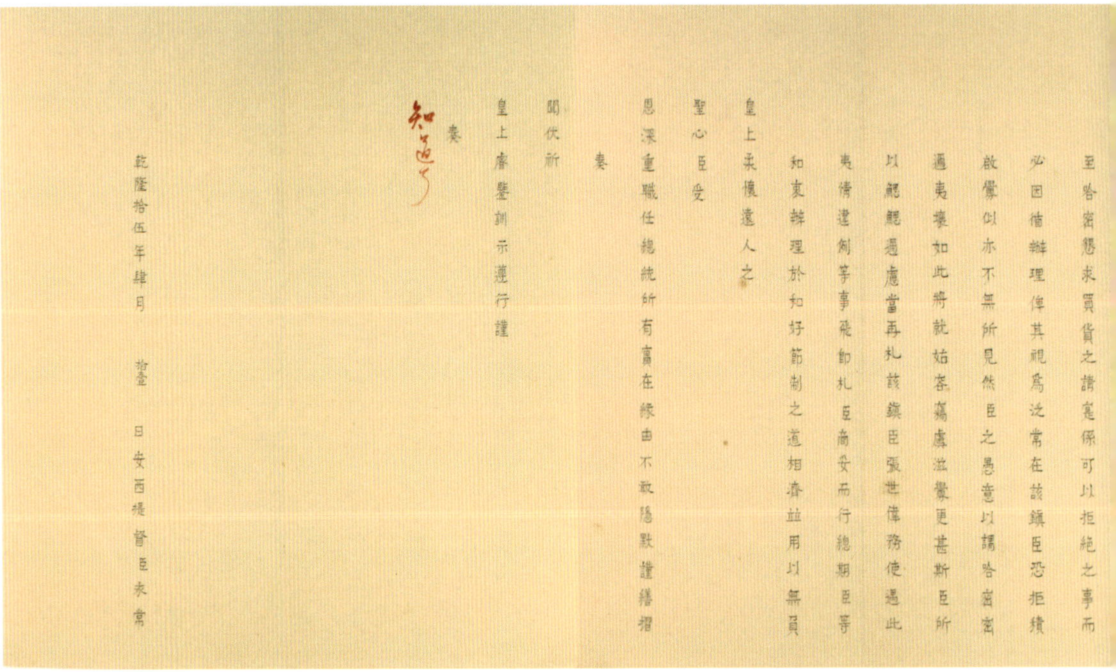
至哈密懇求買貨之請寔係可以拒絕之事而
必因循辦理俾其視爲泛常在該鎮臣恐拒績
啟釁似亦不無所見然臣之愚意以謂哈密
邇夷壤如此將就姑容竊慮滋釁更甚斯臣所
以龂龂過慮當再札該鎮臣張世偉務使遇此
夷情違例等事飛即札臣商妥而行總期臣等
和衷辦理於和好節制之道相濟並用以無負
皇上柔懷遠人之
聖心臣受
恩深重職任總統所有寔在緣由不敢隱默謹繕摺
奏
聞伏祈
皇上睿鑒訓示遵行謹
奏
知道了
乾隆拾伍年肆月　拾壹　日安西提督臣永常

安西提督永常奏折（乾隆十五年四月十一日）

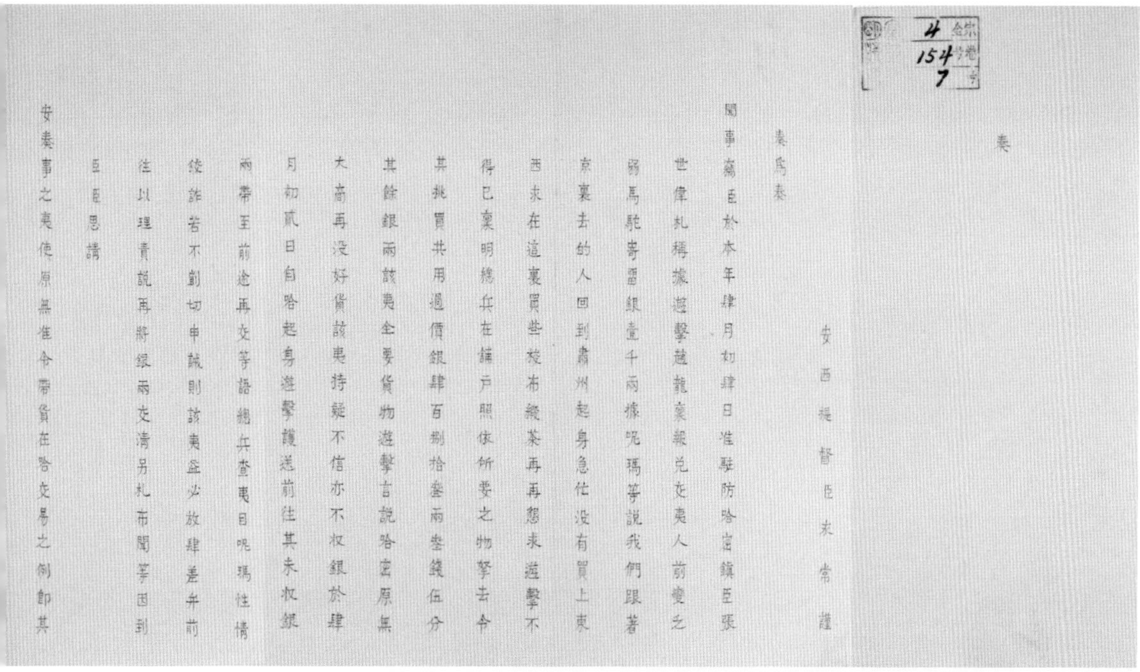

奏
安西提督臣宋常謹
奏爲奏
聞事竊臣於本年肆月初肆日准駐防哈密鎮臣張
世偉札稱據遊擊趙龍豪報兑支夷人前變之
弱馬駝寄留銀壹千兩據呢瑪等說我們跟著
京裏去的人回到肅州起身急忙沒有買上東
西來在這裏買些梭布緞茶再再懇求遊擊不
得已稟明總兵在舖戶照依所要之物拏去令
其挑買共用過價銀肆百捌拾叁兩叁錢伍分
其餘銀兩該夷全要貨物遊擊言說哈密原無
大商再沒好貨該夷持疑不信亦不收銀於肆
月初貳日自哈起身遊擊護送前往其未收銀
兩帶至前途再交等語總兵查夷目呢瑪性情
狡詐若不剴切申誡則該夷益必放肆差弁前
往以理責說再將銀兩交清另札布閩等因到
臣臣思請
安奏事之夷使原無准令帶貨在哈交易之例卽其

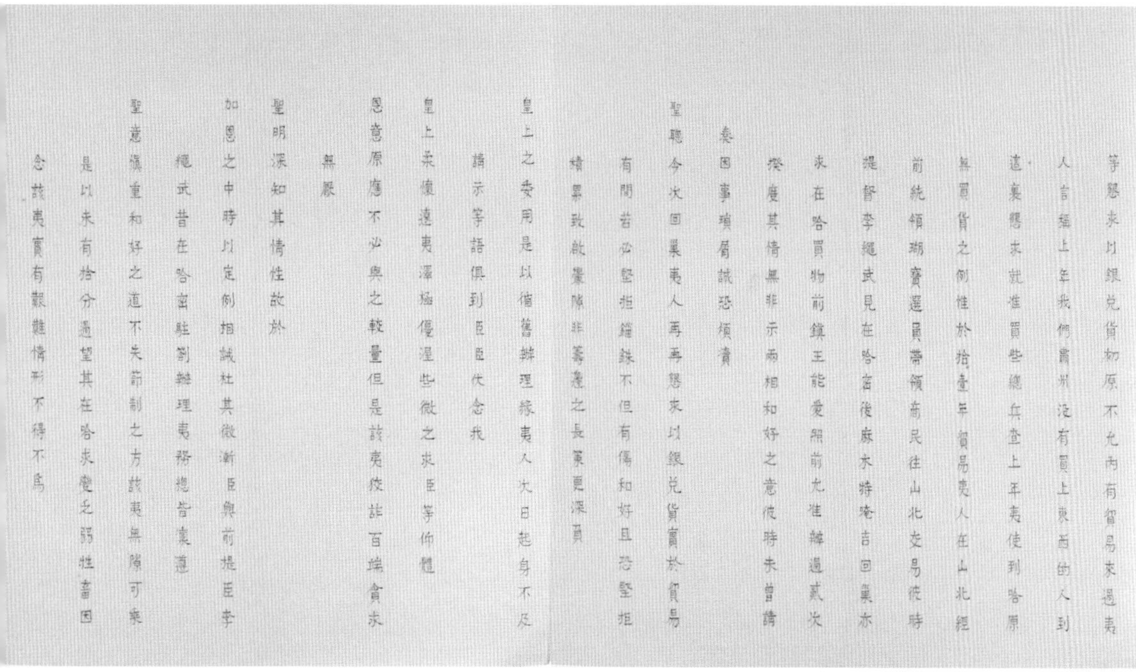
等懇求以銀兑貨初原不允內有貿易來過夷
人言稱上年我們肅州沒有買上東西的人到
這裏懇求就准買些總兵查上年夷使到哈原
無買貨之例惟於拾壹年貿易夷人在山北經
前統領瑚寶選員帶領商民往山北交易彼時
提督李繩武見在哈密後麻木特唵吉回巢亦
求在哈買物前鎮王能愛照前允准辦過貳次
揆度其情無非示兩相和好之意彼時未曾請
奏因事瑣屑誠恐煩瀆
聖聽今次回巢夷人再再懇求以銀兑貨實於貿易
有關若必堅拒錙銖不但有傷和好且恐堅拒
積累致啟釁隙非籌邊之長策更深負
皇上之委用是以循舊辦理緣夷人大日起身不及
請示等語俱到臣臣伏念我
皇上柔懷遠夷澤極優渥些微之求臣等仰體
恩意原應不必與之較量但是該夷狡詐百端貪求
無厭
聖明深知其情性故於
加恩之中時以定例相誡杜其微漸臣與前提臣李
繩武昔在哈密駐劄辦理夷務總皆稟遵
聖意慎重和好之道不失節制之方該夷無隙可乘
是以未有拾分過望其在哈求覔乏弱牲畜因
念該夷實有艱難情形不得不爲

大学士管陕甘总督事黄廷桂奏折：

为遵旨准备与哈萨克贸易事

乾隆二十二年十一月二十八日（1758年1月7日）

乾隆二十年（1755）二月，乾隆帝趁准噶尔部发生内乱，出兵征伐，擒获达瓦齐等叛乱首领。乾隆二十二年春，乾隆帝再次出兵镇压阿睦尔撒纳，彻底平定了西北边陲。之后，乾隆帝为了在西北地区开展与哈萨克的贸易，特意嘱咐陕甘总督黄廷桂委派范清洪等人专门办理此项事务，并强调双方贸易重在两得其平，逐利其次：“贸易之事，不过因其输诚内乡，俾得贸迁有无，稍资生计，而彼处为产马之区，则收换马匹，亦可以补内地调拨缺额，并非藉此以示抚循，亦非利其所有，而欲贱值以取之也。将来交易之际，不必过于繁苛，更不必过于迁就，但以两得其平为是。”自此，清朝建立了与哈萨克的贸易往来，西路商贸日渐繁荣。

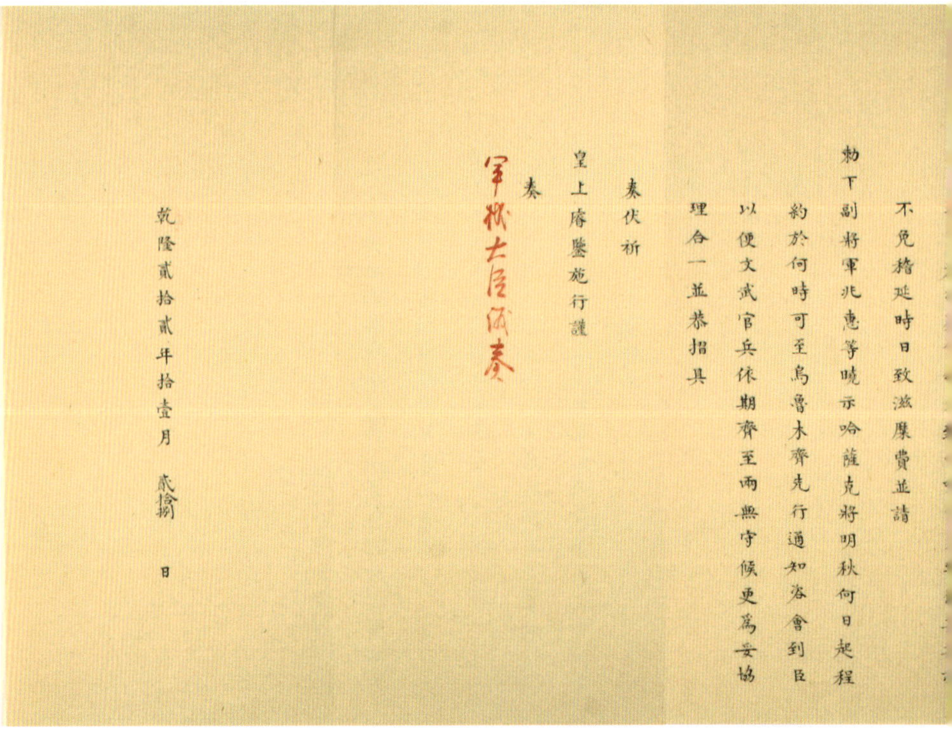
不免稽延時日致滋糜費並請
勅下副將軍兆惠等曉示哈薩克將明秋何日起程
約於何時可至烏魯木齊先行通知咨會到臣
以便文武官兵依期齊至兩無守候更為妥協
理合一並恭摺具
奏伏祈
皇上睿鑒施行謹
奏
軍機大臣議奏
乾隆貳拾貳年拾壹月　日

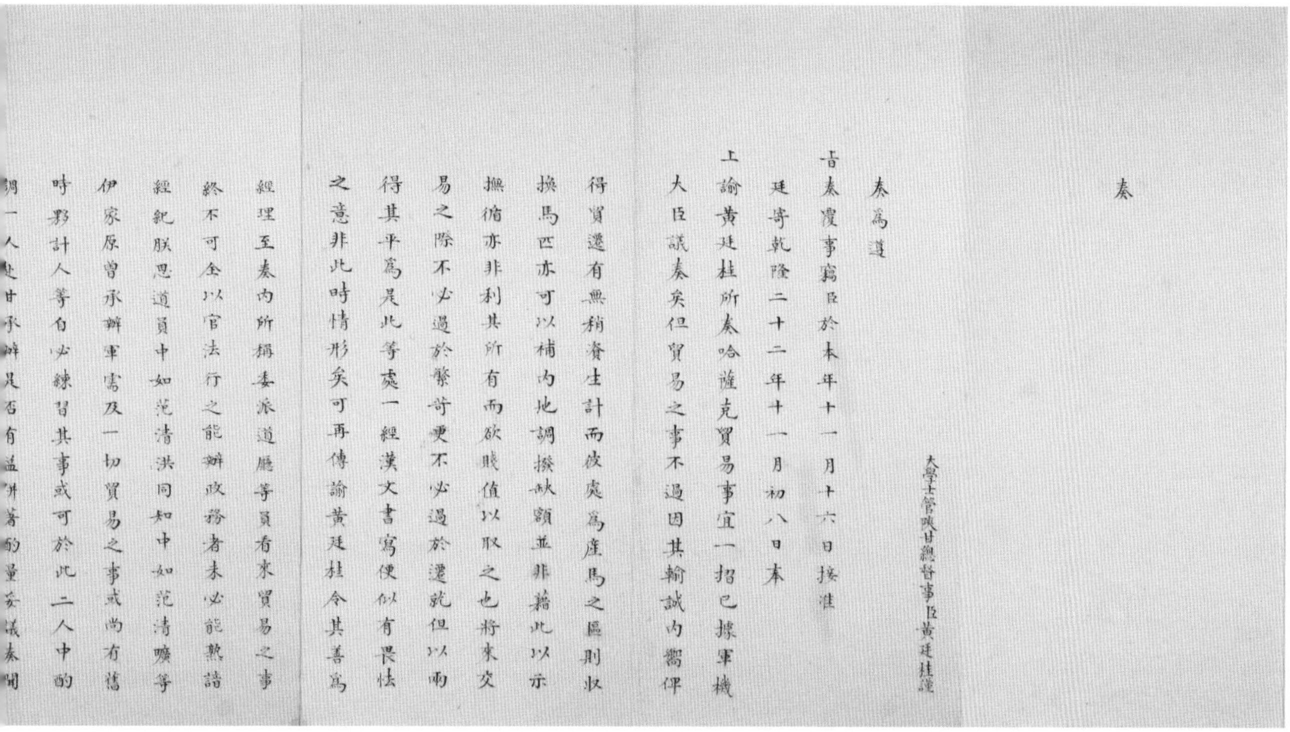
奏
大學士管陝甘總督事臣黃廷桂謹
奏爲遵
旨奏覆事竊臣於本年十一月十六日接准
廷寄乾隆二十二年十一月初八日奉
上諭黃廷桂所奏哈薩克貿易事宜一摺已據軍機
大臣議奏矣但貿易之事不過因其輸誠內嚮俾
得貿遷有無稍資生計而彼處爲産馬之區則收
換馬匹亦可以補內地調撥缺額並非藉此以示
撫循亦非利其所有而欲賤值以取之也將來交
易之際不必過於繁苛更不必過於遷就但以兩
得其平爲是此等處一經漢文書寫便似有畏怯
之意非此時情形矣可再傳諭黃廷桂令其善爲
經理至奏內所稱委派道廳等員看來貿易之事
終不可全以官法行之能辦政務者未必能熟諳
經紀朕思道員中如范清洪同知中如范清曠等
伊家原曾承辦軍需及一切貿易之事或尚有舊
時夥計人等自必練習其事或可於此二人中酌
調一人赴甘承辦是否有益併著酌量妥議奏聞

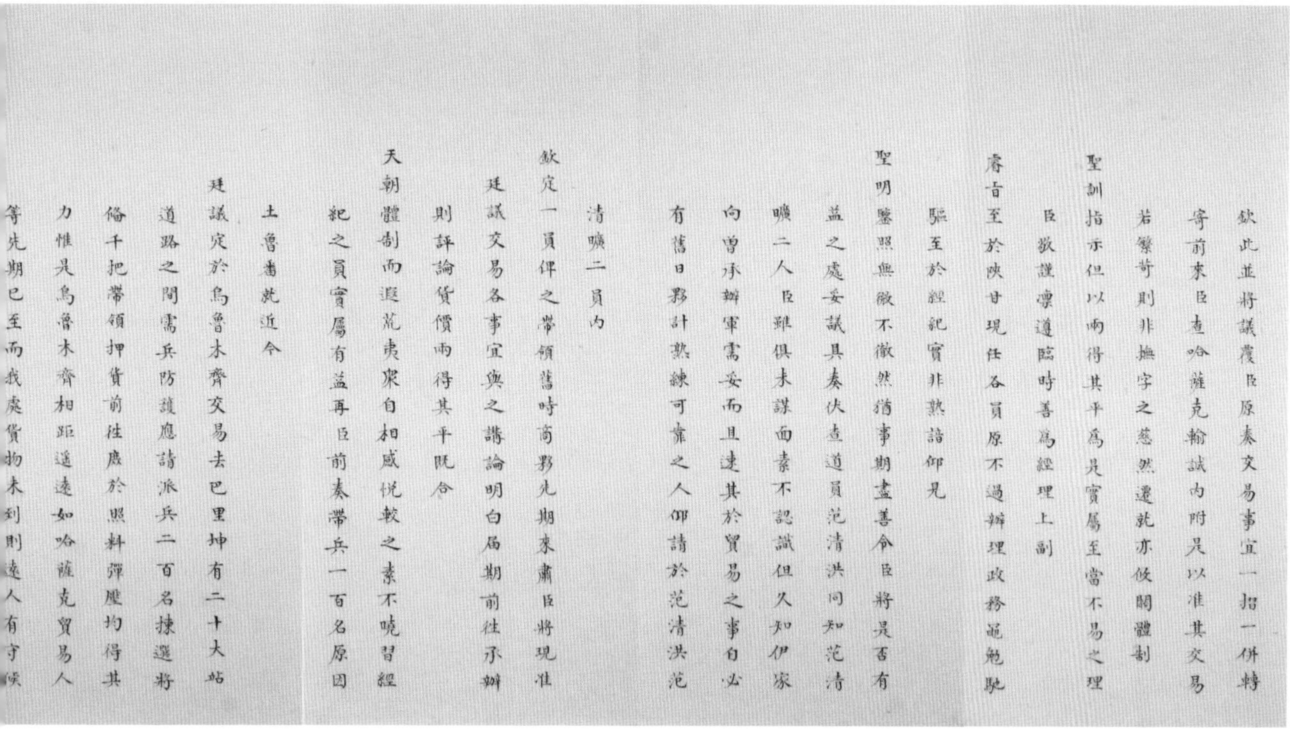
欽此並將議覆臣原奏交易事宜一摺一併轉
寄前來臣查哈薩克輸誠內附是以准其交易
若繁苛則非撫字之慈然遷就亦攸關體制
聖訓指示但以兩得其平爲是實屬至當不易之理
臣欽謹凜遵臨時善爲經理上副
睿旨至於陝甘現任各員原不過辦理政務罔勉馳
驅至於經紀實非熟諳仰見
聖明鑒照無微不徹然猶事期盡善令臣將是否有
益之處妥議具奏伏查道員范清洪同知范清
曠二人臣雖俱未謀面素不認識但久知伊家
向曾承辦軍需妥而且速其於貿易之事自必
有舊日夥計熟練可靠之人仰請於范清洪范
清曠二員內
欽定一員俾之帶領舊時商夥先期來肅臣將現准
廷議交易各事宜與之講論明白屆期前往承辦
則評論貨價兩得其平既合
天朝體制而遐荒夷衆自相感悅較之素不曉習經
紀之員實屬有益再臣前奏帶兵一百名原因
土魯番就近今
廷議定於烏魯木齊交易去巴里坤有二十大站
道路之間需兵防護應請派兵二百名揀選將
備千把帶領押貨前往庶於照料彈壓均得其
力惟是烏魯木齊相距遙遠如哈薩克貿易人
等先期已至而我處貨物未到則遠人有守候

大学士管陕甘总督事黄廷桂奏折（乾隆二十二年十一月二十八日）

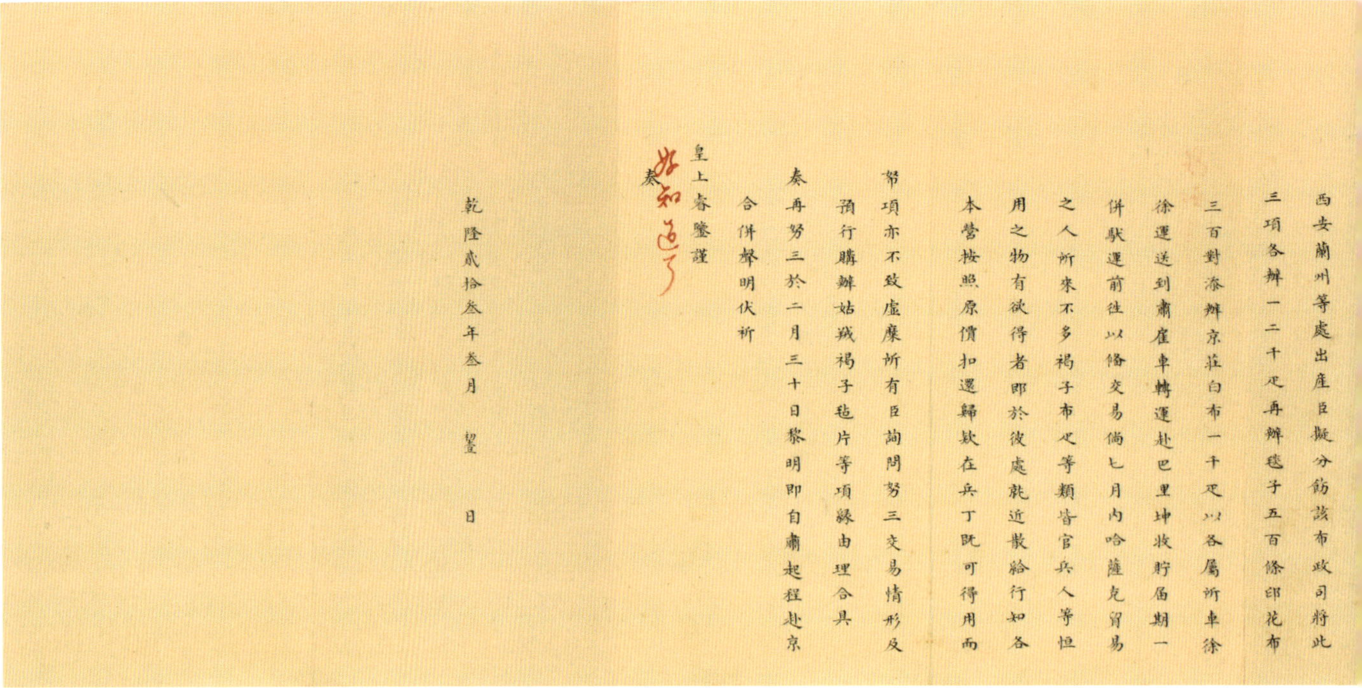
西安蘭州等處出產臣擬分飭該布政司將此
三項各辦一二千疋再辦毯子五百條印花布
三百對添辦京莊白布一千疋以各屬所車徐
徐運送到肅雇車轉運赴巴里坤收貯屆期一
併馱運前往以備交易倘七月内哈薩克貿易
之人所來不多褐子布疋等類皆官兵人等恒
用之物有欲得者即於彼處就近散給行知各
本營按照原價扣還歸款在兵丁既可得用而
帑項亦不致虛糜所有臣詢問努三交易情形及
預行購辦姑絨褐子毡片等項緣由理合具
奏再努三於二月三十日黎明即自肅起程赴京
合併聲明伏祈
皇上睿鑒謹
奏
好知道了
乾隆貳拾叁年叁月　望　日

大学士管陕甘总督事黄廷桂奏折：

为与哈萨克交易陕省预行购办姑绒等项事

乾隆二十三年三月初一日（1758 年 4 月 8 日）

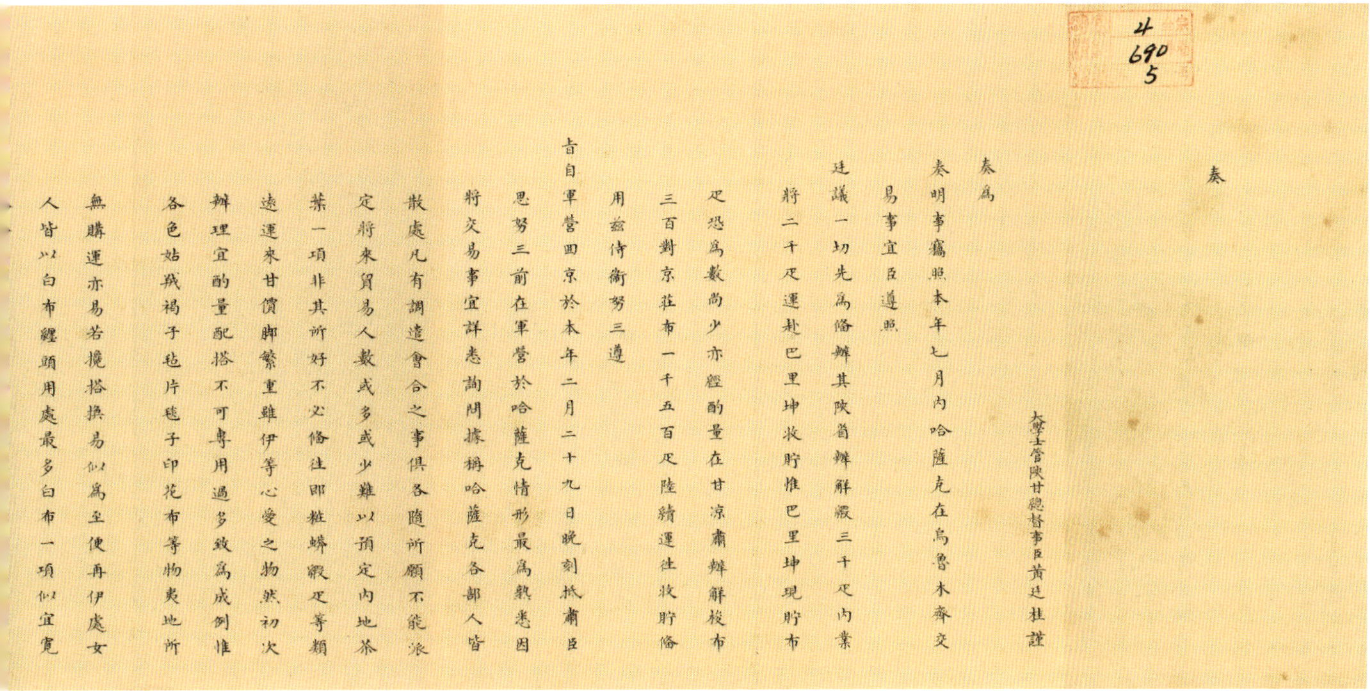
奏
大學士管陝甘總督事臣黄廷桂謹
奏爲
奏明事竊照本年七月内哈薩克在烏魯木齊交
易事宜臣遵照
廷議一切先爲備辦其陝省辦解緞三千疋内業
將二千疋運赴巴里坤收貯惟巴里坤現貯布
疋恐爲數尚少亦經酌量在甘凉肅辦解梭布
三百對京莊布一千五百疋陸續運往收貯備
用兹侍衛努三遵
旨自軍營回京於本年二月二十九日晚刻抵肅臣
思努三前在軍營於哈薩克情形最爲熟悉因
將交易事宜詳悉詢問據稱哈薩克各部人皆
散處凡有調遣會合之事俱各隨所願不能派
定將來貿易人數或多或少難以預定内地茶
葉一項非其所好不必備往即粧蟒緞疋等類
遠運來甘價脚繁重雖伊等心愛之物然初次
辦理宜酌量配搭不可專用過多致爲成例惟
各色姑絨褐子毡片毡子印花布等物夷地所
無購運亦易若攙搭換易似爲至便再伊處女
人皆以白布纏頭用處最多白布一項似宜寬

大学士管陕甘总督事黄廷桂奏折（乾隆二十三年三月初一日）

乾隆二十三年（1758）初，乾隆帝平定西北后，准备当年七月与哈萨克在乌鲁木齐首次展开贸易往来，特意要求陕甘总督黄廷桂提前做好准备。黄廷桂不敢怠慢，从陕西运送缎2000匹至巴里坤收贮，又从甘肃等地采办梭布300对等。不仅如此，黄廷桂得知侍卫努三常年驻扎在新疆，对哈萨克情形最为熟悉，此时正好回京路过甘肃，便主动向其咨询哈萨克的相关情况。在交谈中，黄廷桂得知哈萨克各部散居各处，前来贸易人数不定，主要偏爱各色姑绒、褐子、毡片、白布等。三月初一日，黄廷桂上奏乾隆帝，表示自己准备分饬西安、兰州等处布政司采购姑绒、毡片等各项货物，尽快运往巴里坤收贮，以备七月与哈萨克的交易。

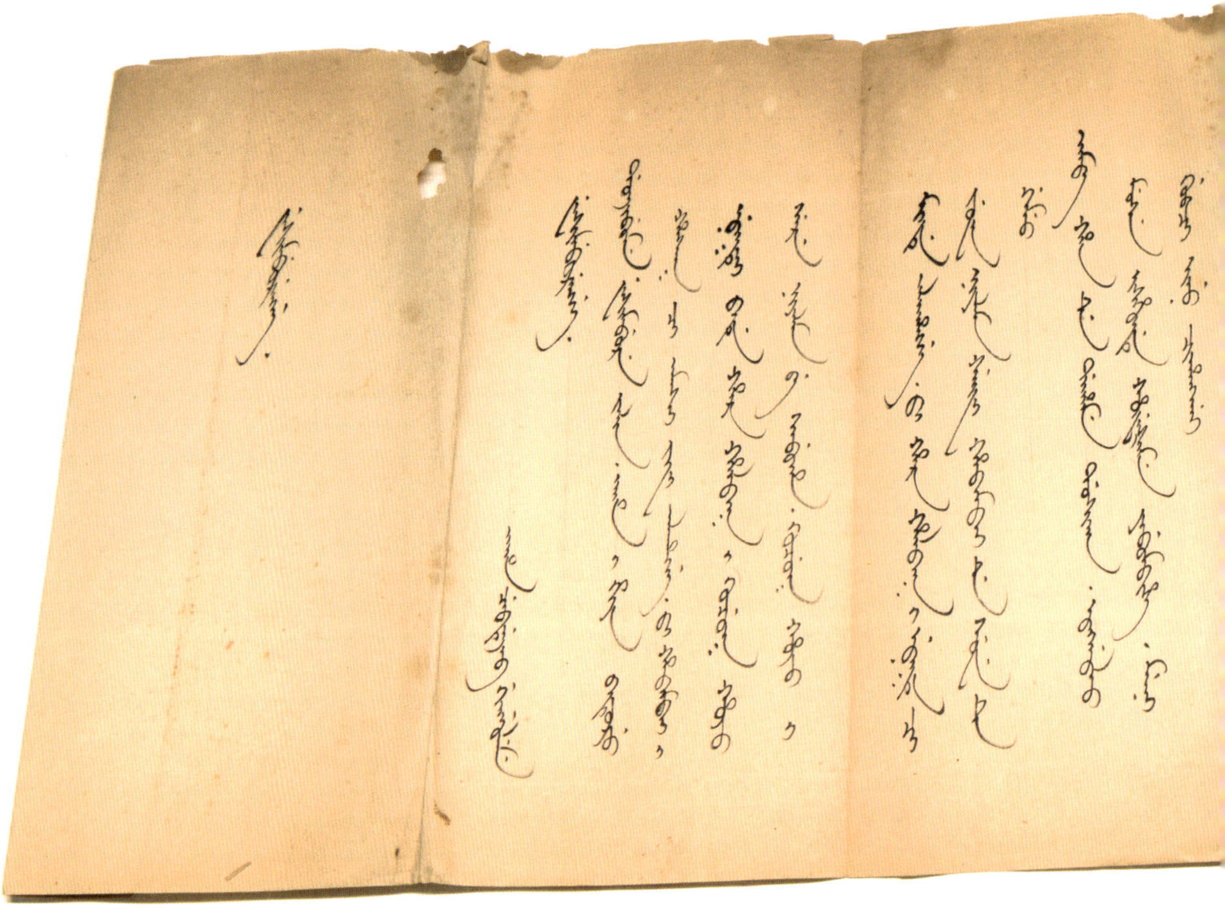

定边右副将军车布登扎布奏折：

为哈萨克库楚克和卓率部归附事

乾隆二十三年九月初一日（1758 年 10 月 2 日）

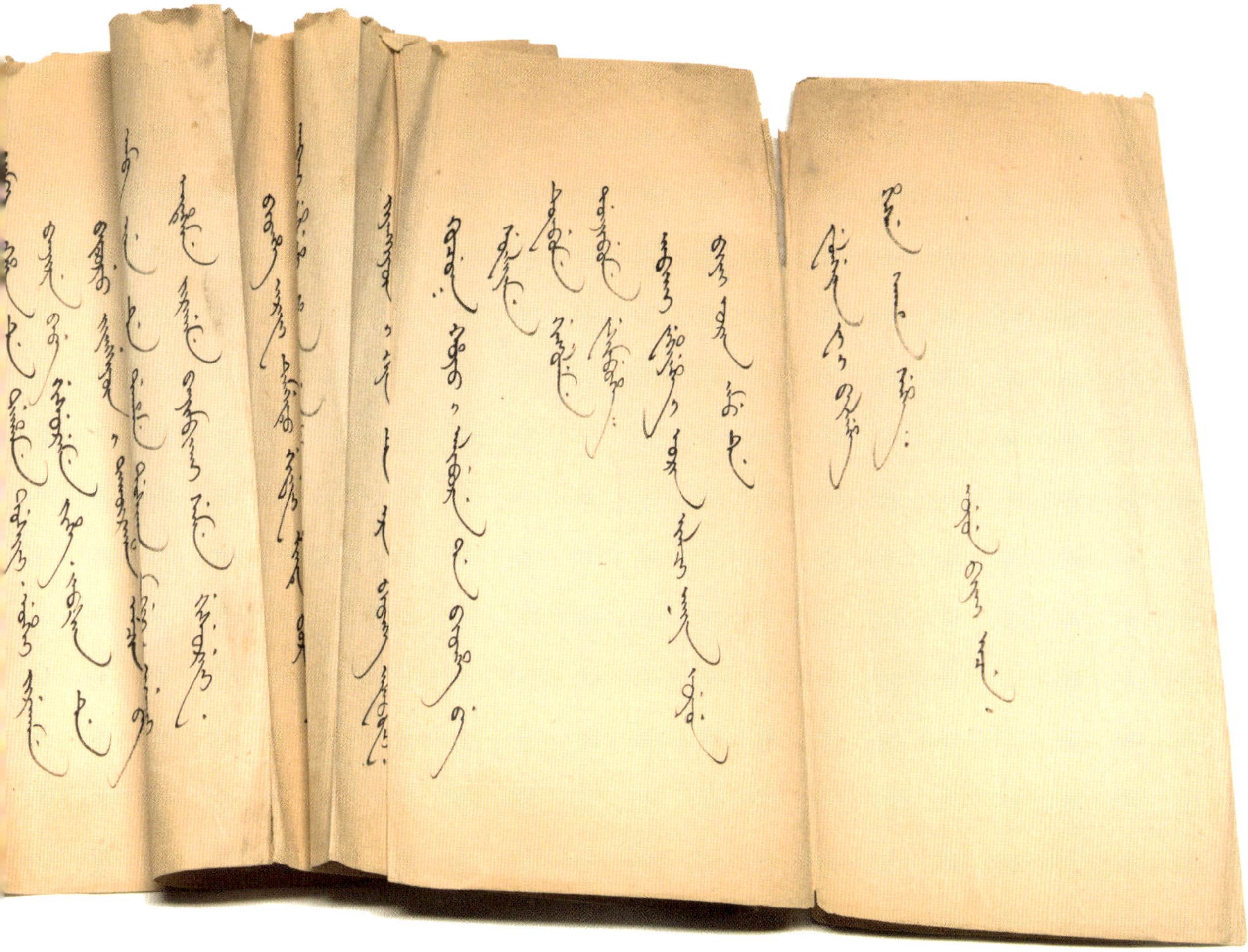

定边右副将军车布登扎布奏折（乾隆二十三年九月初一日）

乾隆帝平定准噶尔部，稳定西部疆域后，下令恢复与中亚各国的贸易往来。一些原来因为躲避战乱而逃离祖国的部落鉴于清朝国势强盛，希望重新回到祖国。乾隆二十三年（1758），定边右副将军车布登扎布用满文奏报乾隆帝，此次侍卫从哈萨克回来呈报，在哈巴木拜牧场见到库楚克和卓。该和卓原管理哈拉哈勒巴克六万户，后因杀害阿布勒哈尔之弟布勒哈利，阿布赉等率兵劫掠其牧场，不得不向北迁徙，如今请求代为呈请大皇帝，希望能重回原牧场。乾隆帝朱批：“知道了。”由此可见，清朝的强大对于西北地区少数民族的迁徙和回归，具有强大的吸引力。

内阁起居注：

皇帝行围赐饭右部哈萨克使臣等并观健锐兵立马技及火戏等

乾隆二十三年十一月初四日（1758 年 12 月 4 日）

乾隆二十二年（1757）以后，西部边界稳定，清朝与哈萨克互相交换马匹、丝绸等商品，双方的贸易往来日渐繁荣。同时，哈萨克还派遣使臣进京朝见乾隆帝。哈萨克使臣在京城活动频繁，展现出了友好的姿态，也获得了乾隆帝的热情款待。乾隆二十三年十一月初四日，乾隆帝举行围猎活动，射杀熊等猎物，赏给随从。哈萨克使臣卓兰与其他的王公大臣一起陪同用餐，并在餐后观看健锐兵表演的立马技和火戏等节目，起居注官特此记录。

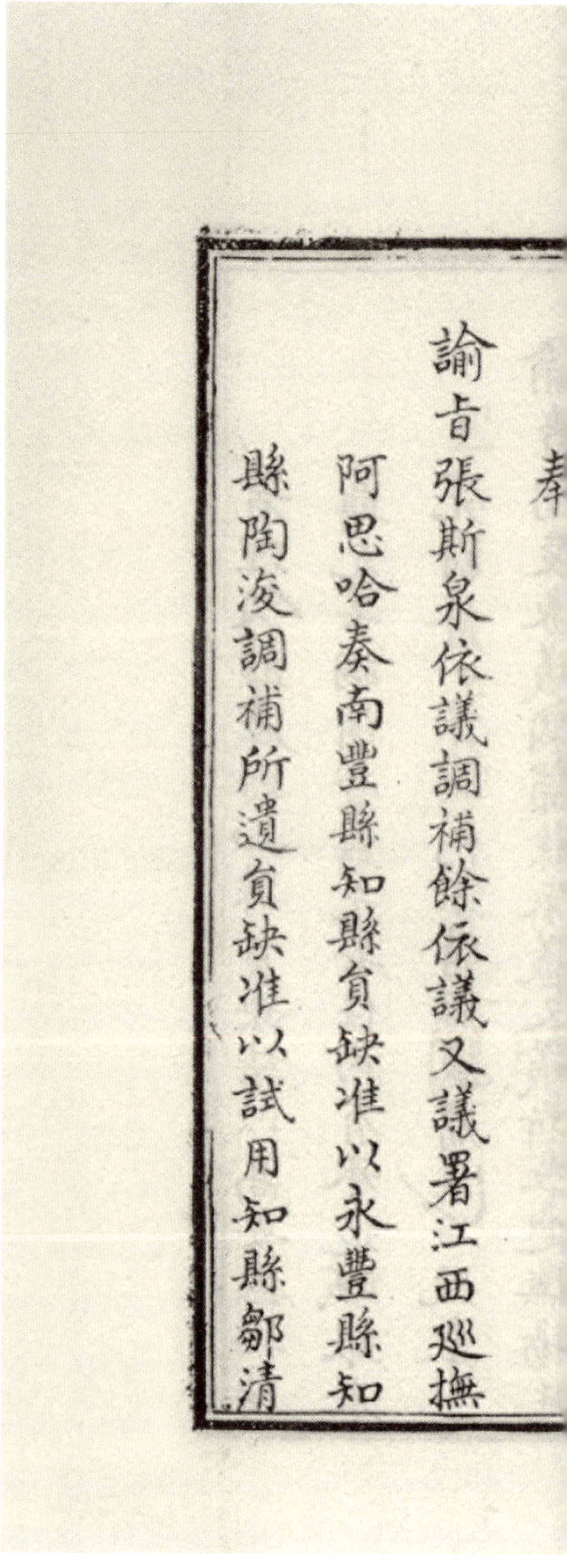
奉
諭旨張斯泉依議調補餘依議又議署江西巡撫
阿思哈奏南豐縣知縣員缺准以永豐縣知
縣陶浚調補所遺員缺准以試用知縣鄒清

初四日丁亥

上行圍射能一殪帶二

賜扈從王公大臣及右部哈薩克使臣卓蘭等飯

閱健銳兵丁馬技及火戲　駕行記注　是日吏部議雲南巡撫劉

藻奏路南州知州員缺准以候補知州馬元

烈補授一疏大學士傅　協辦大學士尚書

蔣奉

諭旨馬元烈依議用餘依議又議雲貴總督愛必

達等奏雲南署楚雄縣知縣高綸與例應

迴避並貴州銅仁縣知縣張斯泉對調一疏

内阁起居注（乾隆二十三年十一月初四日）

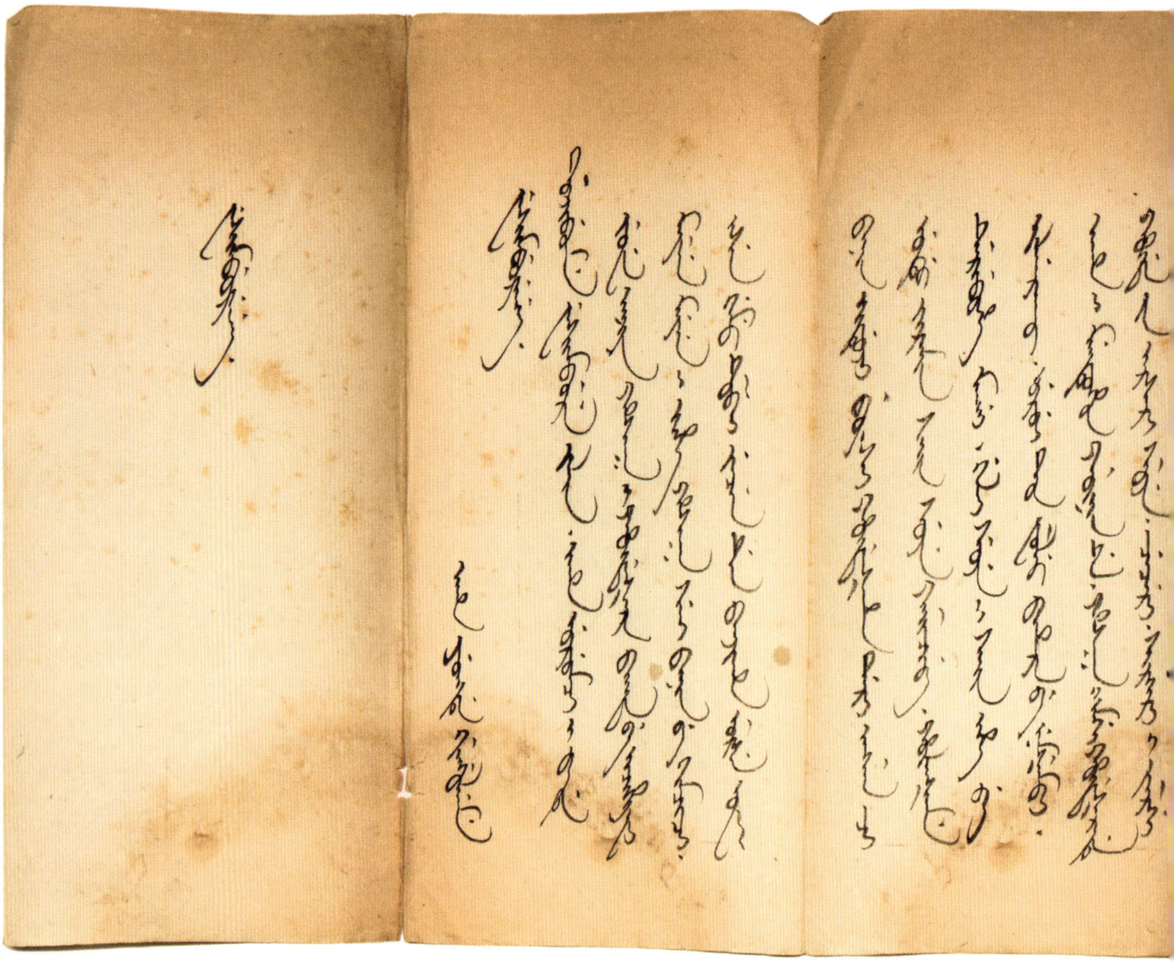

驻乌鲁木齐办事三等侍卫永德奏折：
为奏报与哈萨克交换马匹及所用银两数目事
乾隆二十四年十一月十一日（1759 年 12 月 29 日）

驻乌鲁木齐办事三等侍卫永德奏折：
为请调拨廉价杂色绸缎以备与哈萨克交换马匹事
乾隆二十四年十一月十一日（1759 年 12 月 29 日）

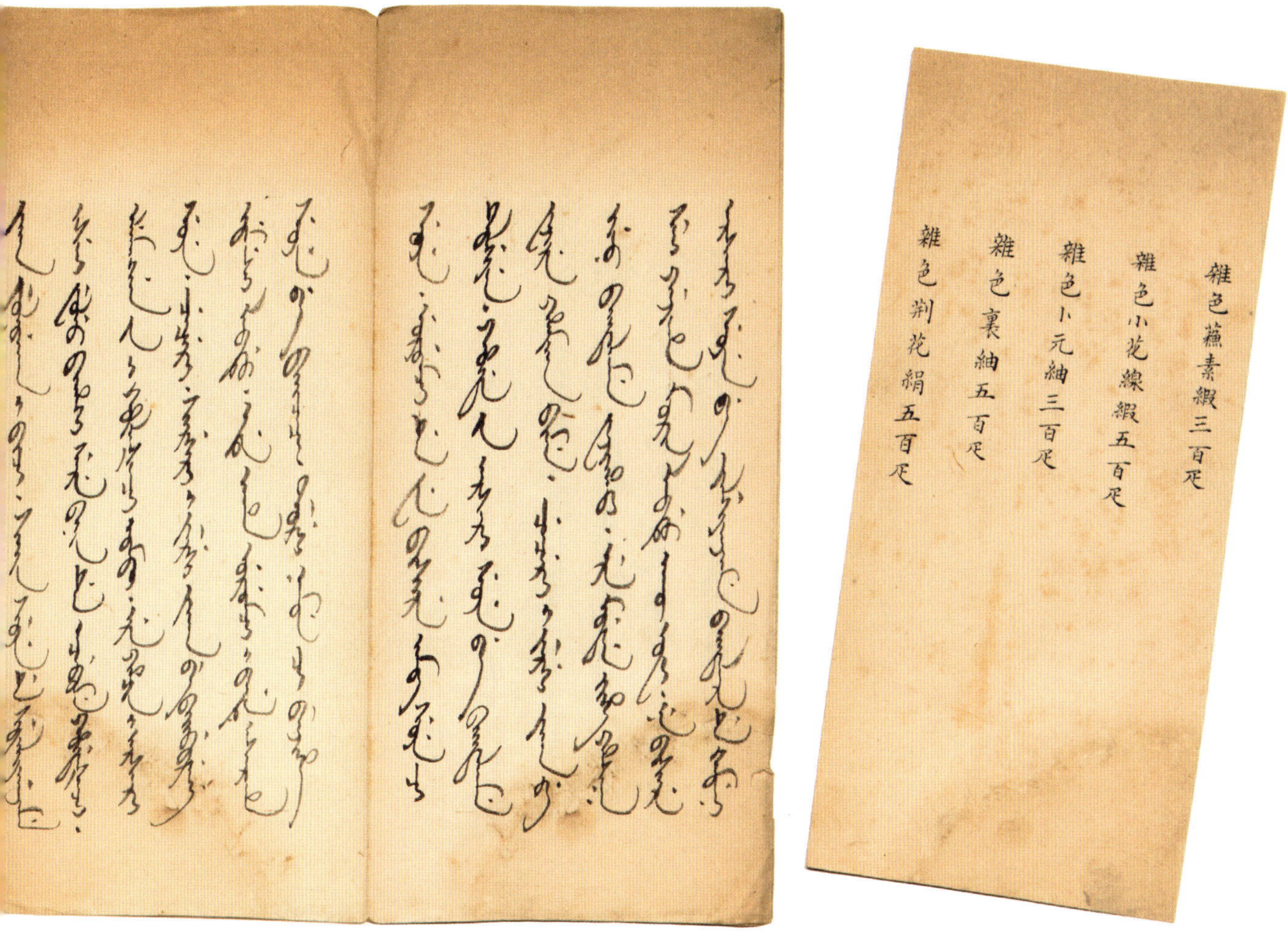

驻乌鲁木齐办事三等侍卫永德奏折（乾隆二十四年十一月十一日）

清制，新疆地区凡有与哈萨克进行贸易事，均需及时呈报皇帝。乾隆二十四年（1759）十一月，驻乌鲁木齐三等侍卫永德向乾隆帝奏报，此次哈萨克派到乌鲁木齐的商人共80余名，携带600匹马，恳请地方官等转交商人换成衣服等物。永德等照例派官兵护送马匹往雅尔等地过冬。永德同时奏报，按定制，每两年同哈萨克进行绸缎、马匹等贸易一次，现在乌鲁木齐库存绸缎将要用尽，请求朝廷自哈密、陕甘等地调拨廉价杂色绸缎，以备同哈萨克交易马匹时使用，并附上清单。乾隆帝同意了永德所请，命人迅速调拨绸缎等。可以看出，清政府对于新疆与哈萨克展开的贸易，付出了诸多心血。

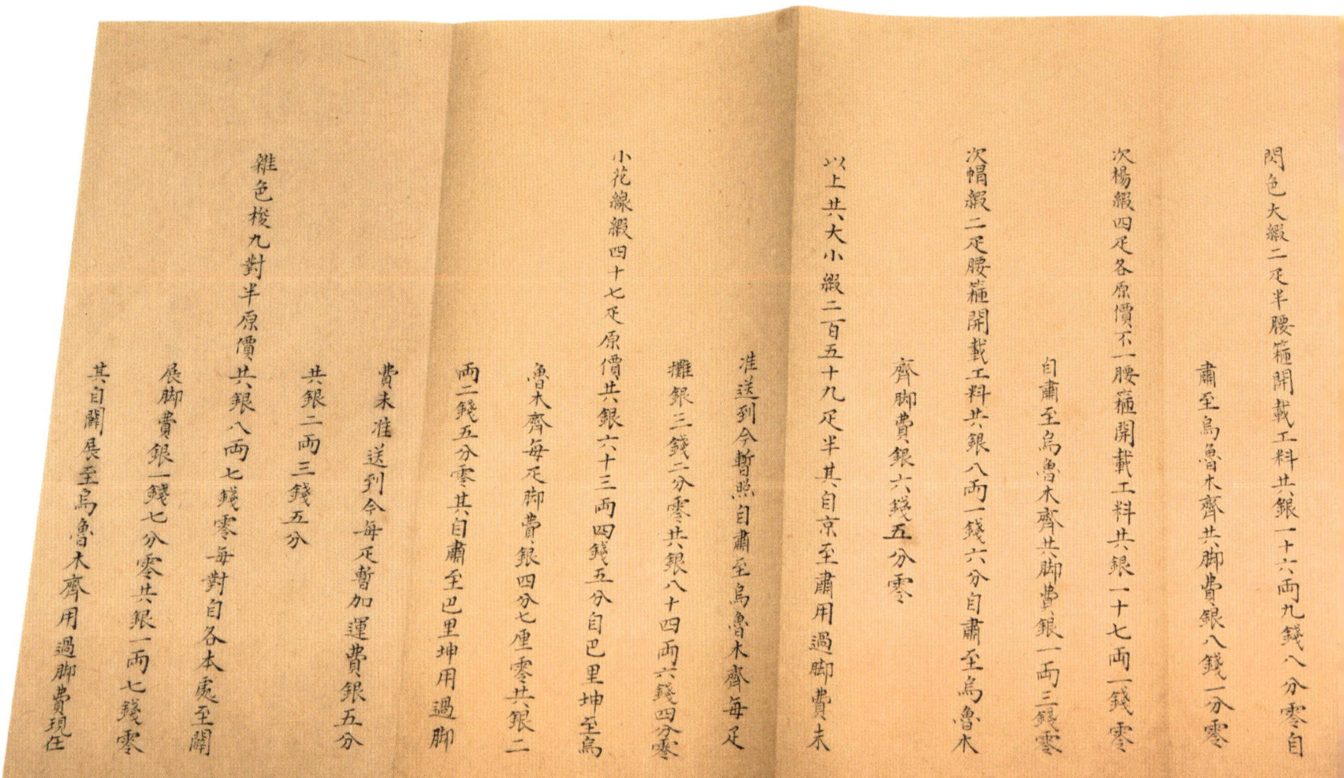

閃色大緞二疋半腰蘺開載工料共銀一十六兩九錢八分零自
肅至烏魯木齊共脚費銀八錢一分零
次楊緞四疋各原價不一腰蘺開載工料共銀一十七兩一錢零
自肅至烏魯木齊共脚費銀一兩三錢零
次帽緞二疋腰蘺開載工料共銀八兩一錢六分自肅至烏魯木
齊脚費銀六錢五分零
以上共大小緞二百五十九疋半其自京至肅用過脚費未
准送到今暫照自肅至烏魯木齊每疋
攤銀三錢二分零共銀八十四兩六錢四分零
小花線緞四十七疋原價共銀六十三兩四錢五分自巴里坤至烏
魯木齊每疋脚費銀四分七厘零共銀二
兩二錢五分零其自肅至巴里坤用過脚
費未准送到今每疋暫加運費銀五分
共銀二兩三錢五分
雜色梭九對半原價共銀八兩七錢零每對自各本處至關
展脚費銀一錢七分零共銀一兩七錢零
其自關展至烏魯木齊用過脚費現在

驻乌鲁木齐办事三等侍卫永德奏折（乾隆二十四年十一月十一日）

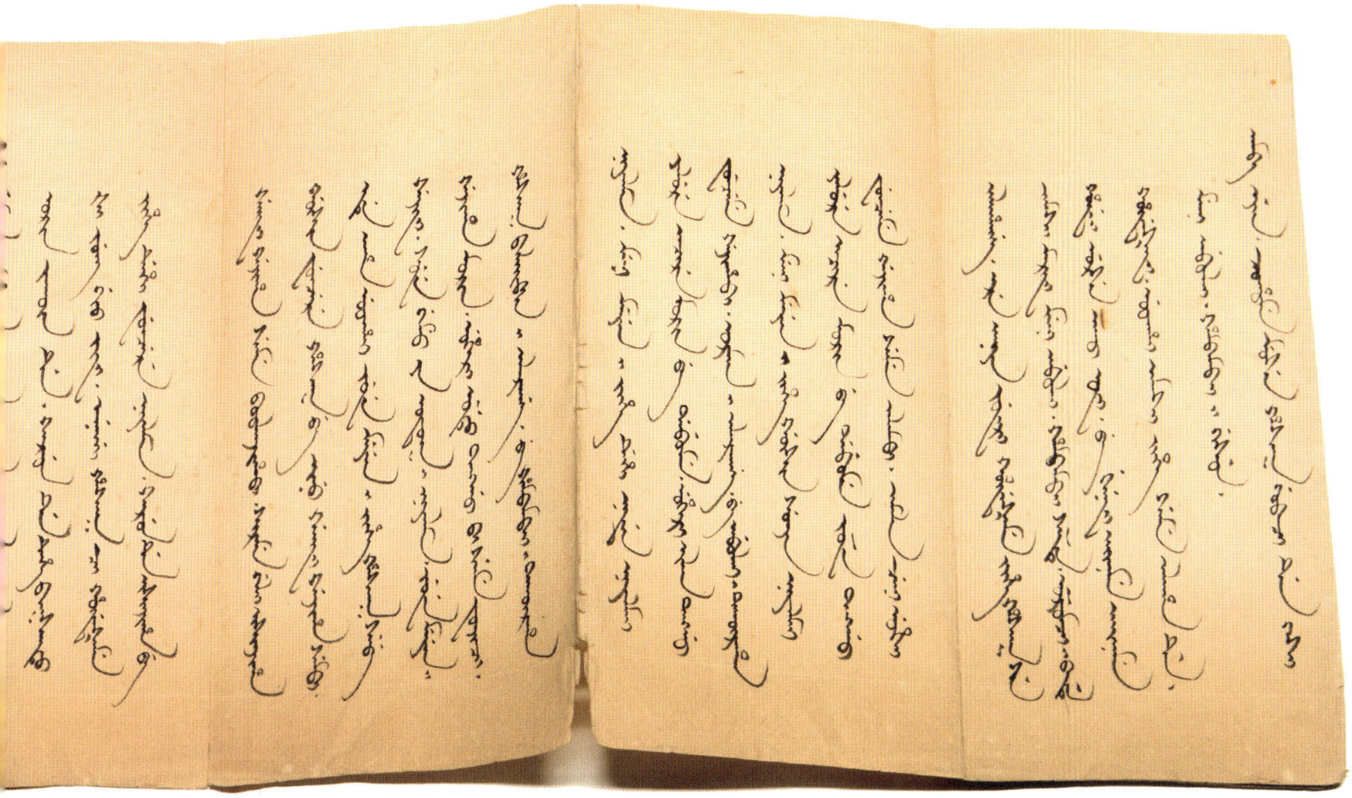

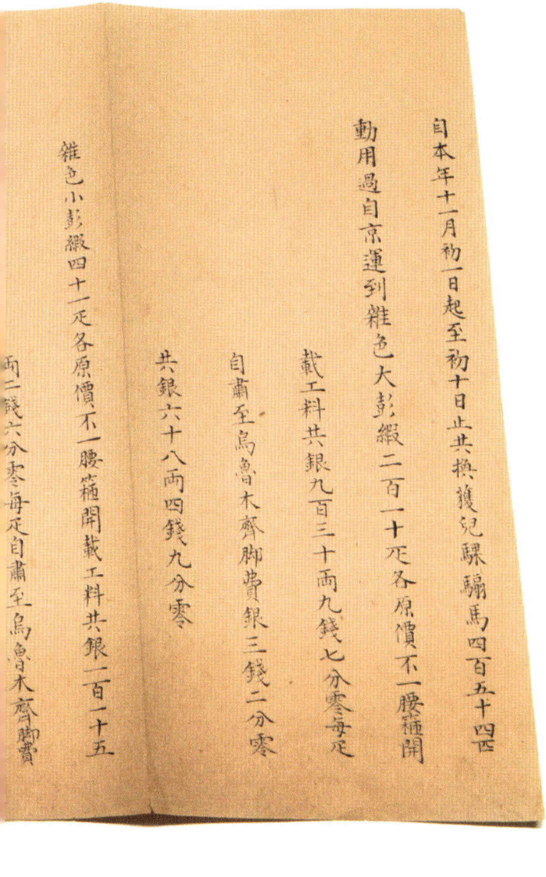
自本年十一月初一日起至初十日止共換獲兒騍騸馬四百五十四匹
動用過自京運到雜色大彭緞二百一十疋各原價不一腰箍開
載工料共銀九百三十兩九錢七分零每疋
自肅至烏魯木齊脚費銀三錢二分零
共銀六十八兩四錢九分零
雜色小彭緞四十一疋各原價不一腰箍開載工料共銀一百一十五
兩二錢六分零每疋自肅至烏魯木齊脚費

江宁织造托庸等奏折：

为奉旨承办哈萨克贸易缎匹情形事

乾隆二十五年三月十一日（1760年4月26日）

乾隆帝谕旨：

着内库拨寻常绸缎用于与哈萨克贸易

乾隆二十五年四月初二日（1760年5月16日）

自乾隆帝平定西域后，清朝与哈萨克丝绸贸易稳定上升，规模日趋扩大。乾隆二十五年（1760），户部拨缎5500匹，后又续拨各色缎1798匹，寄存乌鲁木齐，以备双方贸易。此后，随着双方贸易进一步深入开展，西北各地方官员奏报哈萨克人以多得寻常衣料为乐，尤以中等缎匹最受欢迎，要求内地再造青绸等8500匹。按照清制，此项任务交由了江南的三处织造负责。三处织造的官员提出，若能减少大缎、锦缎等织品的十分之二三，便可自行解决织造寻常绸缎的费用问题，请求朝廷酌量权衡。乾隆帝考虑到与哈萨克贸易的具体情况，决定该年交易所用大缎、锦缎等先由内库拨出，其余寻常绸缎则由三织造负责，完成后即行解送甘肃，以备交易。乾隆朝中期，清朝与哈萨克的丝绸贸易往来已经达到相当大的规模，其织品大多由内地的专门织造机构负责，再行解送甘肃、新疆等地交易，内情由此可以窥见一二。

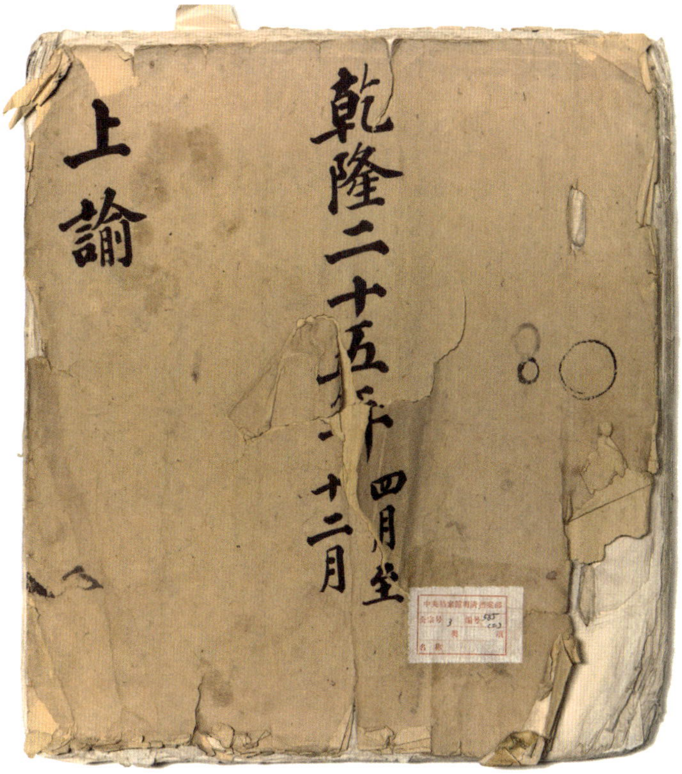

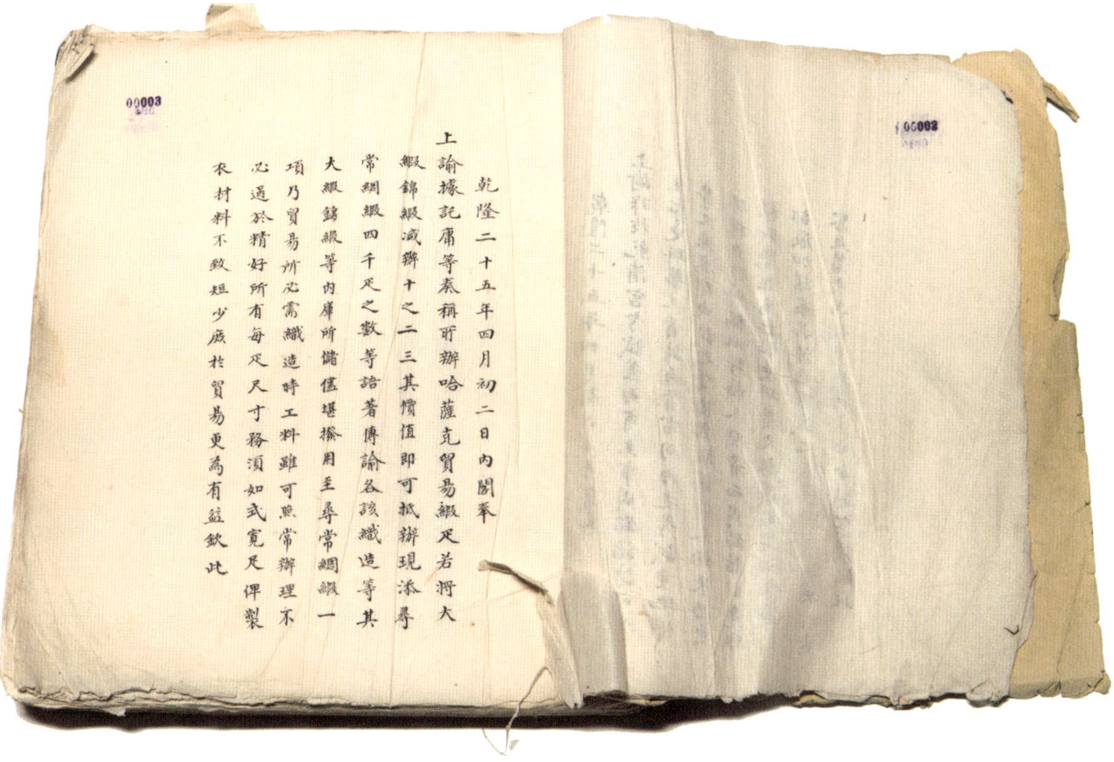

乾隆二十五年四月初二日内閣奉
上諭據託庸等奏稱可辦哈薩克貿易緞疋若將大
緞錦緞減辦十之二三其價值即可抵辦現添尋
常綢緞四千疋之數等語著傳諭各該織造等其
大緞錦緞等内庫所儲儘堪撥用至尋常綢緞一
項乃貿易所必需織造時工料雖可照常辦理不
必過於精好所有每疋尺寸務須如式寬尺俾製
衣材料不致短少庶於貿易更爲有益欽此

乾隆帝谕旨（乾隆二十五年四月初二日）

[illegible]

三四千疋約略需銀四五千兩若將大緞錦緞減去十分之二三較上屆

不過少辦三四百疋其餘仍照已辦抵辦年常綢緞四千疋之數無甚不敷之

撥

將領但緞疋交易情形奴才等不能深悉一並通融辦理之處請

聖裁

奏明伏乞

皇上訓示遵行謹

奏

乾隆二十五年四月初二日

二月十日

硃批已有旨了欽此

托庸等
奏办哈萨克贸易
缎疋
奏
四月初二日

奴才托庸安宁西宁谨
奏窃奴才等于乾隆二十四年十二月十六日承到
廷寄内开乾隆二十四年十二月初九日奉
上谕据永达等奏哈萨克来易以搭用本年所织缎为宜等语钦此奴才等伏
查上年奏办缎疋内有大缎一千四百疋每疋用银十三两锦缎三百疋每疋
用银十五两九钱零不等共计一千七百疋用银二万二千九百八十五两零
其余粧蟒片金闪缎宁绸缎彭缎三千三百疋俱照本年常采织

江宁织造托庸等奏折（乾隆二十五年三月十一日）

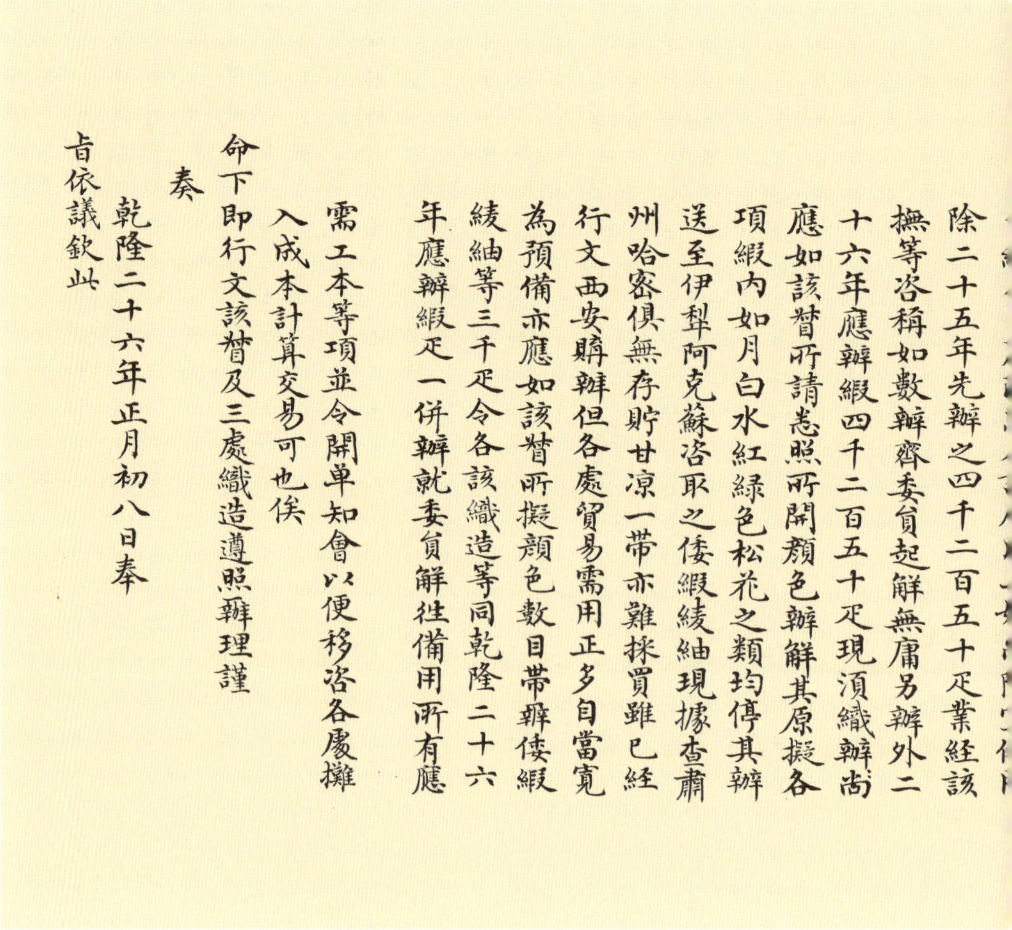
除二十五年先辦之四千二百五十疋業經該
撫等咨稱如數辦齊委員起解無庸另辦外二
十六年應辦緞四千二百五十疋現須織辦尚
應如該督所請悉照所開顏色辦解其原擬各
項緞內如月白水紅綠色松花之類均停其辦
送至伊犁阿克蘇咨取之倭緞綾紬現據查肅
州哈密俱無存貯甘涼一帶亦難採買雖已經
行文西安購辦但各處貿易需用正多自當寬
為預備亦應如該督所擬顏色數目帶辦倭緞
綾紬等三千疋令各該織造等同乾隆二十六
年應辦緞疋一併辦就委員解往備用所有應
需工本等項並令開單知會以便移咨各處攤
入成本計算交易可也俟
命下即行文該督及三處織造遵照辦理謹
奏
乾隆二十六年正月初八日奉
旨依議欽此

大学士傅恒等奏折：

为遵旨议奏哈萨克等处贸易缎匹颜色等事

乾隆二十六年正月初八日（1761年2月12日）

清朝在与哈萨克贸易中，十分注意尊重对方的喜好与习惯，如在绸缎的颜色方面，针对“缎匹一项，回人惟喜好青蓝、大红、酱色、古铜、茶色、棕色、驼色、米色、库灰、油绿等色，其月白、粉红、桃红、水红、

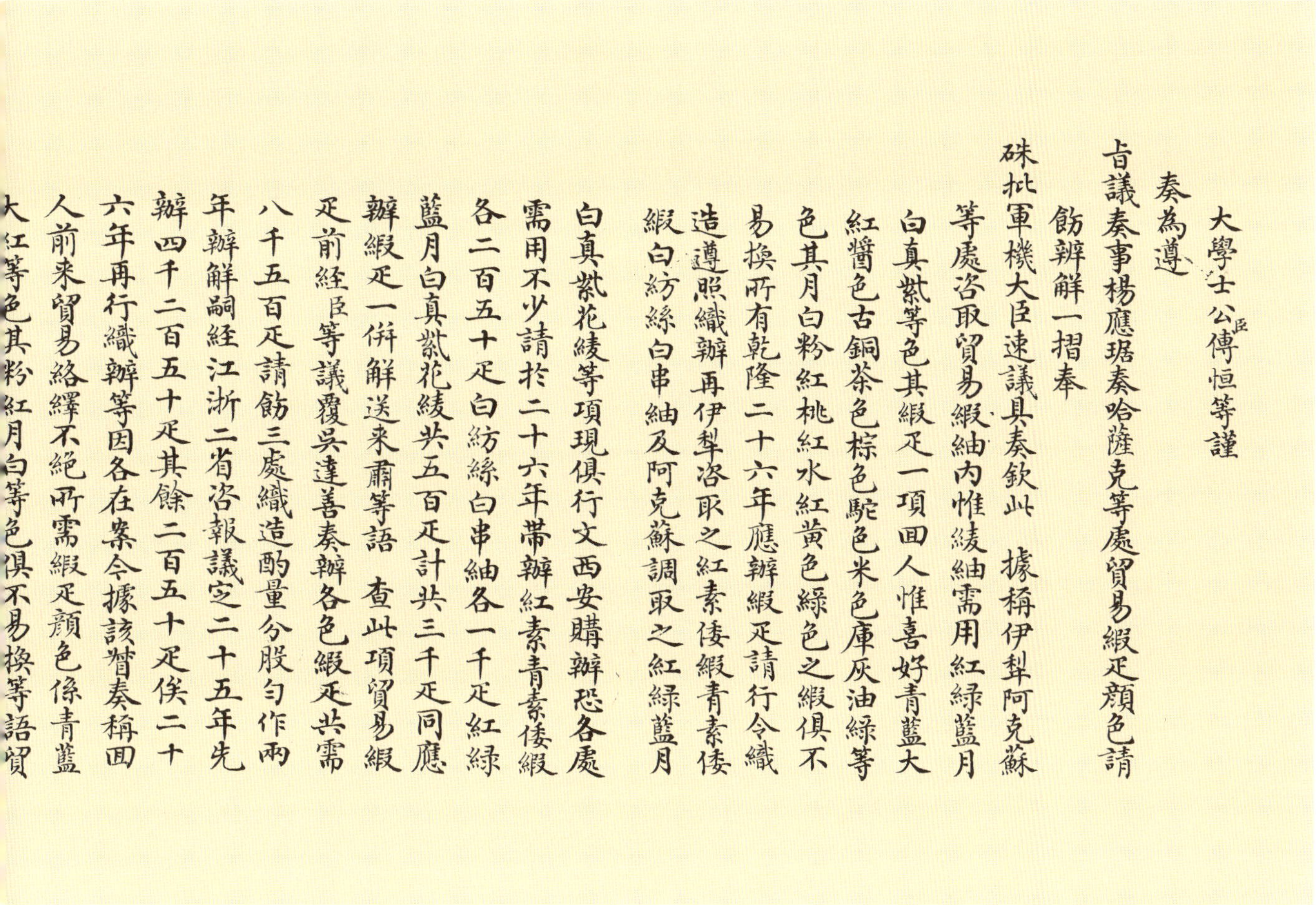
大學士公臣傅恒等謹
奏為遵
旨議奏事楊應琚奏哈薩克等處貿易緞疋顏色請
飭辦解一摺奉
硃批軍機大臣速議具奏欽此　據稱伊犁阿克蘇
等處咨取貿易緞紬內惟綾紬需用紅綠藍月
白真紫等色其緞疋一項回人惟喜好青藍大
紅醬色古銅茶色棕色駝色米色庫灰油綠等
色其月白粉紅桃紅水紅黃色綠色之緞俱不
易換所有乾隆二十六年應辦緞疋請行令織
造遵照織辦再伊犁咨取之紅素倭緞青素倭
緞白紡絲白串紬及阿克蘇調取之紅綠藍月
白真紫花綾等項現俱行文西安購辦恐各處
需用不少請於二十六年帶辦紅素青素倭緞
各二百五十疋白紡絲白串紬各一千疋紅綠
藍月白真紫花綾共五百疋計共三千疋同應
辦緞疋一併解送來肅等語　查此項貿易緞
疋前經臣等議覆吳達善奏辦各色緞疋共需
八千五百疋請飭三處織造酌量分股匀作兩
年辦解嗣經江浙二省咨報議定二十五年先
辦四千二百五十疋其餘二百五十疋俟二十
六年再行織辦等因各在案今據該督奏稱回
人前來貿易絡繹不絕所需緞疋顏色係青藍
大紅等色其粉紅月白等色俱不易換等語貿

大学士傅恒等奏折（乾隆二十六年正月初八日）

黄色、绿色之缎，俱不易换”的特点，乾隆帝指出：“贸易缎匹自应酌照各该处风土好尚，随宜备用，除二十五年先办之四千二百五十匹，业经该抚等咨称，如数办齐，委员起解，无庸另办外，二十六年应办缎四千二百五十匹，现须织办尚应如该督所请，悉照所开颜色办解。”乾隆帝此种做法，将经济利益放在其次，更多的是出于外交方面的考虑。

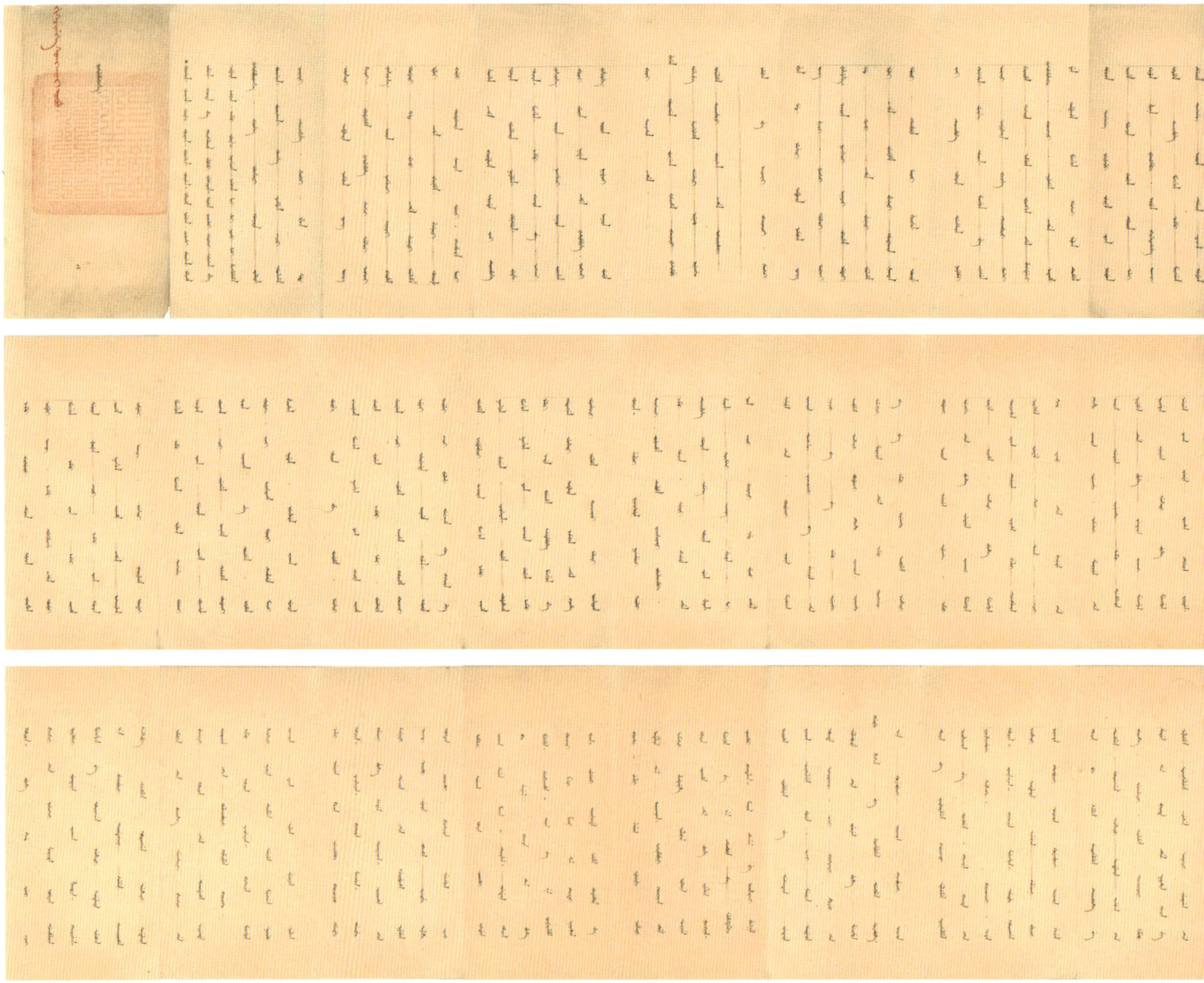

户部尚书李侍尧题本：

为核销陕西省上年办解送至伊犁与哈萨克贸易装白绸木箱用过各项银两事

乾隆二十七年四月初六日（1762 年 4 月 29 日）

户部尚书李侍尧等题请核销乾隆二十六年（1761）陕西省上半年送往伊犁与哈萨克贸易所用装白绸、木匣、押送物品、随行人员盘缠等用过各项银两共计 530492.9549 两。其中，大白绸

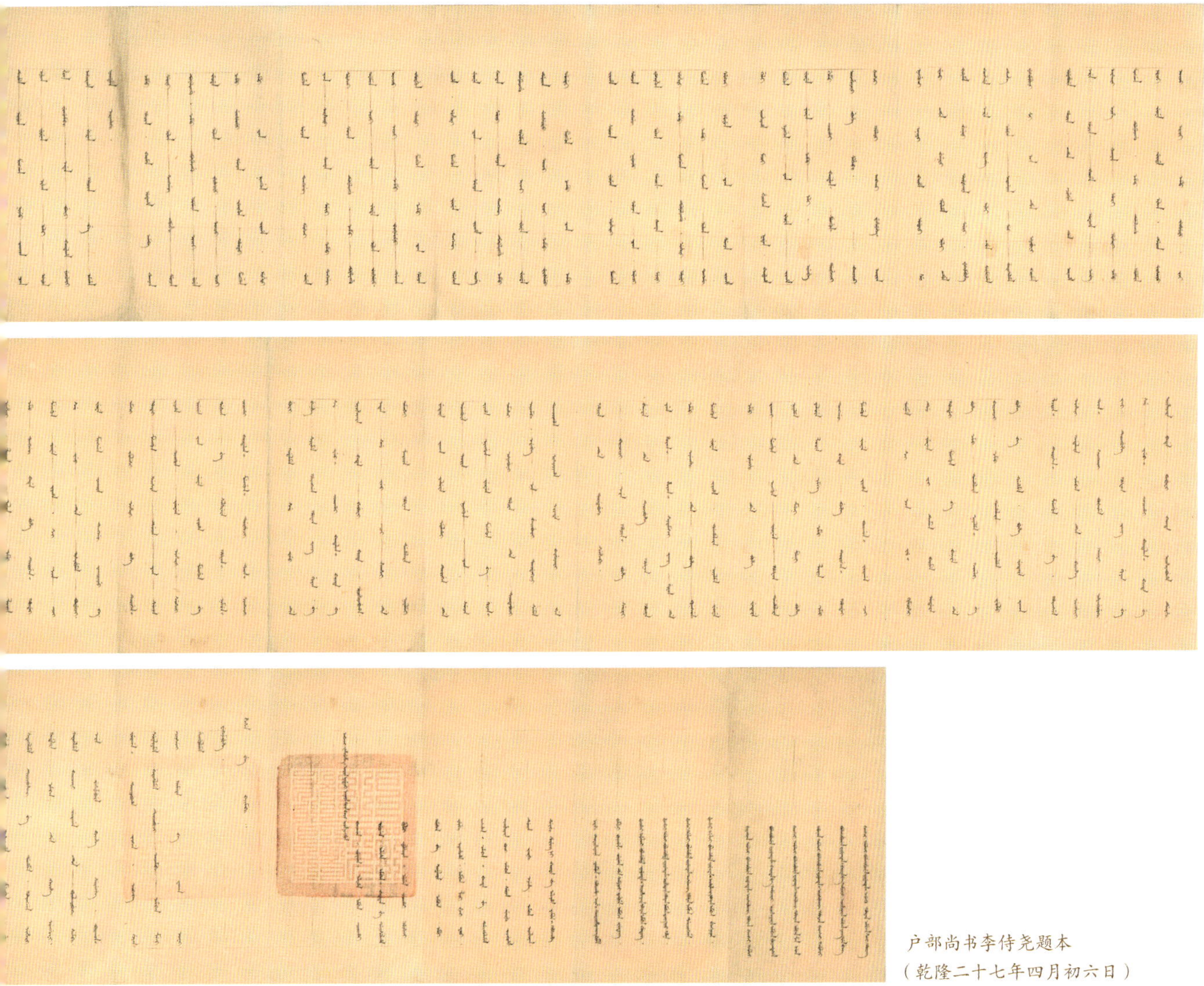

户部尚书李侍尧题本
（乾隆二十七年四月初六日）

345 匹，1 匹长 2 丈 3 寸，宽 1 尺 5 寸，价银 1 两 6 钱，共银 552 两；普通白绸 155 匹，1 匹长 2 丈 3 寸，宽 1 尺 4 寸，价银 1.5 两，共银 232. 5 两；小白绸 500 匹，1 匹长 2 丈 4 寸，宽 1 寸，价银 1.15 两，共银 575 两；3 项共计 1000 匹共价银 1359.5 两。此外，木匣 7 个用银 6.221 两，动用军需银。又有押运费用，押运人员 1 名，西安至肃州 2880 里，来回需用 29 天，每天给饭食银 2 钱，随行人员 2 名，每天给饭食银 6 分。此处可见朝廷处理跟哈萨克贸易的额外费用和相关流程。

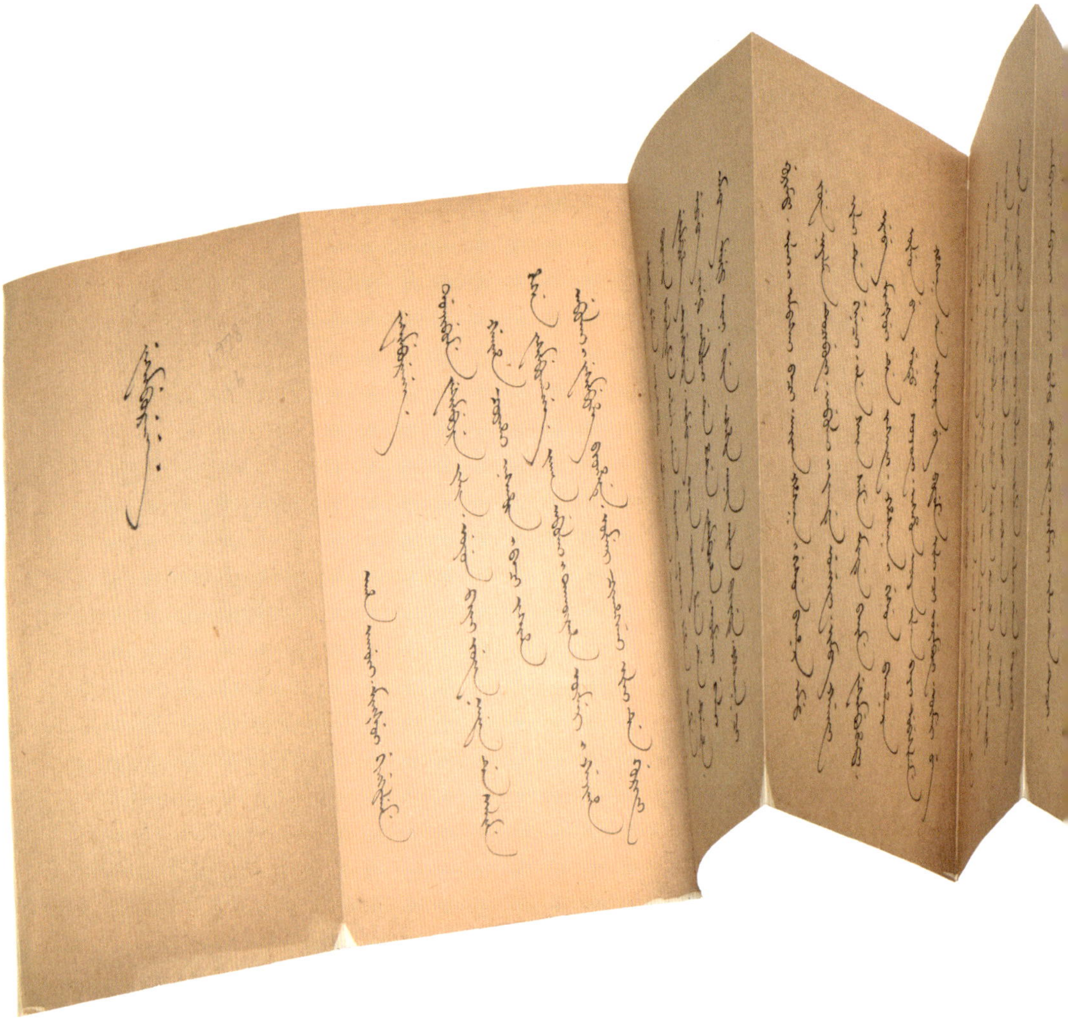

参赞大臣阿桂等奏折：

为原籍厄鲁特之哈萨克乌默尔欲移居伊犁事

乾隆二十七年十月初七日（1762 年 11 月 22 日）

乾隆二十七年（1762），参赞大臣阿桂、明瑞奏报暗中派遣侍卫硕通访查哈萨克额莫尔的身份，得知额莫尔曾于噶尔丹策零时挑拨厄鲁特人与哈萨克人交战，使得哈萨克人十分恨他。而额

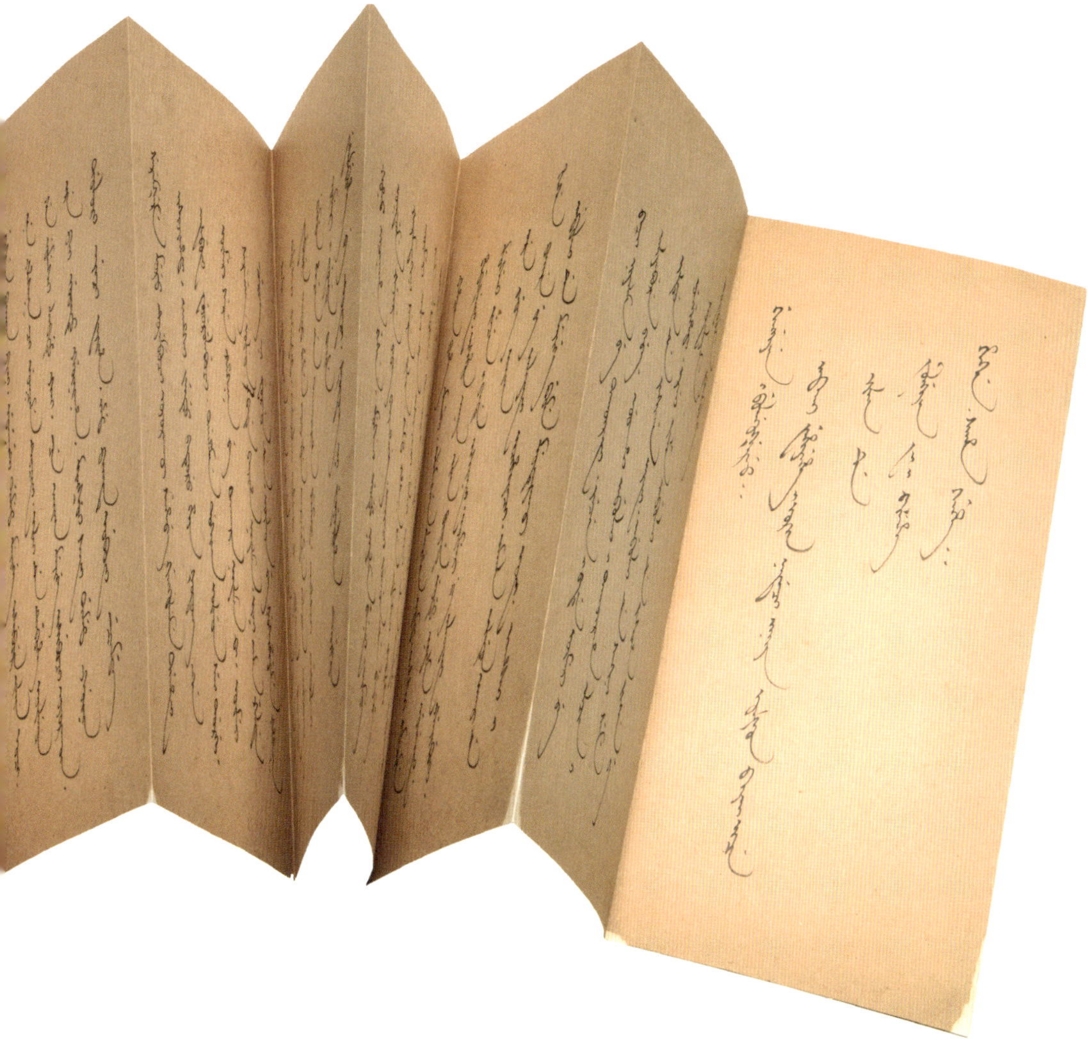

参赞大臣阿桂等奏折（乾隆二十七年十月初七日）

莫尔的姐姐是阿布赉之妻，阿布赉因为担心额莫尔被哈萨克人杀死，便派使者前来奏请，准将其合户移居伊犁。乾隆帝允准此项奏议，命令阿桂、明瑞选派几名通晓哈萨克语之人，于第二年三月底赴哈萨克边界处迎接额莫尔，并缮文知照阿布赉。清政府对于希望回归祖国的同胞，能够摈弃过去的历史纠纷，仍然欢迎回归并妥善安置，显示了当时宽大的民族政策。

撥雲散 一瓶二兩
洗眼蠶繭 一百個
明目吹鼻散 一瓶二兩
光明膏 一瓶四兩
紫金錠 一百錠重十五兩
蟾酥錠 一百錠重十兩
離宮錠 一百錠重四兩
鹽水錠 二十六包重二十六兩
平安丸 一百丸
人馬平安散 一瓶四兩

给爱乌罕国王治病药单

乾隆二十八年一月（1763 年 2 月）

军机处奏片：

为请将赏给爱乌罕使臣和卓密尔哈之药品用途译成托忒回子文事

乾隆二十八年二月（1763 年 3 月）

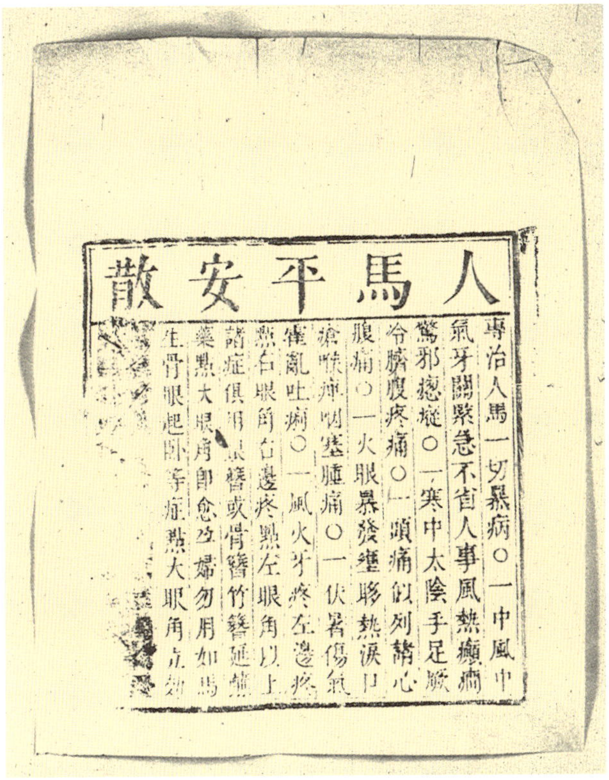

人馬平安散

專治人馬一切暴病○一中風中氣牙關緊急不省人事風熱癲癇驚邪痰涎○一寒中太陰手足厥冷臍腹疼痛○一頭痛似刻觜心腹痛○一火眼暴發壅眵熱淚口瘡喉痺咽塞腫痛○一伏暑傷氣霍亂吐瀉○一風火牙疼左邊疼點右眼角右邊疼點左眼角以上諸症俱用銀簪或骨簪竹簪蘸藥點大眼角即愈孕婦勿用如馬生骨眼起卧等症點大眼角立刻

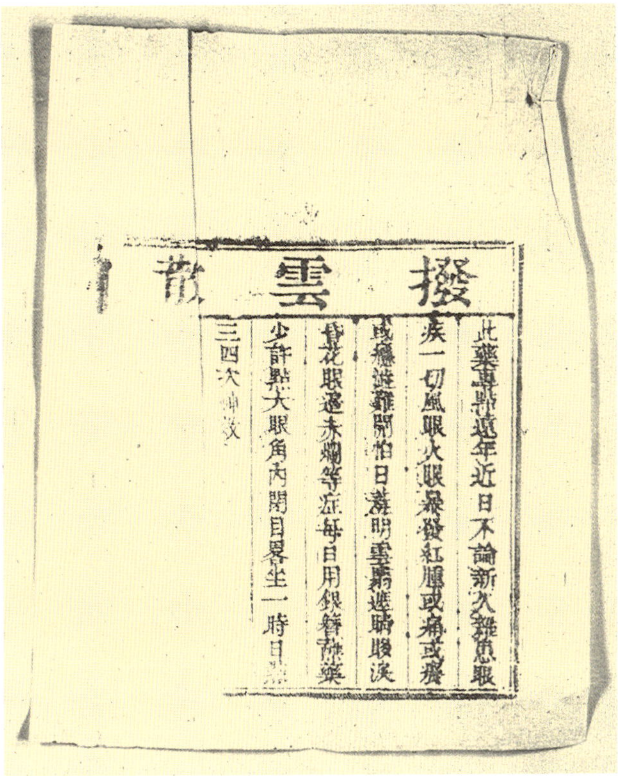

撥雲散

此藥專治遠年近日不論新久雜患眼疾一切風眼火眼暴發紅腫或痛或癢或癢澁難開怕日羞明雲翳遮睛眼淚昏花眼邊赤爛等症每日用銀簪蘸藥少許點大眼角內閉目暑坐一時日點三四次神效

给爱乌罕国王治病药单（乾隆二十八年一月）

乾隆二十七年（1762）八月，爱乌罕（今阿富汗）汗爱哈默特沙第一次派遣使者和卓密尔哈等人前往北京，向乾隆帝进献贡表与马匹等贡品。乾隆帝命沿途各省督抚认真招待。同时，乾隆帝下谕：待爱乌罕使臣回国之时，由热河都统额勒登额带人专门护送，并允准叶尔羌办事都统新柱所请，所有赏赐给该使臣物件等均由官方安排驼只，一路护送至新疆与爱乌罕接壤之处。乾隆二十七年十二月，使臣和卓密尔哈一行人到达京师。二十九日，乾隆帝在重华宫召见密尔哈等人，并安排与其他藩王使臣等同游畅春园。乾隆二十八年一月，乾隆帝得知爱乌罕汗身患疾病，特意赏赐平安丸等药并告知详细用法，以示慰问。

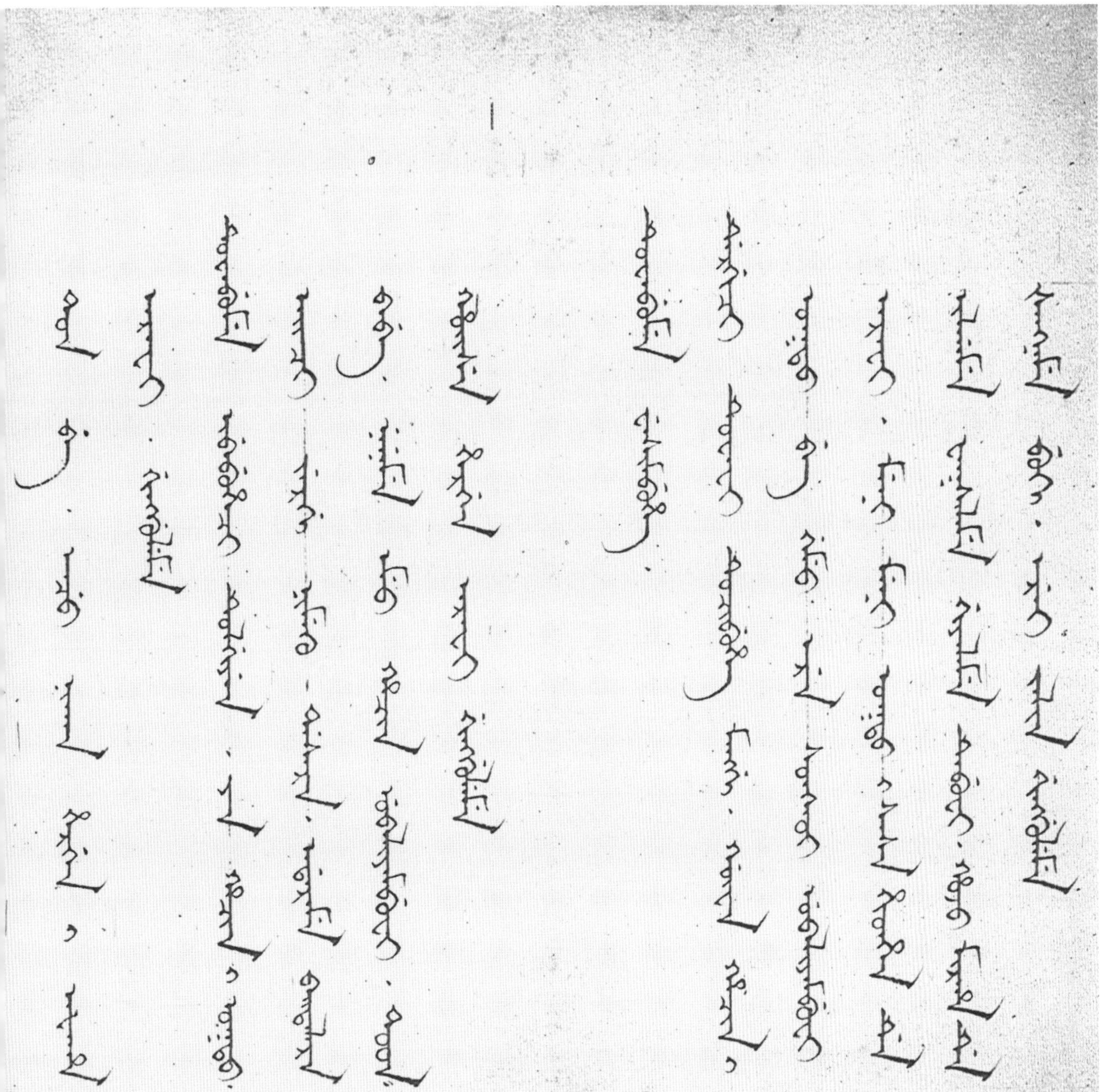

军机处奏片（乾隆二十八年二月）

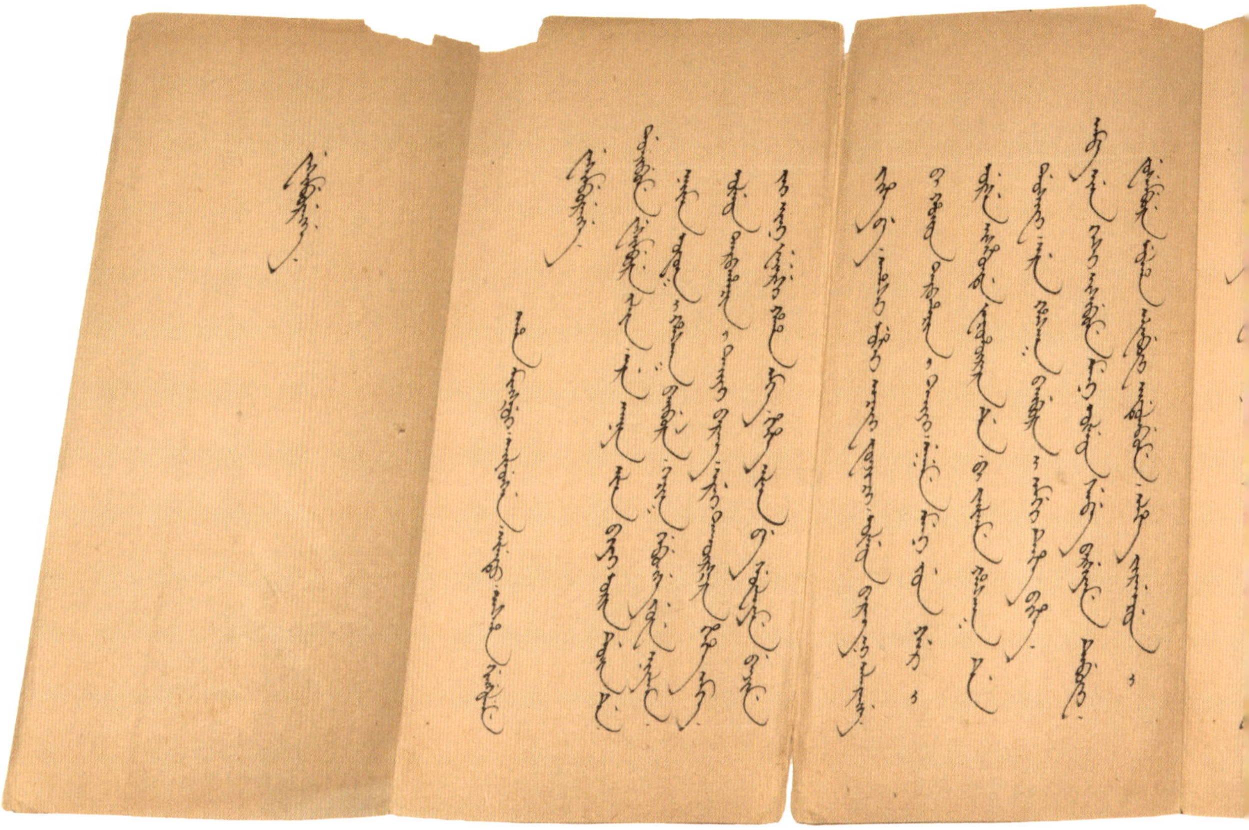

伊犁将军明瑞等奏折：

为哈萨克归来之厄鲁特台吉巴朗解送京城事

乾隆二十八年四月初十日（1763 年 5 月 22 日）

清朝与哈萨克恢复通商后，一些原来逃亡在外的部落纷纷回国，清政府都能尽量妥善安排。乾隆二十八年（1763）

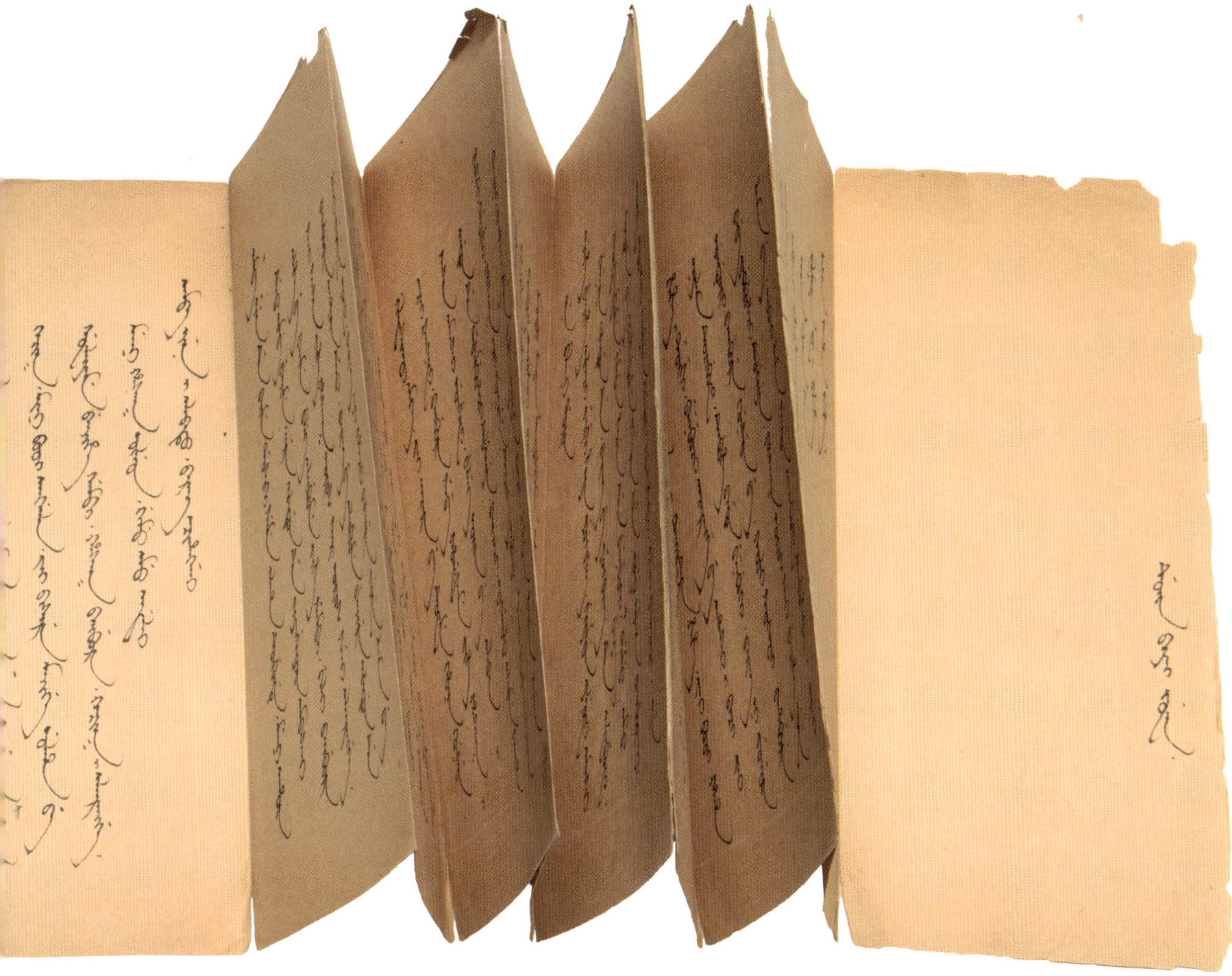

伊犁将军明瑞等奏折（乾隆二十八年四月初十日）

四月初十日，伊犁将军明瑞等奏请，将自哈萨克前来归附之辉特部塔尔巴哈台、台吉巴朗交由侍卫永平护送前往京城，或安排在京城居住，或在其舅舅车凌乌巴什处游牧居住。乾隆帝收到奏折后，经过仔细考量，于五月初三日谕令各军机大臣等，台吉巴朗不必前来京城，直接前往车凌乌巴什处居住即可。可见，朝廷处理各部落归附一事，是根据不同的情况采取相应政策。

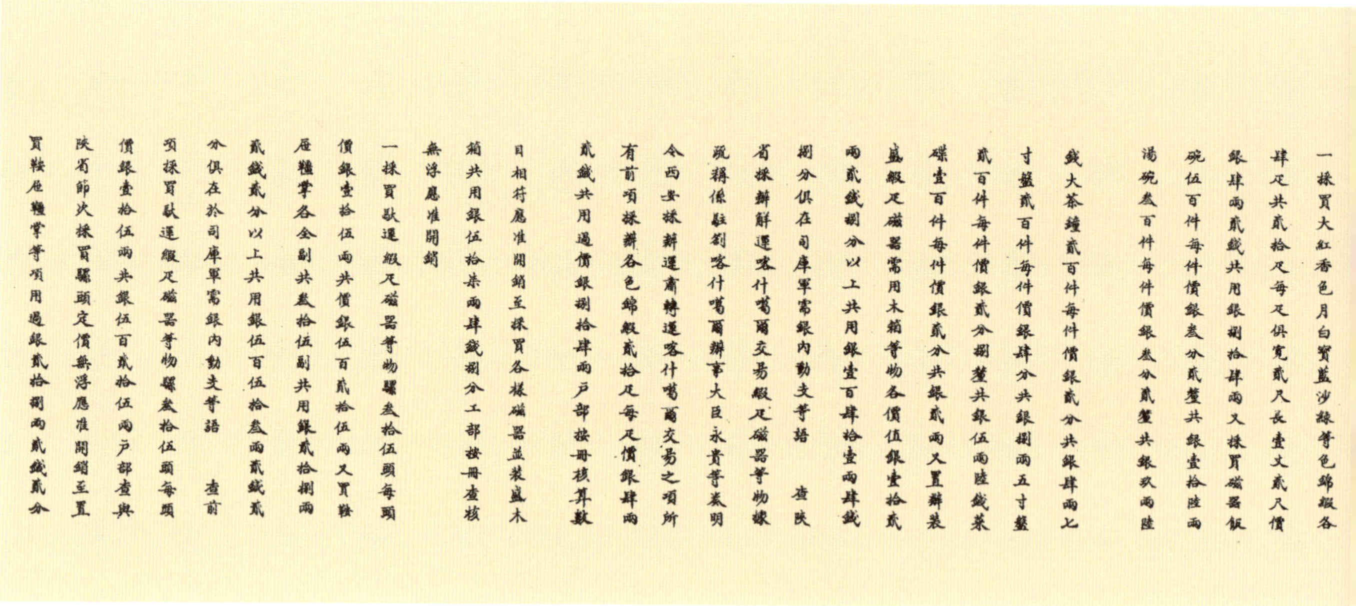
一採買大紅香色月白寶藍沙綠等色錦緞各
肆疋共貳拾疋每疋俱寬貳尺長壹丈貳尺價
銀肆兩貳錢共用銀捌拾肆兩又採買磁器飯
碗伍百件每件價銀叁分貳釐共銀壹拾陸兩
湯碗叁百件每件價銀叁分貳釐共銀玖兩陸
錢大茶鍾貳百件每件價銀貳分共銀肆兩七
寸盤貳百件每件價銀肆分共銀捌兩五寸盤
貳百件每件價銀貳分捌釐共銀伍兩陸錢菜
碟壹百件每件價銀貳分共銀貳兩又置辦裝
盛緞疋磁器需用木箱等物各價值銀壹拾貳
兩貳錢捌分以上共用銀壹百肆拾壹兩肆錢
捌分俱在司庫軍需銀內動支等語　查陝
省採辦解運喀什噶爾交易緞疋磁器等物據
疏稱係駐劄喀什噶爾辦事大臣永貴等奏明
令西安採辦運肅轉運喀什噶爾交易之項所
有前項採辦各色錦緞貳拾疋每疋價銀肆兩
貳錢共用過價銀捌拾肆兩戶部按冊核算數
目相符應准開銷至採買各樣磁器並裝盛木
箱共用銀伍拾柒兩肆錢捌分工部按冊查核
無浮應准開銷
一採買馱運緞疋磁器等物騾叁拾伍頭每頭
價銀壹拾伍兩共價銀伍百貳拾伍兩又買鞍
屜韂掌各全副共叁拾伍副共用銀貳拾捌兩
貳錢貳分以上共用銀伍百伍拾叁兩貳錢貳
分俱在於司庫軍需銀內動支等語　查前
項採買馱運緞疋磁器等物騾叁拾伍頭每頭
價銀壹拾伍兩共銀伍百貳拾伍兩戶部查與
陝省節次採買騾頭定價無浮應准開銷至置
買鞍屜韂掌等項用過銀貳拾捌兩貳錢貳分

大学士兼管户部事务傅恒等题本：

为遵旨察核陕省上年采办解肃转运喀什噶尔交易缎匹瓷器收支银两应准开销事

乾隆二十八年五月十五日（1763年6月25日）

清制，在西北地区的各项贸易往来均须遵循严格的奏销制度。乾隆二十八年（1763）五月，户部奏报上一年从甘肃转运喀什噶尔的交易中所采办的各项物料，主要包括缎匹、瓷器、装盛木箱、驼运骡头、鞍屉、缰掌、饲料等各项，每

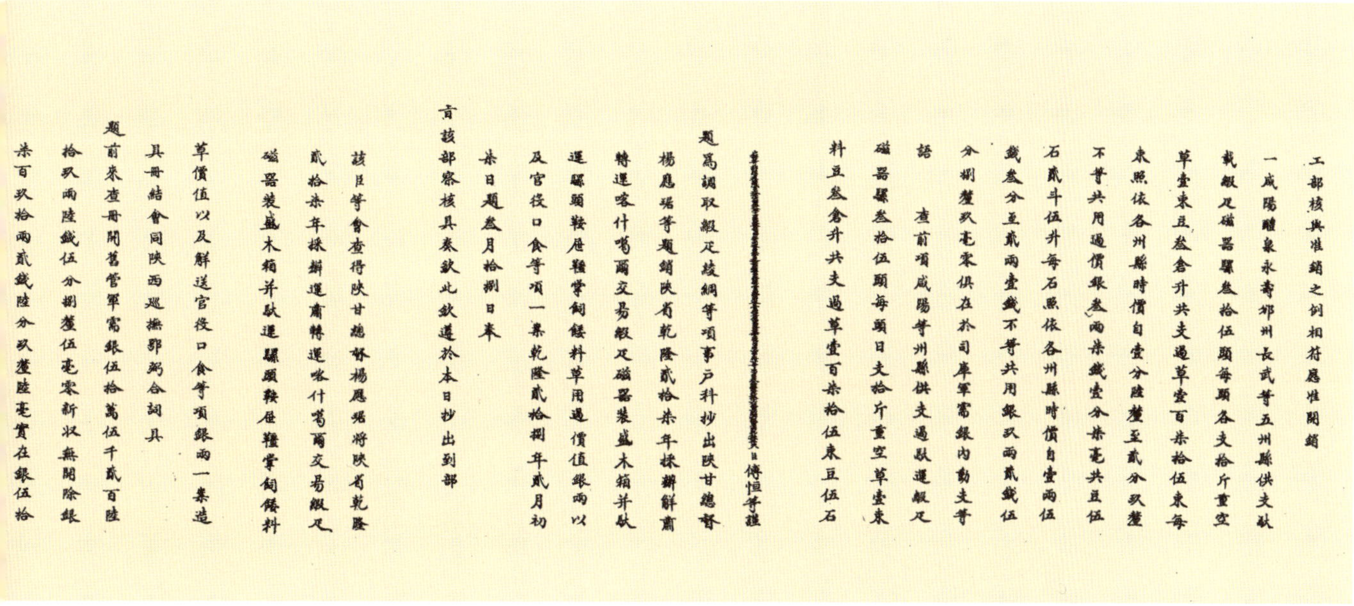
工部核與准銷之例相符應准開銷
一咸陽醴泉永壽邠州長武等五州縣供支駄
載緞疋磁器騾叁拾伍頭每頭各支拾斤重空
草壹束豆叁倉升共支過草壹百柒拾伍束每
束照依各州縣時價自壹分陸釐至貳分玖釐
不等共用過價銀叁兩柒錢壹分柒毫共豆伍
石貳斗伍升每石照依各州縣時價自壹兩伍
錢叁分至貳兩壹錢不等共用銀玖兩貳錢伍
分捌釐玖毫零俱在於司庫軍需銀內動支等
語　查前項咸陽等州縣供支過馱運緞疋
磁器騾叁拾伍頭每頭日支拾斤重空草壹束
料豆叁倉升共支過草壹百柒拾伍束豆伍石
傅恒等謹
題爲調取緞疋綾綢等項事戶科抄出陝甘總督
楊應琚等題銷陝省乾隆貳拾柒年採辦解肅
轉運喀什噶爾交易緞疋磁器裝盛木箱並馱
運騾頭鞍屜韁掌飼餵料草用過價值銀兩以
及官役口食等項一案乾隆貳拾捌年貳月初
柒日題叁月拾捌日奉
旨該部察核具奏欽此欽遵於本日抄出到部
該臣等會查得陝甘總督楊應琚將陝省乾隆
貳拾柒年採辦運肅轉運喀什噶爾交易緞疋
磁器裝盛木箱並馱運騾頭鞍屜韁掌飼餵料
草價值以及解送官役口食等項銀兩一案造
具冊結會同陝西巡撫鄂弼合詞具
題前來查冊開舊管軍需銀伍拾萬伍千貳百陸
拾玖兩陸錢伍分捌釐伍毫零新收無開除銀
柒百玖拾兩貳錢陸分玖釐陸毫實在銀伍拾

大学士兼管户部事务傅恒等题本（乾隆二十八年五月十五日）

项记录十分详细，如“采买大红香色月白宝蓝沙绿等色锦缎各四匹，共二十匹，每匹俱宽二尺，长一丈二尺，价银四两二钱，共用银八十四两，又采买瓷器饭碗五百件，每件价银三分二厘，共银一十六两；汤碗三百件，每件价银三分二厘，共银九两六钱，大茶钟二百件，每件价银二分，共银四两，七寸盘二百件，每件价银四分，共银八两”，等等。除了交易货品外，报销之项还有官员和兵役的口食费用，总共报销银两高达504400余两。西北地区的贸易不仅规模较为宏大，管理也极为严格，显示出了朝廷的重视程度。

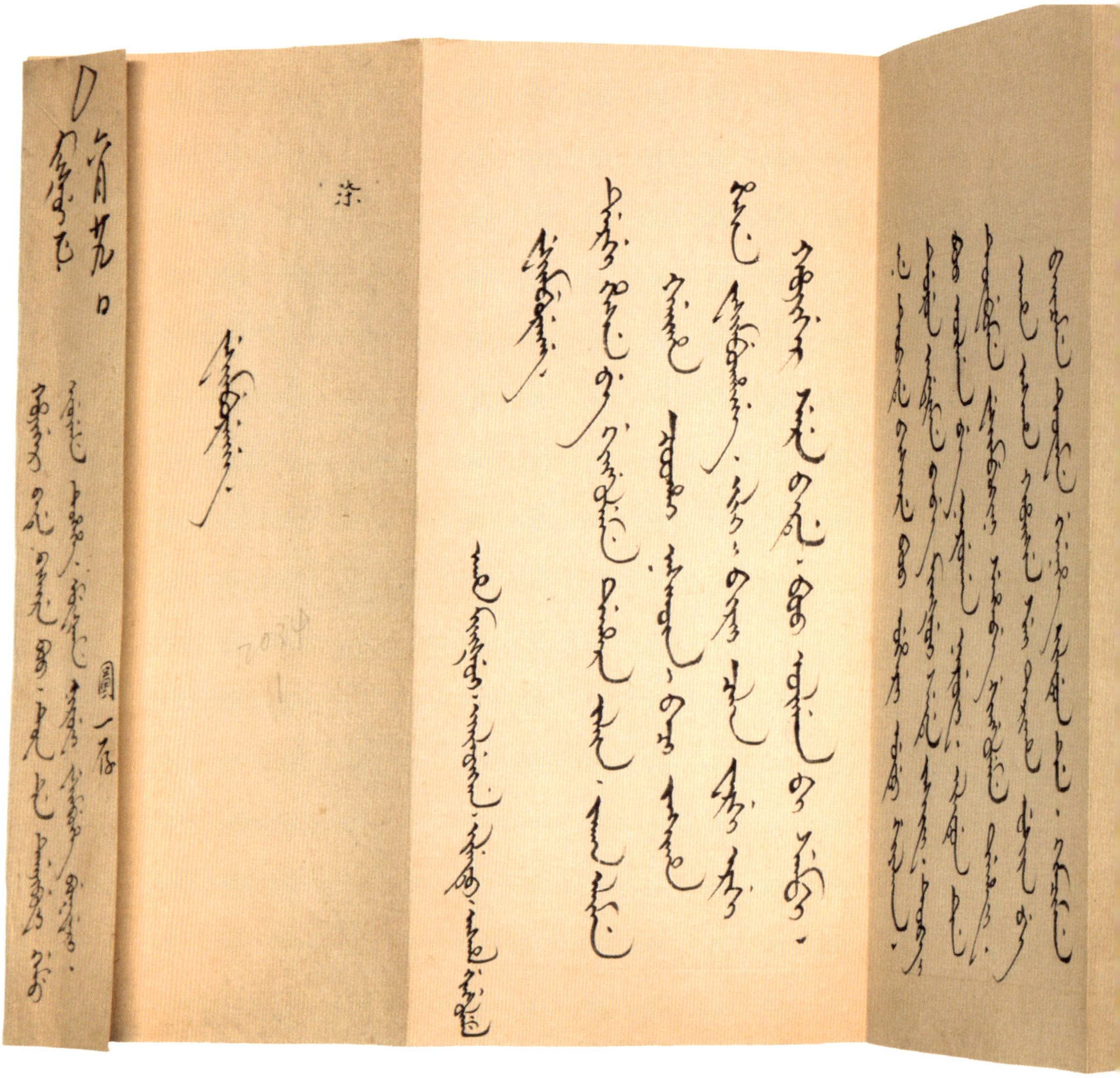

伊犁将军明瑞等奏折：

为遵旨查报伊犁河南岸准噶尔噶尔丹策零旧住房屋地形并绘图事

乾隆二十八年六月初五日（1763年7月15日）

舆图：

伊犁河南岸准噶尔噶尔丹策零旧住房屋地形图

乾隆二十八年六月初五日（1763年7月15日）

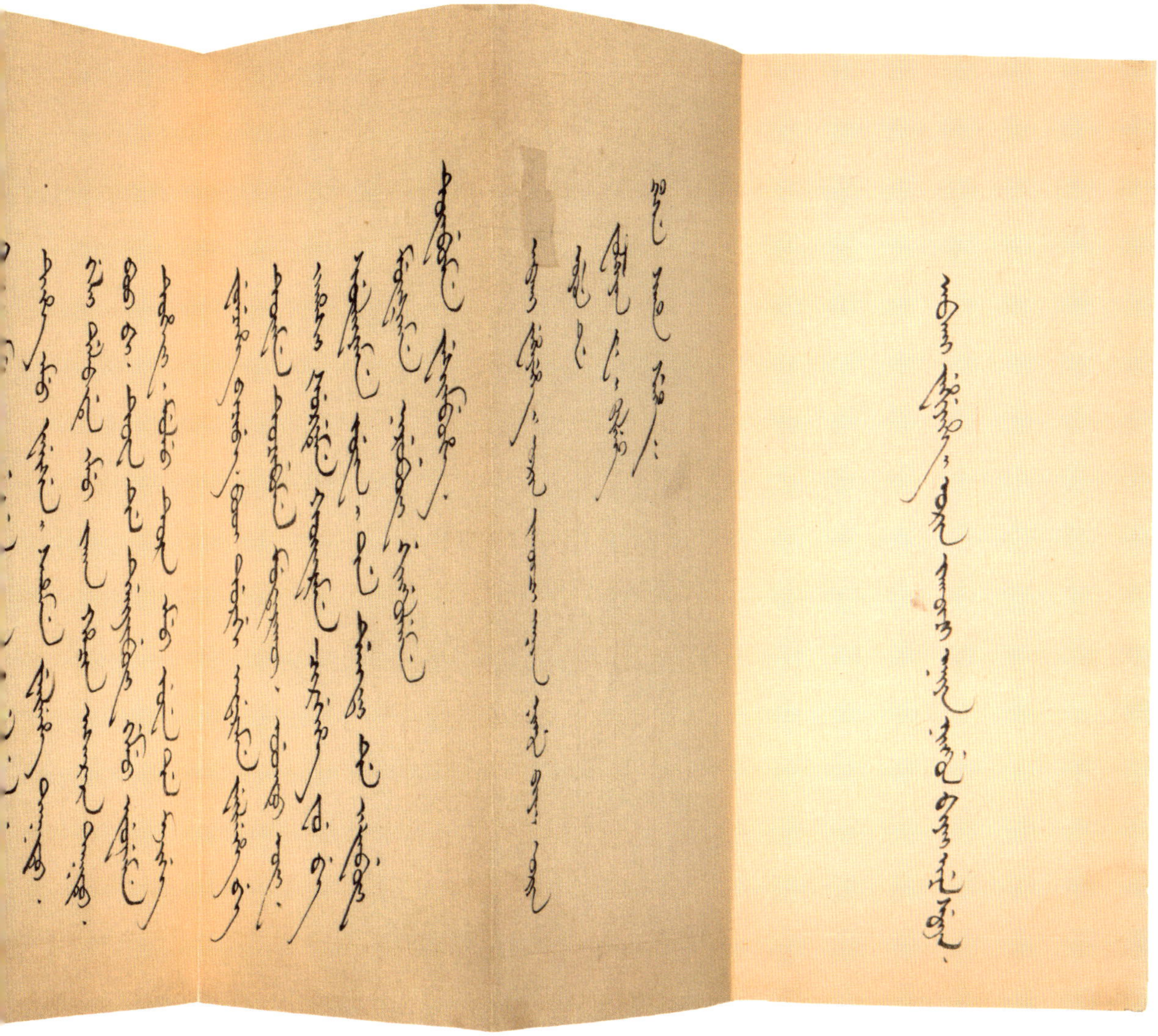

伊犁将军明瑞等奏折（乾隆二十八年六月初五日）

清朝对于归附的新疆各部民众，希望将其安置在原来居住的地方，乾隆帝因此要求对各部原来聚居地进行调查，并测绘详细地图。乾隆二十八年（1763）六月初五日，伊犁将军明瑞回奏，已经遵旨查明伊犁河西霍吉格尔处有准噶尔噶尔丹策零旧居的楼房情形，随奏折同时附上的还有军校邓泰所绘的详细地图。

伊犁河南岸准噶尔噶尔丹策零旧住房屋地形图
（乾隆二十八年六月初五日）

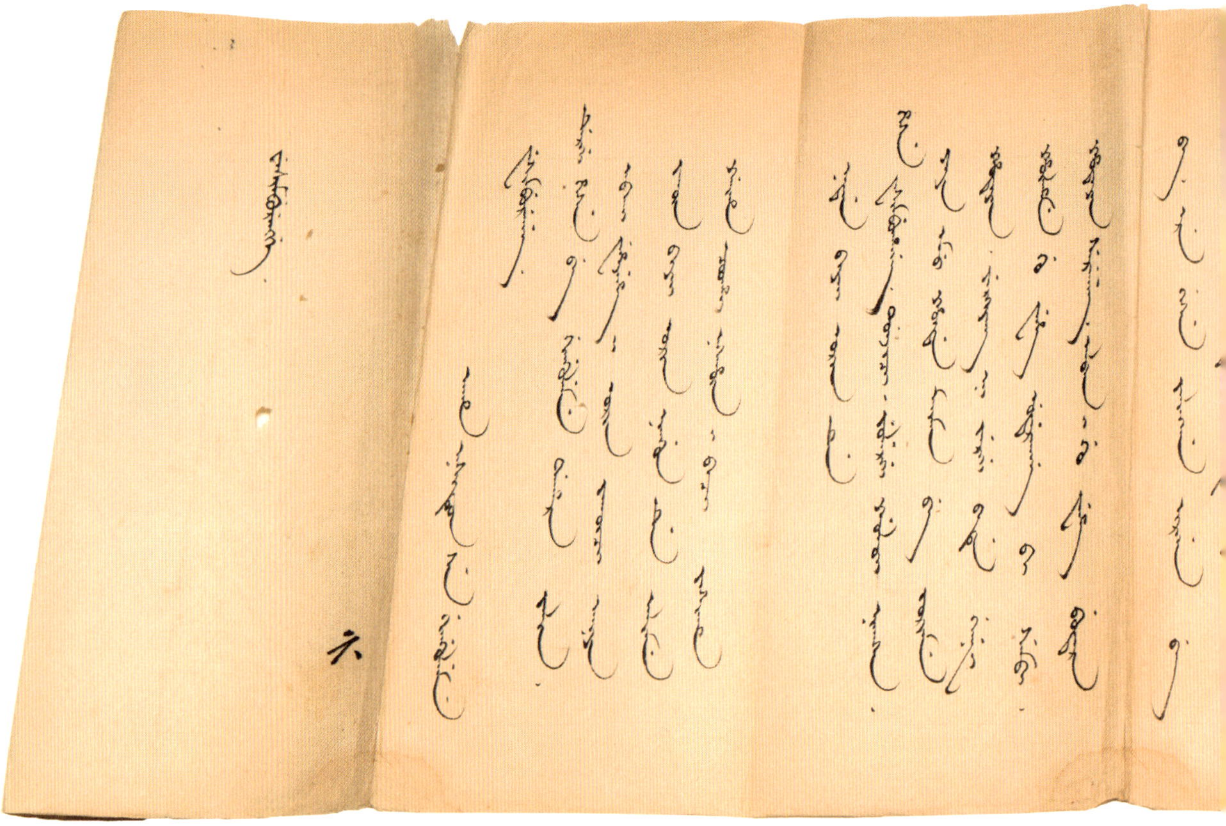

喀什噶尔参赞大臣纳世通等奏折：

为遵旨禁止喀什噶尔等处私自买卖玉石事

乾隆二十八年九月十一日（1763 年 10 月 17 日）

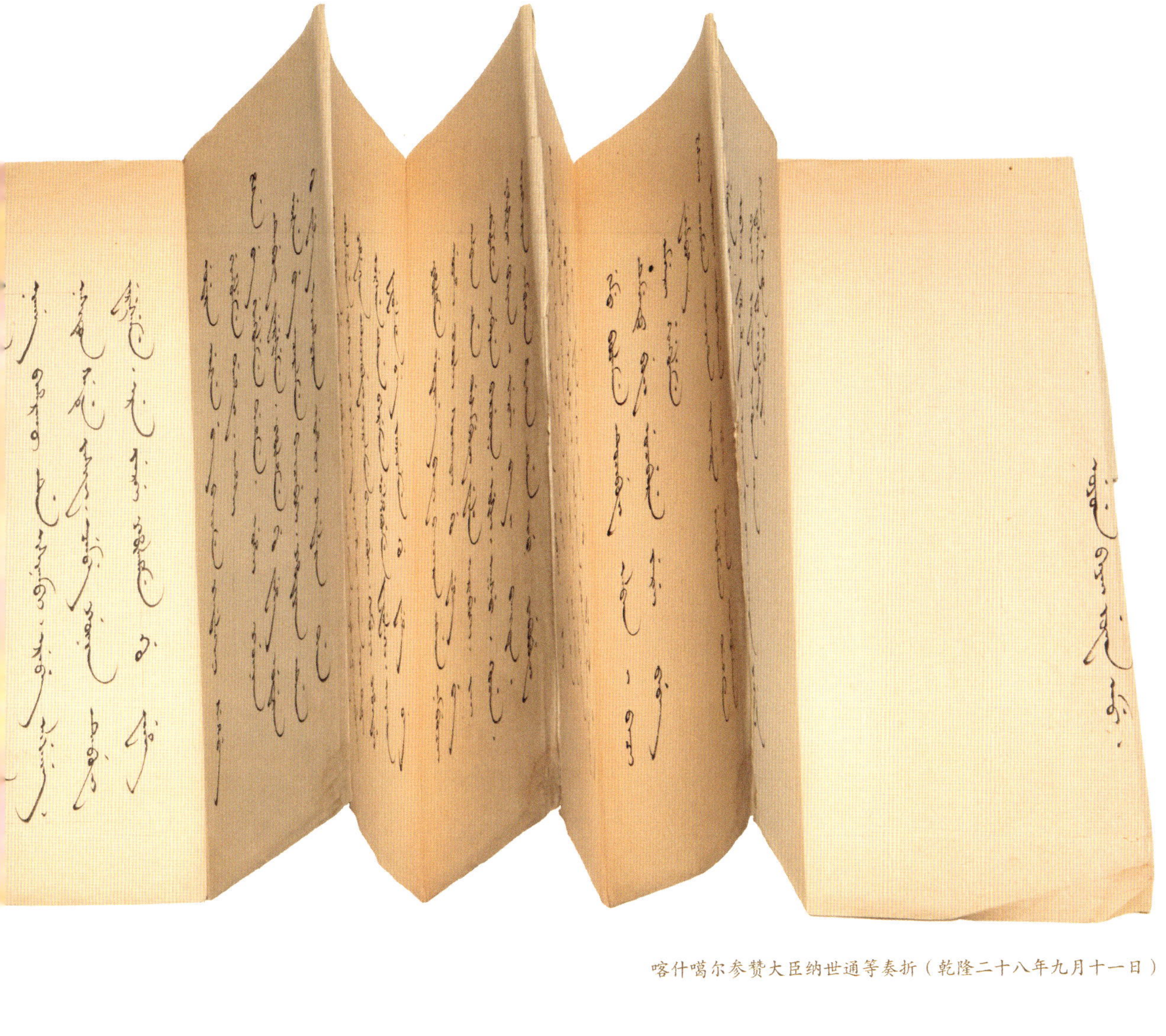

喀什噶尔参赞大臣纳世通等奏折（乾隆二十八年九月十一日）

乾隆帝平定新疆之后，对于当地的玉石开采及贸易采取了严格的管理政策，尤其禁止内地商人赶赴新疆采石贩卖，屡次颁布禁令。乾隆二十八年（1763）九月十一日，喀什噶尔参赞大臣纳世通回奏，称该处遵旨严查南省商人赴和田、叶尔羌等处偷购玉石，违者严加治罪，玉石充公，并晓谕该处领队大臣布告商人。清政府对于西北地区的玉石等特殊商品实行专项贸易，不准民间商人参与，显示出了在商品贸易与流通管理中严格的一面。

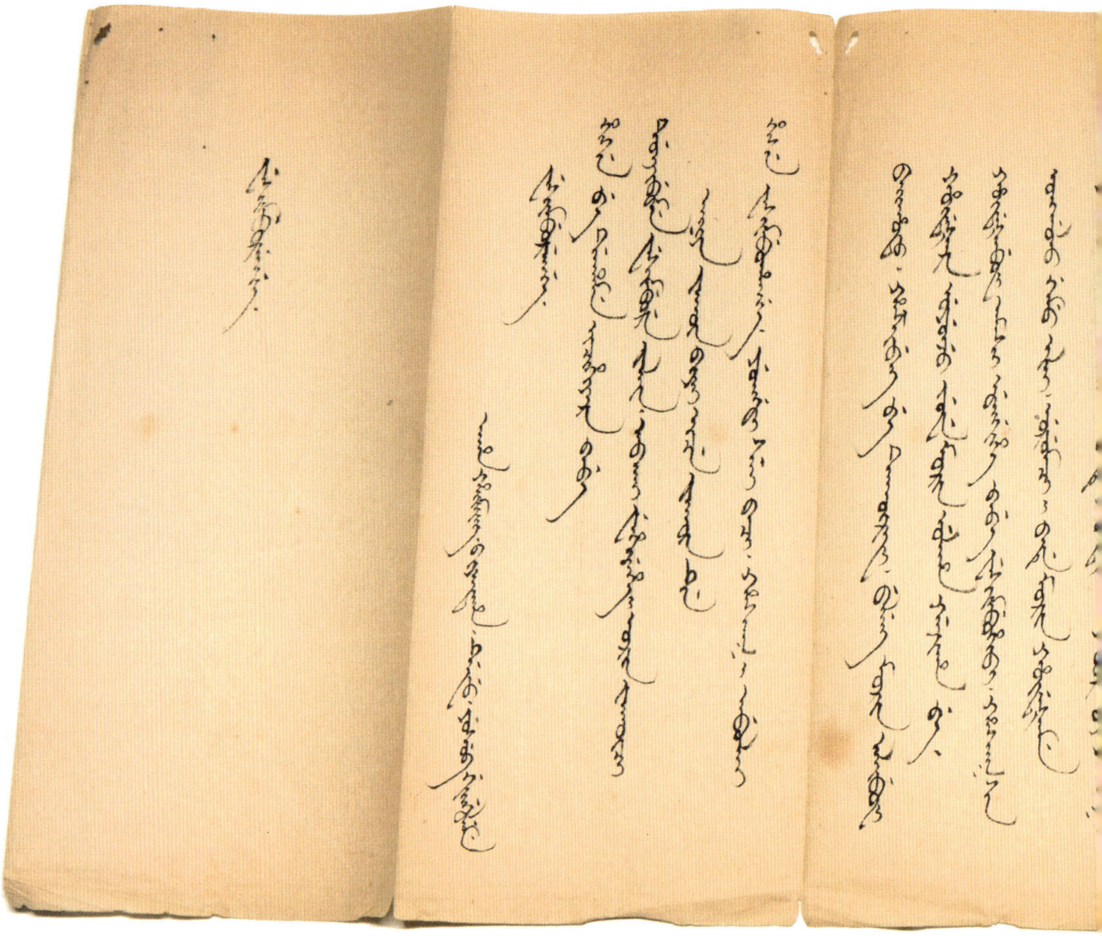

阿克苏办事大臣海明等奏折：

为传谕阿克苏等处居民严禁私买哈萨克马匹事

乾隆二十八年九月二十二日（1763 年 10 月 28 日）

乌什办事大臣素诚奏折：

为遵旨晓谕乌什阿奇木伯克严禁居民购买哈萨克马匹事

乾隆二十八年十月初八日（1763 年 11 月 12 日）

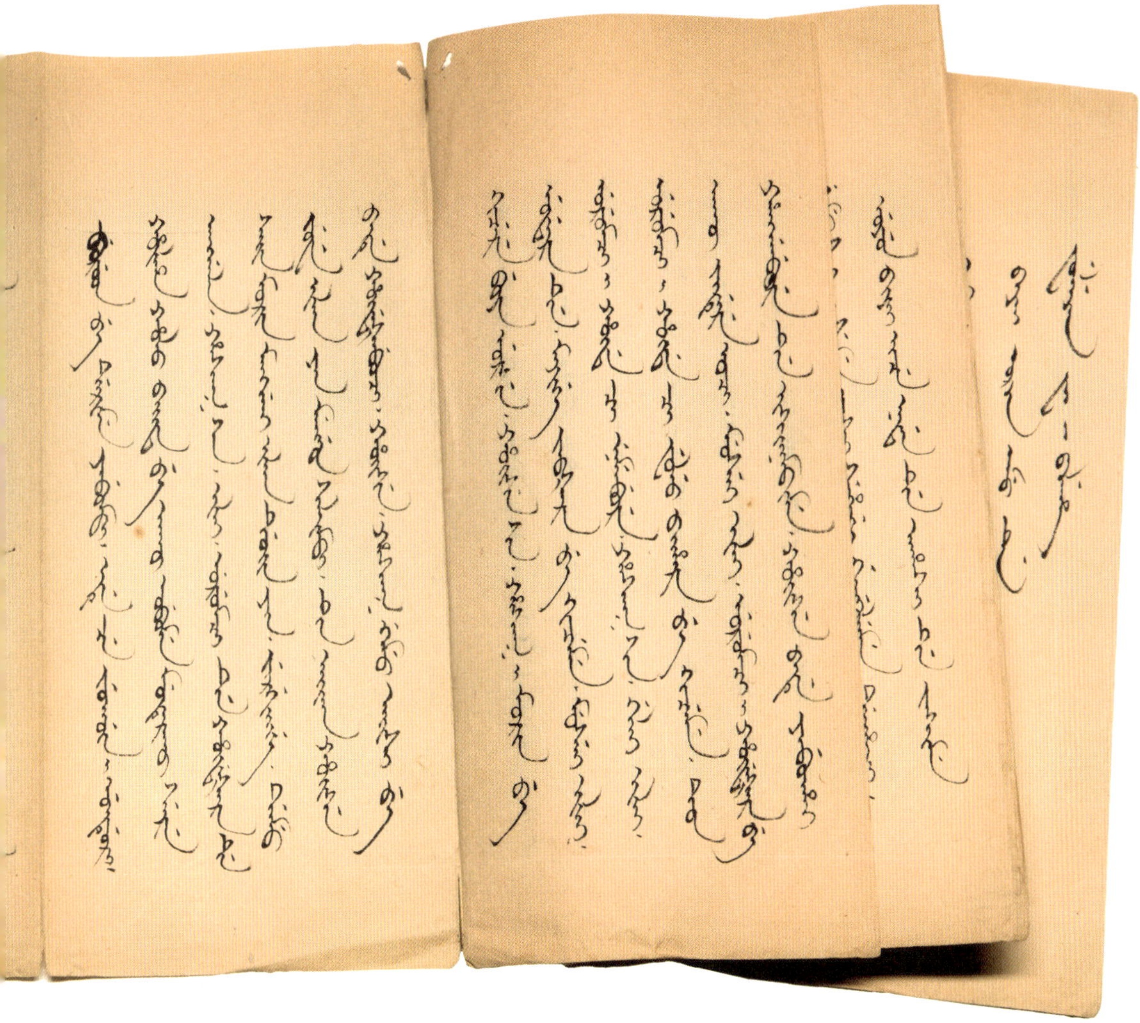

阿克苏办事大臣海明等奏折（乾隆二十八年九月二十二日）

清朝对新疆各城与哈萨克进行贸易往来实施严格管理，禁止民间私下贸易，一方面是出于安全考虑，另一方面又与特定的治理机制有关。乾隆二十八年（1763）九月二十二日，阿克苏办事大臣海明等回奏，遵旨传谕阿克苏、赛里木、拜城三城，严禁该处各少数民族部落及当地居民等前往伊犁、乌鲁木齐等处走私贸易哈萨克马匹，并报该处并无走私情形。十月初八日，乌什办事大臣素诚也回奏称，该地遵旨晓谕驻伊犁、乌鲁木齐城之大臣、乌什阿奇木伯克，严禁哈萨克人来乌什经商，并禁止各城少数民族部落及当地居民私自购买哈萨克马匹，以免滋生事端。清政府对新疆各城与哈萨克贸易往来的管理凸显了清朝中央政府对边疆贸易管控之严格。

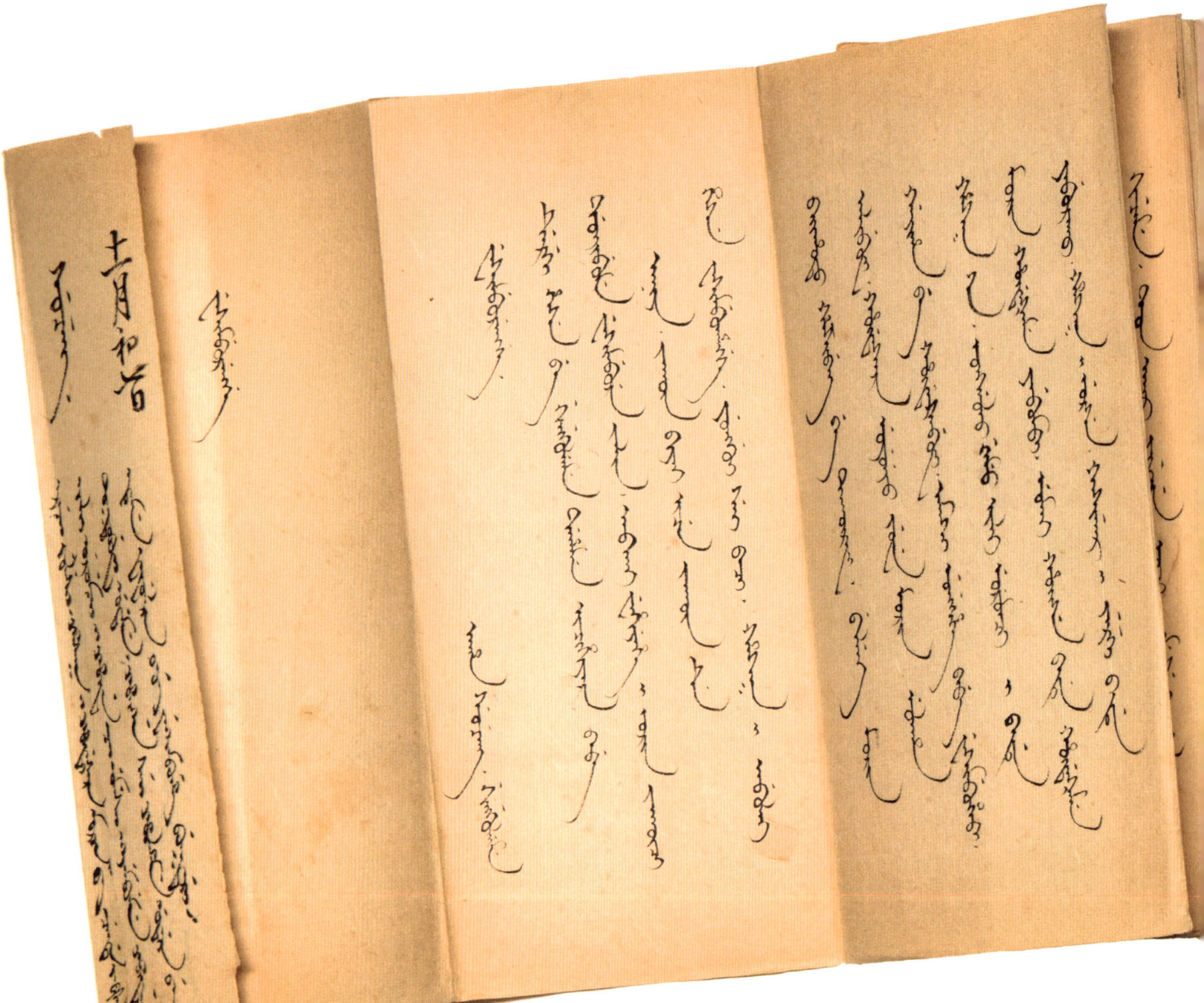

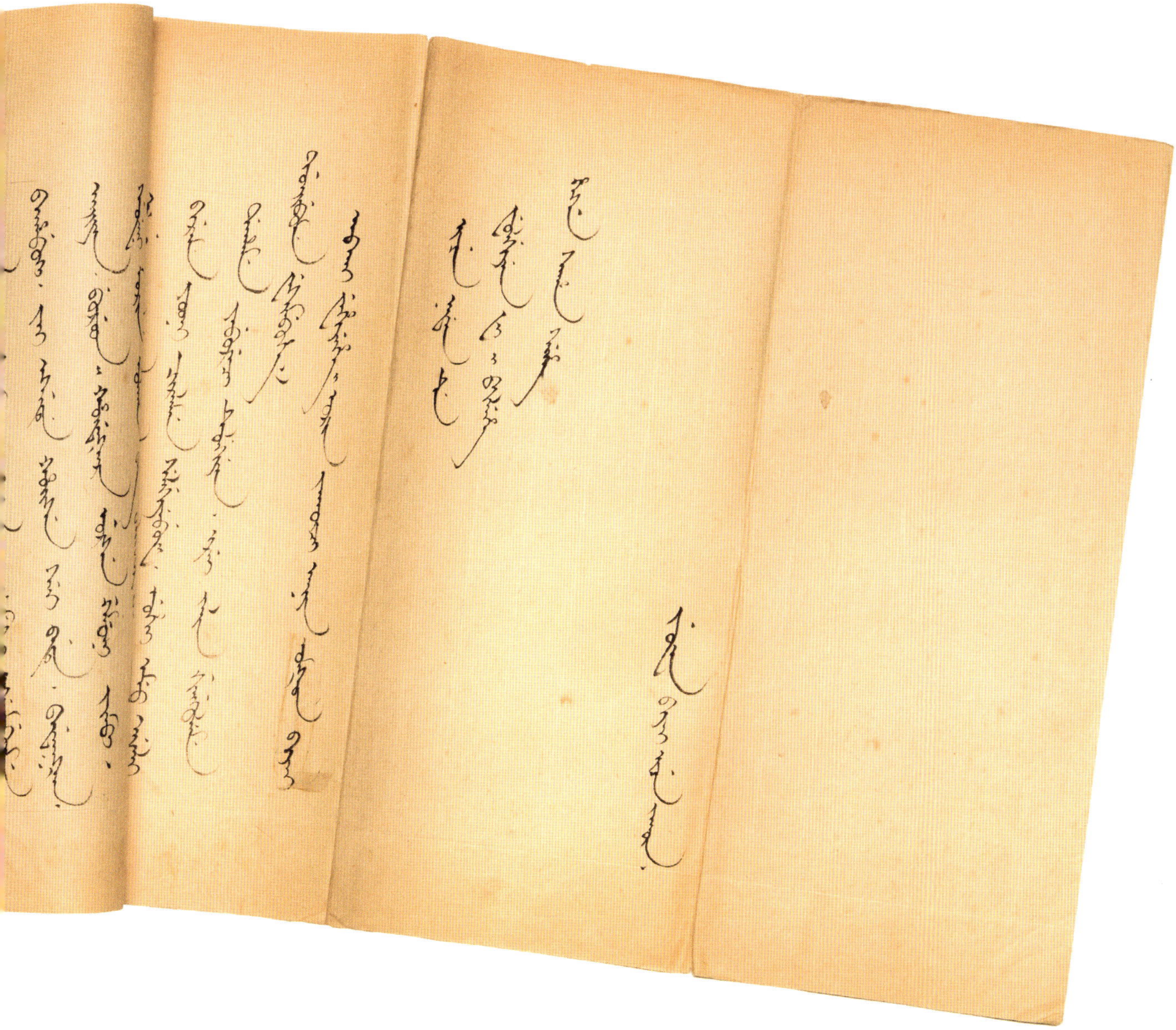

乌什办事大臣素诚奏折（乾隆二十八年十月初八日）

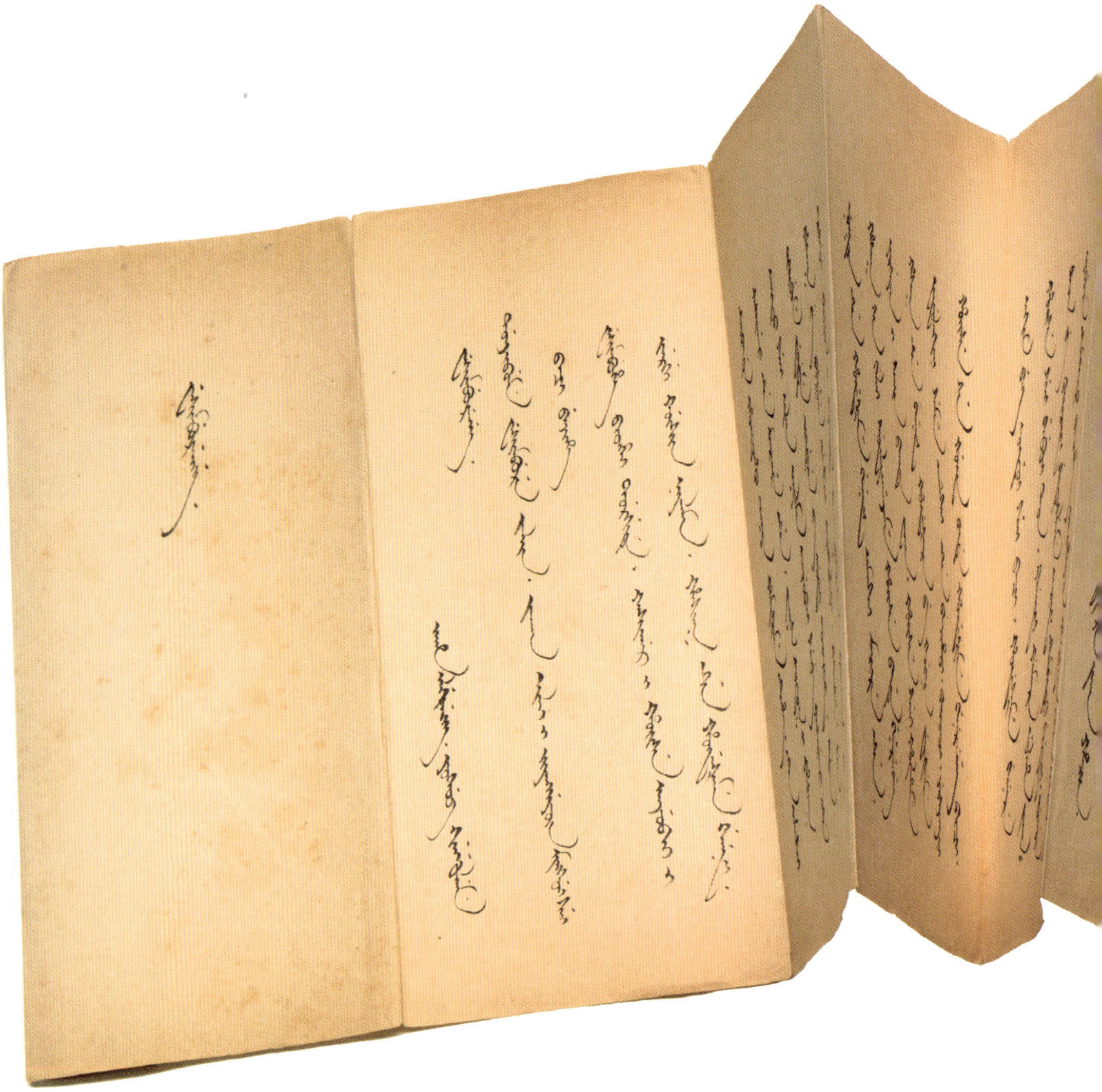

叶尔羌参赞大臣额尔景额等奏折：

为禁止居民人等潜赴哈萨克贸易事

乾隆二十九年三月十三日（1764年4月13日）

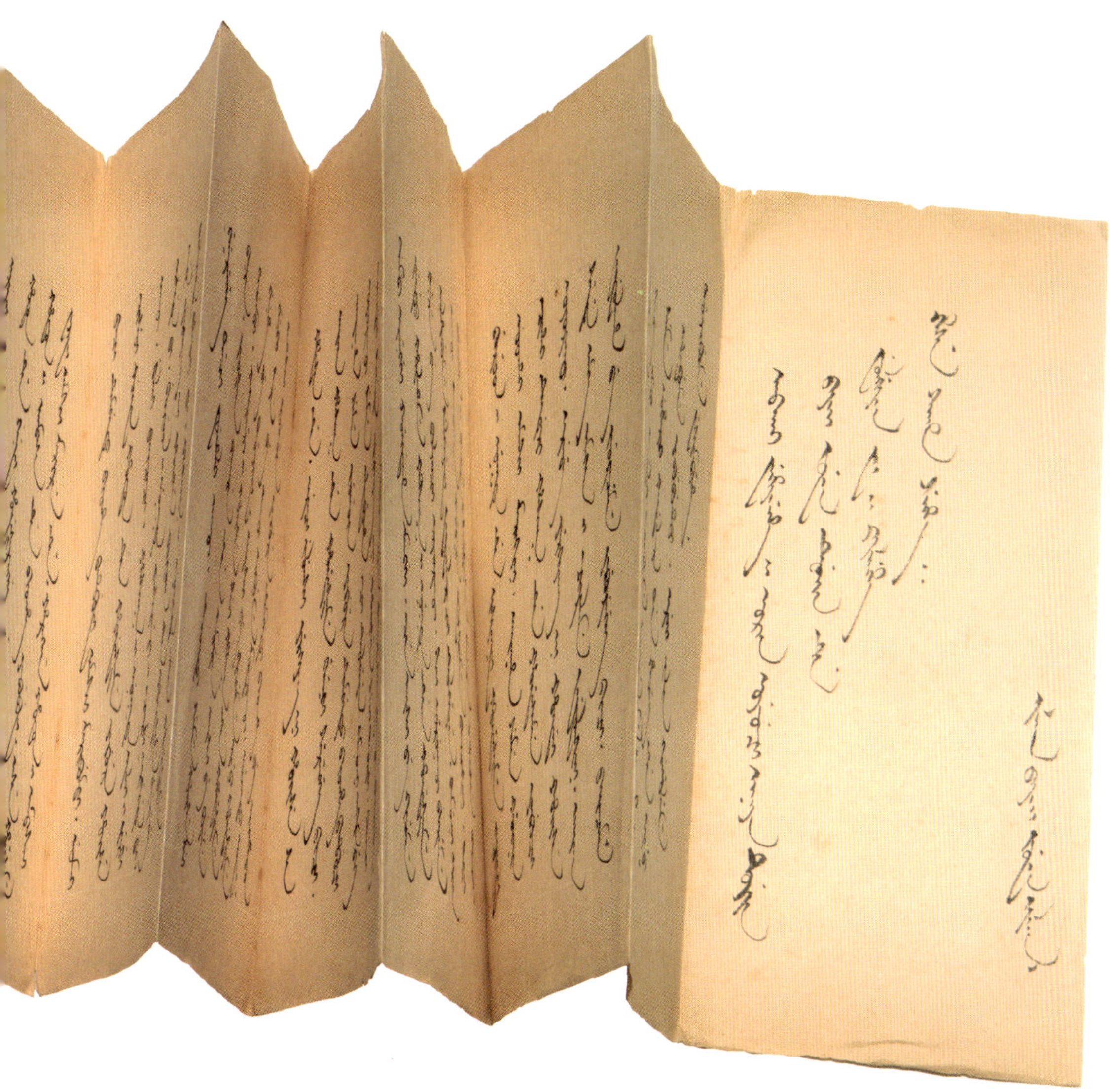

叶尔羌参赞大臣额尔景额等奏折（乾隆二十九年三月十三日）

清政府禁止民间商贩私自赴哈萨克进行马匹等贸易。乾隆二十九年（1764）三月十三日，叶尔羌参赞大臣额尔景额奏称，喀什噶尔居住民人安玉拜等 30 人赴哈萨克贸易，在该处居住近半年，现于返回喀什噶尔途中，擅过布鲁托牧场，在哈萨克牧场做买卖，已晓谕阿奇木伯克鄂堆等，嗣后叶尔羌等处居住民众赴哈萨克贸易马匹，断不能发给路票，严禁叶尔羌商贩赴哈萨克做生意，若有违禁，一经查出严加治罪。乾隆帝认为额尔景额所做较为恰当，遂引以为例。

乾隆帝谕旨：

着令各承办织造赔补劣质缎匹售价

乾隆三十一年十二月二十六日（1767 年 1 月 26 日）

乾隆朝中期，清朝恢复与哈萨克交往后，双边贸易不断增长，也发生了不少摩擦。据伊犁将军明瑞奏报，乾隆三十年（1765）前解到苏州、杭州等地织造的缎匹，每匹重四十二三两不等，三十一年解到者每匹却仅有三十五六两，两者比较，每匹减轻六七两不等，但是价格却如前一样，每匹仍为银 13 两，从而引起了哈萨克商人的不满。乾隆帝下旨训斥各织造偷工减料的现象："明系草率浮冒，以致物料减恶，何以惠远人而通贸易？现在此项缎匹着交与明瑞等减价发售，其所减之价，即着落各承办之织造，照数赔补，并将该织造交与内务府大臣议处。"对于跟哈萨克的丝绸贸易，清政府始终坚持严格质量管理，追求公平交易。

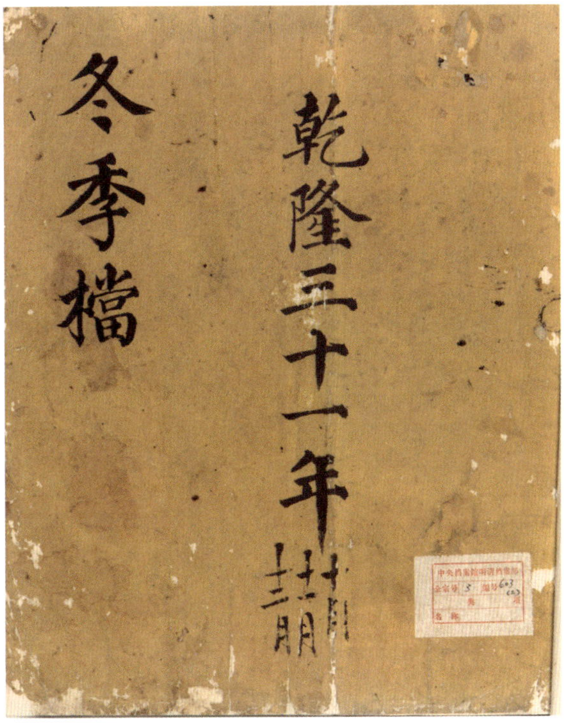
乾隆三十一年
十一月
十二月
冬季檔

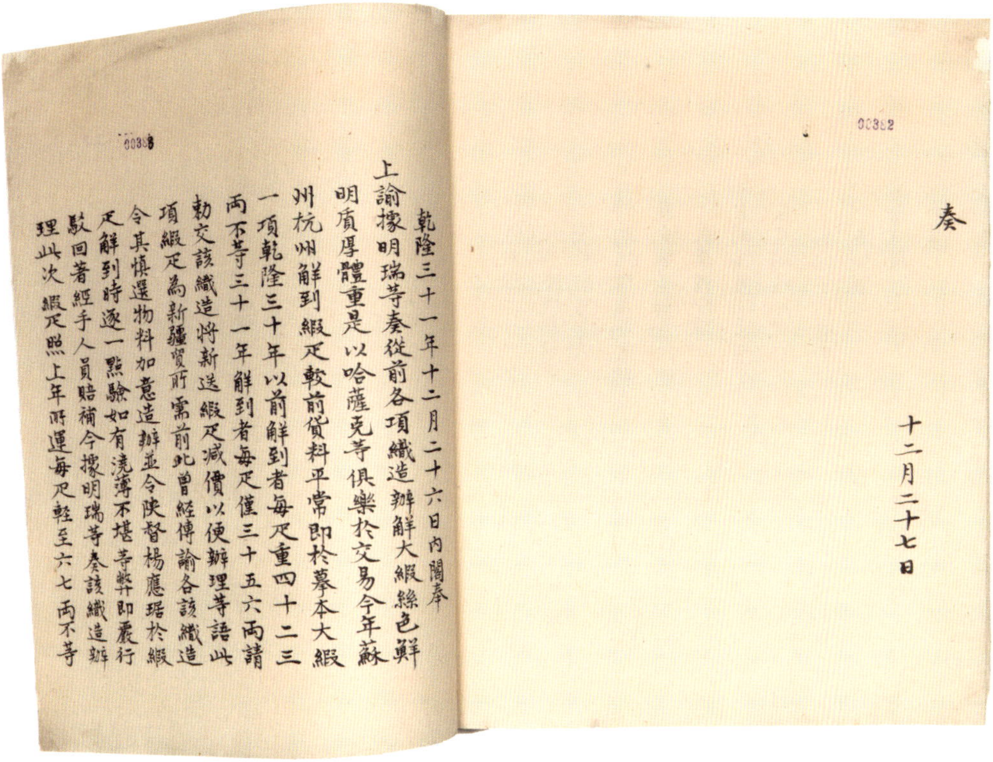
乾隆三十一年十二月二十六日内閣奉
上諭據明瑞等奏從前各項織造辦解大緞綵色鮮
明質厚體重是以哈薩克等俱樂於交易今年蘇
州杭州解到緞疋較前貨料平常即於摹本大緞
一項乾隆三十年以前解到者每疋重四十二三
兩不等三十一年解到者每疋僅三十五六兩請
勅交該織造將新送緞疋減價以便辦理等語此
項緞疋為新疆貿易所需前此曾經傳諭各該織造
令其慎選物料加意造辦並令陝督楊應琚於緞
疋解到時逐一點驗如有澆薄不堪者即嚴行
駁回著經手人員賠補今據明瑞等奏該織造辦
理此次緞疋照上年所運每疋輕至六七兩不等

奏
十二月二十七日

乾隆帝谕旨（乾隆三十一年十二月二十六日）

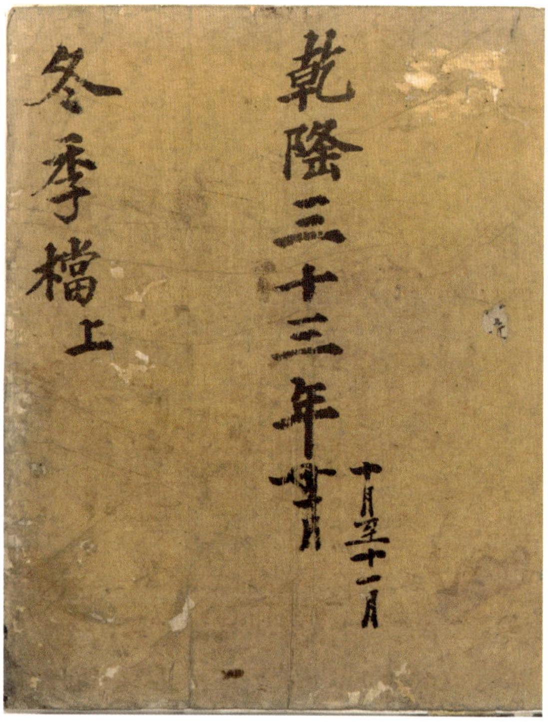

乾隆帝谕旨：

着严查绕行古北口试图逃税之客商并按例征税事

乾隆三十三年十月二十三日（1768 年 12 月 1 日）

清代西北地区的边疆贸易包括北路贸易和西路贸易，均采取分区分类管理方式，按照以往惯例，形成以下分类："缘贸易皮张例，须领执印票，其应进何处关口俱有一定处所，是以商人等前往恰克图贸易貂皮、银鼠、飞鼠等物，例在张家口领票出口，仍由张家口纳税进口，其自恰克图等处贩卖牛羊驼马，则由多伦诺尔同知衙门领票，亦由张家口纳税进口。此等贸易之人，如将皮张等物经由古北口进口者，即为绕关漏税。缘多伦诺尔、八沟、热河一带出入古北口之人，向无理藩院给发官票，即不能前往恰克图、库伦等处贸易，无从得有皮张，是以古北口官弁人等见有携带皮货者，即指为奸商远路之据，一经查出，交张家口监督查办。"但是古北口一地向无皮毛交易，部分商人为了私自逃税，绕路冒险。因此，大学士傅恒等奏请严禁商民绕路，并将所获民人奏报，以示朝廷严格管理边境贸易的决心。

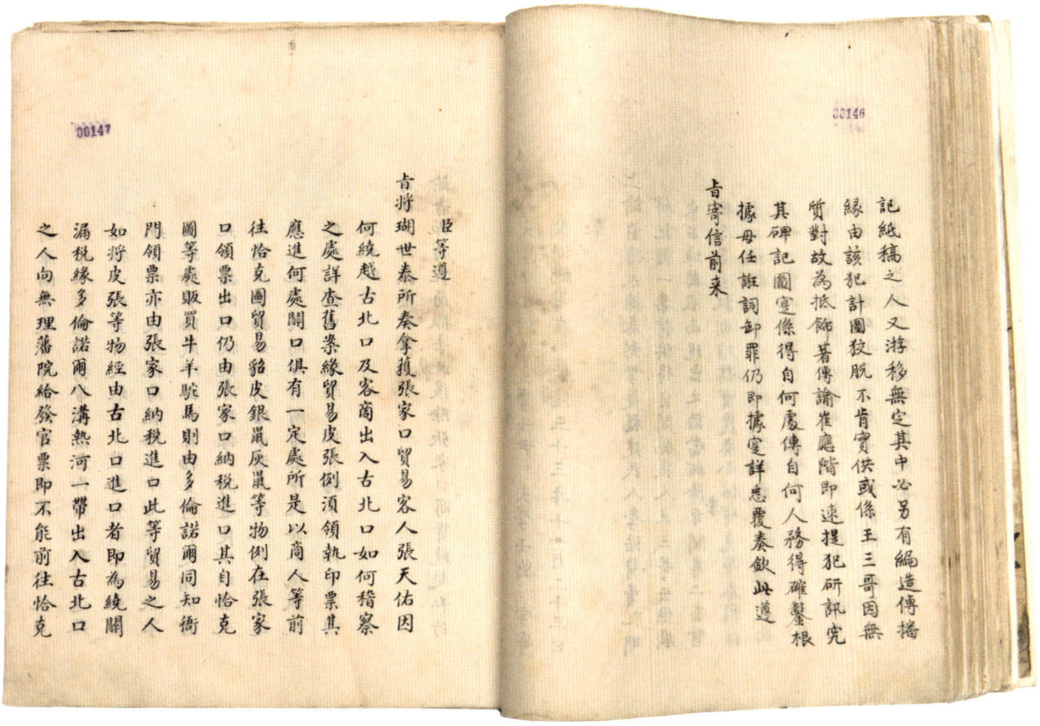
00146
記紙稿之人又游移無定其中必另有編造傳播
緣由該犯計圖狡脫不肯實供或係王三哥因無
質對故為抵飾著傳諭崔應階即速提犯研訊究
其碑記圖寔係得自何處傳自何人務得確鑿根
據毋任誑詞卸罪仍即據寔詳悉覆奏欽此遵
旨寄信前來
00147
臣等遵
旨將瑚世泰所奏拿獲張家口貿易客人張天佑因
何繞越古北口及客商出入古北口如何稽察
之處詳查舊案緣貿易皮張例須領執印票其
應進何處關口俱有一定處所是以商人等前
往恰克圖貿易貂皮銀鼠灰鼠等物例在張家
口領票出口仍由張家口納稅進口其自恰克
圖等處販買牛羊駝馬則由多倫諾爾同知衙
門領票亦由張家口納稅進口此等貿易之人
如將皮張等物經由古北口進口者即為繞關
漏稅緣多倫諾爾八溝熱河一帶出入古北口
之人向無理藩院給發官票即不能前往恰克

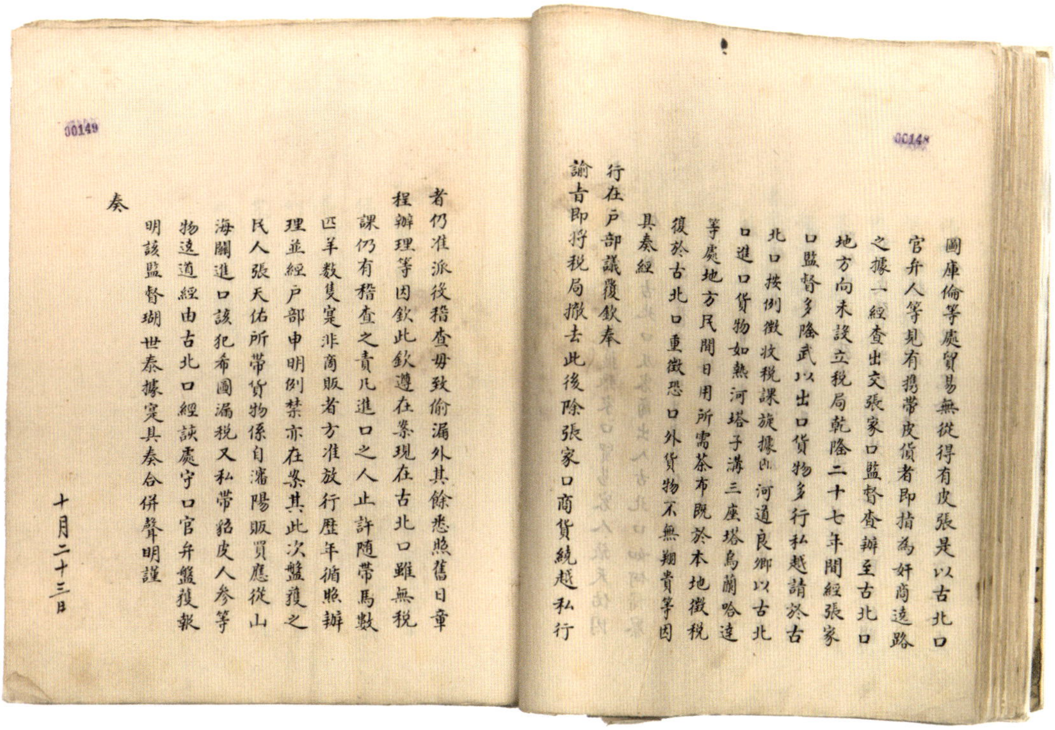
00148
圖庫倫等處貿易無從得有皮張是以古北口
官弁人等見有攜帶皮貨者即指為奸商透路
之據一經查出交張家口監督查辦至古北口
地方向未設立稅局乾隆二十七年間經張家
口監督多隆武以出口貨物多行私越請於古
北口按例徵收稅課旋據山河道良卿以古北
口進口貨物如熱河塔子溝三座塔烏蘭哈達
等處地方民間日用所需茶布既於本地徵稅
復於古北口重徵恐口外貨物不無翔貴等因
具奏經
行在戶部議覆欽奉
諭旨即將稅局撤去此後除張家口商貨繞越私行
00149
者仍准派役稽查毋致偷漏外其餘悉照舊日章
程辦理等因欽此欽遵在案現在古北口雖無稅
課仍有稽查之責凡進口之人止許隨帶馬數
匹羊數隻寔非商販者方准放行歷年循照辦
理並經戶部申明例禁亦在案其此次盤獲之
民人張天佑所帶貨物係自瀋陽販買應從山
海關進口該犯希圖漏稅又私帶貂皮人參等
物遶道經由古北口經該處守口官弁盤獲報
明該監督瑚世泰據寔具奏合併聲明謹
奏
十月二十三日

乾隆帝諭旨（乾隆三十三年十月二十三日）

伊犁将军伊勒图等奏折：

为奏报土尔扈特和硕特举部来归事

乾隆三十六年六月初五日（1771年7月16日）

乾隆帝谕旨：

着妥善安置归来之土尔扈特部并量加抚恤

乾隆三十六年六月十七日（1771年7月28日）

钦差大臣色布腾巴勒珠尔奏折：

为遵旨速赴伊犁妥善安置土尔扈特部并携其台吉等赴避暑山庄觐见事

乾隆三十六年六月二十四日（1771年8月4日）

署理伊犁将军舒赫德等奏折：

为奏报来归土尔扈特和硕特等各部台吉及其属众户口数目等事（附清单三件）

乾隆三十六年九月初七日（1771年10月14日）

署理伊犁将军舒赫德等奏折：

为遵旨严管土尔扈特与哈萨克贸易往来等事

乾隆三十六年十月十二日（1771年11月18日）

乾隆三十六年（1771），伊犁将军伊勒图等得到土尔扈特和硕特部举部来归的消息后，立即奏报乾隆帝。乾隆帝得知后十分喜悦，指示军机处大学士刘统勋、陕甘总督吴达善等人悉心部署，务求安置好回归的部落百姓，又命边境官员将该部落的代表护送至热河觐见，并强调“远人挈眷来归，量地安插，赏项在所必需……昨曾降旨于西安藩库贮项内，拨银二百万两，赴甘备用”。为了做到万无一失，乾隆帝特派色布腾巴勒珠尔为钦差大臣，专门办理此事。六月二十四日，色布腾巴勒珠尔回奏乾隆帝，他已遵旨速赴伊犁，妥善安置土尔扈特部众于乌梁海等地，如能赶上当年前往避暑山庄觐见，便携其台吉等前来，如无法按期赶回，便待明年再前来觐见。

土尔扈特部跋山涉水归来，途中遭遇了各种困难，人口大为减少。署理伊犁将军舒赫德遵照乾隆帝旨意，妥善安顿好这些同胞，并对其各属下户口人等进行了详细的统计。九月初七日，舒赫德回奏，报告土尔扈特台吉乌巴什、策伯克多尔济、舍楞等属下现在伊犁河流域之户口人数等详细情况，并附上详细清单，其中有关户口数目为：“和硕特台吉等下属户口清单：共计1318户，6350口。”十月十二日，舒赫德再次奏报，目前土尔扈特人在额尔齐斯、斋尔等处并无和哈萨克、喀尔喀等人交换羊牲等事，自己已经咨行驻塔尔巴哈台办事大臣等人，将会尽快把土尔扈特部纳入新疆地区的统一行政管理之下，禁止与哈萨克等发生私下贸易，以维持新疆地区的贸易稳定。

土尔扈特部的东归，是中华民族历史上的重大事件，是中华民族团结统一的重大标志，而清政府接纳并妥善安置土尔扈特部，将其与新疆当地居民一体纳入管理体系中，充分展示了中华民族大家庭的温暖与强大。

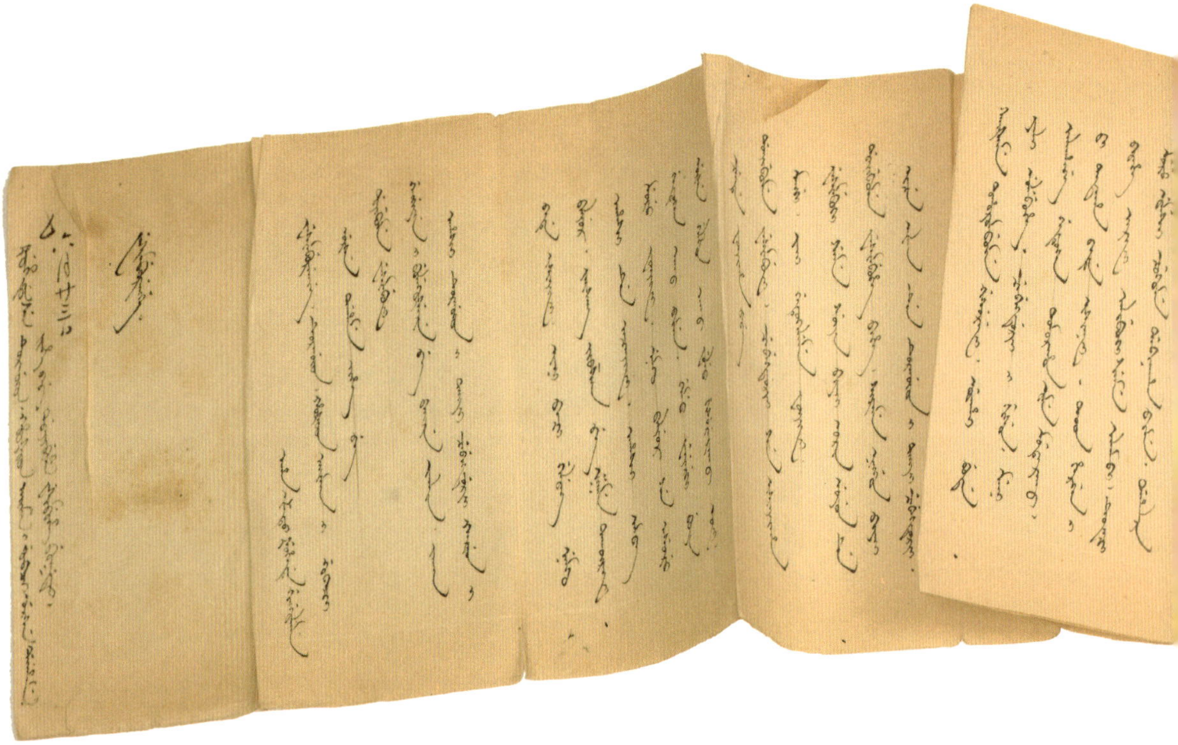

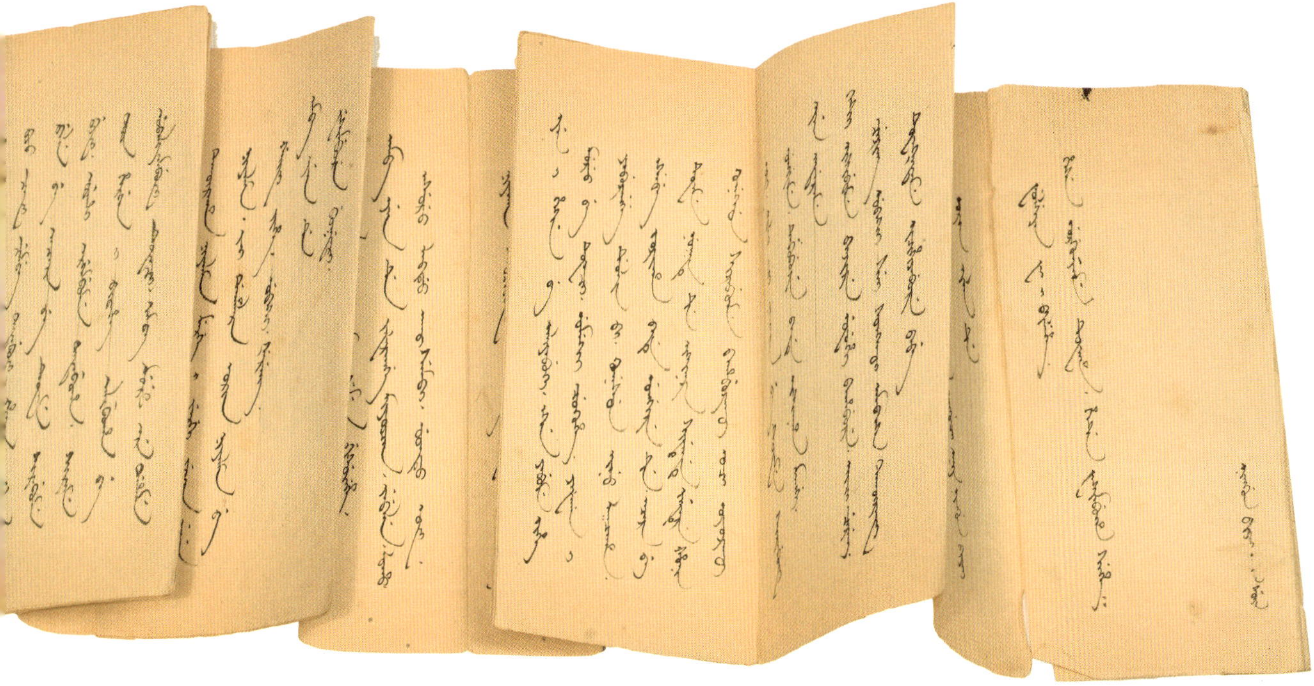

伊犁将军伊勒图等奏折（乾隆三十六年六月初五日）

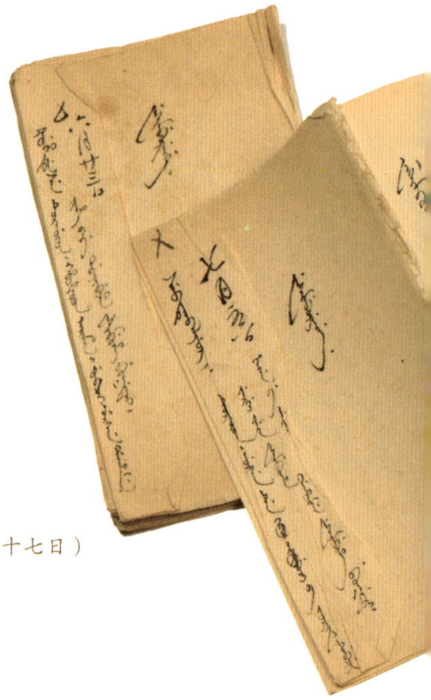

乾隆帝谕旨（乾隆三十六年六月十七日）

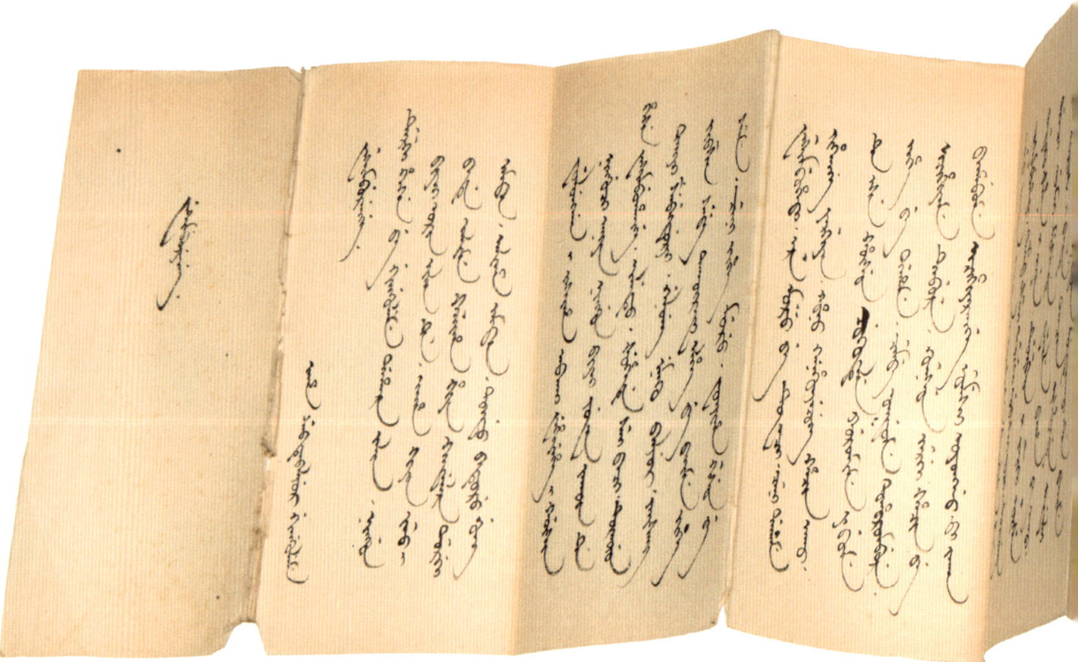

钦差大臣色布腾巴勒珠尔奏折（乾隆三十六年六月二十四日）

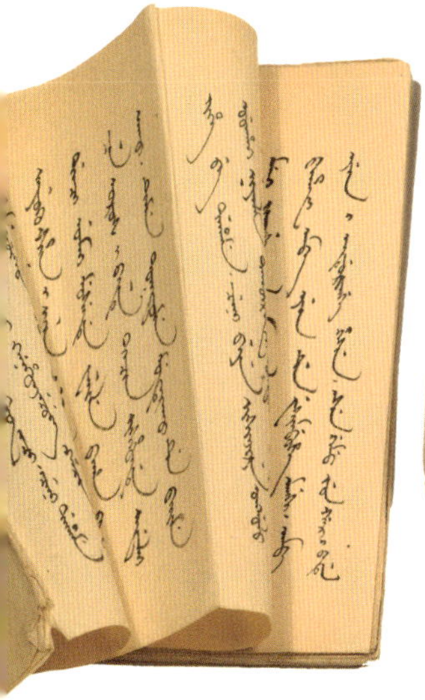

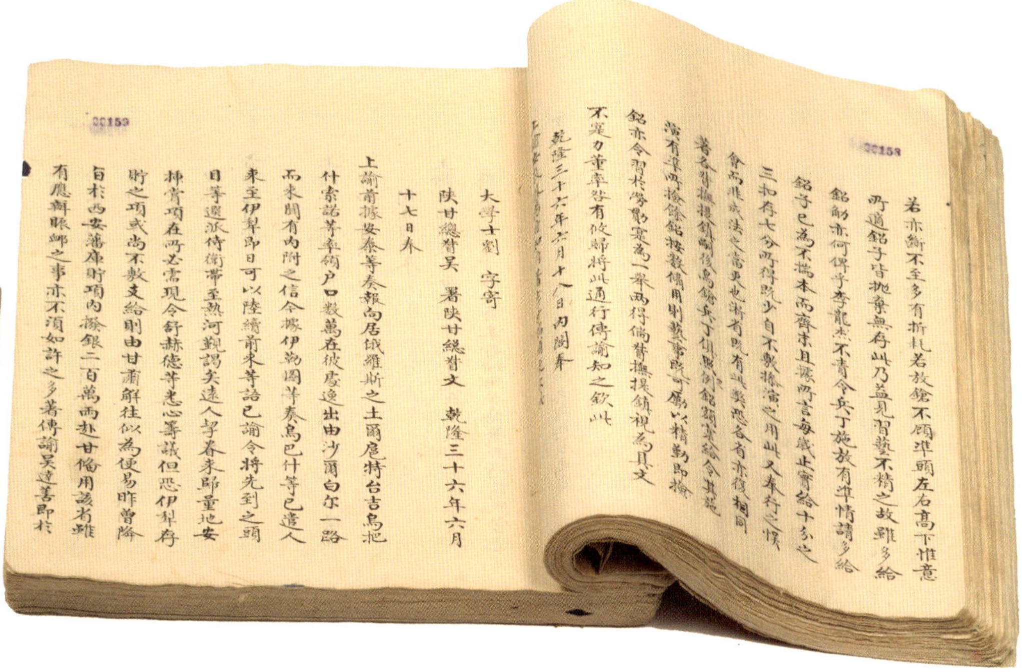

大學士劉 字寄
陝甘總督吳 署陝甘總督文 乾隆三十六年六月
十七日奉
上諭前據安泰等奏報向居俄羅斯之土爾扈特台吉烏把
什索諾木等率領戶口數萬在彼處逸出由沙爾白尔一路
而來聞有內附之信令據伊勒圖等奏烏巴什等已遣人
來至伊犁即日可以陸續前來等語已諭令將先到之頭
目等遴派侍衛帶至熱河覲謁矣遠人挈眷來歸量地安
插實屬必需現令舒赫德等悉心籌議但恐伊犁存
貯之項或尚不敷支給則由甘肅解往似為便易昨曾降
旨於西安藩庫貯項內撥銀二百萬兩赴甘備用該省雖
有應辦賑卹之事亦不須如許之多著傳諭吳達善即於
若亦斷不至多有折札若放鎗不顧準頭左右高下惟意
所適鉛子皆抛棄無存此乃益見習藝不精之故雖多給
鉛觔亦何俾乎李龍杰不青令兵丁施放有準情請多給
鉛子已為不揣本而齊末且據所言每歲止實給十分之
三扣存七分所得既少自不敷操演之用此又奉行之悞
會而非成法之當更也嗣有既有此弊恐各省亦復相同
著各督撫提鎮嗣後鳥鎗兵丁俱照例鉛額實給令其認
演有準所撥餘鉛按數備用則藝事既可勵以精勤即撥
鉛亦令習於勞勩寔為一舉兩得倘督撫提鎮視為具文
不寔力董率咨有攸歸將此通行傳諭知之欽此
乾隆三十六年六月十八日丙閣奉

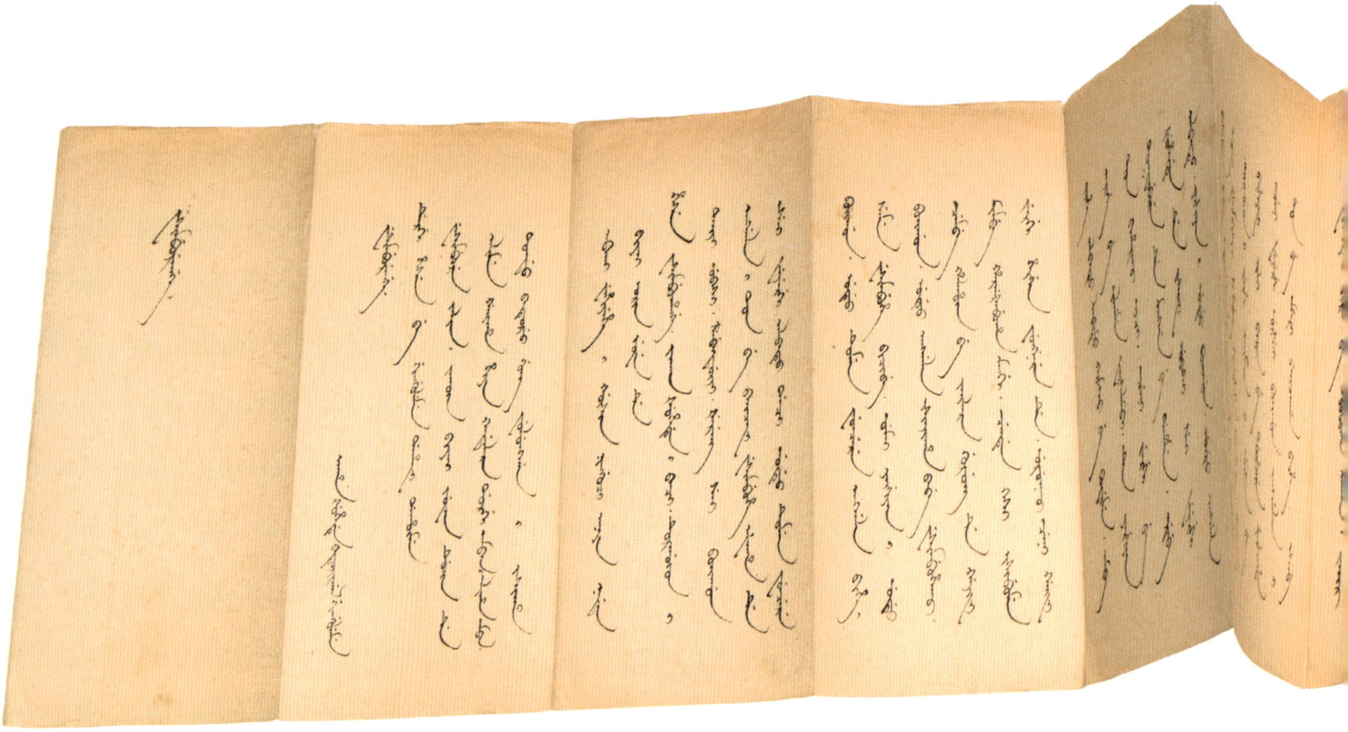

署理伊犁将军舒赫德等奏折（乾隆三十六年九月初七日）之一

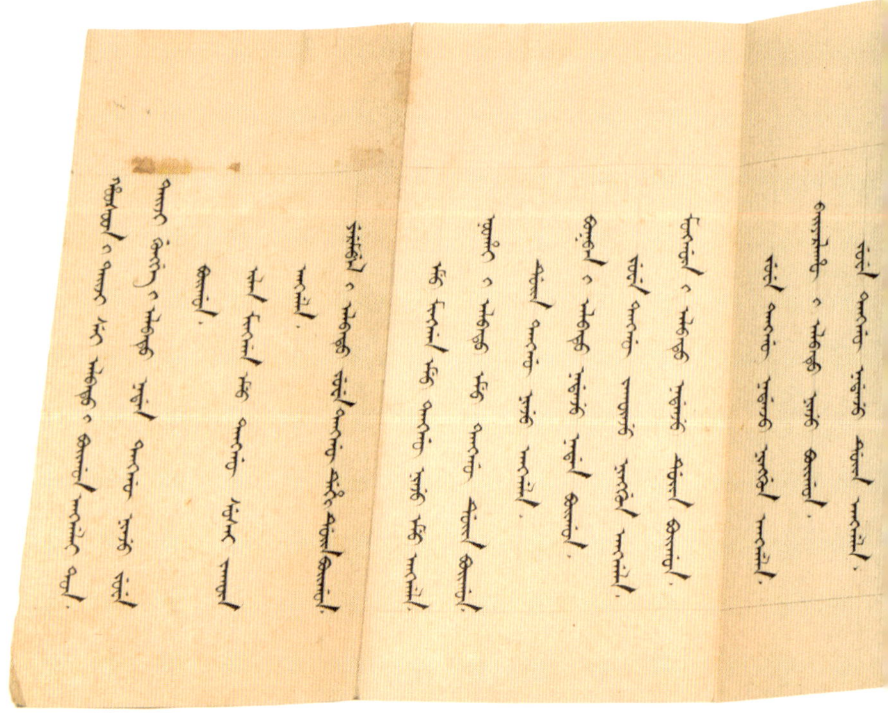

署理伊犁将军舒赫德等奏折（乾隆三十六年九月初七日）之二

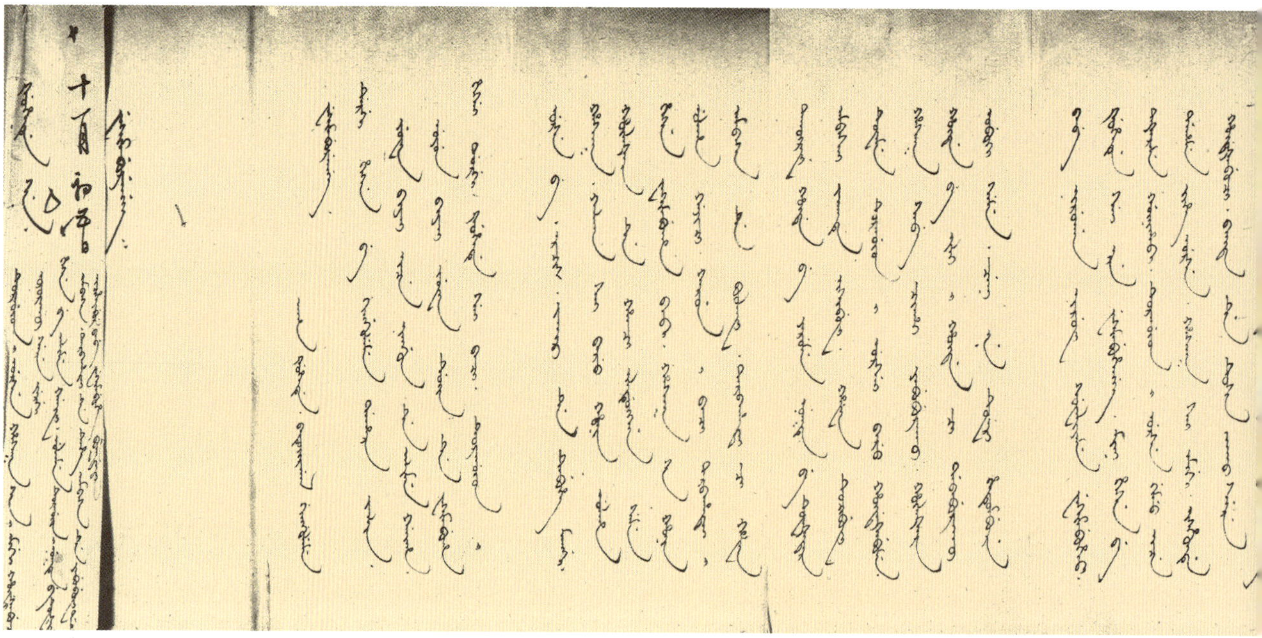

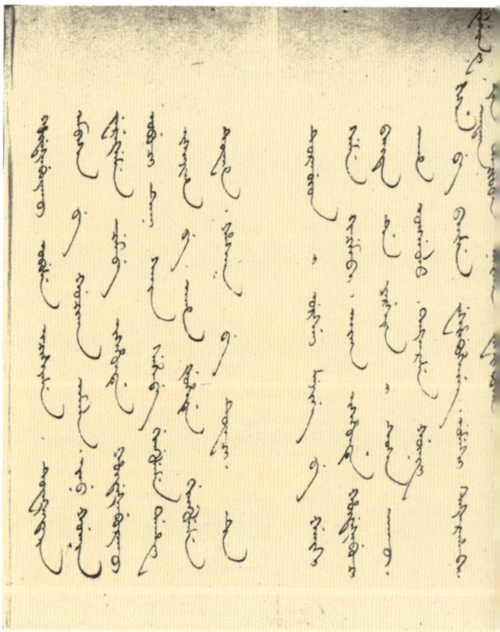

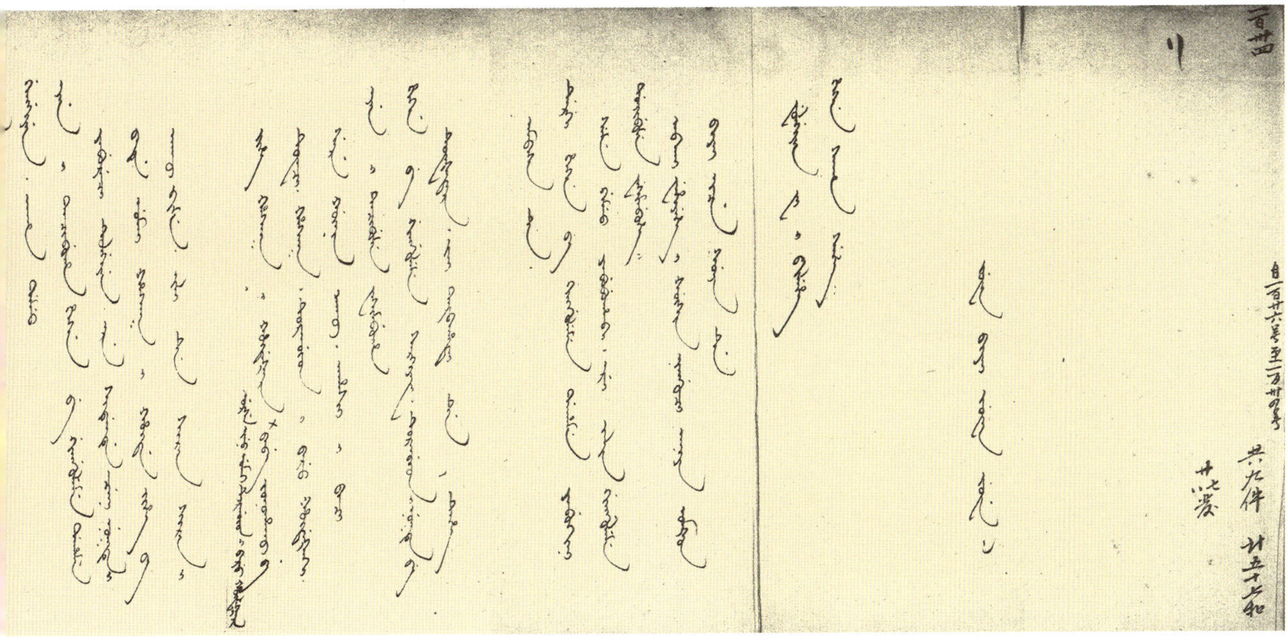

署理伊犁将军舒赫德等奏折（乾隆三十六年十月十二日）

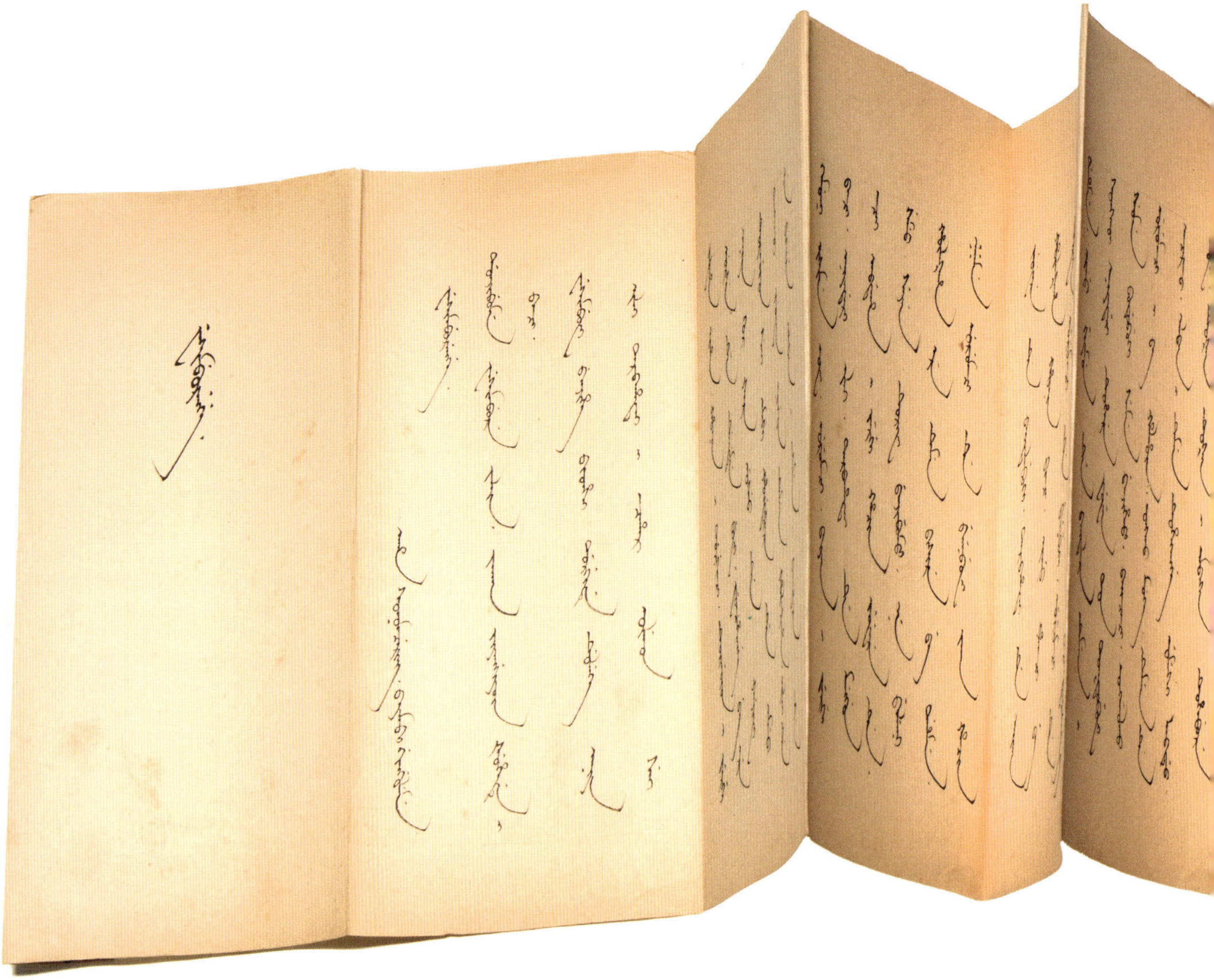

乌鲁木齐参赞大臣索诺木策凌等奏折：

为伊犁察哈尔厄鲁特所捐羊只与土尔扈特

换获骆驼使用事

乾隆三十七年八月初八日（1772年9月4日）

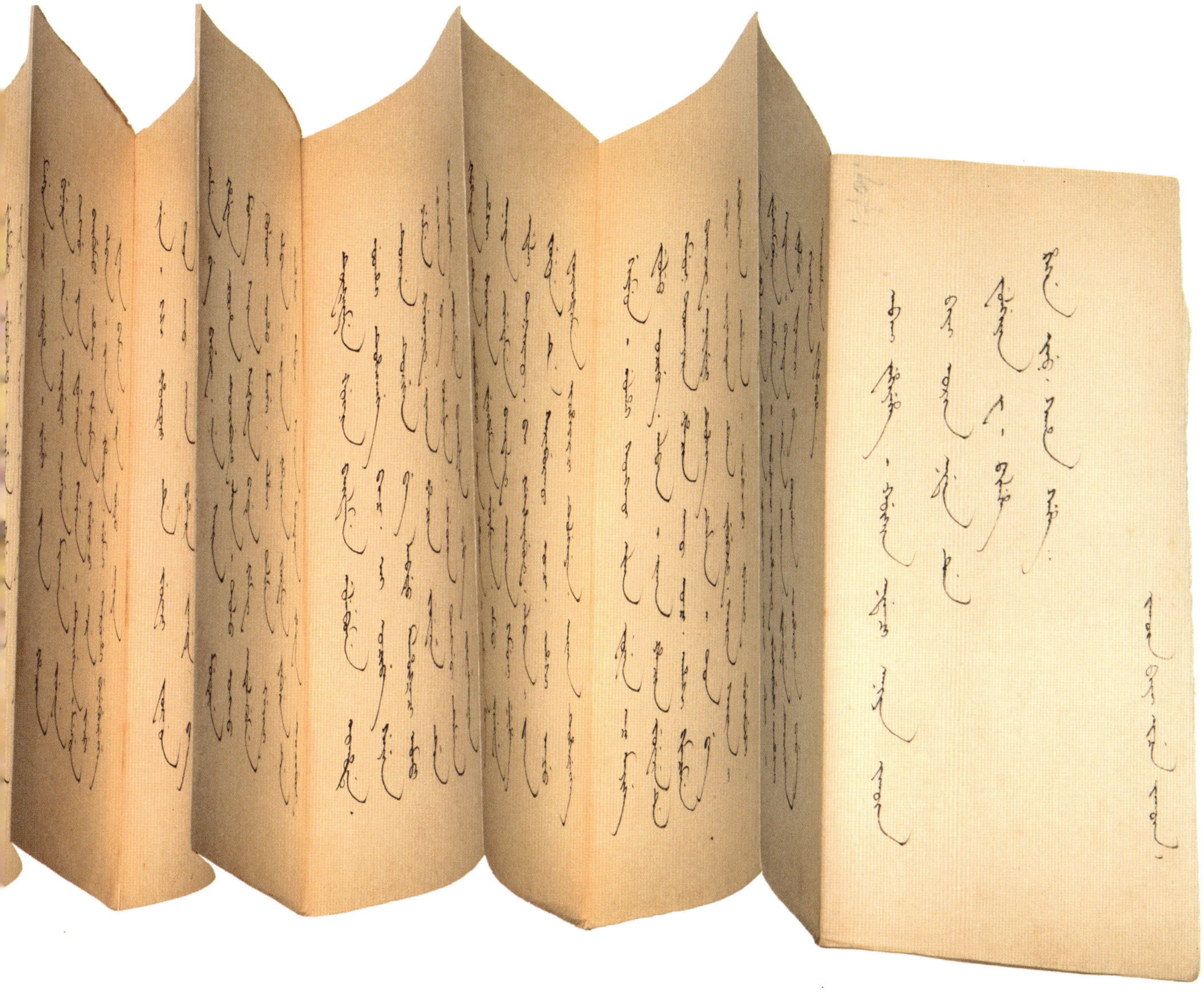

乌鲁木齐参赞大臣索诺木策凌等奏折（乾隆三十七年八月初八日）

对于土尔扈特部落的各项安置政策，清廷无不显示出特殊优待。据乌鲁木齐参赞大臣索诺木策凌、巴彦弼所奏，伊犁等处与土尔扈特所换骆驼有不少倒毙，因此咨行伊犁将军，是否可以自官驼内留用，以节约运费。获准。

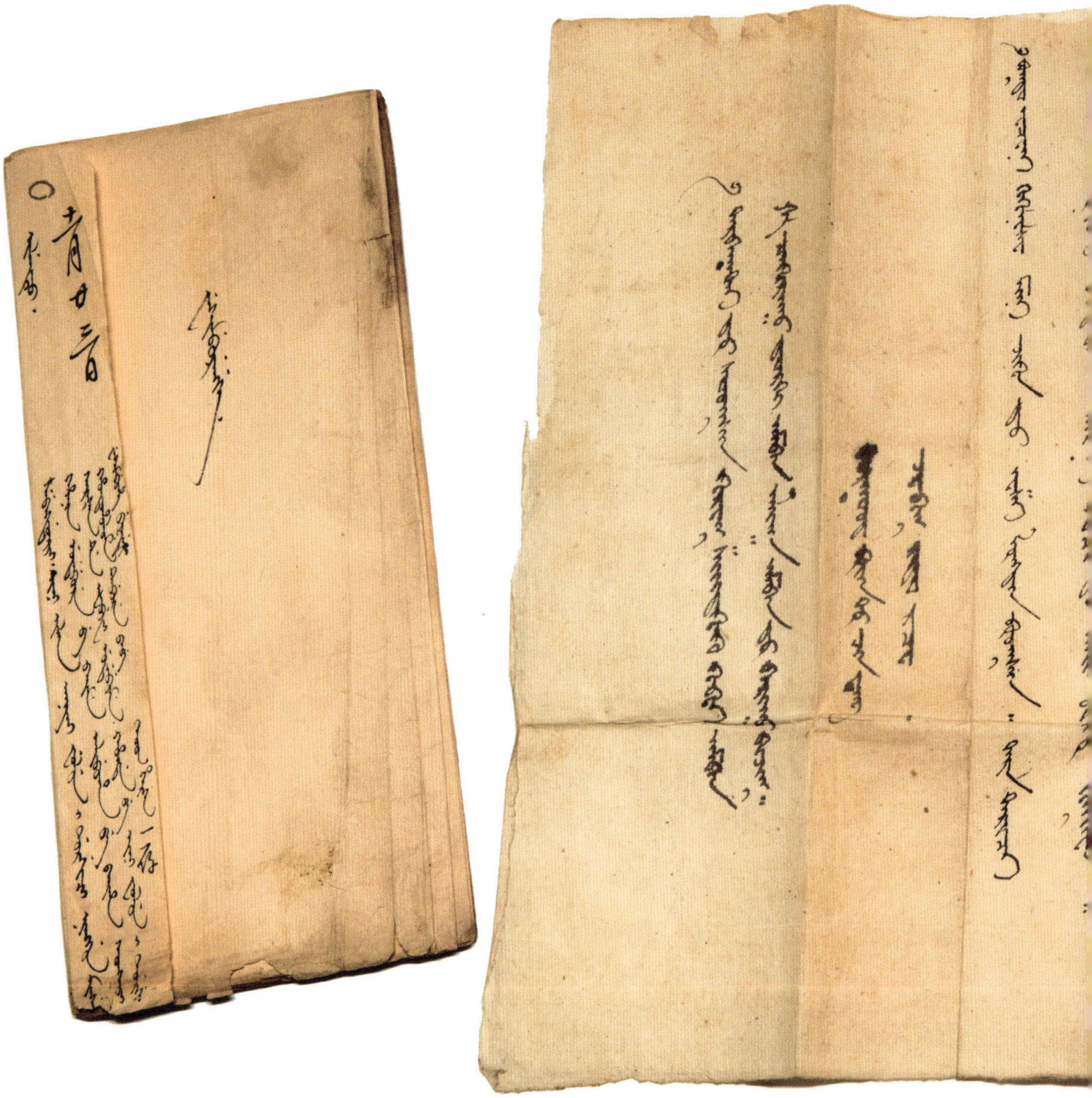

塔尔巴哈台参赞大臣伊勒图奏折：

为请准土尔扈特亲王策伯克多尔济所请用其俸银买羊只事

乾隆三十七年十一月初一日（1772年11月25日）

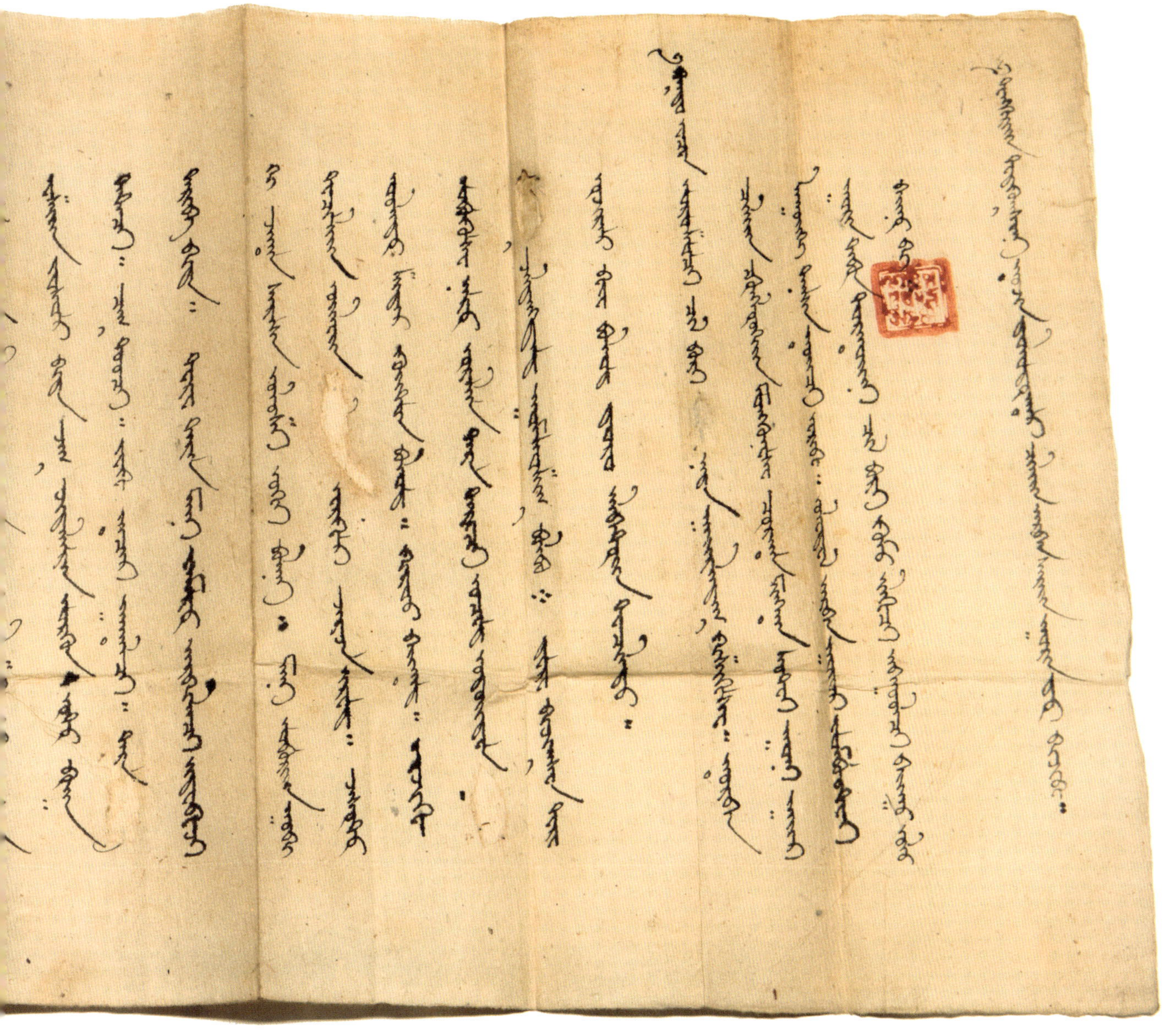

左：塔尔巴哈台参赞大臣伊勒图奏折；右：土尔扈特亲王策伯克多尔济原稿（乾隆三十七年十一月初一日）

清政府为了更好地妥善安置土尔扈特部落，动用了大量的财力和物力，帮助该部落在新疆安居乐业。塔尔巴哈台参赞大臣伊勒图奏报土尔扈特亲王策伯克多尔济的请求，并附上了亲王策伯克多尔济的原稿。其中，该亲王请求朝廷批准使用明年俸禄购买羊只，以供贫困属下度日。根据规定，朝廷每年赏给亲王俸禄1400两外，另借用2800两俸银，共计4200两银。该亲王希望以此购买6000只羊，供养该处穷困下属。获准。此后，回归的土尔扈特部在朝廷的支持下，得到了恢复和发展。

军机大臣舒赫德等奏折：

为颁给土尔扈特各部盟长扎萨克等印事

（附印谱单一件）

乾隆四十年六月初三日（1775 年 6 月 30 日）

土尔扈特部回归以后，朝廷给予了大量的帮助，也加强了相应的管理。乾隆四十年（1775）六月初三日，军机大臣舒赫德奏请颁给乌嫩苏珠克图旧土尔扈特南部盟长策琳那木扎勒、北部盟长亲王策伯克多尔济、东部盟长郡王策楞德勒克、西部盟长贝勒莫们图等盟长印信，并将印信铸成恭呈乾隆帝，随件附上满蒙文印谱。

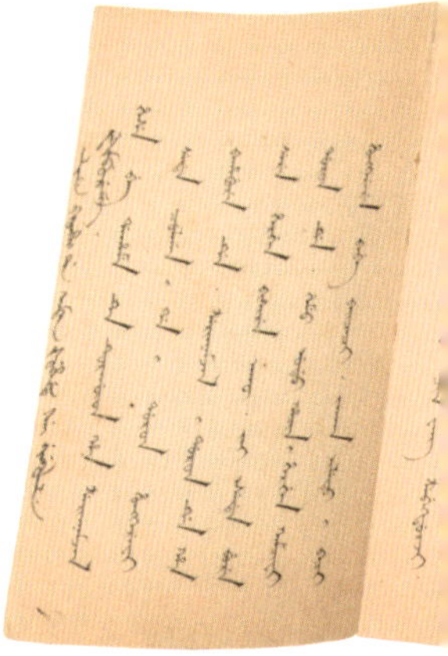

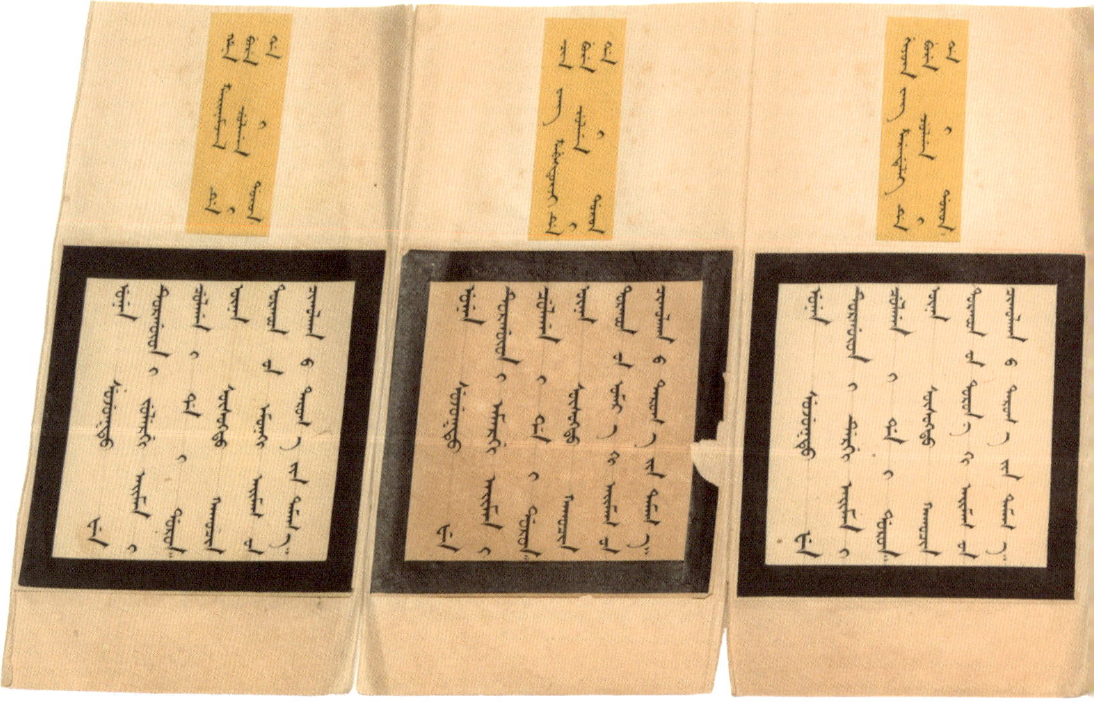

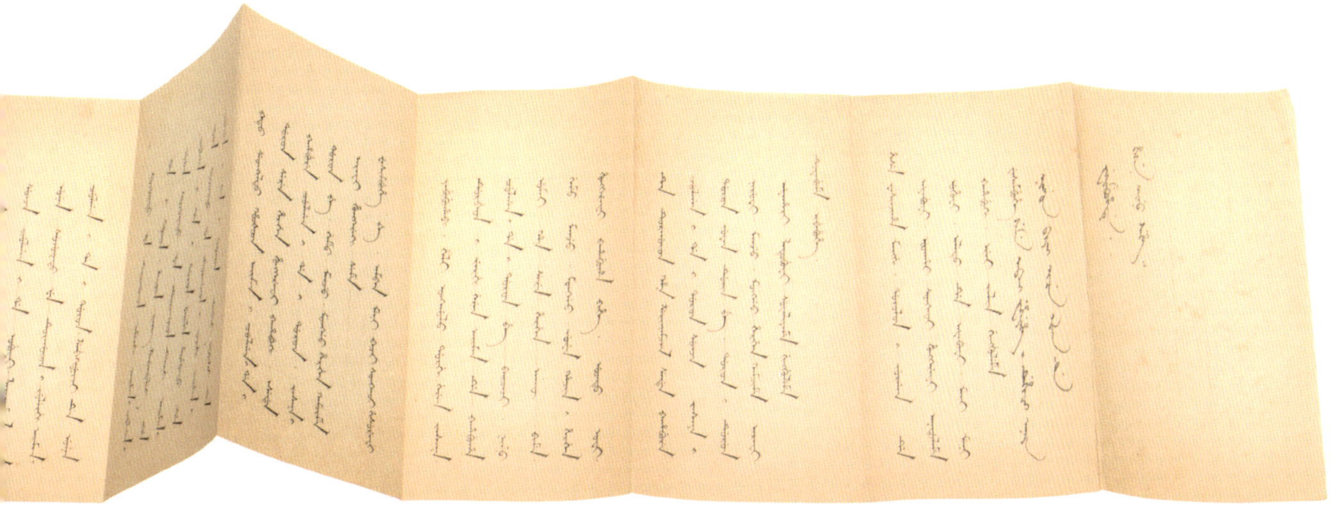

军机大臣舒赫德等奏折（乾隆四十年六月初三日）

印谱单（乾隆四十年六月初三日）

陕甘总督勒尔谨奏折：

为于固原州属拿获伙贩玉石人犯赵乡约情形事

乾隆四十三年十月初六日（1778 年 11 月 24 日）

乾隆帝谕旨：

着严惩内地奸商勾结官员私自买卖阿克苏玉石

乾隆四十三年十一月初一日（1778 年 12 月 19 日）

乾隆帝谕旨：

着派驻官员稽查边境走私玉石并押解罪犯赴京

乾隆四十三年十一月初三日（1778 年 12 月 21 日）

江苏巡抚杨魁奏折：

为遵旨查明李福张鸾携带玉石一路所过各地方官及各关监督失察请严议事

乾隆四十三年十一月十六日（1779 年 1 月 3 日）

清制，新疆地区所产玉石一律归官方统一管理买卖，民间严禁私贩。乾隆朝中期，新疆与内地之间的贸易规模不断扩大，贸易管理也日趋规范。乾隆四十三年（1778）九月，叶尔羌办事大臣高朴勾结内地官员、商人私贩玉石案发，乾隆帝下旨严查。十月，陕甘总督勒尔谨抓获为高朴贩运玉石之常永等人，不久又查获吴芭洲等七名私贩玉石商人。乾隆帝特发谕旨，要求彻底查清吴芭洲等人与高朴案关系，强调："凡属商众，俱当感激改悔，若经此次查办之后，复有私赴新疆偷贩玉石者，一经查获，即照窃盗满贯例计赃论罪，不能复邀宽宥矣。"同时，要求各地督抚严肃查处玉石贩运沿线各处失察官员。由于高朴所运玉石大多先销往江南，因此江南各省官员也成为了此次查办的重中之重。十一月十六日，江苏巡抚杨魁上奏乾隆帝，表示已经查明了为高朴押运玉石的李福、张鸾等人在江苏经过沿线各处地方官员以及各关监督人等，自己以及这些官员确有失察之处，恳请惩处。乾隆帝没有轻易放过这些官员，均着交部议处。

高朴玉石案发生后，乾隆帝决心彻底整顿新疆地区的玉石贸易，取消了此前允许商人承买官玉的规定，严禁商人私自贩运："今玉块采自回疆，其地为新辟幅员，若许商人售贩，实不成事体，设为较量锱铢定价，更属小器，非外域所宜办。朕意现有之玉，莫如匀作数年，概行解京，不必分定成色招商承买及令官兵缴价获利，并不必赏给回人，致滋流弊。"同时，还禁止新疆当地的部分玉石开采："密尔岱山竟宜永远封禁，……惟当令卡伦兵丁严行稽查，一经盘获，即将人赃一并解送。"此后，新疆民间玉石私贩风气一时为之肃清。

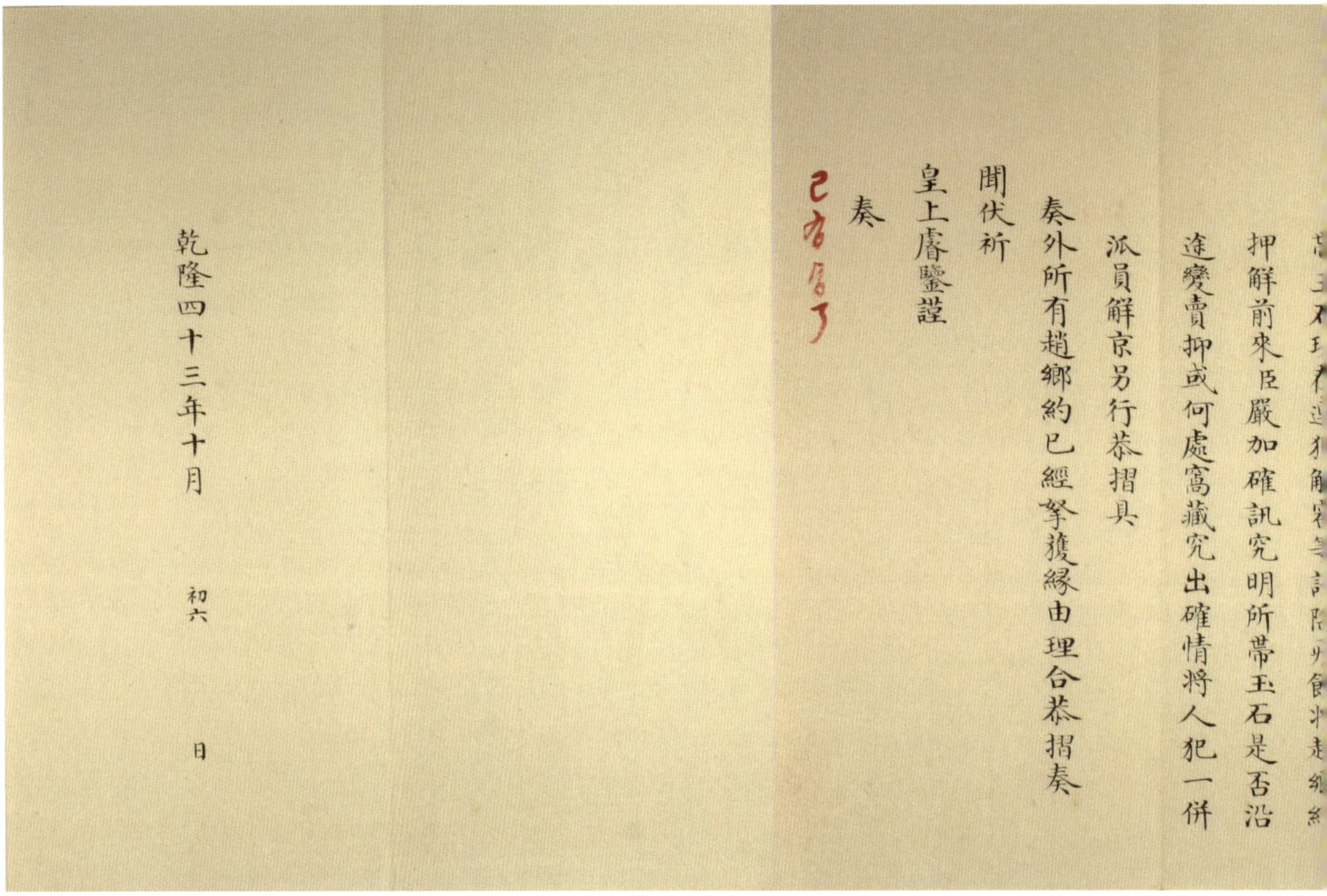
押解前來臣嚴加確訊究明所帶玉石是否沿
途變賣抑或何處寓藏究出確情將人犯一併
派員解京另行恭摺具
奏外所有趙鄉約已經拏獲緣由理合恭摺奏
聞伏祈
皇上睿鑒謹
奏
已有旨了
乾隆四十三年十月　初六　日

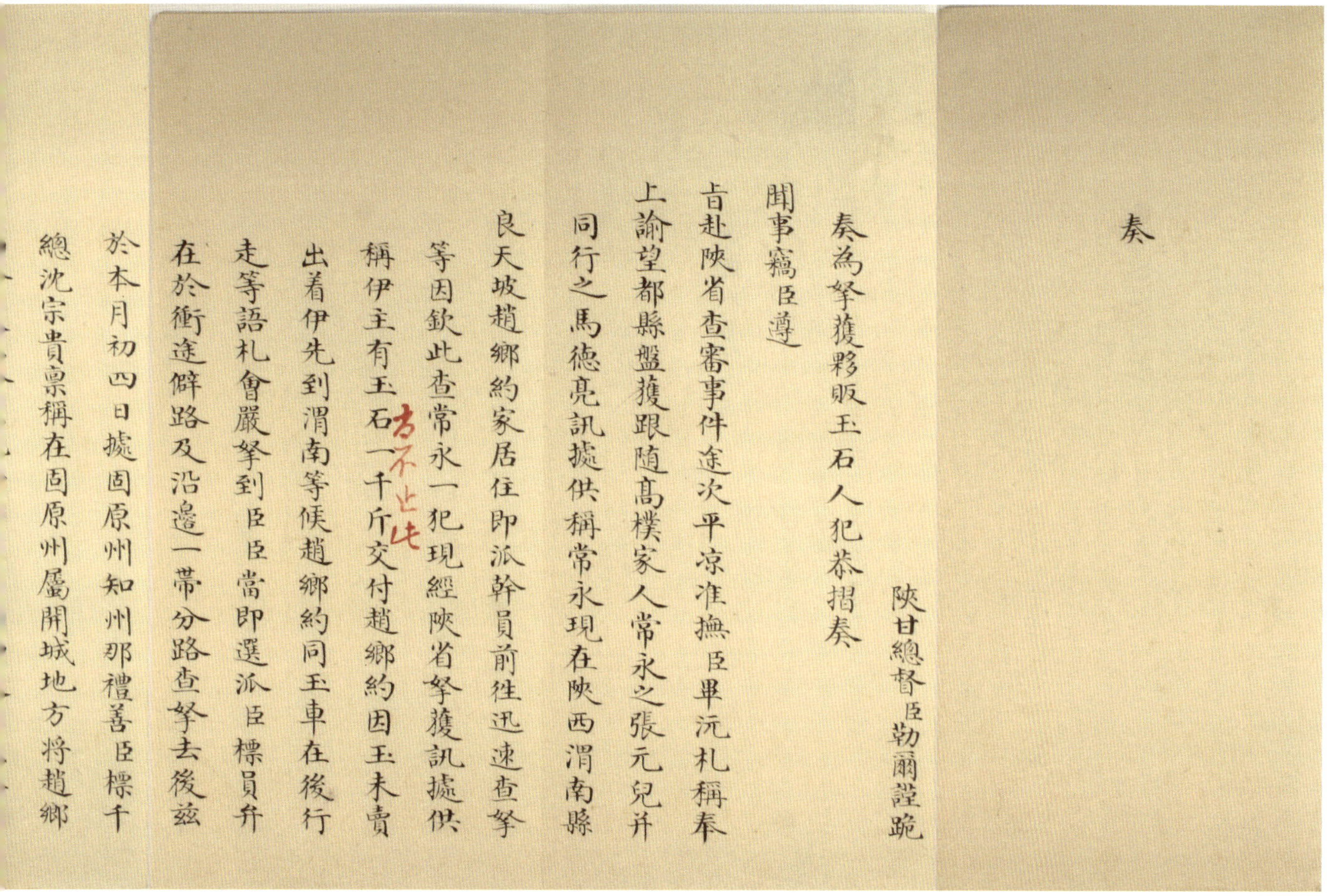
奏
陝甘總督臣勒爾謹跪
奏為拏獲夥販玉石人犯恭摺奏
聞事竊臣遵
旨赴陝省查審事件途次平凉准撫臣畢沅札稱奉
上諭望都縣盤獲跟隨高樸家人常永之張元兒并
同行之馬德亮訊據供稱常永現在陝西渭南縣
良天坡趙鄉約家居住即派幹員前往迅速查拏
等因欽此查常永一犯現經陝省拏獲訊據供
稱伊主有玉石一千斤交付趙鄉約因玉未賣（朱批：恐不止此）
出着伊先到渭南等候趙鄉約同玉車在後行
走等語札會嚴拏到臣臣當即選派臣標員弁
在於衝途僻路及沿邊一帶分路查拏去後兹
於本月初四日據固原州知州那禮善臣標千
總沈宗貴禀稱在固原州屬開城地方將趙鄉

陕甘总督勒尔谨奏折（乾隆四十三年十月初六日）

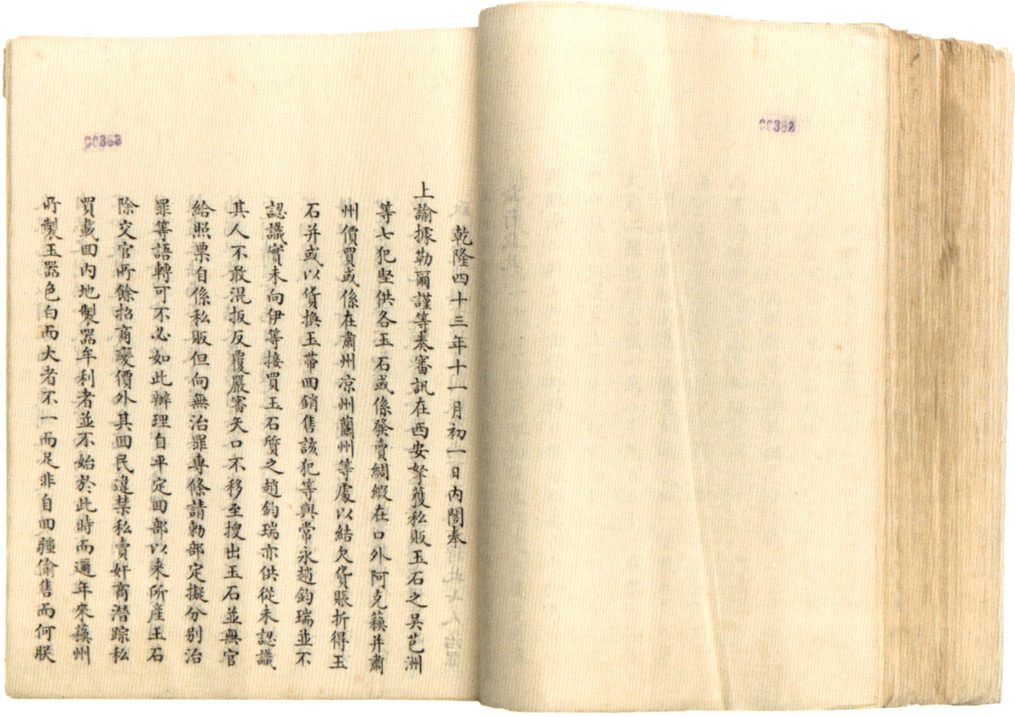
乾隆四十三年十一月初一日內閣奉
上諭據勒爾謹等奏審訊在西安拏獲私販玉石之吳芑洲
等七犯堅供各玉石或係發賣綢緞在口外阿克蘇并肅
州價買或係在肅州凉州蘭州等處以結欠貨賬折得玉
石并或以貨換玉帶回銷售該犯等與常永趙鈞瑞並不
認識實未向伊等接買玉石質之趙鈞瑞亦供從未認識
其人不敢混扳反覆嚴審矢口不移至搜出玉石並無官
給照票自係私販但向無治罪專條請勅部定擬分別治
罪等語轉可不必如此辦理自平定回部以來所產玉石
除交官所餘招商變價外其回民違禁私賣奸商潛踪私
買載回內地製器牟利者並不始於此時而邇年來蘇州
所製玉器色白而大者不一而足非自回疆偷售而何朕

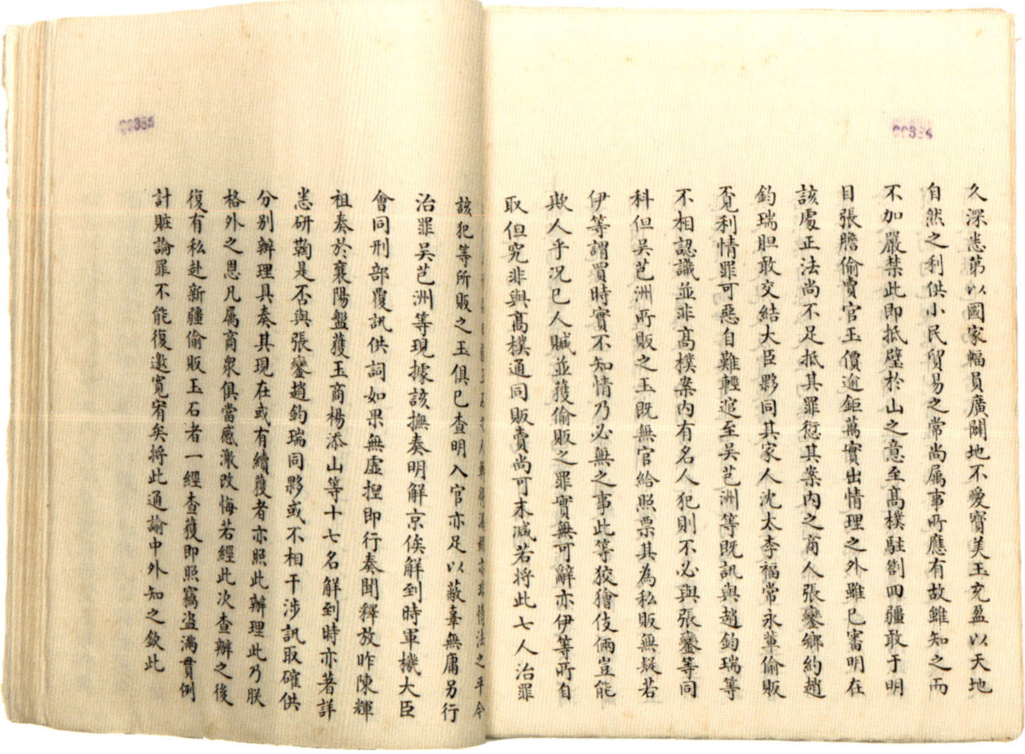
久深悉第以國家幅員廣闊地不愛寶美玉充盈以天地
自然之利供小民貿易之常尚屬事所應有故雖知之而
不加嚴禁此即抵璧於山之意至高樸駐劄回疆敢于明
目張膽偷賣官玉價逾鉅萬實出情理之外雖已審明在
該處正法尚不足抵其罪懲其案內之商人張鑾鄉約趙
鈞瑞胆敢交結大臣影同其家人沈太李福常永革偷販
覔利情罪可惡自難輕逭至吳芑洲等既訊與趙鈞瑞等
不相認識並非高樸案內有名人犯則不必與張鑾等同
科但吳芑洲所販之玉既無官給照票其為私販無疑若
伊等謂買時實不知情乃必無之事此等狡獪伎倆豈能
欺人乎況已人贓並獲偷販之罪實無可辭亦伊等所自
取但究非與高樸通同販賣尚可末減若將此七人治罪
該犯等所販之玉俱已查明入官亦足以蔽辜無庸另行
治罪吳芑洲等現據該撫奏明解京俟解到時軍機大臣
會同刑部覆訊供詞如果無虛捏即行奏聞釋放昨陳輝
祖奏於襄陽盤獲玉商楊添山等十七名解到時亦著詳
悉研鞫是否與張鑾趙鈞瑞同夥或不相干涉訊取確供
分別辦理具奏其現在或有續獲者亦照此辦理此乃朕
格外之恩凡屬商衆俱當感激改悔若經此次查辦之後
復有私赴新疆偷販玉石者一經查獲即照竊盜滿貫例
計贓論罪不能復邀寬宥矣將此通諭中外知之欽此

乾隆帝谕旨（乾隆四十三年十一月初一日）

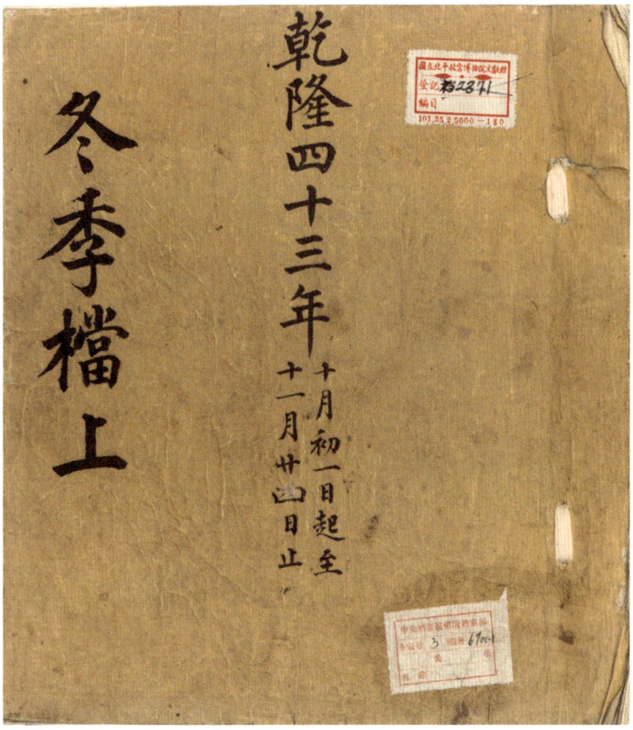

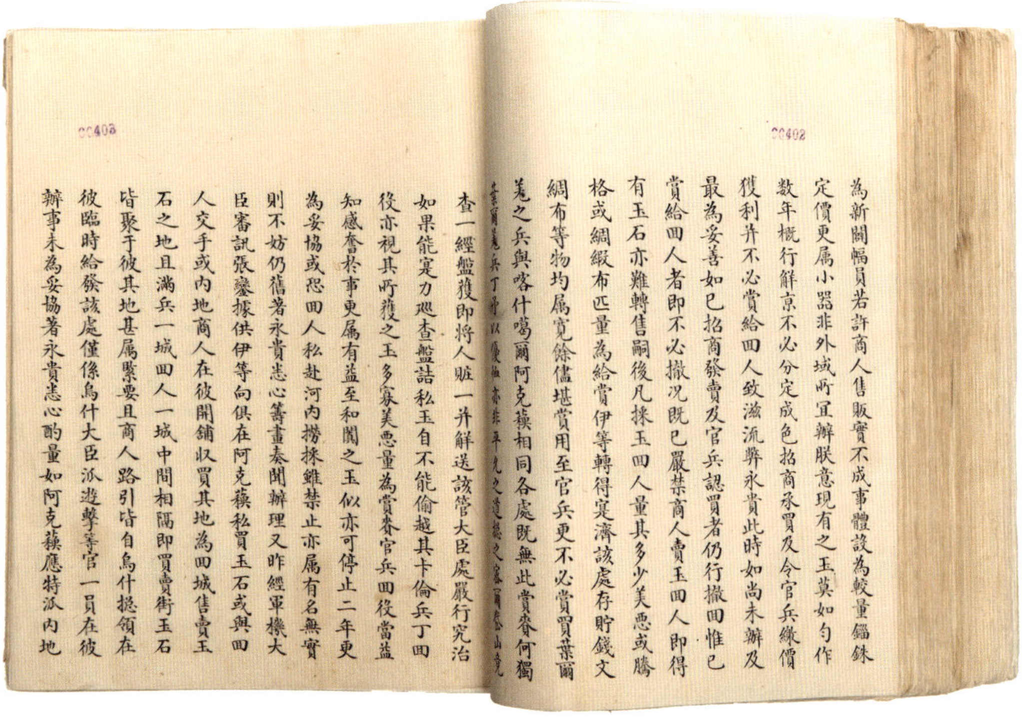

00402

為新闢幅員若許商人售販實不成事體設為較量錙銖
定價更屬小器非外域所宜辦朕意現有之玉莫如勻作
數年概行觧京不必分定成色招商承買及令官兵繳價
獲利并不必賞給回人致滋流弊永貴此時如尚未辦及
最為妥善如已招商發賣及官兵認買者仍行撤回惟已
賞給回人者即不必撤况既已嚴禁商人賣玉回人即得
有玉石亦難轉售嗣後凡採玉回人量其多少美惡或賸
格或綢緞布疋量為給賞伊等轉得寔濟該處存貯錢文
綢布等物均屬寛餘儘堪賞用至官兵更不必賞賣葉爾
羌之兵與喀什噶爾阿克蘇相同各處既無此賞賚何獨
葉爾羌兵丁[illegible]以[illegible]亦非平允之道[illegible]

00403

查一經盤獲即將人贓一并觧送該管大臣處嚴行究治
如果能寔力廵查盤詰私玉自不能偷越其卡倫兵丁回
役亦視其所獲之玉多寡美惡量為賞賚官兵回役當益
知感奮於事更屬有益至和闐之玉似亦可停止二年更
為妥協或恐回人私赴河内撈採雖禁止亦屬有名無實
則不妨仍舊著永貴悉心籌畫奏聞辦理又昨經軍機大
臣審訊張鑾據供伊等向俱在阿克蘇私買玉石或與回
人交手或内地商人在彼開鋪收買其地為回城售賣玉
石之地且滿兵一城回人一城中間相隔即買賣街玉石
皆聚于彼其地甚屬緊要且商人路引皆自烏什揔領在
彼臨時給發該處僅係烏什大臣派遊擊等官一員在彼
辦事未為妥協著永貴悉心酌量如阿克蘇應特派内地

乾隆帝谕旨（乾隆四十三年十一月初三日）

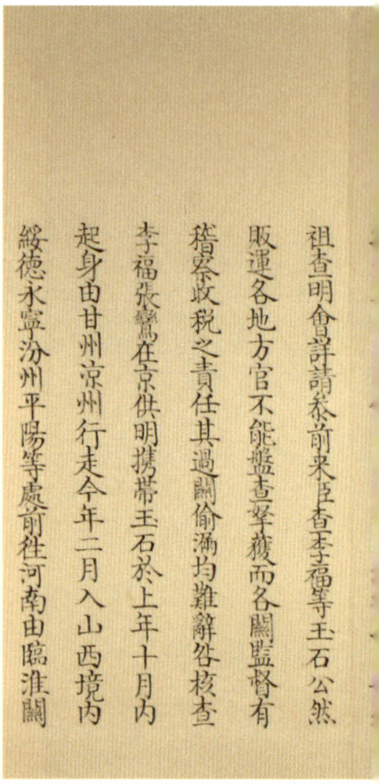
祖查明會詳請叅前來臣查李福等玉石公然
販運各地方官不能盤查拏獲而各關監督有
稽察收稅之責任其過關偷漏均難辭咎核查
李福張鸞在京供明携帶玉石於上年十月內
起身由甘州凉州行走今年二月入山西境內
綏德永寧汾州平陽等處前往河南由臨淮關

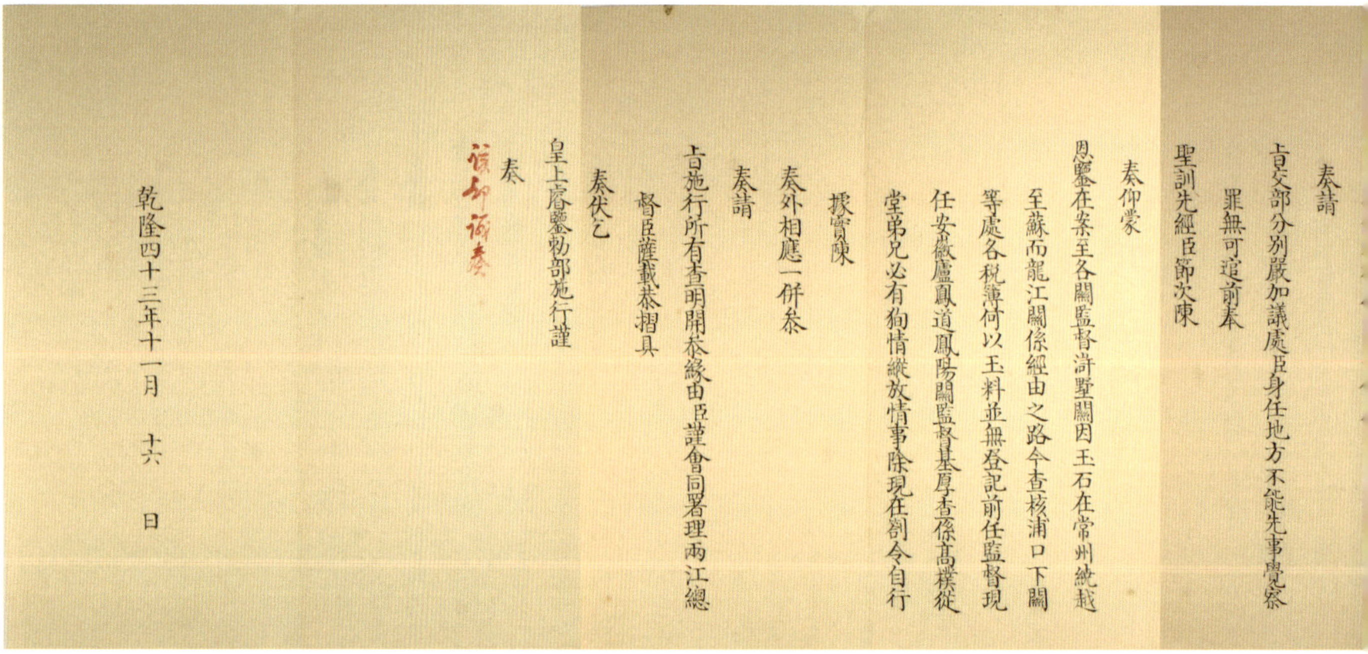
奏請
旨交部分别嚴加議處臣身任地方不能先事覺察
罪無可逭前奉
聖訓先經臣節次陳
奏仰蒙
恩鑒在案至各關監督滸墅關因玉石在常州繞越
至蘇而龍江關係經由之路今查核浦口下關
等處各税簿付以玉料並無登記前任監督現
任安徽廬鳳道鳳陽關監督基厚查係高樸從
堂弟兄必有狥情縱放情事除現在劄令自行
據實陳
奏外相應一併叅
奏請
旨施行所有查明開叅緣由臣謹會同署理兩江總
督臣薩載恭摺具
奏伏乞
皇上睿鑒勅部施行謹
奏
該部議奏
乾隆四十三年十一月　十六　日

江苏巡抚杨魁奏折（乾隆四十三年十一月十六日）

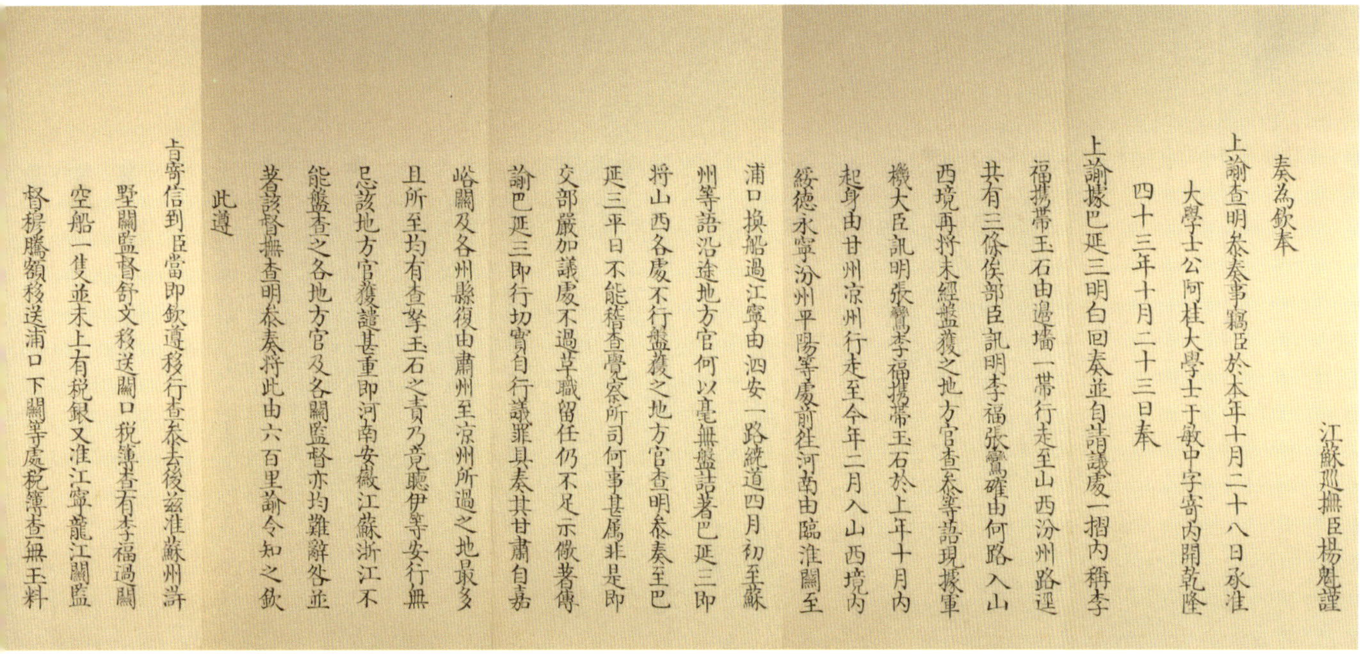
江蘇廵撫臣楊魁謹
奏為欽奉
上諭查明叅奏事竊臣於本年十月二十八日承准
大學士公阿桂大學士于敏中字寄内開乾隆
四十三年十月二十三日奉
上諭據巴延三明白回奏並自請議處一摺内稱李
福携帶玉石由邊墻一帶行走至山西汾州路逕
共有三條俟部臣訊明李福張鑾確由何路入山
西境再將未經盤獲之地方官查叅等語現據軍
機大臣訊明張鑾李福携帶玉石於上年十月内
起身由甘州凉州行走至今年二月入山西境内
綏德永寧汾州平陽等處前往河南由臨淮關至
浦口換船過江寧由泗安一路繞道四月初至蘇
州等語沿途地方官何以毫無盤詰著巴延三即
將山西各處不行盤獲之地方官查明叅奏至巴
延三平日不能稽查覺察所司何事甚屬非是即
交部嚴加議處不過革職留任仍不足示儆著傳
諭巴延三即行切實自行議罪具奏其甘肅自嘉
峪關及各州縣復由肅州至凉州所過之地最多
且所至均有查拏玉石之責乃竟聽伊等安行無
忌該地方官獲譴甚重即河南安徽江蘇浙江不
能盤查之各地方官及各關監督亦均難辭咎並
著該督撫查明叅奏將此由六百里諭令知之欽
此遵
旨寄信到臣當即欽遵移行查叅去後茲准蘇州滸
墅關監督舒文移送關口稅簿查有李福過關
空船一隻並未上有稅銀又准江寧龍江關監
督穆騰額移送浦口下關等處稅簿查無玉料

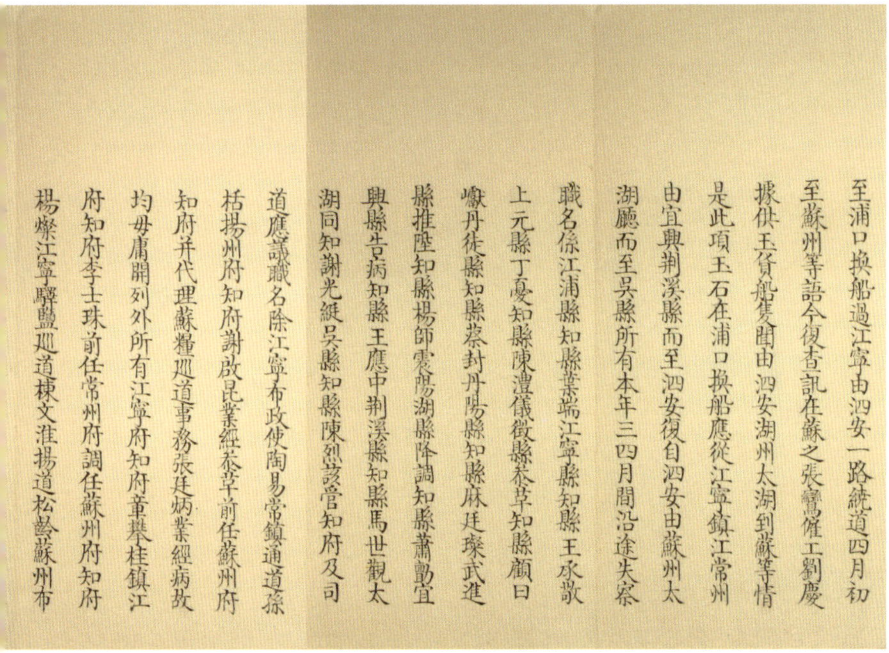
至浦口換船過江寧由泗安一路繞道四月初
至蘇州等語今復查訊在蘇之張鑾僱工劉慶
據供玉貨船隻聞由泗安湖州太湖到蘇等情
是此項玉石在浦口換船應從江寧鎮江常州
由宜興荆溪縣而至泗安復自泗安由蘇州太
湖廳而至吳縣所有本年三四月間沿途失察
職名係江浦縣知縣葉端江寧縣知縣王承歆
上元縣丁憂知縣陳澧儀徵縣叅革知縣顧曰
嗷丹徒縣知縣蔡封丹陽縣知縣麻廷璨武進
縣推陞知縣楊師震陽湖縣降調知縣蕭勳宜
興縣告病知縣王應中荆溪縣知縣馬世覲太
湖同知謝光綖吳縣知縣陳烈該管知府及司
道應議職名除江寧布政使陶易常鎮通道孫
栝揚州府知府謝啟昆業經叅革前任蘇州府
知府并代理蘇糧廵道事務張廷炳業經病故
均毋庸開列外所有江寧府知府章攀桂鎮江
府知府李士珠前任常州府調任蘇州府知府
楊爕江寧驛鹽廵道棟文淮揚道松齡蘇州布

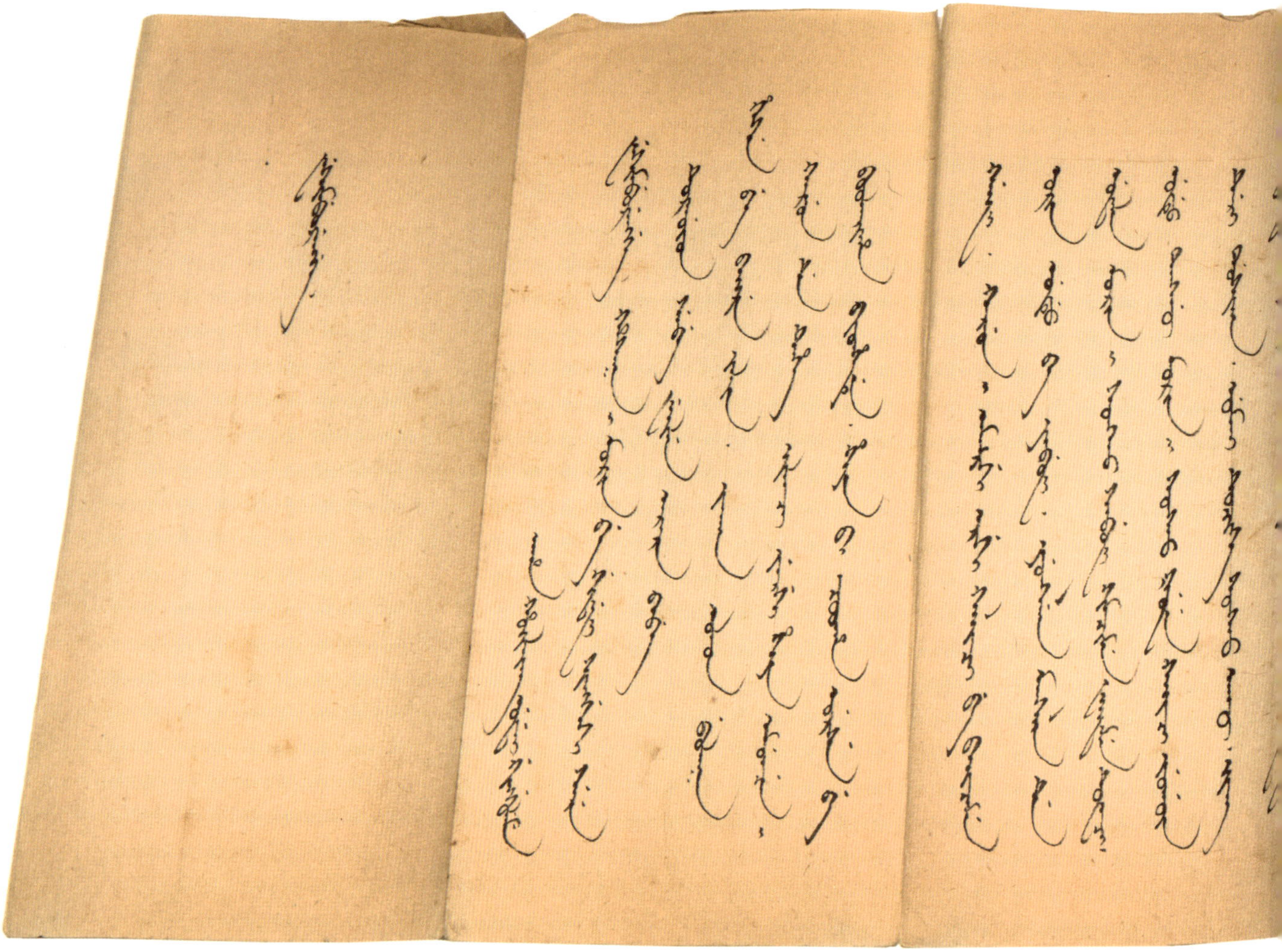

塔尔巴哈台参赞大臣惠龄等奏折：

为照数归还土尔扈特人检获哈萨克丢失马匹事

乾隆四十七年二月二十六日（1782 年 4 月 8 日）

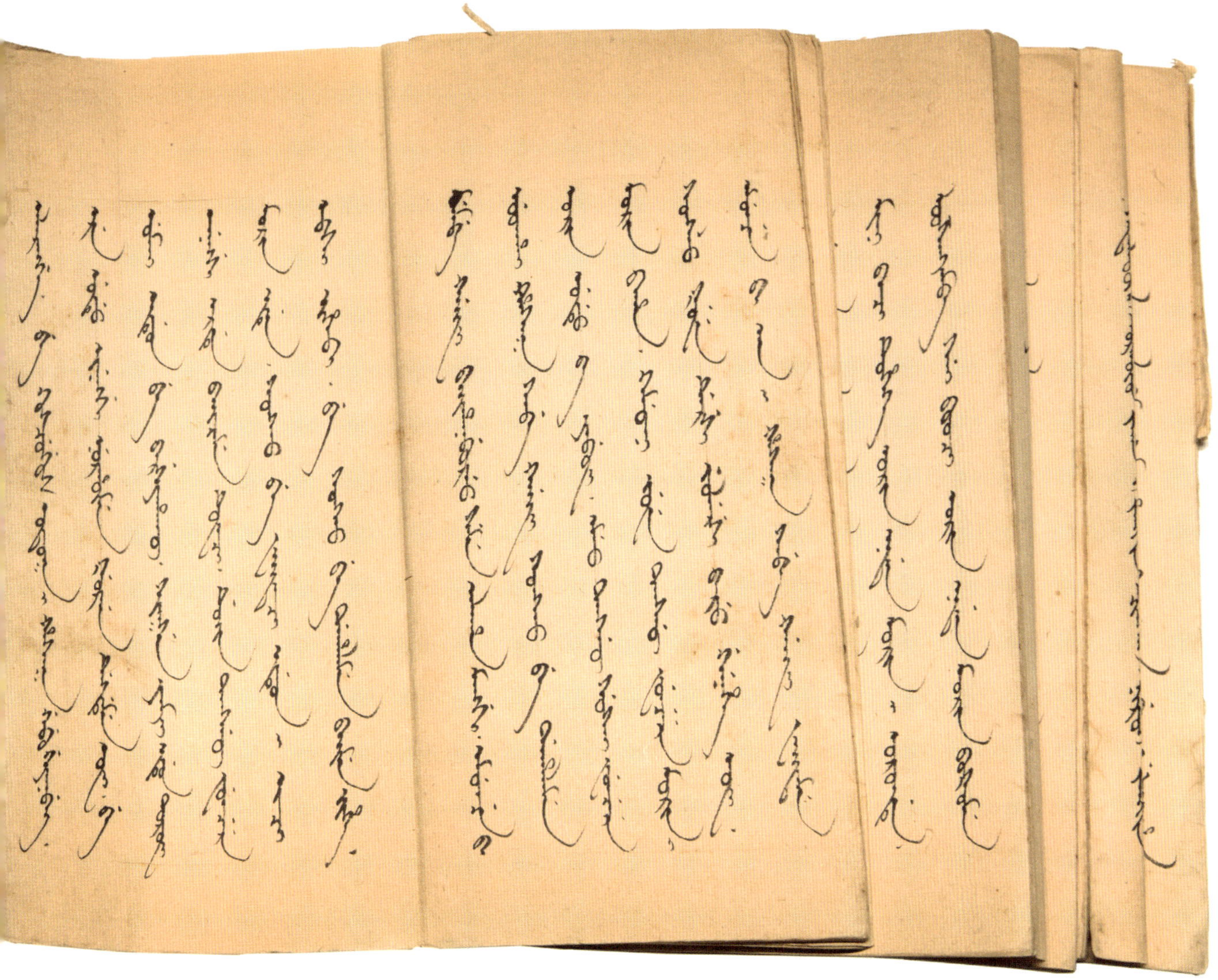

塔尔巴哈台参赞大臣惠龄等奏折（乾隆四十七年二月二十六日）

对于与哈萨克在贸易中产生的纠纷，清廷坚持秉公处理的原则。乾隆四十七年（1782）二月，塔尔巴哈台参赞大臣惠龄、伍岱奏额伦布拉克卡伦三等侍卫额门车禀报，哈萨克来告，伊等丢失数百马匹，土尔扈特亲王奇里布查出哈萨克所丢马匹，系其属人捡到，审毕请照数赔偿归还。乾隆帝对此处理办法表示满意，要求该处按照此前所颁谕旨施行。

舆图：

《黄河发源图》

乾隆四十七年（1782）

黄河是中国最重要的河流之一，关于黄河源头究竟在何处，历代学者争论不休。元代至元十七年（1280）、清代康熙四十三年（1704）均由政府派人考察河源。康熙末年，为编绘《皇舆全览图》，曾多次派人“往穷河源，测量地度，绘入舆图”。《黄河发源图》绘制于乾隆四十七年（1782），其上方有大段的满汉文注记，分别是乾隆四十七年七月十四日上谕、《御制河源诗》和《御制读〈宋史·河渠志〉》，根据上谕可知，此图系乾隆帝为当年春季河南省青龙岗漫口合龙工程未就，派乾清门侍卫阿弥达前往青海，要求他“务穷河源，告祭河神”。事竣之后，阿弥达复命，“并按定南针绘图据说呈览”。此图方向为上南下北，绘制出西起天池、东至兰州的沿黄河的地域范围内的山峦、河流、湖泊、驿站、城堡、寺庙、道路等地理景观。其中山峦用山水画技法，或平缓或高峻，涂以绿色和黄色。黄河用双曲线表示，内涂黄色。城堡用鸟瞰视角的平立面结合的城垣符号表示。驿道绘成红色虚线。地名同时标出满文与汉文，满文在左，汉文在右。

《黄河发源图》所表现的这次探求河源，是中国古代对黄河源头及其流域进行探查活动的一部分，亦是了解清代西北地区地理环境和交通路线的珍贵文献。

《黄河发源图》（乾隆四十七年）之一

下二
珂爾
納呼賴郭勒
羅薩渾彩
昆都洛
阿爾哈林台
博洛托羅海
阿巴海布拉克
沙拉庫圖爾
哈拉烏素
達布遜淖爾
存吉
鄂隆布拉克
扎哈素台
烏蘭哈達
和約爾托羅海
查拉素布爾哈
查漢托羅海
阿什漢
庫庫淖爾

《黄河发源图》（乾隆四十七年）之二

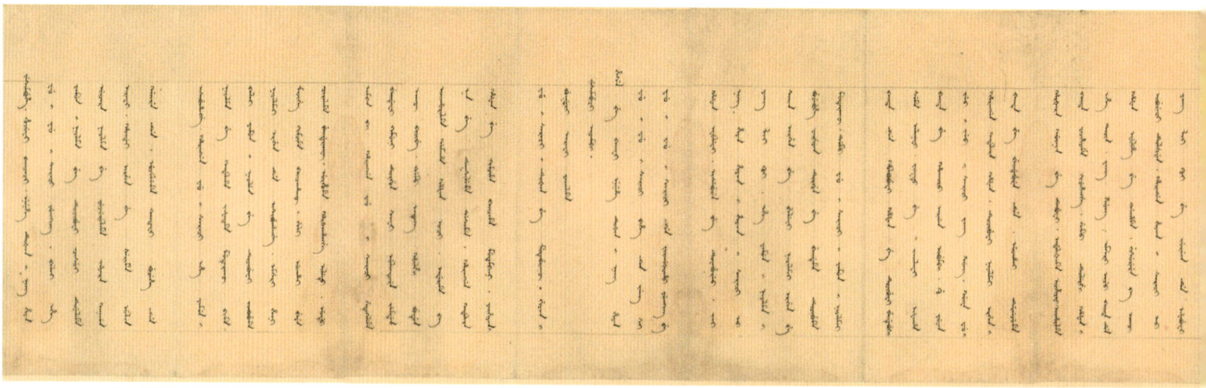

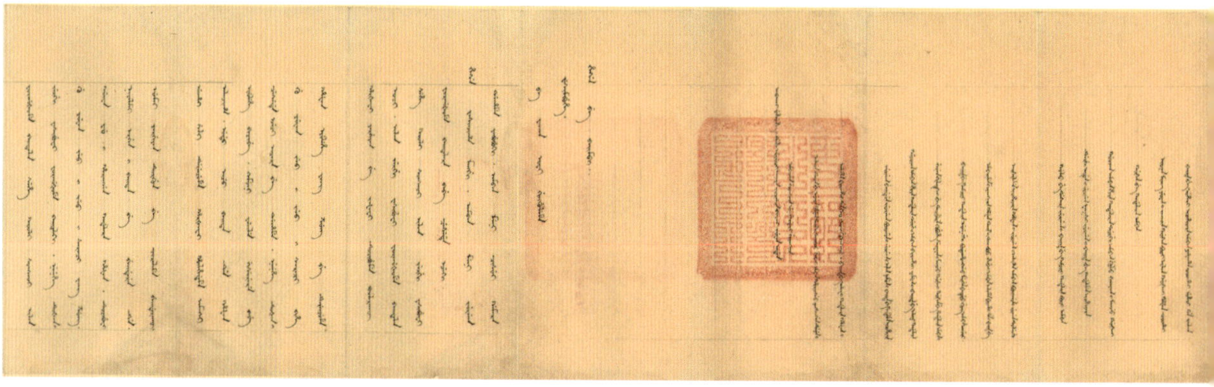

大学士兼管吏部事务阿桂题本：

为新疆镇西府衙役私卖茶叶失察知府依例议罪事

乾隆四十九年十二月十七日（1785年1月27日）

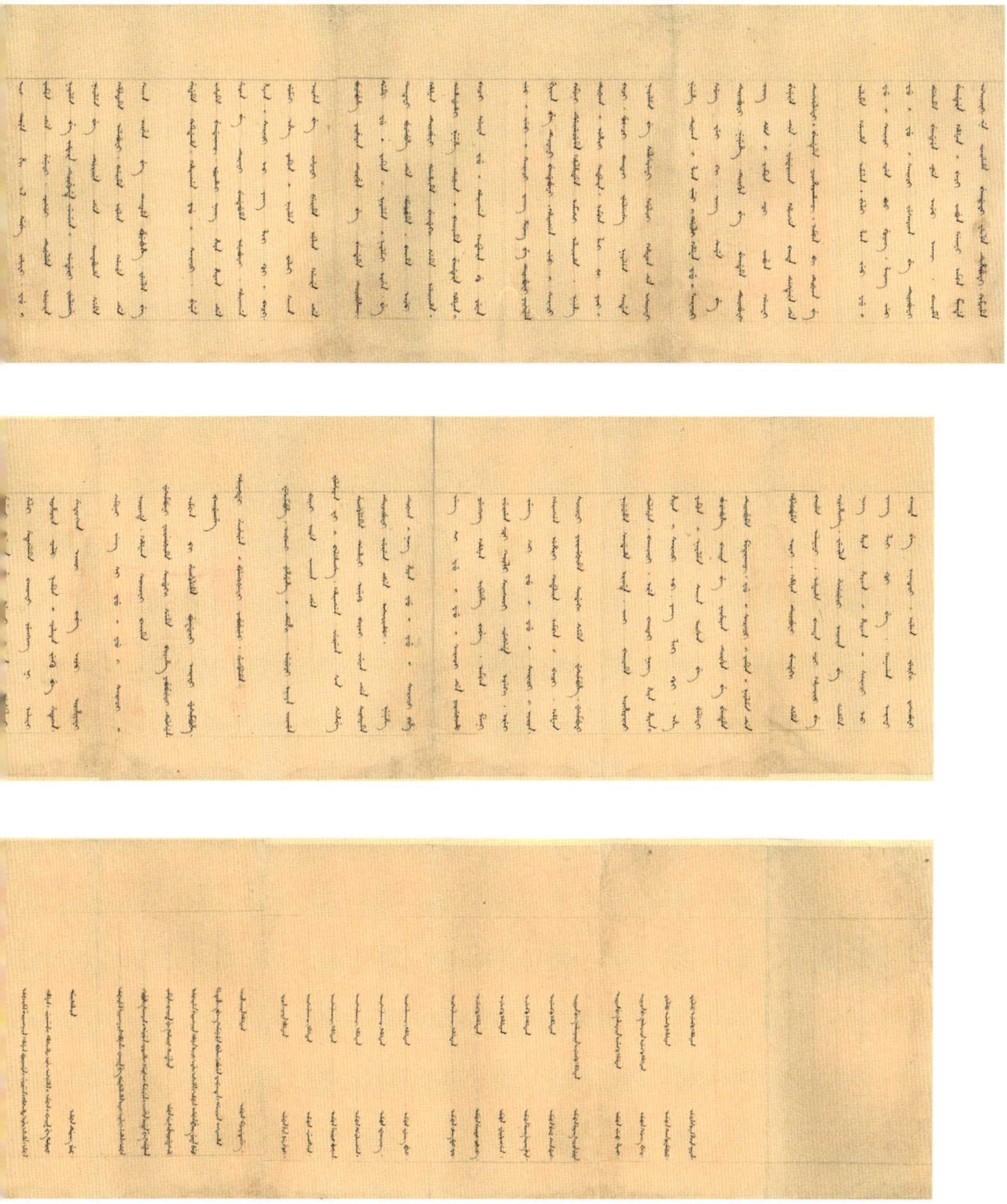

大学士兼管吏部事务阿桂题本（乾隆四十九年十二月十七日）

清政府对于新疆与内地的贸易施行较为严格的管控，特别是要求领给路票等，控制商人的私自贸易。但是也有官吏贪污，私自结交不法商人，走私贸易。乾隆四十九年（1784）十二月，大学士兼管吏部事务尚书阿桂题报，因新疆镇西府知府永庆手下衙役非法扣押贩茶商人，并殴打致伤，按例处理衙役外，同时将新疆镇西府知府永庆革职，按失察知府照例议罪。

乾隆帝谕旨：
着陕甘总督勒保、陕西巡抚巴延三严查喀什噶尔私贩大黄商贩事宜

乾隆五十四年二月初十日（1789 年 3 月 6 日）

乾隆帝谕旨：
着盛京将军直隶江南闽浙山东各督抚严查各省沿海口岸商人私贩大黄出洋事宜

乾隆五十四年二月二十六日（1789 年 3 月 22 日）

大黄作为清朝对外贸易中的主要商品之一，管控极为严格。乾隆五十年（1785），乾隆帝决定停止在恰克图与俄罗斯的贸易往来，并“节次降旨传谕新疆驻劄大臣，于可通俄罗斯处所严密查禁（大黄），毋许有私行偷漏情事”。尽管如此，由于利润丰厚，仍有商人私自贩运大黄至新疆，以便出口。乾隆五十四年年初，喀什噶尔办事大臣明亮、阿克苏办事大臣福崧奏报查出两地私贩大黄数千斛，二月，哈密亦查出私贩大黄 5000 余斛，乾隆帝均下旨从严从重惩办。二十六日，乾隆帝下发谕旨，指出“不特广东濒临洋面，即盛京、江南、闽浙、直隶、山东等省俱有沿海口岸”，“奸商等或又从各该省海道，将大黄私贩出洋，偷卖与俄罗斯”，各该省督抚务必于沿海口岸派人“实力稽查，毋许内地奸商私将大黄偷贩，卖与番船，夹带出洋”。

大學士公阿　大學士伯和　字寄
陝甘總督勒　陝西巡撫巴　乾隆五十四年
二月初十日奉
上諭勒保奏於正月二十九日起程來京陛見所有
總督印務遵旨交巴延三署理等語甘省地方寧
謐近亦無緊要之事惟前據明亮福崧奏於喀什
噶爾阿克蘇等處查出私販大黃數千餘觔之多
新疆一帶與俄羅斯道路可通現在洽克圖不准
與俄羅斯貿易而大黃一種尤為俄羅斯必需之
物乃奸商等違禁私販膽敢繞道透漏不可不嚴
密查辦昨已有旨令明亮等於審明後將人犯解
交勒保從嚴治罪起獲大黃一併送至內地勒保
現既來京不及辦理著傳諭該督即將此事詳細
交代與巴延三令其遵照妥辦並嚴飭內地各關
口一體實力查禁毋許稍有透漏將此傳諭勒保
並諭巴延三知之欽此遵
旨寄信前來

乾隆帝諭旨（乾隆五十四年二月初十日）

奏於哈密地方查出私販大黃五千餘觔已將各
犯解交勒保等審辦等語已另降清字諭旨令勒
保等審辦因思各省地方不特廣東瀕臨洋面即
盛京江南閩浙直隸山東等省俱有沿海口岸現
在粵省雖已經飭禁而奸商等或又從各該省海
道將大黃私販出洋偷賣與俄羅斯附近番地希
圖轉售獲利亦未可定著傳諭盛京將軍直隸江
南閩浙山東各督撫各於沿海口岸飭屬實力稽
查毋許內地奸商私將大黃偷販賣與番船夾帶
出洋並著廣東督撫務宜遵照前旨嚴行查禁毋
使稍有偷漏將此由四百里各傳諭知之欽此遵
旨寄信前來

大學士公阿　大學士伯和　字寄
盛京將軍　直隸江南福建浙江山東廣東各督
撫　乾隆五十四年二月二十六日奉
上諭現在洽克圖不准與俄羅斯貿易而大黄一種
尤為俄羅斯必需之物已節次降旨傳諭新疆駐
劄大臣於可通俄羅斯處所嚴密查禁毋許有私
行偷漏情事嗣據明亮福崧等奏在喀什噶爾阿
克蘇等處查出私販大黄竟有數千餘觔之多復
降旨分別從嚴治罪其失察之大臣等交部議處
並諭令圖薩布佛寧於廣東沿海關口一體嚴飭
實力稽查毋許奸商私販大黄出洋即澳門貿易
洋行亦不得任其透漏夾帶矣本日又據伊桑阿

乾隆帝谕旨（乾隆五十四年二月二十六日）

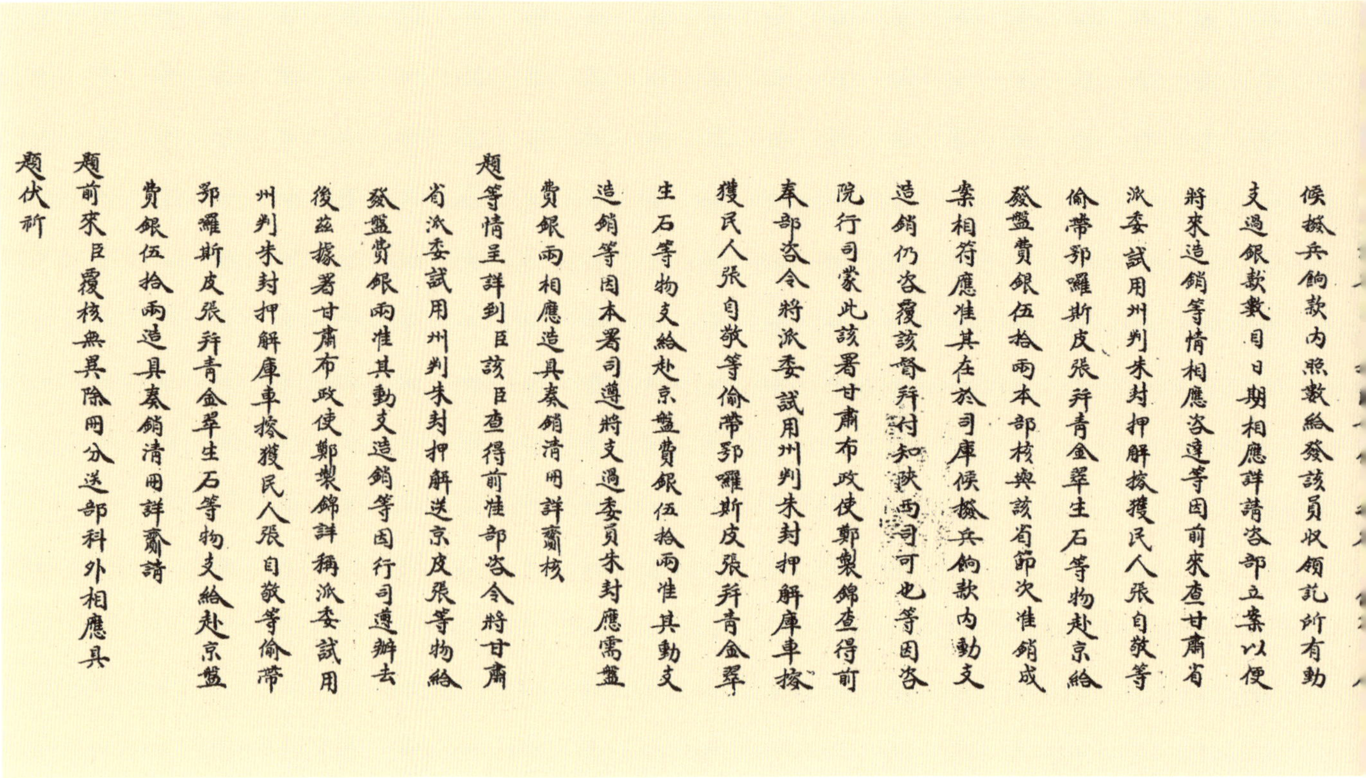
候撥兵餉款內照數給發該員收領訖所有動
支過銀款數目日期相應詳請咨部立案以便
將來造銷等情相應咨達等因前來查甘肅省
派委試用州判朱封押解拏獲民人張自敬等
偷帶鄂囉斯皮張并青金翠生石等物赴京給
發盤費銀伍拾兩本部核與該省節次准銷成
案相符應准其在於司庫候撥兵餉款內動支
造銷仍咨覆該督并付知陝西司可也等因咨
院行司蒙此該署甘肅布政使鄭製錦查得前
奉部咨令將派委試用州判朱封押解庫車拏
獲民人張自敬等偷帶鄂囉斯皮張并青金翠
生石等物支給赴京盤費銀伍拾兩准其動支
造銷等因本署司遵將支過委員朱封應需盤
費銀兩相應造具奏銷清冊詳齎核
題等情呈詳到臣該臣查得前准部咨令將甘肅
省派委試用州判朱封押解送京皮張等物給
發盤費銀兩准其動支造銷等因行司遵辦去
後茲據署甘肅布政使鄭製錦詳稱派委試用
州判朱封押解庫車拏獲民人張自敬等偷帶
鄂囉斯皮張并青金翠生石等物支給赴京盤
費銀伍拾兩造具奏銷清冊詳齎請
題前來臣覆核無異除冊分送部科外相應具
題伏祈

陕甘总督勒保题本：

为奏销甘肃委员押解库车查获民人偷带俄罗斯毛皮等物送京支给盘费银两事

乾隆五十七年四月二十六日（1792 年 5 月 16 日）

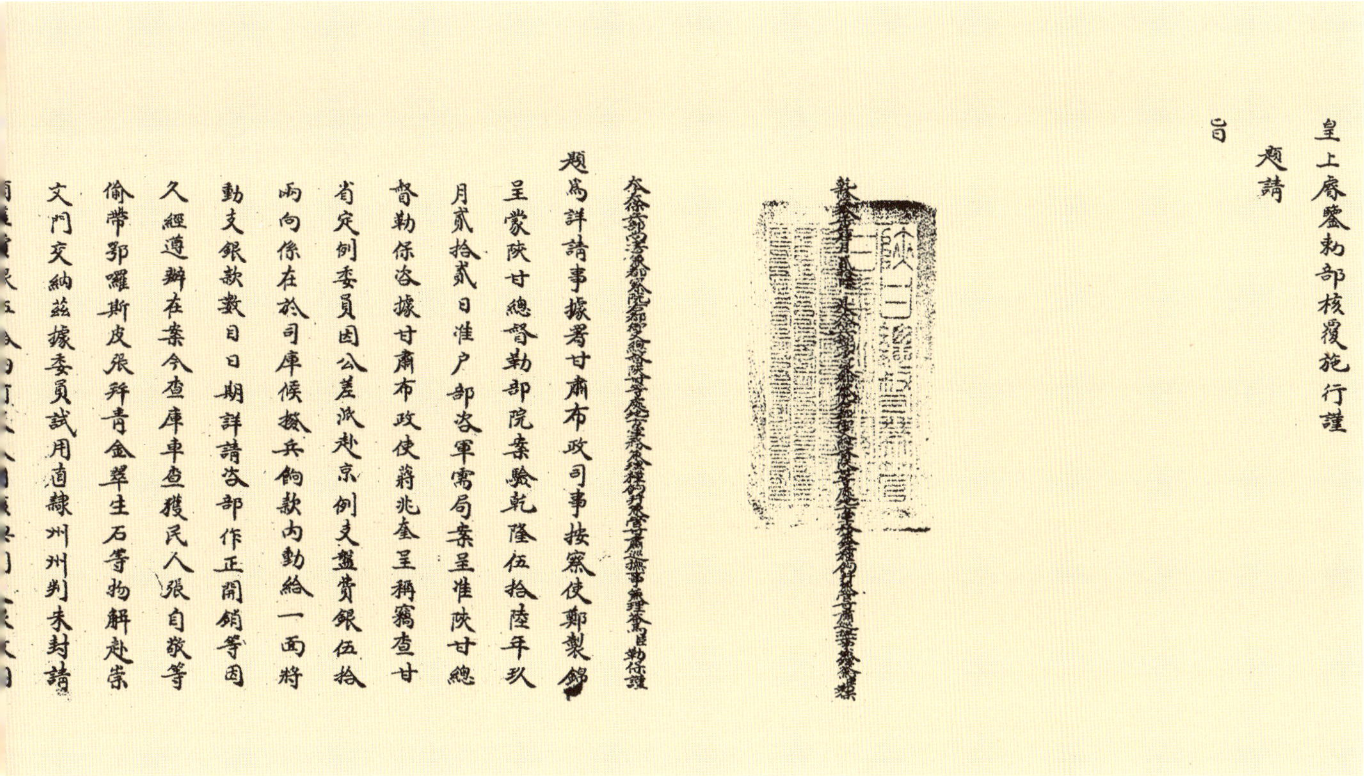
皇上睿鑒勅部核覆施行謹
題請
旨
題爲詳請事據署甘肅布政司事按察使鄭製錦
呈掌陝甘總督勒部院案驗乾隆伍拾陸年玖
月貳拾貳日准戶部咨軍需局案呈准陝甘總
督勒保咨據甘肅布政使蔣兆奎呈稱竊查甘
省定例委員因公差派赴京例支盤費銀伍拾
兩向係在於司庫俟撥兵餉款內動給一面將
動支銀款數目日期詳請咨部作正開銷等因
久經遵辦在案今查庫車查獲民人張自敬等
偷帶鄂囉斯皮張并青金翠生石等物解赴崇
文門交納茲據委員試用直隸州州判朱封請

陕甘总督勒保题本（乾隆五十七年四月二十六日）

中俄两国从明代末年开始便有比较正式的官方接触与交往，经过几次外交使节的往来，双方建立了相对固定的官方联系。康、雍时期，清政府先后与俄罗斯签订了《尼布楚条约》与《恰克图条约》，以此管理双方的边境官、私贸易行为。乾隆五十七年(1792)四月二十六日，陕甘总督勒保上奏乾隆帝，请求奏销甘肃官员押解从俄罗斯走私贸易的库车民人张自敬等的开支费用，其中记载的张自敬等人从俄罗斯走私毛皮和青金翠生石的事件，从侧面反映出了清朝西北地区民间贸易的细节，也可以看出清政府对边境外贸易管理之严格。

大学士管理户部事务和珅等题本：

为遵察江宁织造办解上用官用并部派缎纱预解甘肃新疆备用缎绸等项料工价值匠役口粮事

乾隆五十八年九月十四日（1793 年 10 月 18 日）

清制，官用丝绸等物品大多由专门的织造机构承办，尤以江南三织造最为重要。江南三织造所造的丝绸行销全国各地，其中便包括了拨解甘肃和新疆的丝绸。乾隆五十八年（1793），三织造之一的江宁织造题报“解甘肃备用缎绸六百五匹，共用工料等项银二千四百五十四两七钱九分等语。查前项办解甘肃新疆备用缎绸等项尚未据陕甘总督咨报查收，臣部无凭核销，应令陕甘总督将前项缎绸曾否查收数目是否相符即行声复报部，以凭查核”。对于丝绸的成本与报销，江宁织造处需要陕甘总督提供相应报销数目，才能准确核销，显示出了官方织造机构严格管理的一面。

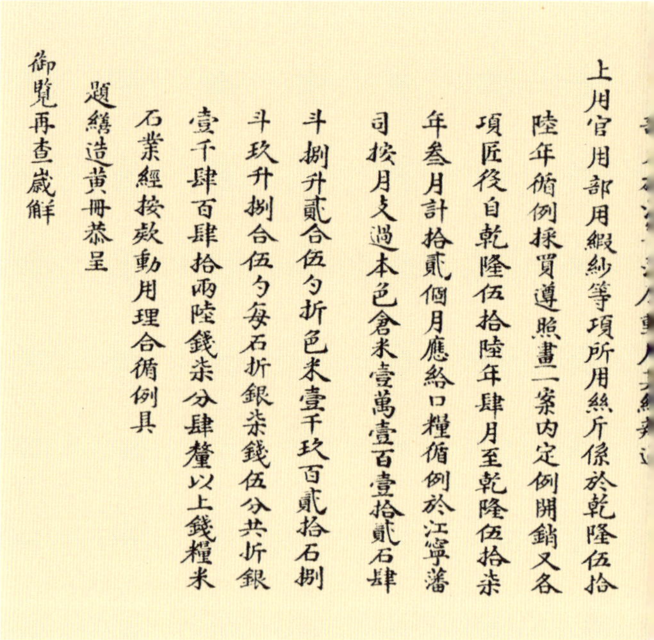
上用官用部用緞紗等項所用絲斤係於乾隆伍拾
陸年循例採買遵照畫一案内定例開銷又各
項匠役自乾隆伍拾陸年肆月至乾隆伍拾柒
年叁月計拾貳個月應給口糧循例於江寧藩
司按月支過本色倉米壹萬壹百壹拾貳石肆
斗捌升貳合伍勺折色米壹千玖百貳拾石捌
斗玖升捌合伍勺每石折銀柒錢伍分共折銀
壹千肆百肆拾兩陸錢柒分肆釐以上錢糧米
石業經按欵動用理合循例具
題繕造黃冊恭呈
御覽再查歲解

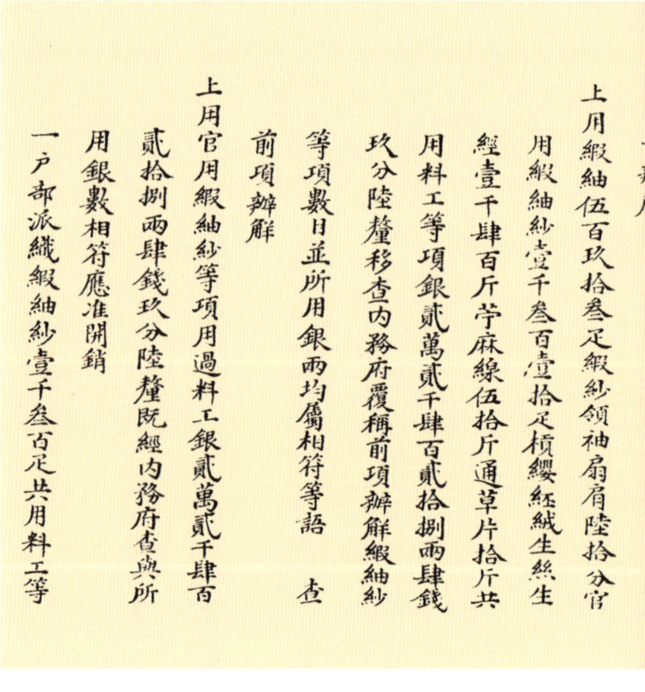
上用緞紬伍百玖拾叁疋緞紗領袖扇肩陸拾分官
用緞紬紗壹千叁百壹拾疋楨纓紅絨生絲生
經壹千肆百斤苧麻線伍拾斤通草片拾斤共
用料工等項銀貳萬貳千肆百貳拾捌兩肆錢
玖分陸釐移查内務府覆稱前項辦解緞紬紗
等項數目並所用銀兩均屬相符等語　查
前項辦解
上用官用緞紬紗等項用過料工銀貳萬貳千肆百
貳拾捌兩肆錢玖分陸釐既經内務府查與所
用銀數相符應准開銷
一戶部派織緞紬紗壹千叁百疋共用料工等

經筵講官太子太保領侍衛內大臣文華殿大學士管理吏部户部理藩院事務一等忠襄伯臣和珅等謹
題爲報銷織造錢糧并匠役食米事户科抄出江
寧織造同德題前事内開該臣看得江寧織造
乾隆伍拾柒年分大運并節次先觧共織辦過
上
上用緞紬伍百玖拾叁疋緞紗領袖肩陸拾分官
用緞紬紗壹千叁百壹拾疋横纓紅絨生絲生
經壹千肆百斤苧麻線伍拾斤通草片拾斤共
用料工等項銀貳萬貳千肆百貳拾捌兩肆錢
玖分陸釐又户部派織觧過緞紬紗壹千叁百
疋共用料工等項銀壹萬柒百捌拾玖兩肆分
玖釐又工部派織觧過年例
奉先制帛肆百端共用料工等項銀壹千貳百捌拾壹
兩柒錢壹分玖釐又工部派織觧過時憲書包
袱用線羅柒疋共用料工等項銀捌拾伍兩叁
錢叁分壹釐又給過
誥命神帛線羅各匠叁百柒拾名養匠銀貳千柒百
兩又工部添派織觧過
制帛貳千端共用料工等項銀肆千柒百貳拾玖兩
肆錢捌分柒釐又軍機處公派江寧蘇州杭州
三處織造辦觧甘肅備用緞紬壹千捌百壹拾
肆疋内江寧分辦觧過緞紬陸百伍疋共用料
工等項銀貳千肆百伍拾肆兩柒錢玖分又循
例動支觧運脚費銀伍百兩以上通共用過銀
肆萬肆千玖百陸拾捌兩捌錢柒分貳釐俱奉

上用官用緞紗等項年例額支銀肆萬叁千叁百叁
拾叁兩叁錢叁分今該年派織緞紗等項祇銷
銀貳萬貳千肆百貳拾捌兩肆錢玖分陸釐計
尚存未銷銀貳萬玖百肆兩捌錢叁分肆釐現
於乾隆伍拾捌年肆月貳拾日觧繳江寧藩庫
合併聲明臣謹具
題伏祈
皇上睿鑒
勅部核覆施行謹
題請
旨乾隆伍拾捌年肆月貳拾捌日題陸月貳拾伍日
奉
旨該部察核具奏册併發欽此欽遵於本日抄出到
部隨移查工部内務府去後今於乾隆伍拾捌
年柒月貳拾柒等日准工部内務府陸續查覆
到部
該臣等查得江寧織造同德將乾隆伍拾柒年
分辦觧
上用官用及部派緞紗預觧甘肅新疆伍拾捌年備
用緞紬工部派辦
奉先制帛等項料工價值并給過匠役口糧米石造册
具
題前來查册開

大学士管理户部事务和珅等题本（乾隆五十八年九月十四日）之一

制帛貳千端尚未據該織造解齊查收核銷之日再
行咨覆等語　查前項織辦年例
制帛線羅養匠等項共銀肆千陸拾柒兩伍分既據
工部查與准銷數目相符應准開銷其添辦
制帛貳千端共用過料工等項銀肆千柒百貳拾玖
兩肆錢捌分柒釐應令該織造辦解齊全造報
工部准銷之日報部查核
一解甘肅備用緞紬陸百伍疋共用工料等項
銀貳千肆百伍拾肆兩柒錢玖分等語　查
前項辦解甘肅新疆備用緞紬等項尚未據陝
甘總督咨報查收臣部無憑核銷應令陝甘總
督將前項緞紬曾否查收數目是否相符即行
聲覆報部以憑查核
一各匠役自乾隆伍拾陸年肆月至伍拾柒年
叁月計拾貳個月應給口糧循例於江寧藩司
按月支過本色倉米壹萬壹百壹拾貳石肆斗
捌升貳合伍勺折色米壹千玖百貳拾石捌斗
玖升捌合伍勺每石折銀柒錢伍分共折銀壹
千肆百肆拾兩陸錢柒分肆釐等語　查前
項給過匠役口糧本色米壹萬壹百壹拾貳石
肆斗捌升貳合伍勺又米折銀壹千肆百肆拾
兩陸錢柒分肆釐臣部按冊核算與例給數目
相符應准開銷

乾隆伍拾捌年[illegible]月　拾肆日

臣和珅
臣福長安
……尚書臣董誥
臣將賜綮
右侍郎臣韓鑅
江南清吏司郎中臣玉麟
員外郎臣福參泰
員外郎臣福蘭泰
員外郎臣德清

項銀壹萬貳百壹兩肆錢柒分玖釐所用絲斤
照例加增銀伍百捌拾柒兩伍錢柒分共用銀
壹萬柒百捌拾玖兩肆分玖釐又循例動支解
運脚費銀伍百兩等語　查定例解部緞紬
紗工料銀兩與內務府官用緞紬紗一律辦理
等語今該織造解過前項緞紬紗業經付庫查
收在案所有前項用過工料并運脚等銀壹萬
壹千貳百捌拾玖兩肆分玖釐臣部按冊核算
雖與定例相符但六庚彭緞壹百疋今冊內訛
開八庚應將原冊鈐印發還該織造查明更正
并將因何舛錯緣由聲明報部核辦
一辦解工部派織年例
奉先制帛肆百端共用料工等項銀壹千貳百捌拾壹
兩柒錢壹分玖釐又派織時憲書包袱線羅柒
疋共用料工等項銀捌拾伍兩叁錢叁分壹釐
又給過
誥命神帛線羅各匠叁百柒拾名養匠銀貳千柒百
兩又添辦
制帛貳千端共用料工等項銀肆千柒百貳拾玖兩
肆錢捌分柒釐等因移查工部覆稱年例
制帛肆百端用過包皮柒價工料銀壹千貳百捌拾
壹兩柒錢壹分玖釐又支給養匠銀貳千柒百
兩又線羅柒疋并包皮修機等項工料銀捌拾

一歲解
上用官用緞紗等項年例額支銀肆萬叁千叁百叁
拾叁兩叁錢叁分今該織造緞紗等項祇銷銀
貳萬貳千肆百貳拾捌兩肆錢玖分陸釐計尚
存未銷銀貳萬玖百肆兩捌錢叁分肆釐現經
解繳江寧藩庫等語　查前項內務府派織
緞紗等項年例額支銀肆萬叁千叁百叁拾叁
兩叁錢叁分內除前項動用銀貳萬貳千肆百
貳拾捌兩肆錢玖分陸釐尚存銀貳萬玖百肆
兩捌錢叁分肆釐應令江蘇巡撫轉飭歸還原
款報部其餘部派緞紬紗等項共動用藩庫銀
貳萬叁千玖百捌拾壹兩伍分省倉米壹萬壹
百壹拾貳石肆斗捌升貳合伍勺並令造入各
奏銷冊內報部再查織造衙門織辦緞紗等項
先據該織造於臣部行查各省辦解物料案內
聲明向係每兩扣平銀玖分以爲各項公費之
用歷年造報內務府查核經臣部咨行內務府
查覆相符并令嗣後於報銷案內分晰報部在
案今據該織造於報銷冊內分晰聲敘臣部核
算數目相符應毋庸議臣等未敢擅便謹
題請
旨

大学士管理户部事务和珅等题本（乾隆五十八年九月十四日）之二

大学士管理户部事务禄康等题本：
为察核甘省造报新疆各处嘉庆十六年需用绸缎色样数目事

嘉庆十四年十二月初四日（1810 年 1 月 8 日）

嘉道年间，西路贸易发展迅速，尤其新疆地区的贸易发展呈现增长之势，官方主导的特色尤其明显。新疆用于贸易的丝绸主要是从江宁、苏州和杭州三处织造产出，经由内地运送至甘肃或新疆，此外，山东和山西也承办部分丝绸。嘉庆十四年（1809），大学士管理户部事务禄康察核新疆各处嘉庆十六年需用绸缎色样等："伊犁嘉庆十六年需办各色绸缎一千五百匹，又塔尔巴哈台嘉庆十六年需办各色绸缎绢六百一十四，又阿克苏该处嘉庆十六年需办各色绸缎二百一十匹，又乌什嘉庆十六年需办各色绸缎绫四百一十五匹，又叶尔羌嘉庆十六年需办各色绸缎绫纱七百匹，又喀什噶尔嘉庆十六年需办各色绸缎绫三百七十匹，以上六处统计共需各色绸缎三千八百五匹。内南省绸缎三千一百二十五匹，山东省兰绸二十匹，山西省泽绸四百六十匹。"同时，新疆地方官要求保证织品的质量："如该督所题办理，照册开单行令苏州、杭州、江宁三处织造暨山东山西巡抚，如式妥协织办，务使质地坚实颜色鲜明，选派委员沿途小心护解，毋得稍有霉污，致干驳换。"

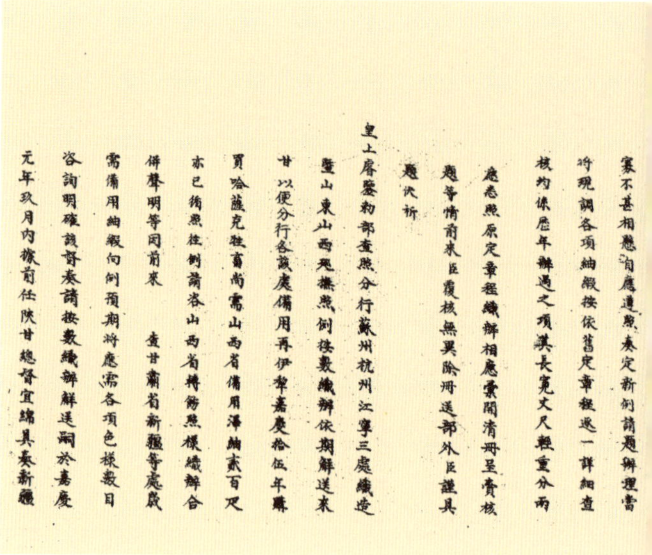
案不甚相懸自應遵照奏定新例請題辦理當
將現調各項紬緞按依舊定章程逐一詳細查
核均係歷年辦過之項其長寬丈尺輕重分兩
應悉照原定章程織辦相應彙開清冊呈貴核
題等情前來臣覆核無異除冊送部外臣謹具
題伏祈
皇上睿鑒敕部查照分行蘇州杭州江寧三處織造
暨山東山西兩撫照例按數織辦依期解送來
甘以便分行各該處備用再伊犁嘉慶拾伍年需
買哈薩克牲畜尚需山西省備用澤紬貳百疋
亦已循照往例諮山西省轉飭照樣織辦合
併聲明等因前來　查甘肅省新疆等處歲
需備用紬緞向例預期將應需各項色樣數目
咨詢明確該督奏請按數織辦解送嗣於嘉慶
元年玖月內據前任陝甘總督宜綿具奏新疆

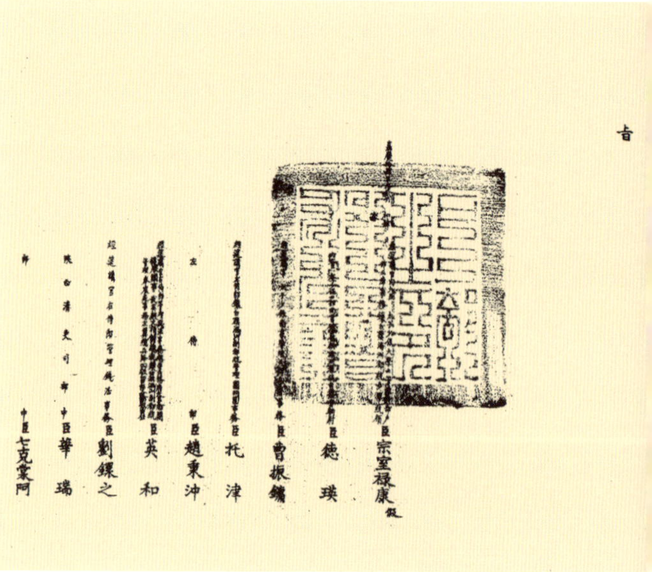
旨
臣宗室祿康 假
臣德瑛
臣曹振鏞
臣托津
臣趙秉沖
臣英和
臣劉鐶之
陝西清吏司郎中臣華瑞
郎中臣七克棠阿

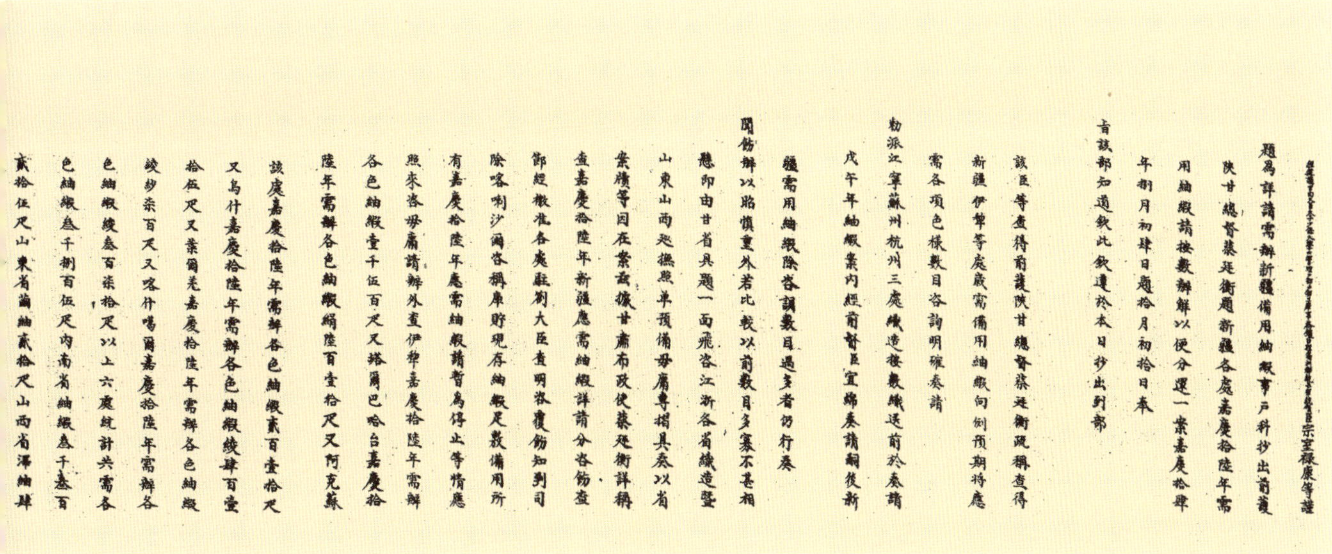
[illegible]臣宗室祿康等謹
題為詳請需辦新疆備用紬緞事戶科抄出前護
陝甘總督蔡廷衡題新疆各處嘉慶拾陸年需
用紬緞請按數辦解以便分運一案嘉慶拾肆
年捌月初肆日題拾月初拾日奉
旨該部知道欽此欽遵於本日抄出到部
該臣等查得前護陝甘總督蔡廷衡疏稱查得
新疆伊犁等處歲需備用紬緞向例預期將應
需各項色樣數目咨詢明確奏請
勅派江寧蘇州杭州三處織造按數織送前於奏請
戊午年紬緞案內經前督臣宜綿奏請嗣後新
疆需用紬緞除咨調數目過多者仍行奏
聞飭辦以昭慎重外若比較以前數目多寡不甚相
懸即由甘省具題一面飛咨江浙各省織造暨
山東山西巡撫照单預備毋庸專摺具奏以省
案牘等因在案茲據甘肅布政使蔡廷衡詳稱
查嘉慶拾陸年新疆應需紬緞詳請分咨飭查
節經檄准各處駐劄大臣查明咨覆飭知到司
除喀喇沙爾咨稱庫貯現存紬緞足敷備用所
有嘉慶拾陸年應需紬緞請暫為停止等情應
照來咨毋庸請辦外查伊犁嘉慶拾陸年需辦
各色紬緞壹千伍百尺又塔爾巴哈台嘉慶拾
陸年需辦各色紬緞綢陸百壹拾尺又阿克蘇
該處嘉慶拾陸年需辦各色紬緞貳百壹拾尺
又烏什嘉慶拾陸年需辦各色紬緞綾肆百壹
拾伍尺又葉爾羌嘉慶拾陸年需辦各色紬緞
綾紗柒百尺又喀什噶爾嘉慶拾陸年需辦各
色紬緞綾叁百柒拾尺以上六處統計共需各
色紬緞叁千捌百伍尺內南省紬緞叁千叁百
貳拾伍尺山東省繭紬貳拾尺山西省潞紬肆

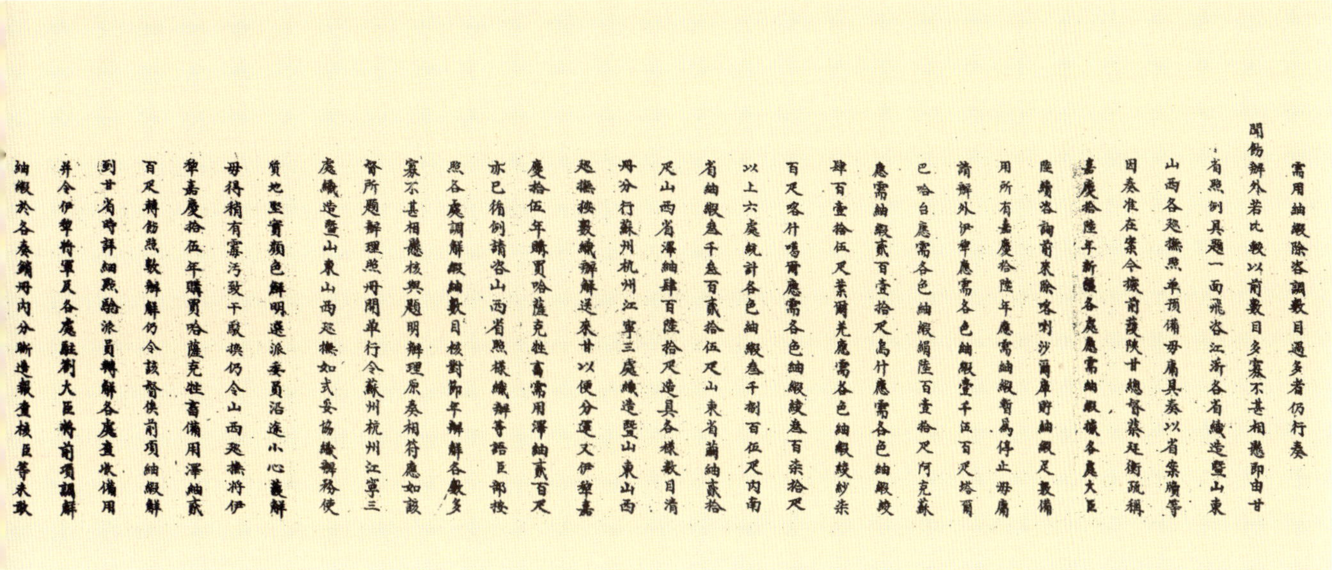
需用紬緞除咨調數目過多者仍行奏
聞飭辦外若比較以前數目多寡不甚相懸即由甘
省照例具題一面飛咨江浙各省織造暨山東
山西各巡撫照单預備毋庸具奏以省案牘等
因奏准在案今據前護陝甘總督蔡廷衡疏稱
嘉慶拾陸年新疆各處應需紬緞據各處大臣
陸續咨詢前來除喀喇沙爾庫貯紬緞足敷備
用所有嘉慶拾陸年應需紬緞暫為停止毋庸
請辦外伊犁應需各色紬緞壹千伍百尺塔爾
巴哈台應需各色紬緞綢陸百壹拾尺阿克蘇
應需紬緞貳百壹拾尺烏什應需各色紬緞綾
肆百壹拾伍尺葉爾羌應需各色紬緞綾紗柒
百尺喀什噶爾應需各色紬緞綾叁百柒拾尺
以上六處統計各色紬緞叁千捌百伍尺內南
省紬緞叁千叁百貳拾伍尺山東省繭紬貳拾
尺山西省潞紬肆百陸拾尺造具各樣數目清
冊分行蘇州杭州江寧三處織造暨山東山西
巡撫按數織辦解送來甘以便分運又伊犁嘉
慶拾伍年購買哈薩克牲畜需用潞紬貳百尺
亦已循例請咨山西省照樣織辦等語臣部按
照各處調解緞紬數目核對節年辦解各數多
寡不甚相懸核與題明辦理原奏相符應如該
督所題辦理照冊開单行令蘇州杭州江寧三
處織造暨山東山西巡撫如式妥協織辦務使
質地堅實顏色鮮明選派委員沿途小心護解
毋得稍有霉污致干駁換仍令山西巡撫將伊
犁嘉慶拾伍年購買哈薩克牲畜備用潞紬貳
百尺轉飭照數辦解仍令該督俟前項紬緞解
到甘省時詳細點驗派員轉解各處查收備用
并令伊犁將軍及各處駐劄大臣將前項調解
紬緞於各奏銷冊內分晰造報查核臣等未敢

大学士管理户部事务禄康等题本（嘉庆十四年十二月初四日）

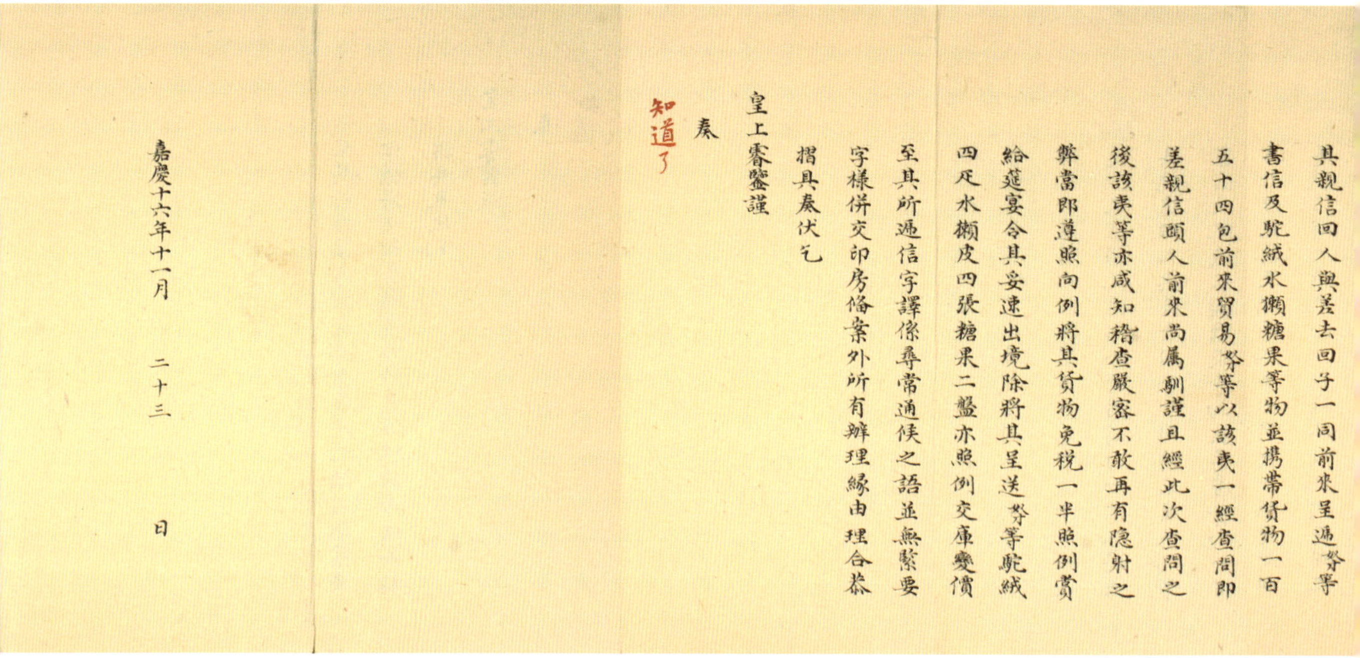

具親信回人與差去回子一同前來呈遞奴才等
書信及駝絨水獺糖果等物並攜帶貨物一百
五十四包前來貿易奴才等以該夷一經查問即
差親信頭人前來尚屬馴謹且經此次查問之
後該夷等亦咸知稽查嚴密不敢再有隱射之
弊當即遵照向例將其貨物免稅一半照例賞
給筵宴令其妥速出境除將其呈送奴才等駝絨
四疋水獺皮四張糖果二盤亦照例交庫變價
至其所遞信字譯係尋常通候之語並無緊要
字樣併交印房備案外所有辦理緣由理合恭
摺具奏伏乞
皇上睿鑒謹
奏
知道了
嘉慶十六年十一月　二十三　日

喀什噶尔参赞大臣铁保等奏折：

为办理浩罕伯克差人贸易事

嘉庆十六年十一月二十三日（1812 年 1 月 7 日）

清朝跟浩罕（霍罕）交易，经常要求其恪守常例，以求免生事端，利润追求反倒置于其次。嘉庆十六年(1811)，浩罕伯克爱迈尔派遣商人携带货物 171 包前来喀什噶尔贸易，并附带了准备呈送给喀什噶尔参赞大臣铁保等人的孔雀、驼绒、水獭、糖果等礼物。但是，铁保发现爱迈尔并

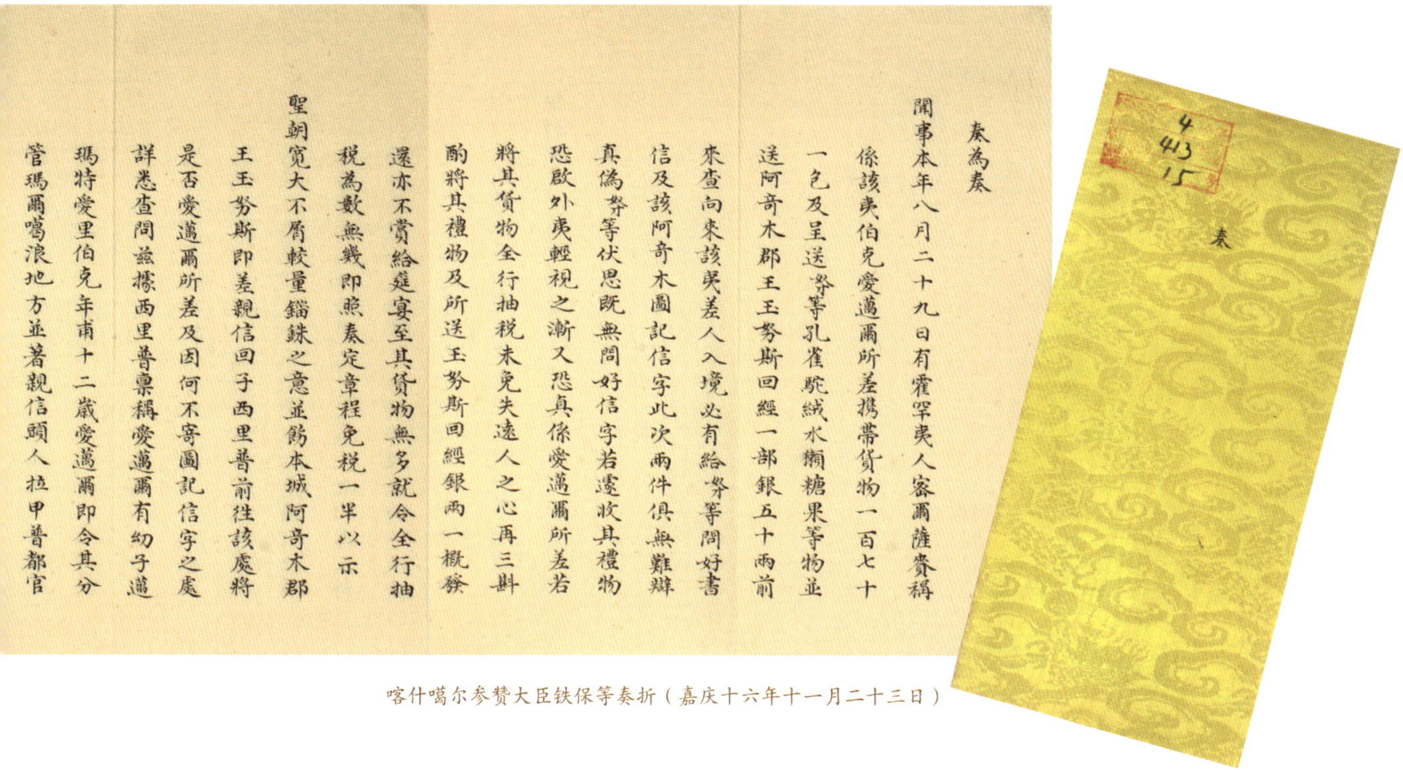

奏為奏
聞事本年八月二十九日有霍罕夷人密爾薩賚稱
係該夷伯克愛邁爾所差攜帶貨物一百七十
一包及呈送奴才等孔雀駝絨水獺糖果等物並
送阿奇木郡王玉努斯回經一部銀五十兩前
來查向來該夷差人入境必有給奴才等問好書
信及該阿奇木圖記信字此次兩件俱無難辨
真偽奴才等伏思既無問好信字若遽收其禮物
恐啟外夷輕視之漸又恐真係愛邁爾所差若
將其貨物全行抽稅未免失遠人之心再三斟
酌將其禮物及所送玉努斯回經銀兩一概發
還亦不賞給筵宴至其貨物無多就令全行抽
稅為數無幾即照奏定章程免稅一半以示
聖朝寬大不屑較量錙銖之意並飭本城阿奇木郡
王玉努斯即差親信回子西里普前往該處將
是否愛邁爾所差及因何不寄圖記信字之處
詳悉查問茲據西里普稟稱愛邁爾有幼子邁
瑪特愛里伯克年甫十二歲愛邁爾即令其分
管瑪爾噶浪地方並著親信頭人拉甲普都官

喀什噶尔参赞大臣铁保等奏折（嘉庆十六年十一月二十三日）

未按惯例准备好给自己的问好书信以及阿奇木图记信字，斟酌之下拒绝了这些礼物，并派出亲信打听，得知此次乃是该伯克幼子所派商人，所以并无图记信字，“当即遵照向例，将其货物免税一半，照例赏给宴席，令其妥速出境，除将其呈送奴才等驼绒四匹、水獭皮四张、糖果二盘，亦照例交库变价，至其所递信字译系寻常通候之语，并无紧要字样，并交印房备案”。

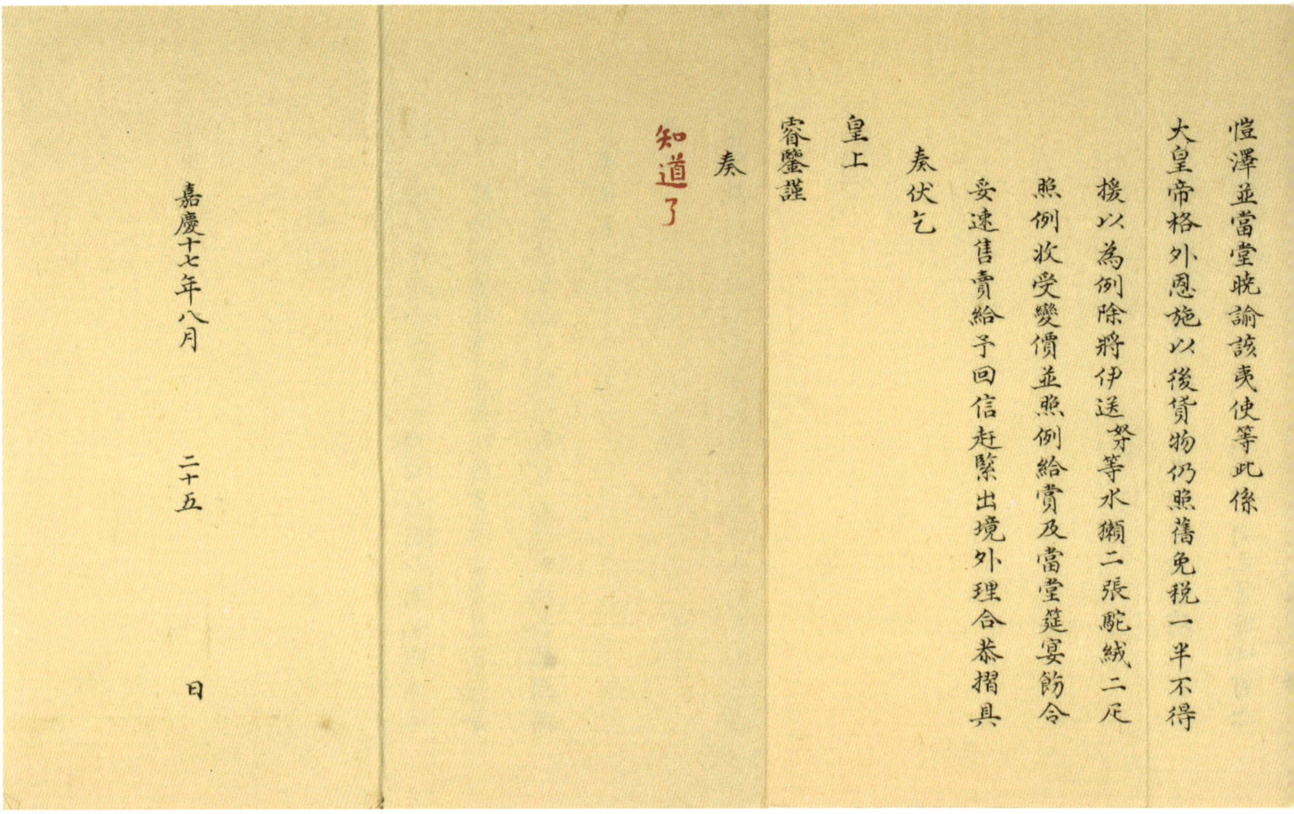

愷澤並當堂曉諭該夷使等此係
大皇帝格外恩施以後貨物仍照舊免稅一半不得
援以為例除將伊送努等水獺二張駝絨二尺
照例收受變價並照例給賞及當堂筵宴飭令
妥速售賣給予回信赶緊出境外理合恭摺具
奏伏乞
皇上
睿鑒謹
奏
知道了
嘉慶十七年八月　二十五　日

喀什噶尔参赞大臣铁保等奏折（嘉庆十七年八月二十五日）

喀什噶尔参赞大臣铁保等奏折：

为办理浩罕伯克差人贸易事

嘉庆十七年八月二十五日（1812年9月30日）

清制，浩罕商人来往于喀什噶尔、叶尔羌等地贸易，税银按应缴额一半的比例交纳给当地官府，但偶尔会破例。嘉庆十七年（1812）八月，浩罕伯克爱玛尔遣人携带货物来喀什噶尔交易，

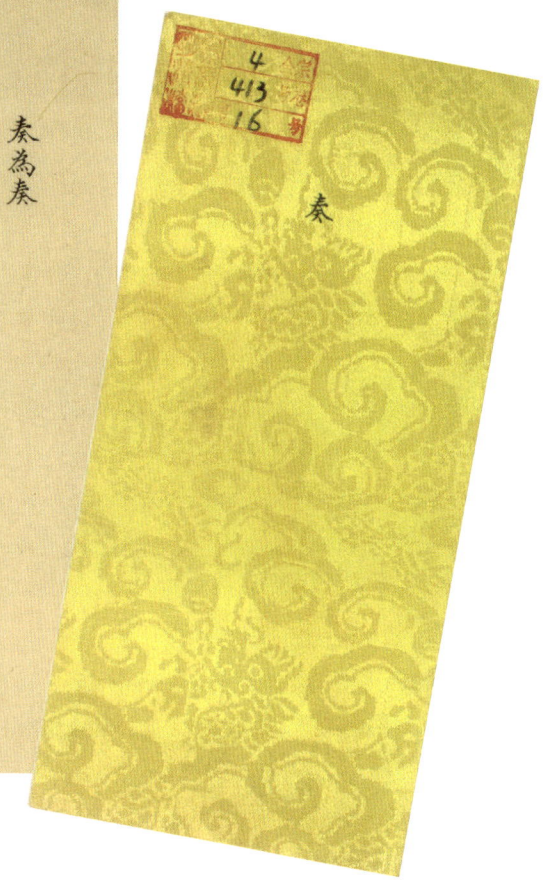

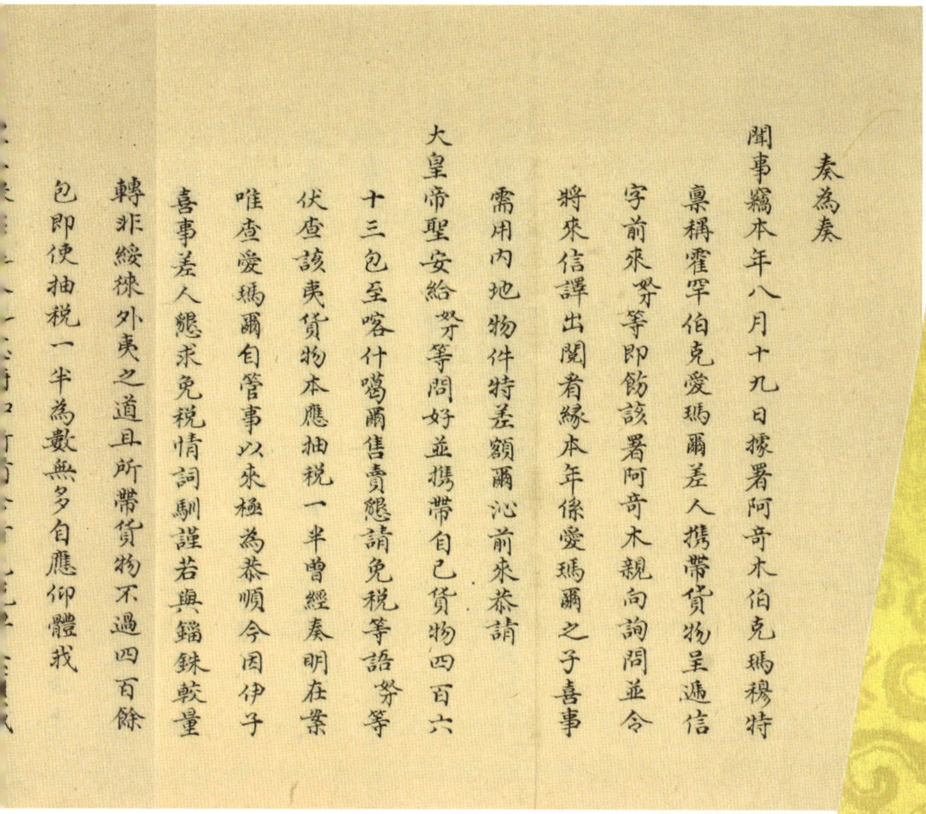
奏為奏
聞事竊本年八月十九日據署阿奇木伯克瑪穆特
稟稱霍罕伯克愛瑪爾差人携帶貨物呈遞信
字前來奴才等即飭該署阿奇木親向詢問並令
將來信譯出閱看緣本年係愛瑪爾之子喜事
需用內地物件特差額爾沁前來恭請
大皇帝聖安給奴才等問好並携帶自己貨物四百六
十三包至喀什噶爾售賣懇請免稅等語奴才等
伏查該夷貨物本應抽稅一半曾經奏明在案
唯查愛瑪爾自管事以來極為恭順今因伊子
喜事差人懇求免稅情詞馴謹若與錙銖較量
轉非綏徠外夷之道且所帶貨物不過四百餘
包即使抽稅一半為數無多自應仰體我

命使者额尔沁特意向喀什噶尔参赞大臣铁保及阿奇木伯克等呈递信件，称恰逢自己儿子喜事，此次携带463包货物来喀什噶尔售卖，同时采办喜事所用的内地物件，希望铁保等人能够免收此次售卖货物的税银。八月二十五日，铁保等人考虑到浩罕伯克爱玛尔自管事以来极为恭顺，且此次恰逢其子喜事，加之货物不多，决定破例一次，全行免税，并将事情原委详细上奏嘉庆帝。

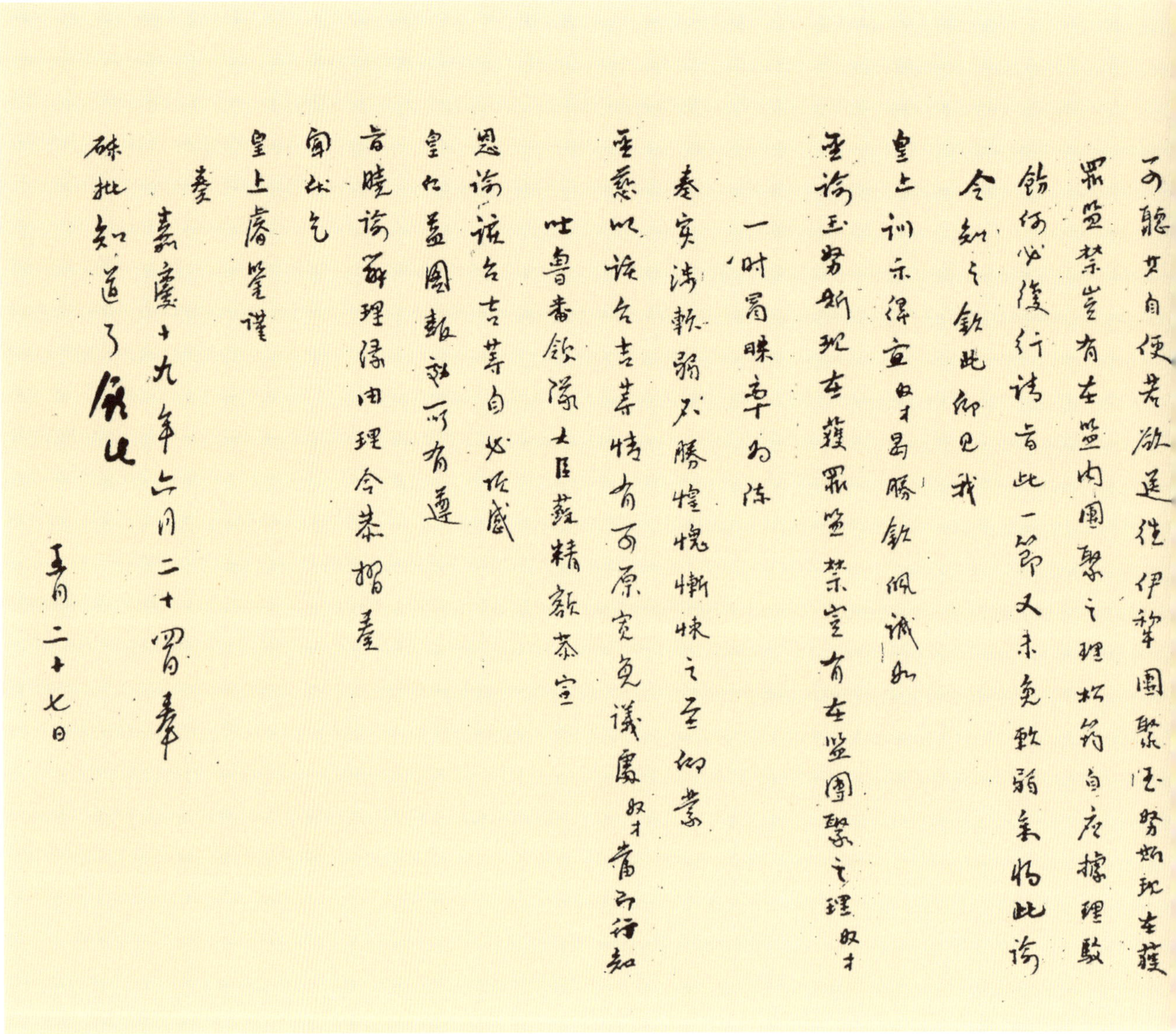

可聽其自便若欲送往伊犁團聚玉努斯現在獲
罪留禁豈有在監內團聚之理松筠自應據理駁
飭何必復行請旨此一節又未免軟弱矣將此諭
令知之欽此仰見我
皇上訓示得宜奴才曷勝欽佩誠如
聖諭玉努斯現在獲罪留禁豈有在監團聚之理奴才
一時冒昧率爲陳
奏實涉軟弱不勝惶愧慚悚之至仰蒙
聖慈以諭令吉等情有可原寬免議處奴才當即行知
吐魯番領隊大臣蘇精額恭宣
恩諭諭令吉等自必倍感
皇仁益圖報效所有遵
旨曉諭辦理緣由理合恭摺
覆奏伏乞
皇上睿鑒謹
奏
嘉慶十九年六月二十四日奉
硃批知道了欽此
五月二十七日

嘉庆帝谕旨：

着伊犁将军松筠讯问玉努斯诘讯并将恩长玉福等人是否失察等事于定案时附参

嘉庆十九年二月初一日（1814年2月20日）

伊犁将军松筠奏折：

为遵旨晓谕玉努斯获罪母族情有可原宽免议处事

嘉庆十九年五月二十七日（1814年7月14日）

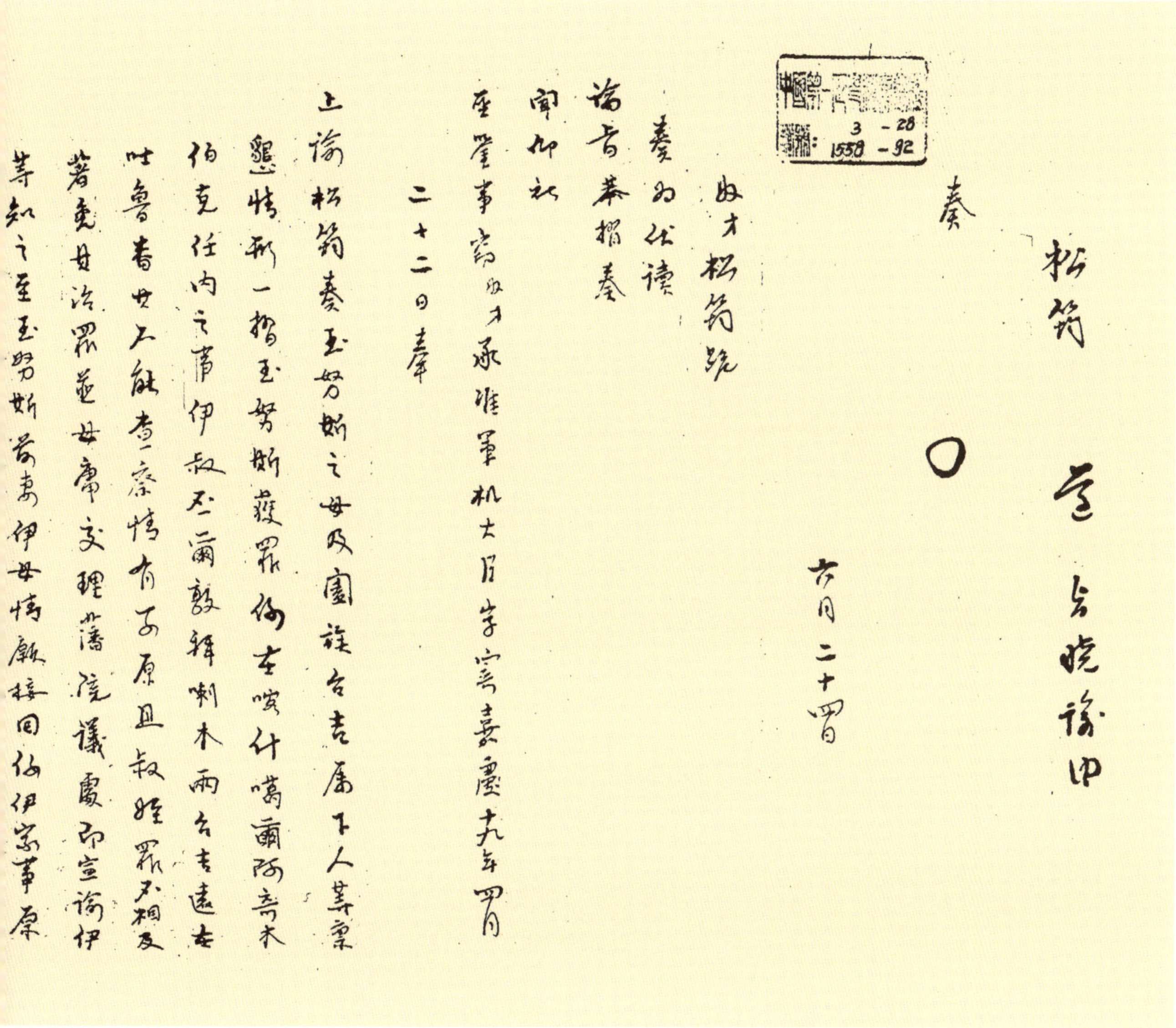

3-28
1558-92

奴才松筠跪
奏為恭讀
諭旨恭摺奏
聞仰祈
聖鑒事竊奴才承准軍機大臣字寄嘉慶十九年四月
二十二日奉
上諭松筠奏玉努斯之母及園誄台吉屬下人等稟
懇情形一摺玉努斯獲罪係在喀什噶爾阿奇木
伯克任内之事伊叔不爾敦緯喇木兩台吉遠在
吐魯番毋庸查察情有可原且叔姪罪不相及
著免其治罪並毋庸交理藩院議處即宣諭伊
等知之至玉努斯前奏伊母情願掾同伊家眷原

伊犁将军松筠奏折（嘉庆十九年五月二十七日）

嘉庆十九年（1814），浩罕伯克爱玛尔经由喀什噶尔参赞大臣恩长等人，向伊犁将军松筠呈请在喀什噶尔添设哈子伯克一职，自行办理该国在该处贸易商人事宜。松筠深知爱玛尔所请与朝廷统一管理新疆各处对外贸易的规定不符，遂派人前往调查此事，才得知是当地的阿奇木伯克郡王玉努斯遣人向爱玛尔赠送礼物，与之通好，请其代为请求，遂将此事上奏，嘉庆帝下旨严查。松筠查清，确为玉努斯请爱玛尔代为呈请设立哈子伯克，遂按律将玉努斯摘去顶翎，在叶尔羌看守，恩长等人也因失察自请处分，玉努斯的母、妻二族，则遵嘉庆帝旨意，予以从轻发落。

人與霍罕伯克通好致送禮物到該夷使有自該

哈子伯克之請著松筠將前後訪出各款逐細向

玉努斯詰訊務得真實情由再行奏明辦理恩長玉

福係該處參贊大臣幫辦大臣知玉努斯款跡屬實均

有失察之咎著松筠于定案時附參其另片奏請

令伊鏗額署理參贊事務一節伊鏗額現已補授

伊犁領隊大臣松筠即傳旨飭知該員令其前來喀

什噶爾暫署參贊可也將此諭令知之欽此遵

旨寄信前來

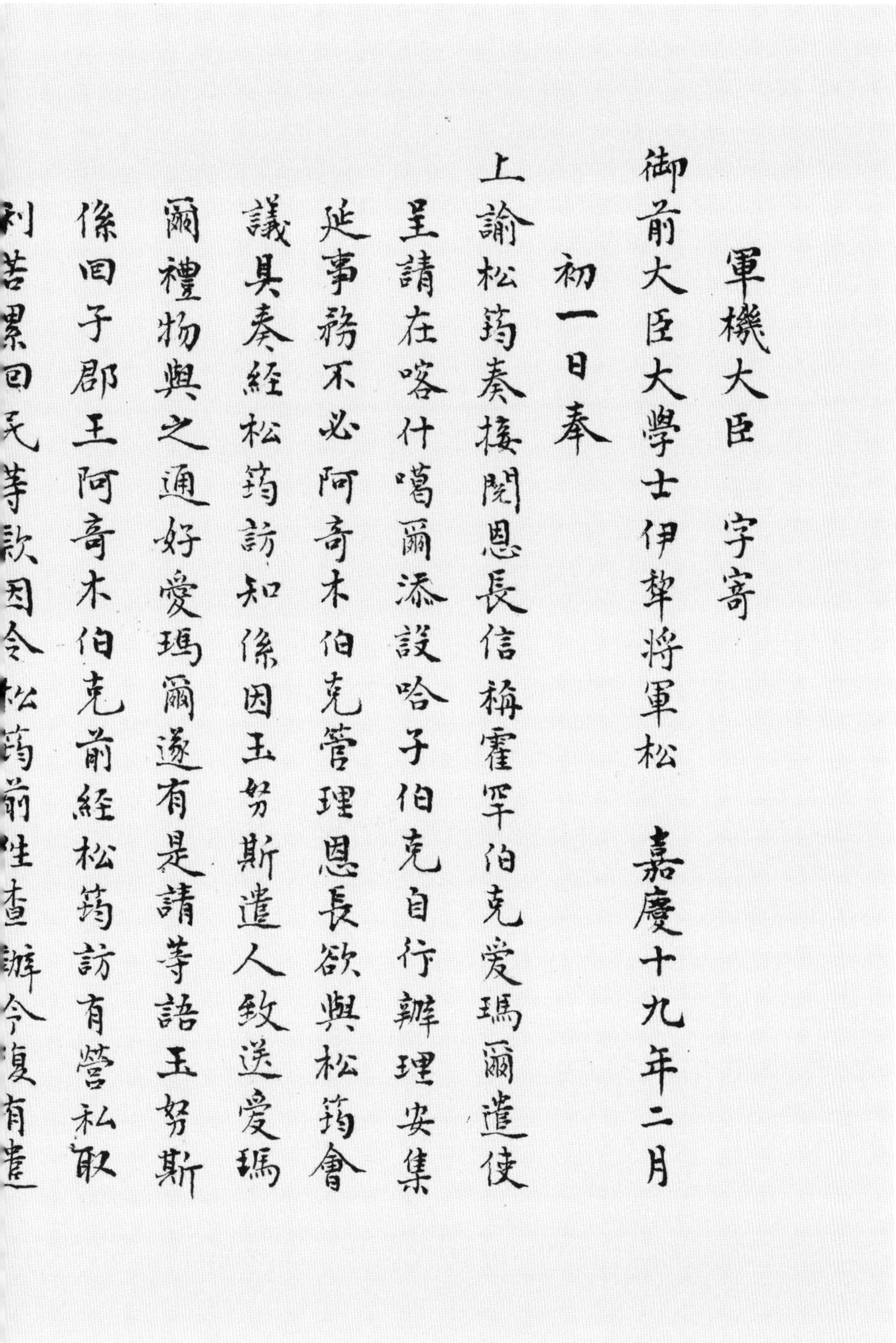

軍機大臣 字寄

御前大臣大學士伊犁將軍松 嘉慶十九年二月

初一日奉

上諭松筠奏接閱恩長信稱霍罕伯克愛瑪爾遣使呈請在喀什噶爾添設哈子伯克自行辦理安集延事務不必阿奇木伯克管理恩長欲與松筠會議具奏經松筠訪知係因玉努斯遣人致送愛瑪爾禮物與之通好愛瑪爾遂有是請等語玉努斯係回子郡王阿奇木伯克前經松筠訪有營私取利苦累回民等款因令松筠前往查辦今復有遣

嘉庆帝谕旨（嘉庆十九年二月初一日）

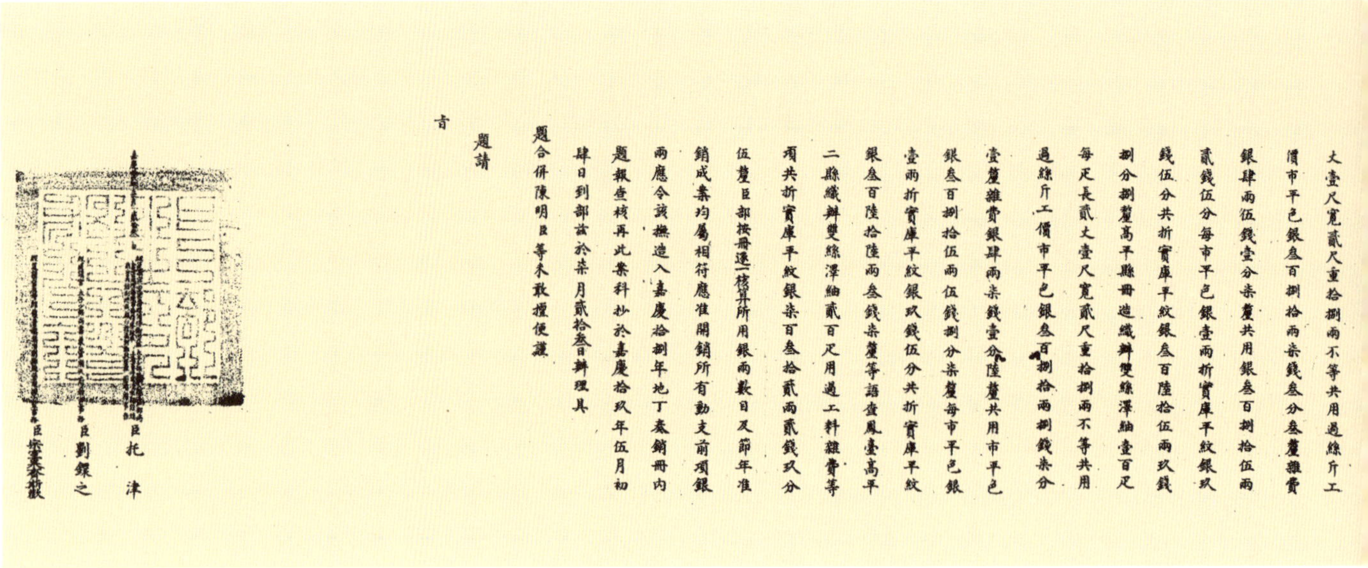

丈壹尺寬貳尺重拾捌兩不等共用過絲斤工
價市平色銀叁百捌拾兩柒錢叁分叁釐雜費
銀肆兩伍錢壹分柒釐共用銀叁百捌拾伍兩
貳錢伍分每市平色銀壹兩折實庫平紋銀玖
錢伍分共折實庫平紋銀叁百陸拾伍兩玖錢
捌分捌釐高平縣冊造織辦雙絲澤紬壹百疋
每疋長貳丈壹尺寬貳尺重拾捌兩不等共用
過絲斤工價市平色銀叁百捌拾兩捌錢柒分
壹釐雜費銀肆兩柒錢壹分陸釐共用市平色
銀叁百捌拾伍兩伍錢捌分柒釐每市平色銀
壹兩折實庫平紋銀玖錢伍分共折實庫平紋
銀叁百陸拾陸兩叁錢柒釐等語查鳳臺高平
二縣織辦雙絲澤紬貳百疋用過工料雜費等
項共折實庫平紋銀柒百叁拾貳兩貳錢玖分
伍釐臣部按冊逐一核算所用銀兩數目及節年准
銷成案均屬相符應准開銷所有動支前項銀
兩應令該撫造入嘉慶拾捌年地丁奏銷冊內
題報查核再此案科抄於嘉慶拾玖年伍月初
肆日到部該於柒月貳拾叁日辦理具
題合併陳明臣等未敢擅便謹
題請
旨

臣托津
臣劉鐶之
臣[illegible]

户部尚书托津等题本：

为遵察山西省凤台高平二县办解伊犁嘉庆十九年备用

泽绸用过工料杂费银两事

嘉庆十九年七月二十三日（1814年9月6日）

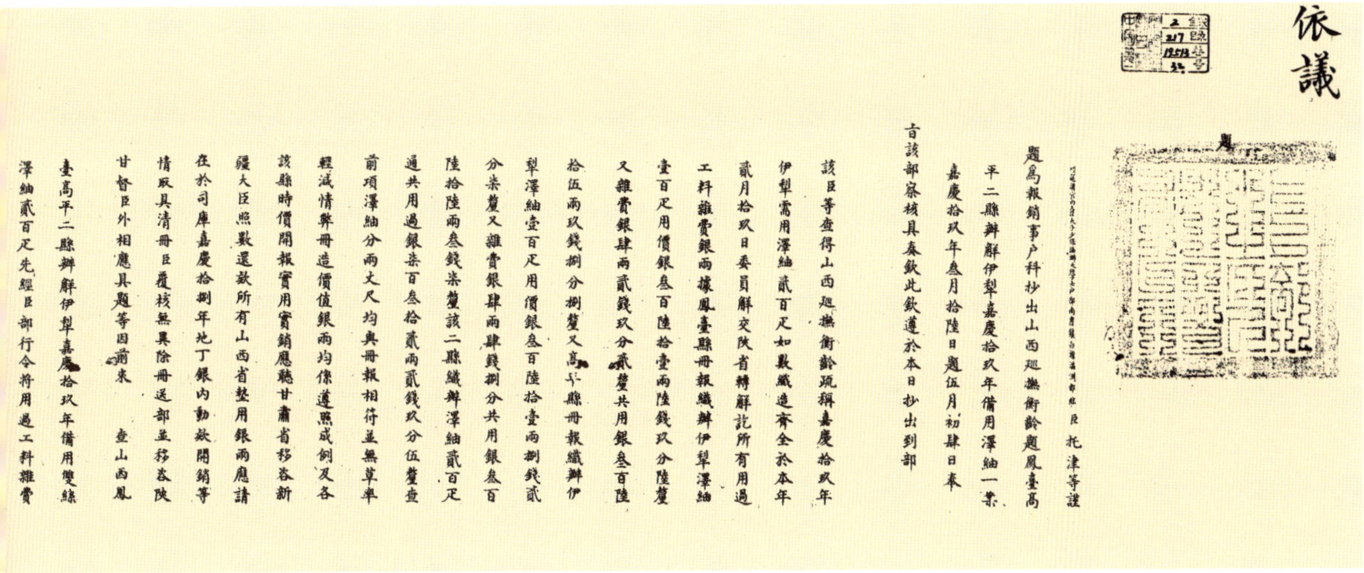

依議

臣托津等謹
題爲報銷事户科抄出山西廵撫衡齡題鳳臺高
平二縣辦解伊犁嘉慶拾玖年備用澤紬一案
嘉慶拾玖年叁月拾陸日題伍月初肆日奉
旨該部察核具奏欽此欽遵於本日抄出到部
該臣等查得山西廵撫衡齡疏稱嘉慶拾玖年
伊犂需用澤紬貳百疋如數織造齊全於本年
貳月拾玖日委員解交陝省轉解訖所有用過
工料雜費銀兩據鳳臺縣册報織辦伊犂澤紬
壹百疋用價銀叁百陸拾壹兩陸錢玖分陸釐
又雜費銀肆兩貳錢玖分貳釐共用銀叁百陸
拾伍兩玖錢捌分捌釐又高平縣册報織辦伊
犂澤紬壹百疋用價銀叁百陸拾壹兩捌錢貳
分柒釐又雜費銀肆兩肆錢捌分共用銀叁百
陸拾陸兩叁錢柒釐該二縣織辦澤紬貳百疋
通共用過銀柒百叁拾貳兩貳錢玖分伍釐查
前項澤紬分兩丈尺均與册報相符並無草率
輕減情弊册造價值銀兩均係遵照成例及各
該縣時價開報實用實銷應聽甘肅省移咨新
疆大臣照數還款所有山西省墊用銀兩應請
在於司庫嘉慶拾捌年地丁銀内動欵開銷等
情取具清册臣覆核無異除册送部並移咨陝
甘督臣外相應具題等因前來　查山西鳳
臺高平二縣辦解伊犂嘉慶拾玖年備用雙絲
澤紬貳百疋先經臣部行令將用過工料雜費

户部尚书托津等题本（嘉庆十九年七月二十三日）

清朝，新疆的贸易货物大多于内地采办，通过官方渠道，由地方官亲自督办。嘉庆十九年（1814），伊犁地区备用泽绸由山西凤台和高平两县置办，山西巡抚衡龄向户部呈报了置办的数量与费用：“嘉庆十九年伊犁需用泽绸二百匹，如数织造齐全，于本年二月十九日委员解交陕省转解讫所有用过工料杂费银两，据凤台县册报织办伊犁泽绸一百匹，用价银三百六十一两六钱九分六厘，又杂费银四两二钱九分二厘，共用银三百六十五两九钱八分八厘，又高平县册报织办伊犁泽绸一百匹，用价银三百六十一两八钱二分七厘，又杂费银四两四钱八分，共用银三百六十六两三钱七厘，该二县织办泽绸二百匹，通共用过银七百三十二两二钱九分五厘，查前项泽绸分两丈尺均与册报相符，并无草率轻减情弊，册造价值银两均系遵照成例，及各该县时价开报，实用实销。”从这些数字中不难看出，清政府管理山西置办新疆各处贸易所用绸缎一事十分认真，经费奏销管理也十分严格。

喀什噶尔参赞大臣斌静等奏折：

为办理浩罕复欲添设阿克萨哈尔管理买卖并将所递信字恭呈御览事

嘉庆二十四年十二月二十四日（1820年2月8日）

浩罕（霍罕）屡次想设立阿克萨哈尔一职，管理与新疆喀什噶尔的贸易往来，被清朝多次拒绝。嘉庆二十四年（1819），浩罕伯克爱玛尔企图偷换名目再行设立，被喀什噶尔参赞大臣斌静发觉，奏报嘉庆帝："查霍罕伯克爱玛尔……故于二十二年暗将博塔占另换阿克萨哈尔名色，今闻博塔占不妥，欲换托克托霍卓，因已暗设于前，此次故敢明目张胆与奴才等递字，希冀混饰过去，以遂其前次抽收税务之愿。"同时，斌静表示自己已严肃处理此事："该伯克此次妄行呈请所有带来货物，未便优免，已全行照例抽税，该伯克给奴才等水獭皮各一张，塔尔糖各一个，葡萄各一盘，亦仍交该使带回。所有该伯克给奴才等并阿奇木伯克帕尔西字各一纸，译出清字各一张，奴才等驳斥该伯克回谕一件，一并恭呈御览。"

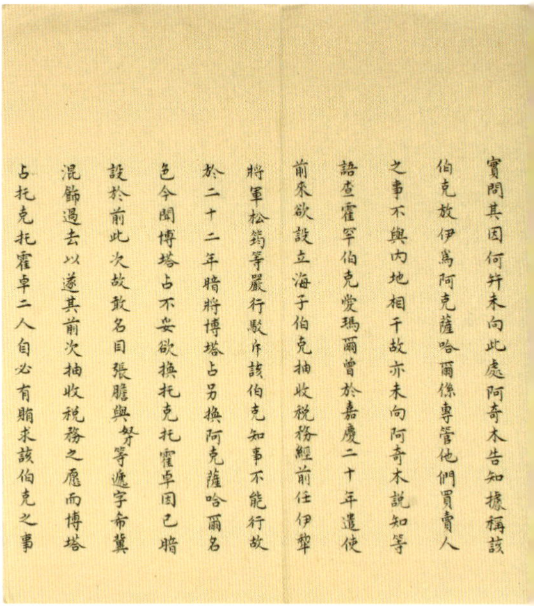
實問其因何幷未向此處阿奇木告知據稱該
伯克放伊爲阿克薩哈爾係專管他們買賣人
之事不與內地相干故亦未向阿奇木說知等
語查霍罕伯克愛瑪爾曾於嘉慶二十年遣使
前來欲設立海子伯克抽收稅務經前任伊犁
將軍松筠等嚴行駁斥該伯克知事不能行故
於二十二年暗將博塔占另換阿克薩哈爾名
色今聞博塔占不妥欲換托克托霍卓因已暗
設於前此次故敢名目張膽與奴才等遞字希冀
混飾過去以遂其前次抽收稅務之願而博塔
占托克托霍卓二人自必有賄求該伯克之事

嘉慶二十四年十二月 二十四 日

奏

奴才斌静素納跪
奏爲霍罕遣額爾沁前來呈遞信字復欲添設阿
克薩哈爾管理買賣之事已痛切駁斥并將其
欲放阿克薩哈爾之人一併逐回該部落緣由
恭摺奏
聞仰祈
聖鑒事九月十五日據喀浪圭卡倫侍衛哈當阿呈
報有霍罕遣使前來遞字并帶有買賣貨物前
來奴才等即派城守營參將王森前往迎護到城
據該額爾沁呈出給奴才等及阿奇木伯克回字
各一紙當令莫洛等譯出閱看其信內云稱伊
從前曾派安集延博塔占爲阿克薩哈爾管理
買賣事務嗣聞博塔占在買賣人前任性妄爲
今將其革退所有阿克薩哈爾之缺另放托克
托霍卓幫同此處原設之呼岱達等辦理買賣
事務等語奴才等當查博塔占係於乾隆三十八
年跟隨伊父博巴哈拜前來貿易并將家眷攜
帶同來至今常來常往前於嘉慶二十二年八
月請票旋回至十二月又來喀什噶爾貿易至
二十三年十月請票旋回二十四年閏四月又
來貿易該伯克何時將伊作爲阿克薩哈爾之
處不但該伯克未曾給奴才等寄知即博塔占亦
未向此地阿奇木伯克說過隨傳博塔占與該
欲藉此於中取利顯而易見又查托克托霍卓
係伊父哈爾達爾於乾隆二十六年前來貿易
後赴葉爾羌娶妻方生托克托霍卓至嘉慶元
年伊父母俱故始搬至喀什噶爾居住不過因
貿易常往霍罕該伯克又何以知其才能辦事
而欲放伊爲阿克薩哈爾其爲伊等自行謀求
所致不問可知況自平定回部以來所有呼岱
達總由喀什噶爾阿奇木伯克選派伊祖額爾
德尼伊父那爾巴圖從不干預此事及愛瑪爾
之身忽屢次瀆請總因貪圖財貨受其所屬衆
人慫恿之故奴才等與其回信內已一一痛切駁
斥并明白面諭該額爾沁將伊等遣回至博塔
占托克托霍卓二人既向該伯克求謀其爲不
安本分可知未便任其仍居内地致滋多事當
將伊二人連家室一併遣回霍罕地方不准再
行入境内惟托克托霍卓之妻係葉爾羌之人
據稱早已休棄所生三子因年幼不能帶去已
與其棄妻留下獨自隨同該額爾沁等先後於
十一月十八十二月初八等日俱陸續遣回訖
至該伯克此次妄行呈請所有帶來貨物未便
優免已全行照例抽税該伯克給奴才等水獭皮
各一張塔爾糖各一個葡萄各一盤亦仍交該
使帶回所有該伯克給奴才等并阿奇木伯克帕
爾西字各一紙譯出清字各一張奴才等駁斥該
伯克回諭一件一併恭呈
御覽理合恭摺奏
聞伏乞
皇上睿鑒謹
奏

喀什噶尔参赞大臣斌静等奏折（嘉庆二十四年十二月二十四日）

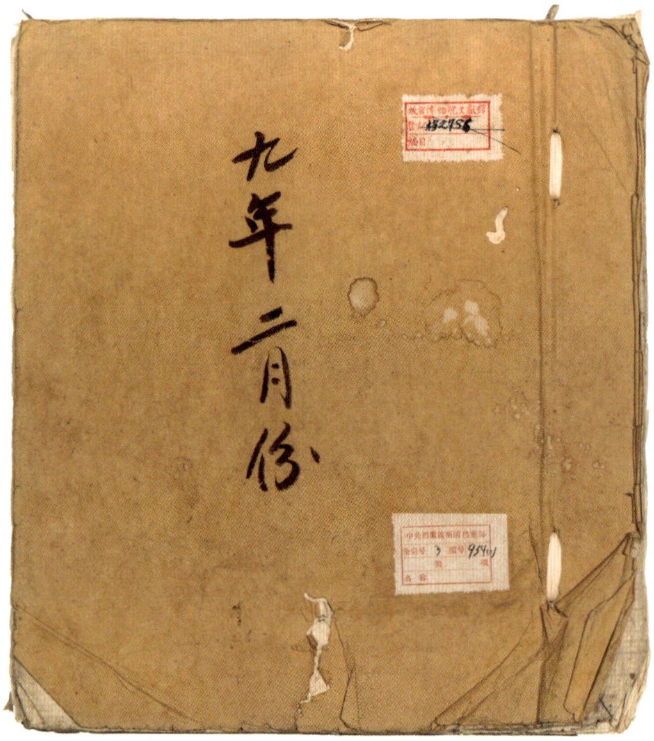

道光帝谕旨：

着令赴喀什噶尔搜捕要犯并严禁大黄茶叶出卡

道光九年二月初一日（1829年3月5日）

道光八年（1828），清政府在平定了新疆的张格尔叛乱后，对参与并支持张格尔叛乱的浩罕进行了制裁，断绝了与浩罕的通商贸易，禁止大黄、茶叶等出口浩罕，并要求浩罕交出收留的阿浑奈玛特等叛军。道光九年二月初一日，道光帝特意谕令钦差那彦成与各边境官员严格遵守善后奏定章程：“该大臣等务当遵照前旨，严密稽察，勿任大黄、茶叶偷漏出卡，亦不得仍令该夷隐混贸易，即为妥善，至于卡外各犯，既已畏罪远窜，总当置之不问，断不可意存招致，妄生边衅，如办理稍有不善，或致大黄、茶叶仍有偷漏，惟伊等三人是问，恐不能当此重咎也。”

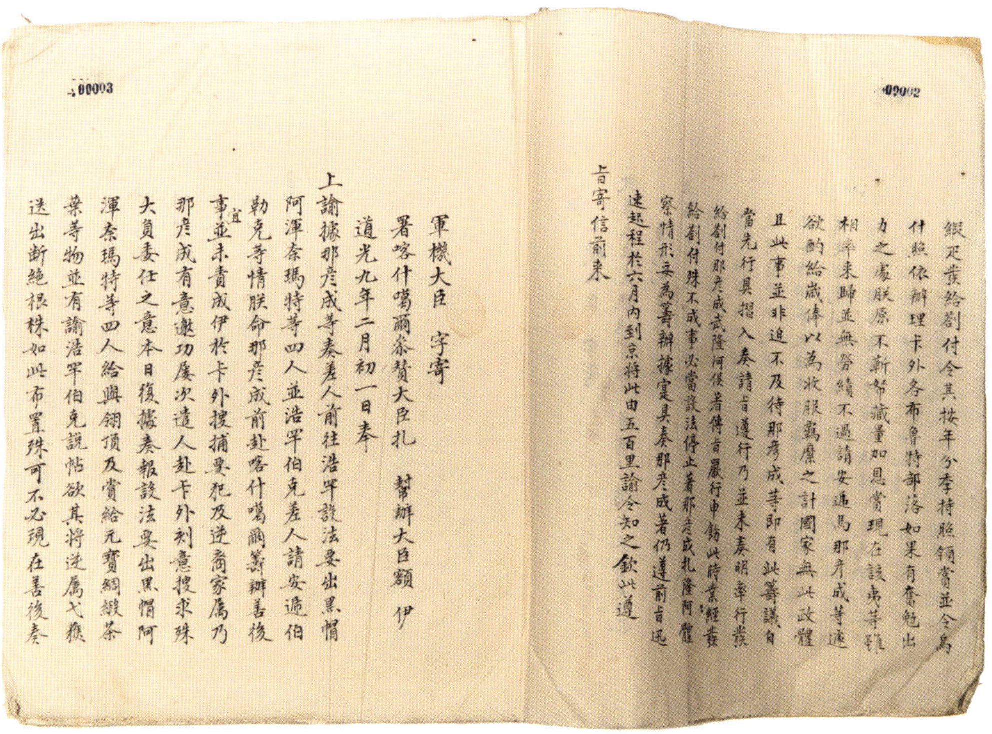

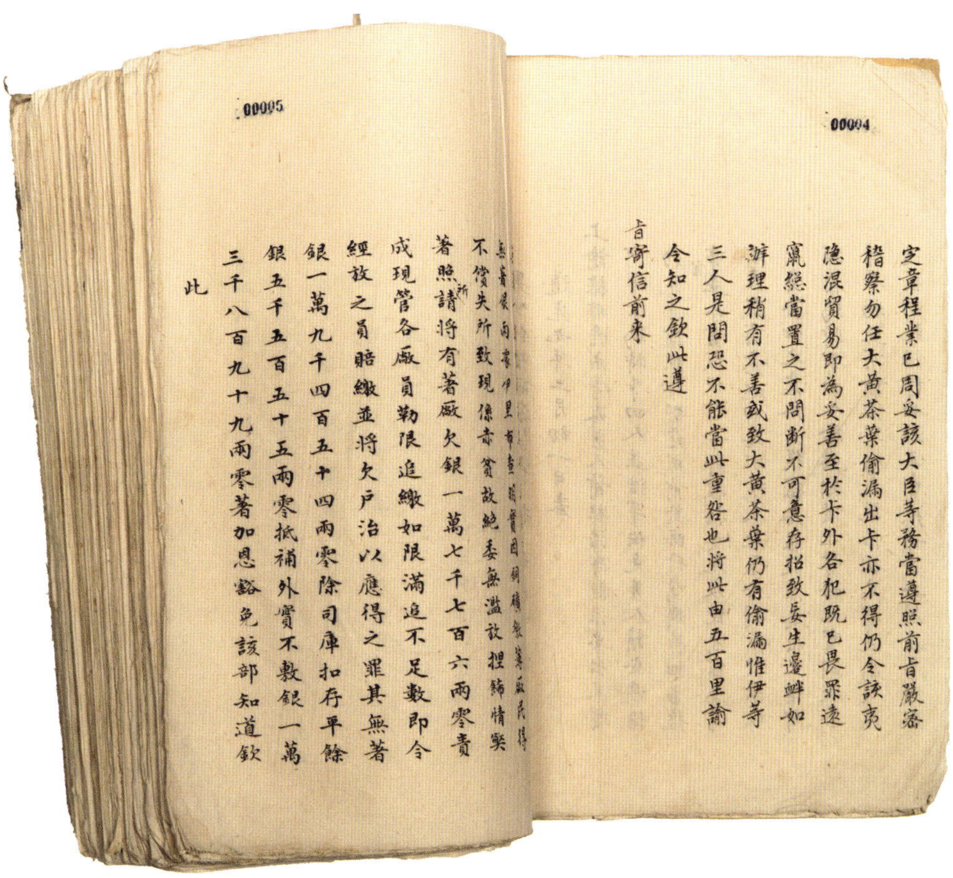

道光帝谕旨（道光九年二月初一日）

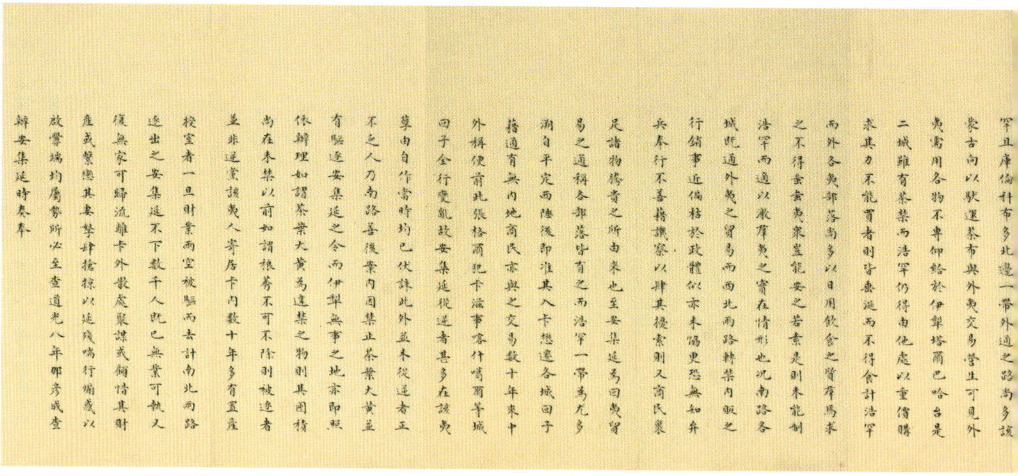

罕且庫倫科布多北邊一帶外通之路尚多該
蒙古向以駝運茶布與外夷交易營生可見外
夷需用各物不專仰給於伊犁塔爾巴哈台是
二城雖有茶禁而浩罕仍得由他處以重價購
求其力不能買者則皆垂涎而不得食計浩罕
而外各夷部落尚多以日用飲食之嘗萃焉求
之不得蠢蠢夷衆豈能安之若素是則未能制
浩罕而適以激庫夷之實在情形也況南路各
城既通外夷之貿易而西北兩路轉禁內販之
行銷事近偏枯於政體似亦未協更恐無知弁
兵奉行不善藉譏察以肆其擾索則又商民裹
足諸物騰貴之所由來也至安集延為回夷貿
易之通稱各部落皆有之而浩罕一帶為尤多
溯自平定西陲後即准其入卡懋遷各城回子
藉通有無內地商民亦與之交易數十年來中
外稱便前此張格爾犯卡滋事喀什噶爾等城
回子全行變亂該安集延從逆者甚多在該夷
孽由自作當時均已伏誅此外並未從逆者正
不乏人乃南路善後案內因禁止茶葉大黃並
有驅逐安集延之令而伊犁無事之地亦即照
依辦理如謂茶葉大黃為違禁之物則其因循
尚在未禁以前如謂根萌不可不除則被逐者
並非逆黨該夷人寄居卡內數十年多有置產
授室者一旦財業兩空被驅而去計南北兩路
逐出之安集延不下數千人既已無業可執又
復無家可歸流離卡外散處聚謀或銜恨其財
產或繫戀其妻孥非搶掠以延殘喘行觸盛以
啟釁端均屬勢所必至查道光八年那彥成查
辦安集延時奏本

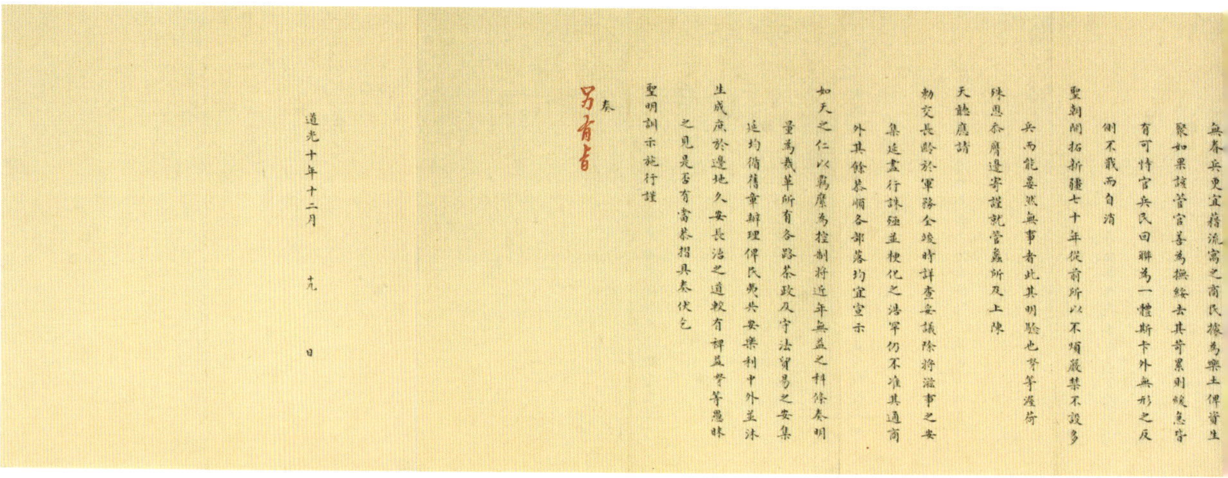

無春兵吏宜藉流寓之商民據為樂土俾資生
聚如果該管官善為撫綏去其苛累則緩急守
有可恃官兵民回聯為一體斯卡外無形之反
側不戢而自消
聖朝開拓新疆七十年從前所以不煩嚴禁不設多
兵而能晏然無事者此其明驗也臣等渥荷
殊恩忝膺邊寄謹就管蠡所及上陳
天聽應請
勅交長齡於軍務全竣時詳查妥議除將滋事之安
集延盡行誅殛並梗化之浩罕仍不准其通商
外其餘恭順各部落均宜宣示
如天之仁以羈縻為控制將近年無益之科條奏明
量為裁革所有各路茶政及守法貿易之安集
延均循舊章辦理俾民夷共安樂利中外並沐
生成庶於邊地久安長治之道較有裨益臣等愚昧
之見是否有當恭摺具奏伏乞
聖明訓示施行謹
奏
另有旨
道光十年十二月 十九 日

伊犁将军玉麟等奏折（道光十年十二月十九日）

伊犁将军玉麟等奏折：

为体察中外情形新疆茶政及夷商贸易似应酌复旧章请旨饬查妥议事

道光十年十二月十九日（1831 年 2 月 1 日）

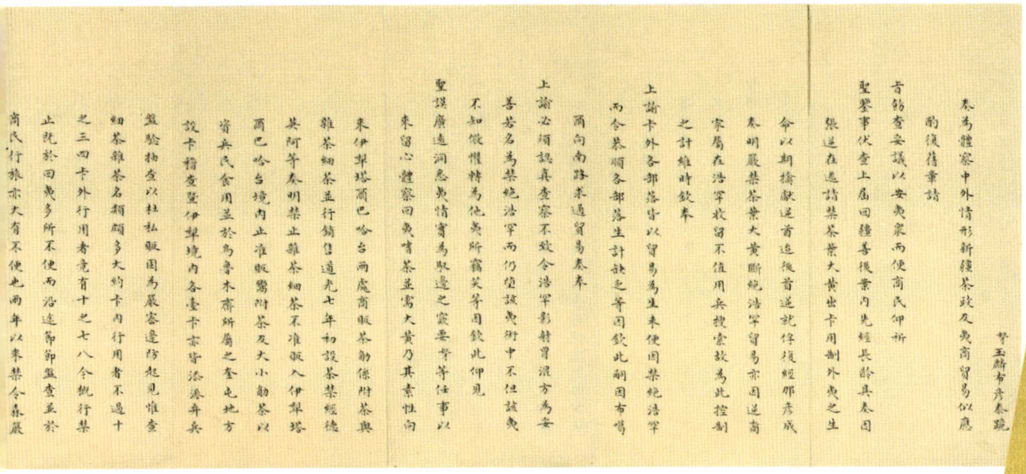

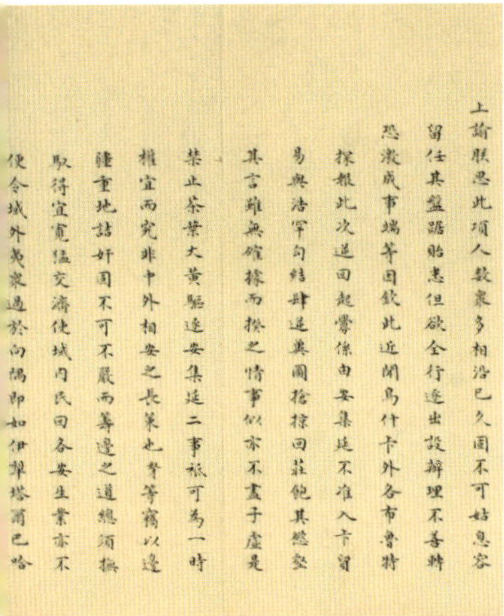

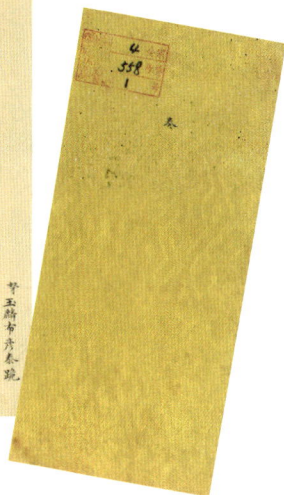

道光十年（1830），在断绝与浩罕等国贸易往来两年后，清政府开始重新考虑在新疆、蒙古等地恢复与浩罕等国的贸易往来。十二月十九日，伊犁将军玉麟等上奏道光帝称，“两年以来，禁令森严，所以图制浩罕之法已极详备，而外夷恭顺诸部落由南路贩出茶斤，究难保其不转售与浩罕，且库伦科布多北边一带，外通之路尚多……而浩罕仍得由他处以重价购求，其力不能买者则皆垂涎而不得食。计浩罕而外，各夷部落尚多，以日用饮食之质群马，求之不得，蚩蚩夷众，岂能安之若素？是则未能制浩罕而适以激群夷之实在情形也”，建议恢复与浩罕汗国及其他部落的茶叶、大黄的贸易。

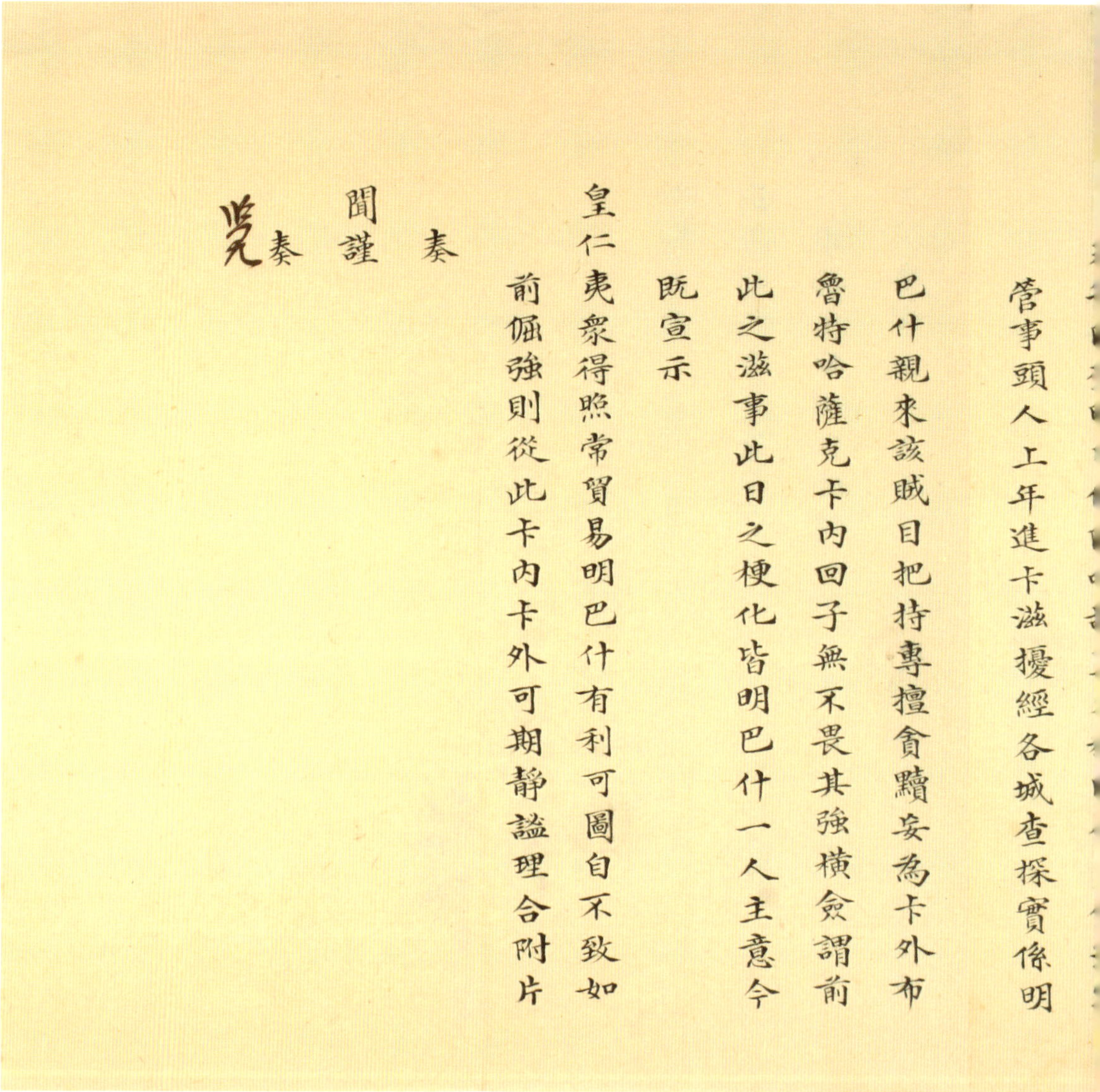
管事頭人上年進卡滋擾經各城查探實係明
巴什親來該賊目把持專擅貪黷妄為卡外布
魯特哈薩克卡內回子無不畏其強橫僉謂前
此之滋事此日之梗化皆明巴什一人主意今
既宣示
皇仁夷衆得照常貿易明巴什有利可圖自不致如
前倔強則從此卡內卡外可期靜謐理合附片
奏
聞謹
奏
覽

扬威将军长龄等奏折：

为奉旨准令浩罕通商并报卡伦内外各情事

道光十一年十二月二十四日（1832 年 1 月 26 日）

道光十年，清政府计划重新恢复与浩罕的贸易往来，新疆地方官将与浩罕沟通恢复贸易往来各情形缮写成文，并将该阿

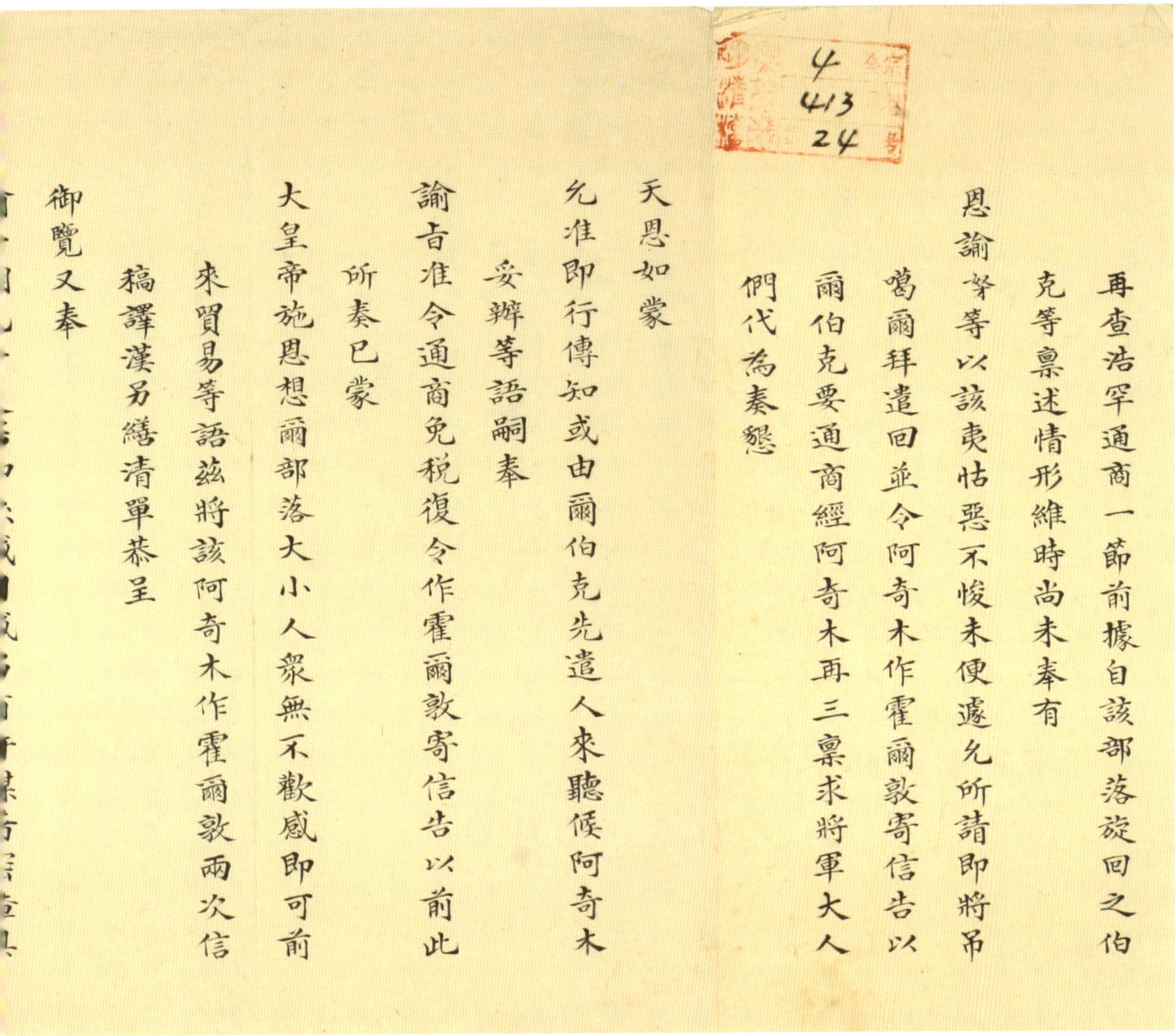
再查浩罕通商一節前據自該部落旋回之伯
克等稟述情形維時尚未奉有
恩諭弩等以該夷怙惡不悛未便遽允所請即將吊
噶爾拜遣回並令阿奇木作霍爾敦寄信告以
爾伯克要通商經阿奇木再三稟求將軍大人
們代為奏懇
天恩如蒙
允准即行傳知或由爾伯克先遣人來聽候阿奇木
妥辦等語嗣奉
諭旨准令通商免稅復令作霍爾敦寄信告以前此
所奏已蒙
大皇帝施恩想爾部落大小人衆無不歡感即可前
來貿易等語茲將該阿奇木作霍爾敦兩次信
稿譯漢另繕清單恭呈
御覽又奉

扬威将军长龄等奏折（道光十一年十二月二十四日）

奇木作霍尔敦的两次信稿译成汉文，一并上呈道光帝。道光十一年十二月，扬威将军长龄等按照道光帝命令，查清了去年浩罕头目巴什阿哈胡里进入卡伦内滋生事端，原为贸易获利较少所致，现在重新恢复通商后，浩罕各部落欢呼雀跃，“今既宣示皇仁，夷众得照常贸易，明巴什有利可图，自不致如前倔强，则从此卡内卡外可期静谧”。

陕甘总督杨遇春题本（道光十二年十一月十六日）

陕甘总督杨遇春题本：

为甘肃布政使详道光十四年新疆各处共咨调各色绸缎分晰色样数目汇开清册题请核实事

道光十二年十一月十六日（1833 年 1 月 6 日）

道光年间，新疆等地需用贸易丝绸由内地织造交办，新疆地方官屡次诉苦，要求朝廷督促江宁、苏州、杭州三处织造按数织办解送。道光十二年（1832），陕甘总督杨遇春奏称甘肃布政使方载豫已查得道光十四年伊犁等地需备各色绸缎 2879 匹，针对“近年解到绸缎，仍多粗糙，颜色灰暗，丈尺短少，分两轻薄”的情况，参照道光九年时，新疆“所解之缎匹丝绸，往往抽丝减料，赏赐外夷，不堪服用，殊属不成事体”，道光帝谕令：“着通谕江南苏州杭州各织造，嗣后拨解绸缎务当加意经理”，此次务必“请咨三织造，嗣后办解绸缎务须质地厚重、颜色鲜明、丈尺宽长，以资需用”。

道光帝谕旨：

着叶尔羌喀什噶尔等地参赞大臣人等坚拒浩罕抽税并督饬所属勤加操演以备不虞

道光十六年五月初一日（1836 年 6 月 14 日）

道光年间，浩罕商人来往于叶尔羌、喀什噶尔等地贸易，均由当地官员负责收税，但浩罕伯克一直意图派设浩罕官员参与收税，被清政府坚决拒绝。道光十六年（1836），浩罕伯克派额尔沁前来叶尔羌呈递禀帖，要求派遣浩罕官员前来负责抽税，叶尔羌参赞大臣兴德表示，克什米尔巴达克山并非浩罕国内属地，现在浩罕商人与新疆民众在此贸易多年，之前虽然同意浩罕设立呼岱达一职，但主要是用以管束浩罕商人，绝无准其收税之意，因此严词拒绝了额尔沁，并将此事上奏道光帝。道光帝认为此次虽已拒绝，浩罕仍有可能再次派人前来要求，因此于五月初一日下发谕旨，要求叶尔羌、喀什噶尔等地官员“督饬所属，勤加操演”，以“预备不虞”。

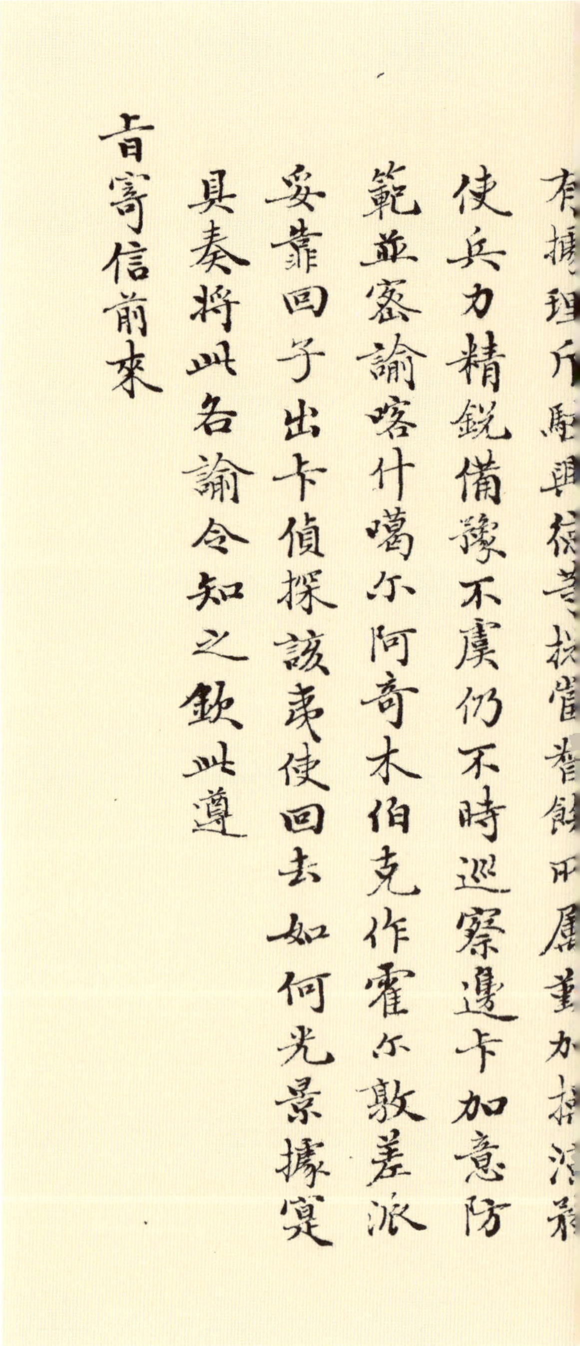

使兵力精鋭備豫不虞仍不時巡察邊卡加意防

範並密諭喀什噶爾阿奇木伯克作霍爾敦差派

妥靠回子出卡偵探該夷使回去如何光景據實

具奏將此各諭令知之欽此遵

旨寄信前來

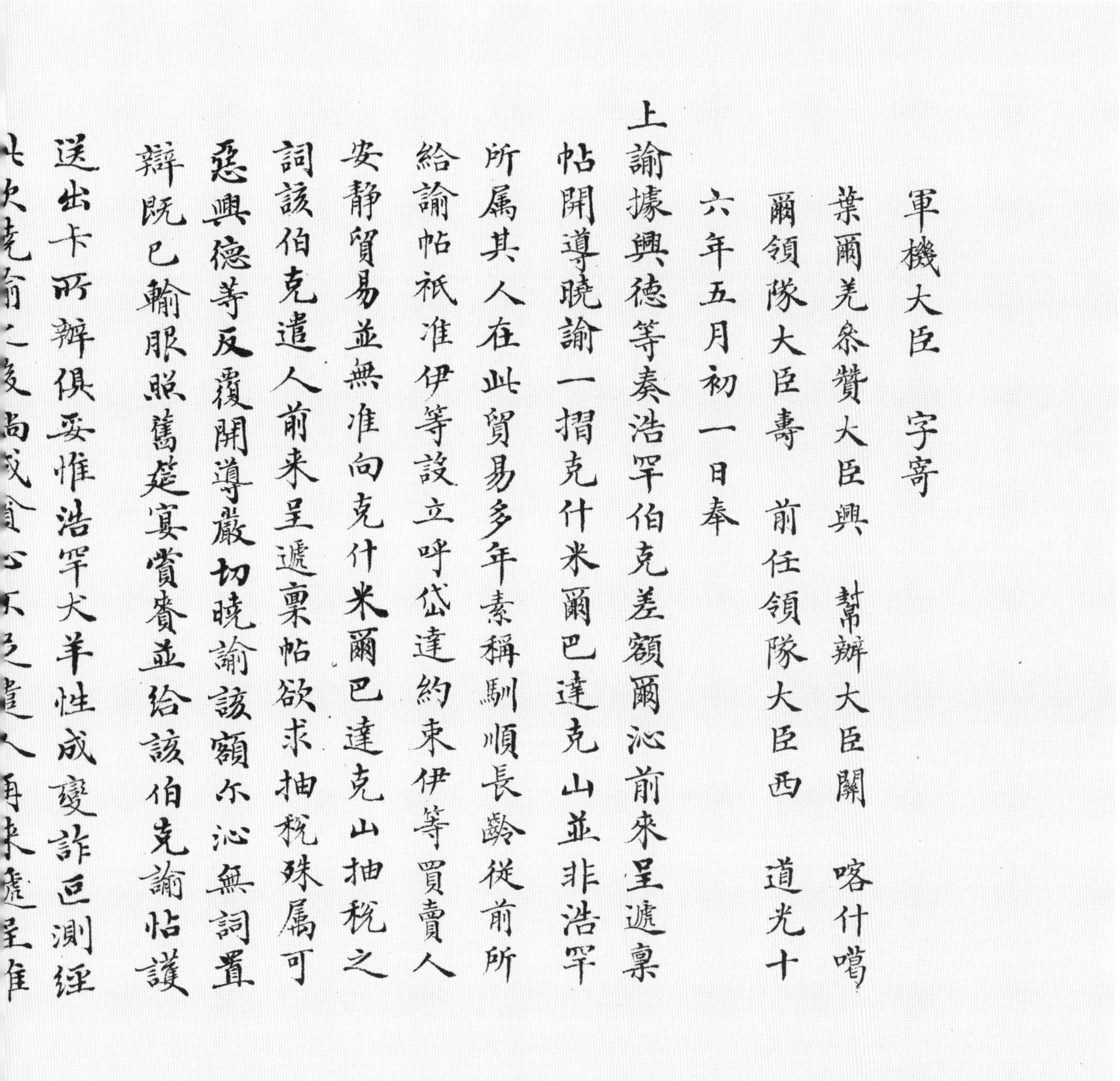

軍機大臣 字寄
葉爾羌參贊大臣興 幫辦大臣關 喀什噶
爾領隊大臣壽 前任領隊大臣西 道光十
六年五月初一日奉
上諭據興德等奏浩罕伯克差額爾沁前來呈遞稟
帖開導曉諭一摺克什米爾巴達克山並非浩罕
所屬其人在此貿易多年素稱馴順長齡從前所
給諭帖祇准伊等設立呼岱達約束伊等買賣人
安靜貿易並無准向克什米爾巴達克山抽稅之
詞該伯克遣人前來呈遞稟帖欲求抽稅殊屬可
惡興德等反覆開導嚴切曉諭該額爾沁無詞置
辯既已輸服照舊筵宴賞賚並給該伯克諭帖護
送出卡所辦俱妥惟浩罕犬羊性成變詐叵測經
此次曉諭之後尚或貪心不足遣人再來瀆呈准

道光帝谕旨（道光十六年五月初一日）

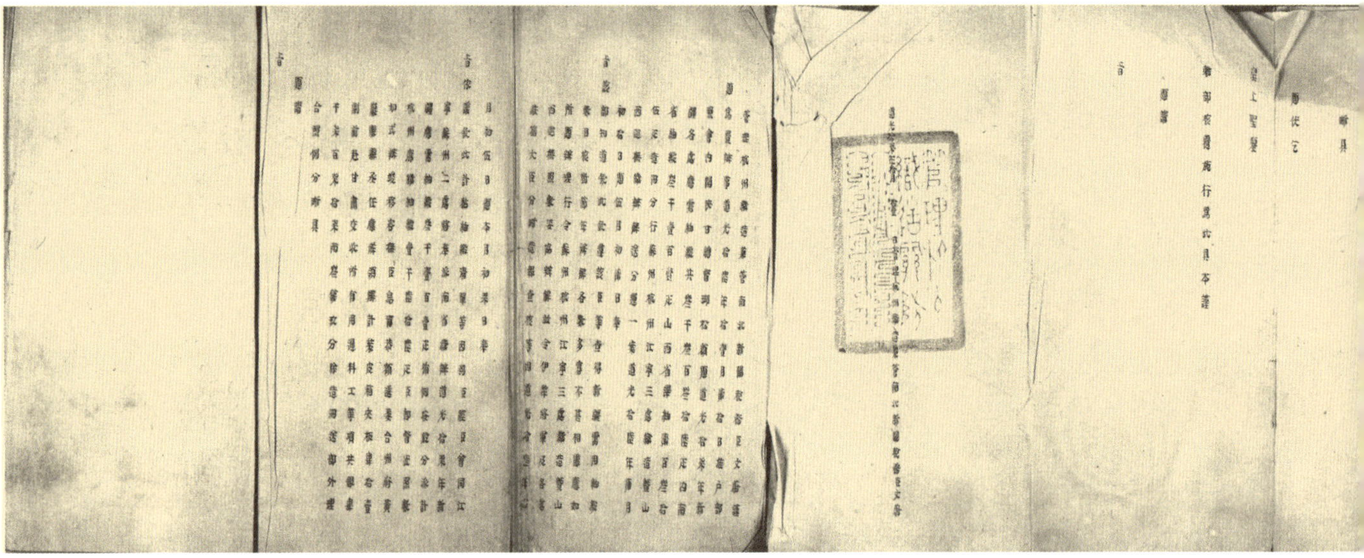

杭州织造文蔚题本：

为道光十七年新疆各处应需䌷缎循例按股分派计杭州应织䌷缎一千六十六匹如式办竣委县丞任应祚领解赴甘肃交纳用过料工银两造册送部外题报事

道光十七年十月十一日（1837年11月8日）

大学士管理户部事务潘世恩等题本：

为遵察苏州织造道光十七年办解新疆各处备用缎匹用过工料银两数目事

道光十八年九月二十五日（1838年11月11日）

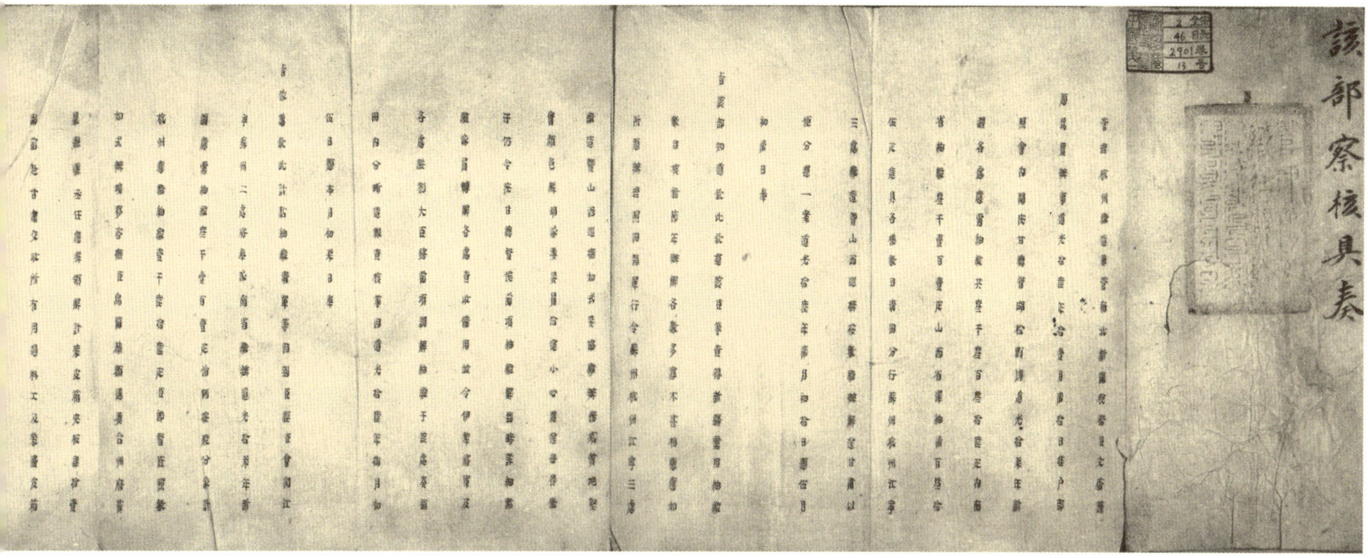
該部察核具奏

杭州织造文蔚题本（道光十七年十月十一日）

清政府对运往新疆等处的内地丝绸质量与数量要求严格，主要交由苏州、杭州、江宁三处织造负责。道光十六年（1836）十一月，户部按照陕甘总督所呈次年新疆各处应需绸缎 3336 匹，内南省绸缎 3101 匹、山西泽绸 235 匹，造册分行苏州、杭州、江宁三处织造。三处织造循例按股分派，杭州织造应织绸缎 1066 匹，至十七年十月全部完成，杭州织造文蔚遂题请赴甘肃交收，并将用过工料等项费用 4777.39 两造册呈送户部。而苏州织造与江宁织造所分应织匹数及费用与杭州织造差距不大，如在道光十八年三处织造应织绸缎匹数中，户部便督察苏州织造办解新疆用各色绸缎 983 匹，织造及解送甘肃等费用共计银 4540.87 两。

及解員盤費銀肆千伍百[illegible]

冊題銷臣部查與甘肅省造報解收紬緞疋數

相符所有前項用過料工等項銀兩按冊覈算

亦與歷屆准銷成案相符應准開銷仍令江蘇

巡撫轉飭統於各奏銷案內開除造報查覈再

此案科抄於道光拾捌年陸月叁拾日到部茲

於玖月貳拾伍日辦理具

題合併聲明臣等未敢擅便謹

題請

旨

[illegible]臣潘世恩

[illegible]臣宗室奕紀

[illegible]臣湯金釗

[illegible]臣文慶

左侍郎臣祁寯藻

吏部右侍郎署左侍郎臣龔守正

[illegible]臣裕誠

右侍郎兼管錢法堂事務臣吳其濬

[illegible]臣陳官俊

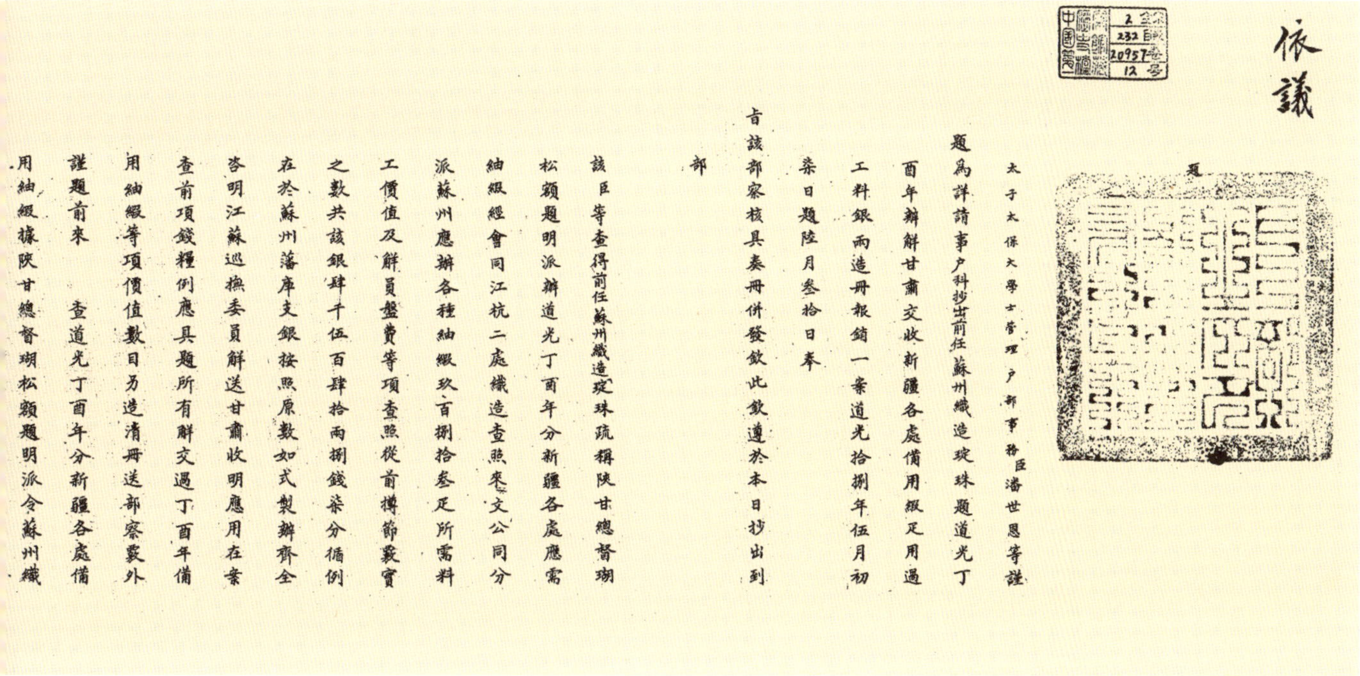
依議

題

太子太保大學士管理户部事務臣潘世恩等謹
題爲詳請事户科抄出前任蘇州織造琔珠題道光丁
酉年辦解甘肅交收新疆各處備用緞疋用過
工料銀兩造册報銷一案道光拾捌年伍月初
柒日題陸月叁拾日奉
旨該部察核具奏册併發欽此欽遵於本日抄出到
部
該臣等查得前任蘇州織造琔珠疏稱陝甘總督瑚
松額題明派辦道光丁酉年分新疆各處應需
紬緞經會同江杭二處織造查照來文公同分
派蘇州應辦各種紬緞玖百捌拾叁疋所需料
工價值及解員盤費等項查照從前撙節覈實
之數共該銀肆千伍百肆拾兩捌錢柒分循例
在於蘇州藩庫支銀按照原數如式製辦齊全
咨明江蘇巡撫委員解送甘肅收明應用在案
查前項錢糧例應具題所有解交過丁酉年備
用紬緞等項價值數目另造清册送部察覈外
謹題前來　查道光丁酉年分新疆各處備
用紬緞據陝甘總督瑚松額題明派令蘇州織

大学士管理户部事务潘世恩等题本（道光十八年九月二十五日）

道光帝谕旨：

着喀喇沙尔办事大臣全庆与林则徐会同查勘和尔罕荒地开垦情形

道光二十五年四月十七日（1845年5月22日）

道光二十四年（1844）初，户部奏请对新疆、甘肃等处荒地进行查勘开垦，道光帝认为此举有利于当地的粮食生产与贸易稳定，“实为经久有益之事”，要求新疆“各城如有旷地可以招垦者。着该将军详细查明，一律奏办”。叶尔羌参赞大臣奕经接到谕旨后，命人仔细勘察叶尔羌城附近荒地情况，查得城西70里和尔罕一带有可开荒地9.8万余亩，附近有一道水渠可提供水源。奕经通过将近一年的考察与计算，认为只要将渠道挑挖宽深，分挑支渠，上下水路畅通，便可供800余户在此安居，甚至形成新的贸易点。道光二十五年三月十二日，奕经将此事详情上奏道光帝。四月十七日，道光帝下发谕旨，命喀喇沙尔办事大臣全庆会同林则徐查勘新疆各城垦荒事宜，至叶尔羌时，确切查明和尔罕荒地具体情形等，由伊犁将军布彦泰代为奏报。

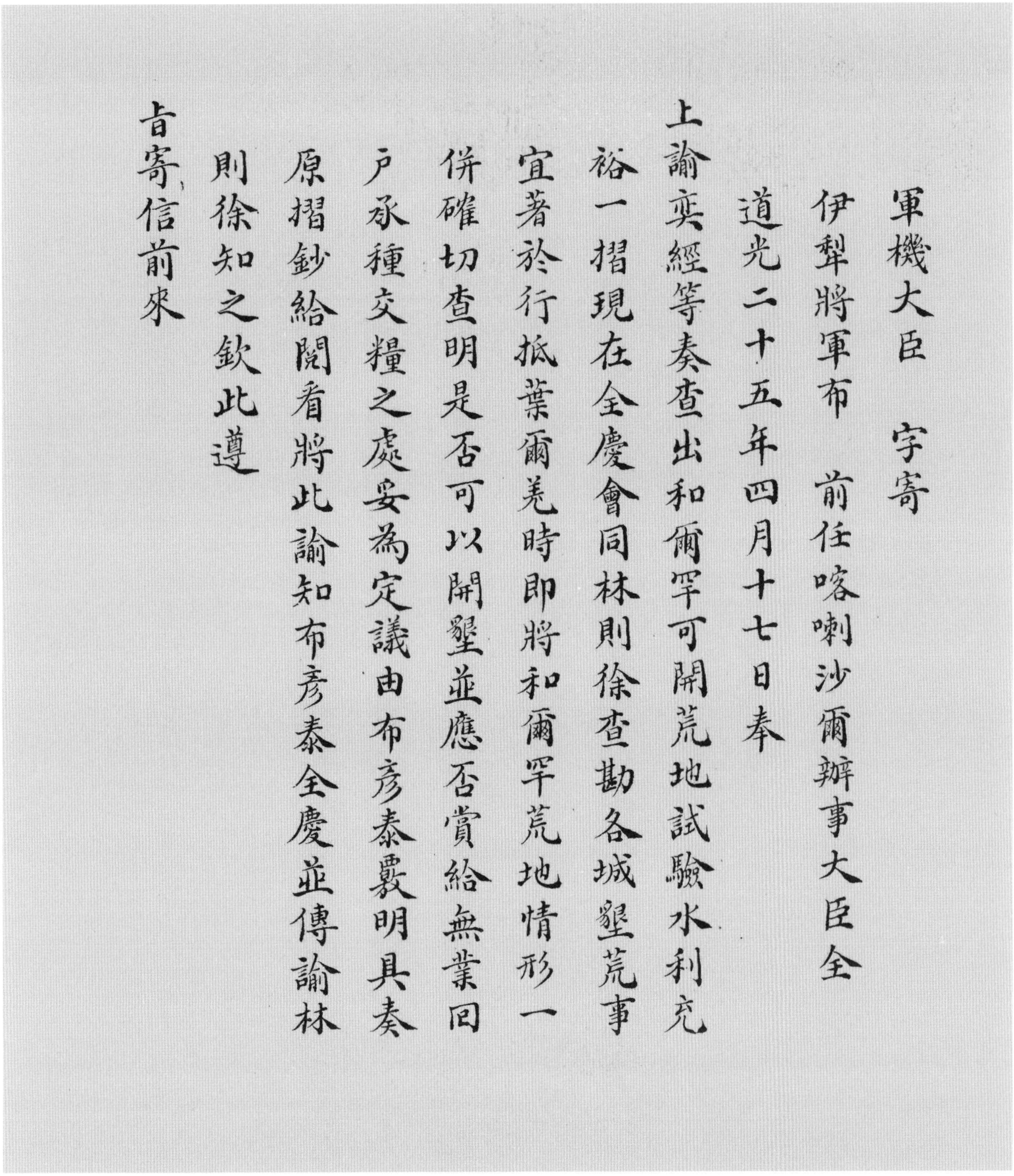

軍機大臣 字寄
伊犁將軍布 前任喀喇沙爾辦事大臣全
道光二十五年四月十七日奉
上諭奕經等奏查出和爾罕可開荒地試驗水利充
裕一摺現在全慶會同林則徐查勘各城墾荒事
宜著於行抵葉爾羌時即將和爾罕荒地情形一
併確切查明是否可以開墾並應否賞給無業回
戶承種交糧之處妥為定議由布彥泰覈明具奏
原摺鈔給閱看將此諭知布彥泰全慶並傳諭林
則徐知之欽此遵
旨寄信前來

道光帝谕旨（道光二十五年四月十七日）

叶尔羌参赞大臣吉明等奏折：

为浩罕贸易货物到齐及喀什噶尔等城投回民众俱经安置妥协事

道光二十八年七月初四日（1848年8月2日）

道光二十七年（1847），浩罕的倭里罕等七和卓带兵进入南疆，攻占了喀什噶尔城，导致浩罕与喀什噶尔等地贸易中断，叶尔羌、英吉沙尔等地大量人口或因逃避战乱、或被裹挟离开新疆。叛乱平定之后，浩罕伯克向清政府恳请继续通商，获得道光帝同意。道光二十八年初，外逃的叶尔羌等地民众开始陆续返回家园，道光帝命伊犁将军奕山就此事咨询浩罕伯克，并由叶尔羌参赞大臣吉明等好生安抚这些民众，清点人数并送回原来居所。至六月底，浩罕至新疆的商队已分数批陆续到达，而返疆的民众也达到了18386名，均已被护送回城。吉明等遂将已妥善安置民众与通商货物到达等事上奏道光帝，表示将继续“勤修内政，严事操防，总期有备无患”。

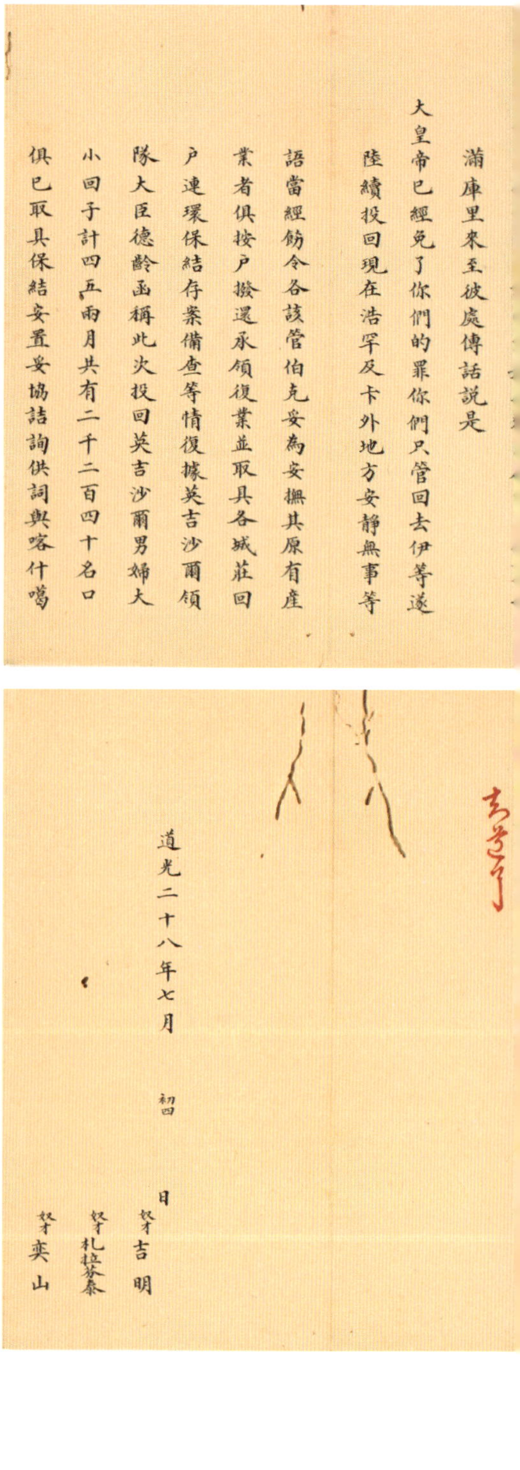

滿庫里來至彼處傳話說是
大皇帝已經免了你們的罪你們只管回去伊等遂
陸續投回現在浩罕及卡外地方安靜無事等
語當經飭令各該管伯克妥為安撫其原有產
業者俱按戶撥還承領復業並取具各城莊回
戶連環保結存案備查等情復據英吉沙爾領
隊大臣德齡函稱此次投回英吉沙爾男婦大
小回子計四五兩月共有二千二百四十名口
俱已取具保結安置妥協詰詢供詞與喀什噶

道光二十八年七月初四日
奴才吉明
奴才札拉芬泰
奴才奕山

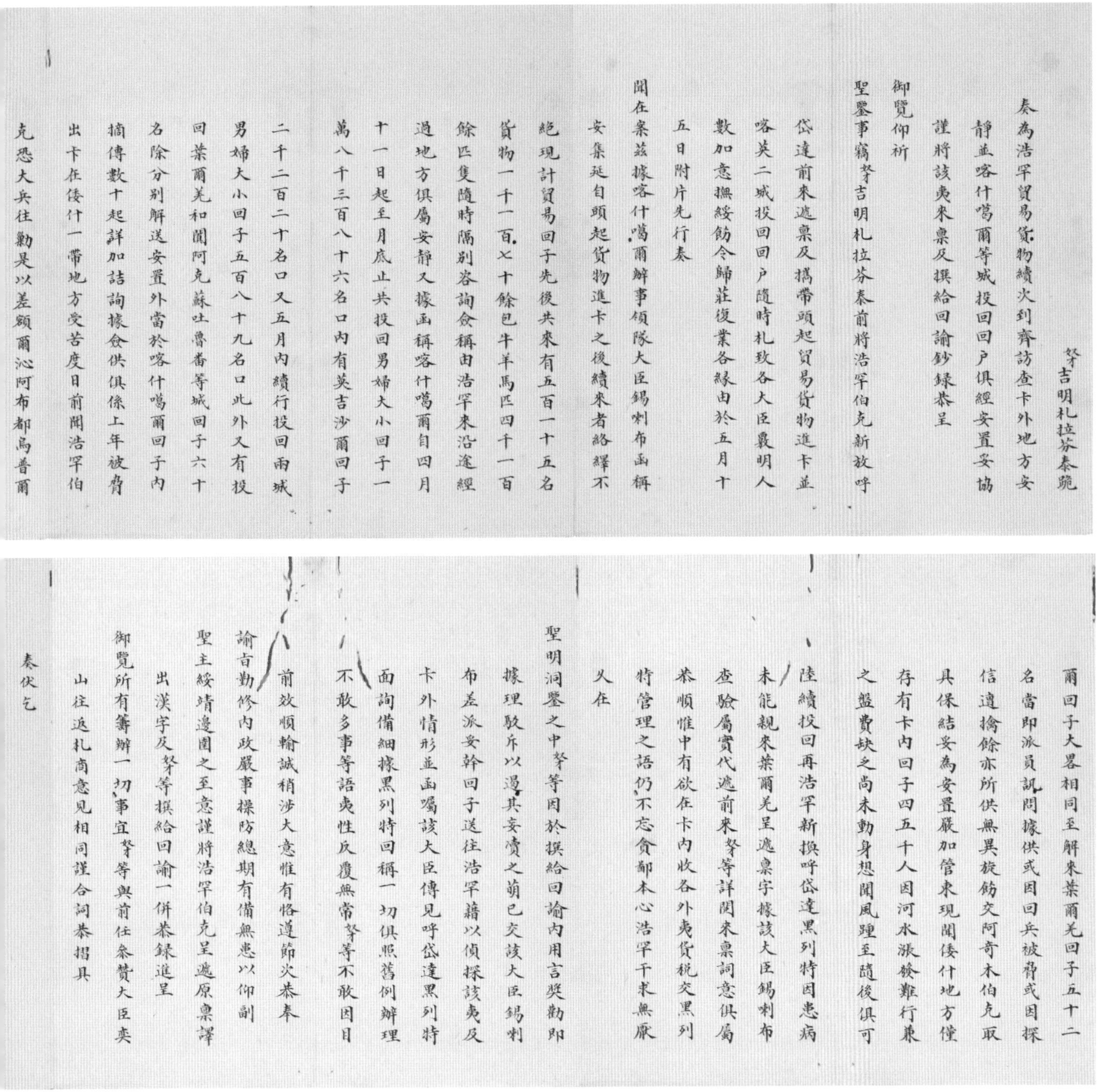
奴才吉明札拉芬奏跪
奏為浩罕貿易貨物續次到齊訪查卡外地方安
靜並喀什噶爾等城投回回戶俱經安置妥協
謹將該夷來稟及撰給回諭鈔錄恭呈
御覽仰祈
聖鑒事竊奴才吉明札拉芬奏前將浩罕伯克新放呼
岱達前來遞稟及攜帶頭起貿易貨物進卡並
喀英二城投回回戶隨時札致各大臣嚴明人
數加意撫綏飭令歸莊復業各緣由於五月十
五日附片先行奏
聞在案茲據喀什噶爾辦事領隊大臣錫喇布函稱
安集延自頭起貨物進卡之後續來者絡繹不
絕現計貿易回子先後共來有五百一十五名
貨物一千一百七十餘包牛羊馬匹四千一百
餘匹隻隨時隔別咨詢僉稱由浩罕來沿途經
過地方俱屬安靜又據函稱喀什噶爾自四月
十一日起至月底止共投回男婦大小回子一
萬八千三百八十六名口內有英吉沙爾回子
二千二百二十名口又五月內續行投回兩城
男婦大小回子五百八十九名口此外又有投
回葉爾羌和闐阿克蘇吐魯番等城回子六十
名除分別解送安置外當於喀什噶爾回子內
摘傳數十起詳加詰詢據僉供俱係上年被脅
出卡在倭什一帶地方受苦度日前聞浩罕伯
克恐大兵往勦是以差顔爾沁阿布都烏普爾
爾回子大畧相同至解來葉爾羌回子五十二
名當即派員訊問據供或因回兵被脅或因探
信遣擒餘亦所供無異旋飭交阿奇木伯克取
具保結妥為安置嚴加管束現聞倭什地方僅
存有卡內回子四五十人因河水漲發難行兼
之盤費缺乏尚未動身想聞風踵至隨後俱可
陸續投回再浩罕新換呼岱達黑列特因患病
未能親來葉爾羌呈遞稟字據該大臣錫喇布
查驗屬實代遞前來奴才等詳閱來稟詞意俱屬
恭順惟中有欲在卡內收各外夷貨稅交黑列
特管理之語仍不忘貪鄙本心浩罕千求無厭
久在
聖明洞鑒之中奴才等因於撰給回諭內用言獎勸即
據理駁斥以遏其妄瀆之萌已交該大臣錫喇
布差派妥幹回子送往浩罕藉以偵探該夷反
卡外情形並函囑該大臣傳見呼岱達黑列特
面詢備細據黑列特回稱一切俱照舊例辦理
不敢多事等語夷性反覆無常奴才等不敢因目
前效順輸誠稍涉大意惟有恪遵節次恭奉
諭旨勤修內政嚴事操防總期有備無患以仰副
聖主綏靖邊圉之至意謹將浩罕伯克呈遞原稟譯
出漢字及奴才等撰給回諭一併恭錄進呈
御覽所有籌辦一切事宜奴才等與前任參贊大臣奕
山往返札商意見相同謹合詞恭摺具
奏伏乞

叶尔羌参赞大臣吉明等奏折（道光二十八年七月初四日）

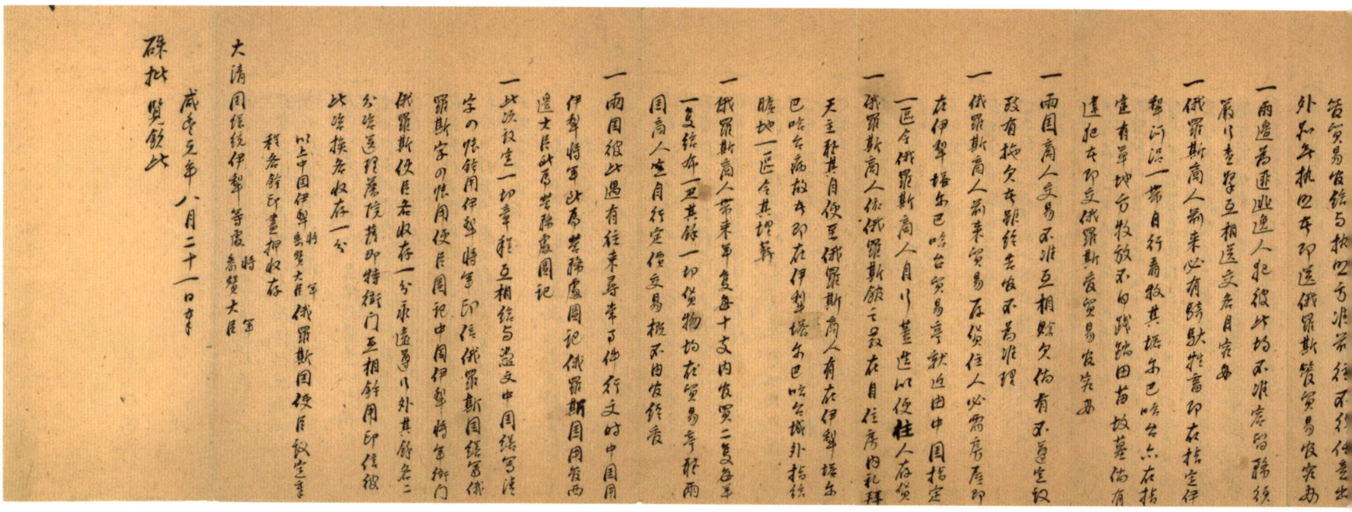

理藩院咨文：

为遵旨议覆俄罗斯萨纳特衙门中俄贸易事

道光三十年四月初四（1850年5月15日）

伊犁将军奕山等奏折：

为会议俄罗斯至伊犁塔尔巴哈台两处通商章程事（附章程十七条）

咸丰元年七月二十三日（1851年8月19日）

咸丰帝谕旨：

着令具奏伊犁塔尔巴哈台贸易通商情形

咸丰元年八月二十一日（1851年9月16日）

咸丰帝谕旨：

着令奕山筹谋塔尔巴哈台伊犁两处通商时间货物等事宜

咸丰元年闰八月二十五日（1851年10月19日）

19世纪20、30年代，清朝通过恰克图销往俄罗斯及欧洲的商品数量等出现下滑，恰克图作为清、俄边境贸易中心与国际运输中枢的作用不断降低，而伊犁、塔尔巴哈台两地则随着贸易往来逐渐发展为大商业点，俄罗斯多次请求清政府在此开放贸易往来。道光三十年（1850）正月，道光帝去世，咸丰帝继位，恰逢科瓦列夫斯基

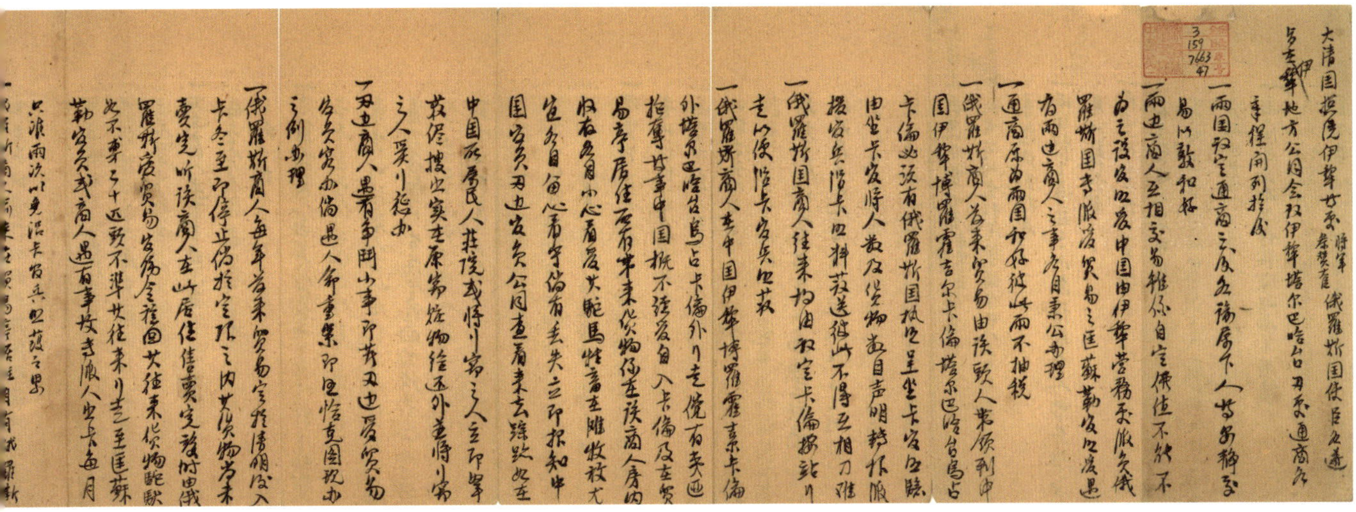

伊犁将军奕山等奏折所附章程十七条（咸丰元年七月二十三日）

上校再次代表俄罗斯向清朝请求在伊犁、塔尔巴哈台、喀什噶尔三处开放贸易。咸丰帝于四月初四日命理藩院回复称，同意开放伊犁、塔尔巴哈台两处为贸易地点，而喀什噶尔则以“处中国极边之地，商人运货艰难，每至赔累，不能获利”为由予以拒绝。

咸丰元年（1851），伊犁将军奕山等人准备与俄罗斯商议在伊犁、塔尔巴哈台两城通商章程，并将具体事宜奏报给咸丰帝。咸丰帝命奕山等人将伊犁、塔尔巴哈台两城贸易通商情形一并奏上，与通商章程等一并交由大臣们讨论。朝中大臣对于此事均十分担心，国子监祭酒胜保从邸抄中得知此事后，认为俄罗斯人“奇巧诡谲，少知礼仪”，此次为了商业利益，跟过去的英国人一样，起初显得恭顺，“迨数十年后，渐肆荼毒”，而伊犁地处西陲，当地民众素来难以安抚，“屡因贸易滋事”，因此建议将与俄罗斯在伊犁、塔尔巴哈台两地通商的时间、货物、人数等均仿照过往恰克图贸易章程拟定，“严定限制”。咸丰帝下发谕旨，命奕山等人“一并妥为筹计，悉心拟议具奏，总期防患未然，经久无弊，是为至要”。

尽管如此，俄罗斯商人通过此次签订的《伊犁塔尔巴哈台通商章程》，在伊犁、塔尔巴哈台两城设立了贸易办事处，取得了建造房屋、墓地以及圈地放牧的特权，尤其是根据其中的第三条规定“通商原为两国和好，彼此两不抽税”。鉴于俄罗斯未向中国商人开放通商口岸，使得免税一项成为了俄罗斯商人的单边特权。此后，伊犁和塔尔巴哈台逐渐成为了新疆地区新的贸易重镇，也变成了俄罗斯商人走私茶叶等的重要据点，清政府在西北地区的贸易管理权威受到了严重的影响。

大清国接凭伊犁夕事
伊犁地方公司会投伊犁塔尔巴哈台夕家通商夕
与左岸地方公司会投伊犁塔尔巴哈台夕家通商夕
将军
俄罗斯国使臣名秦
一两国役官通商三家五输属不入等夕静守
手程用列於成
易以敦和好
一两边商人五相交易雜徐自守倘使不犹不

鴻恩昇以边疆重案敢不竭尽心力以仰
至至怀柔绥骄之至意前於六月二十一日俄罗斯
会议通商臣重佳矢臣官各
哈勤勤鄂尔德恩
喀瓦劳尔闰瓦芳绥斯寄美至伊犁

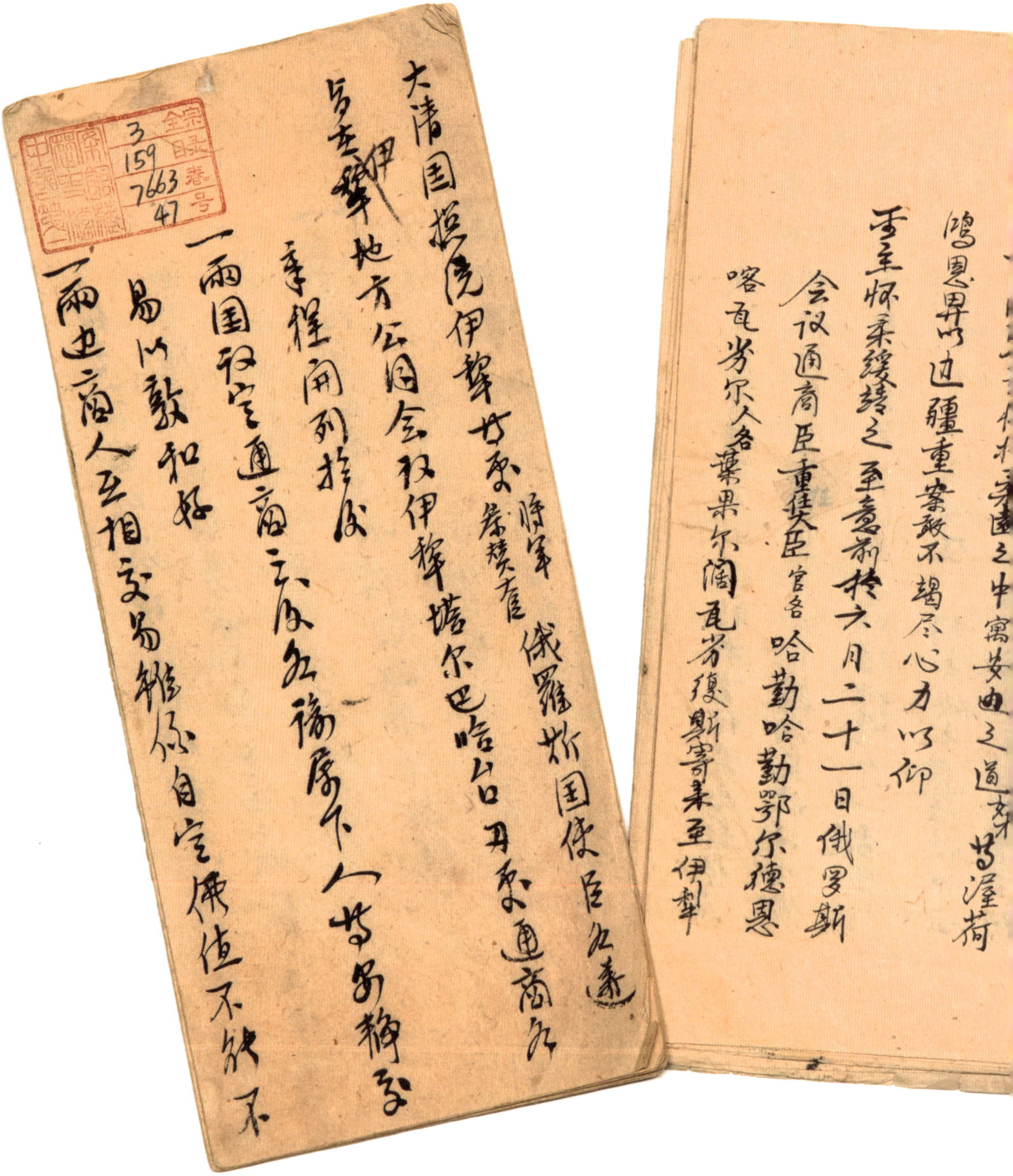

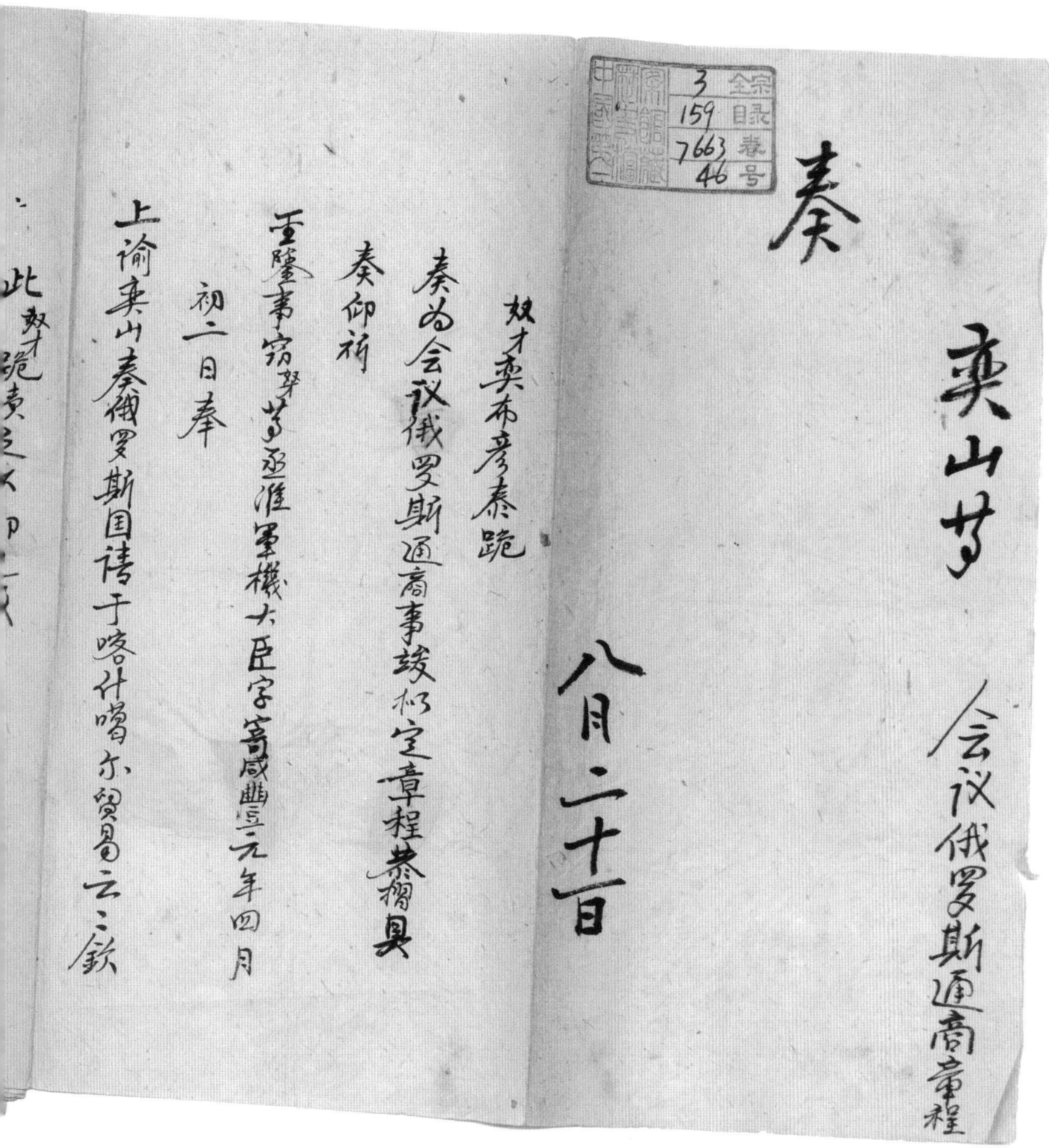
奏
奕山等
会议俄罗斯通商章程
八月二十日
全宗 3
目录 159
卷 7663
号 46
奴才奕布彦泰跪
奏为会议俄罗斯通商事竣拟定章程恭折具
奏仰祈
圣鉴事窃奴才等承准军机大臣字寄咸丰元年四月
初二日奉
上谕奕山奏俄罗斯国请于喀什噶尔贸易云云钦

伊犁将军奕山等奏折（咸丰元年七月二十三日）

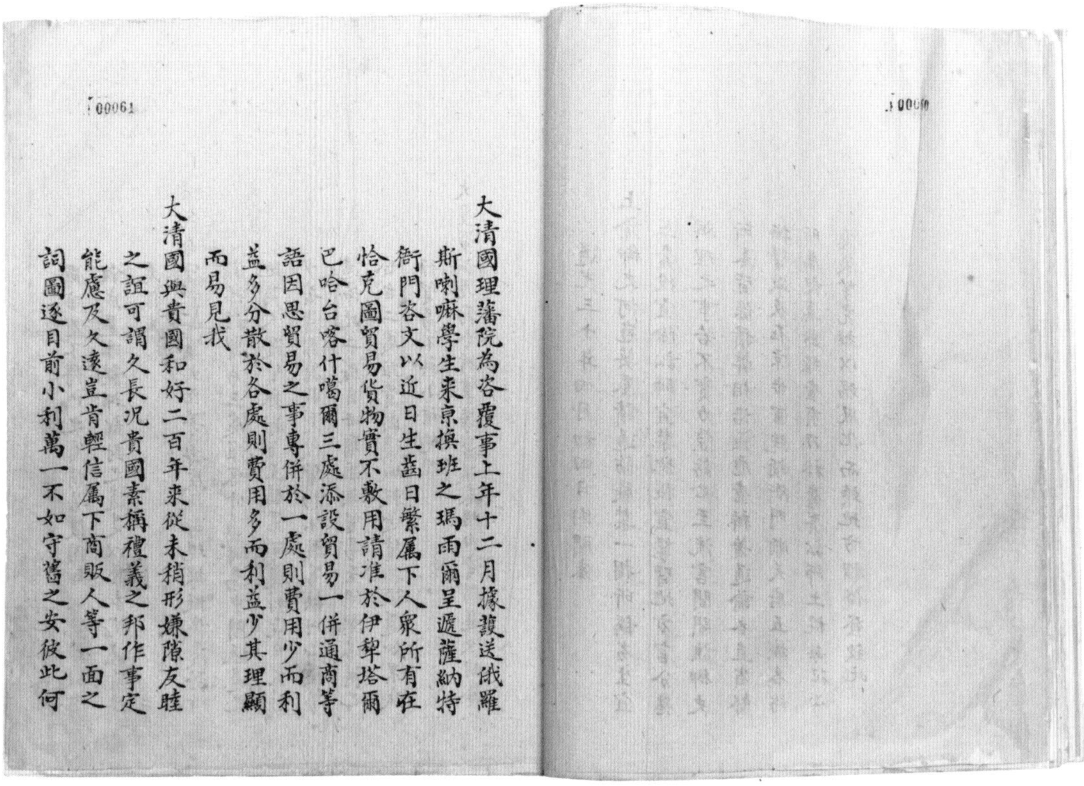

00061

大清國理藩院為咨覆事上年十二月據護送俄羅斯喇嘛學生來京換班之瑪兩爾呈遞薩納特衙門咨文以近日生齒日繁屬下人衆所有在恰克圖貿易貨物實不敷用請准於伊犂塔爾巴哈台喀什噶爾三處添設貿易一併通商等語因思貿易之事專併於一處則費用少而利益多分散於各處則費用多而利益少其理顯而易見我
大清國與貴國和好二百年來從未稍形嫌隙友睦之誼可謂久長況貴國素稱禮義之邦作事定能慮及久遠豈肯輕信屬下商販人等一面之詞圖逐目前小利萬一不如守舊之安彼此何

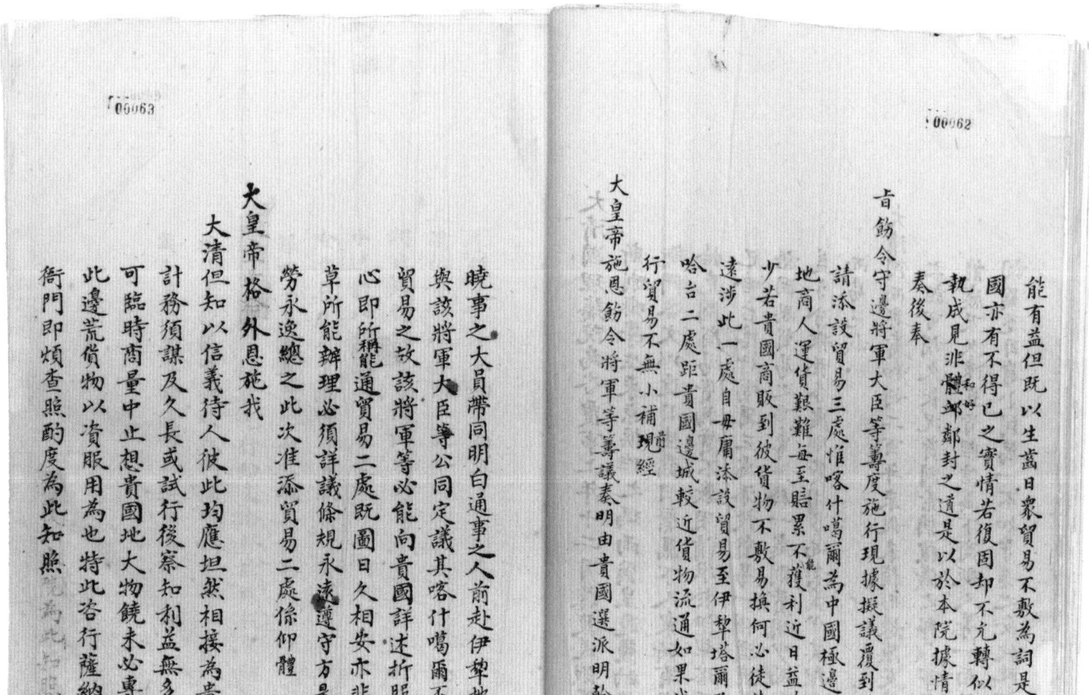

00062

能有益但既以生齒日衆貿易不敷為詞是貴國亦有不得已之實情若復固却不允轉似固執成見非和好鄰封之道是以於本院據情轉奏後奉
旨飭令守邊將軍大臣等籌度施行現據擬議覆到所請添設貿易三處惟喀什噶爾為中國極邊之地商人運貨艱難每至賠累不獲利近日益形艱少若貴國商販到彼貨物不敷易換何必徒勞遠涉此一處自毋庸添設貿易至伊犂塔爾巴哈台二處距貴國邊城較近貨物流通如果試行貿易不無小補現經
大皇帝施恩飭令將軍等籌議奏明由貴國選派明幹

00063

曉事之大員帶同明白通事之人前赴伊犂地方與該將軍大臣等公同定議其喀什噶爾不能貿易之故該將軍等必能向貴國詳述折服衆心即所稱能通貿易二處既圖日久相安亦非草草所能辦理必須詳議條規永遠遵守方是一勞永逸總之此次准添貿易二處係仰體
大皇帝格外恩施我
大清但知以信義待人彼此均應坦然相接為貴國計務須謀及久長或試行後察知利益無多亦可臨時商量中止想貴國地大物饒未必專賴此邊荒貨物以資服用為也特此咨行薩納特衙門即煩查照酌度為此知照

理藩院咨文（道光三十年四月初四）

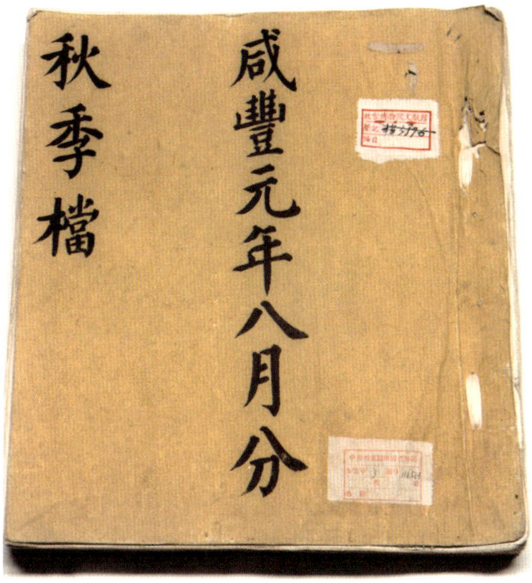

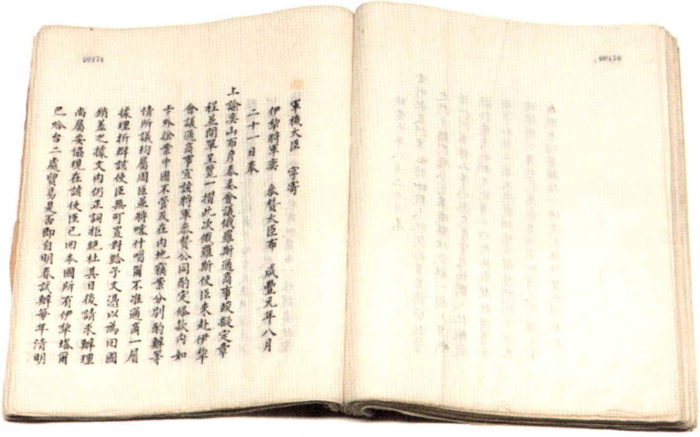

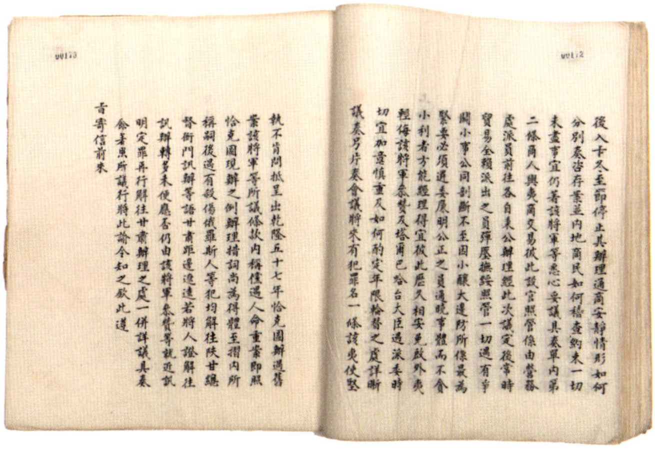

咸丰帝谕旨（咸丰元年八月二十一日）

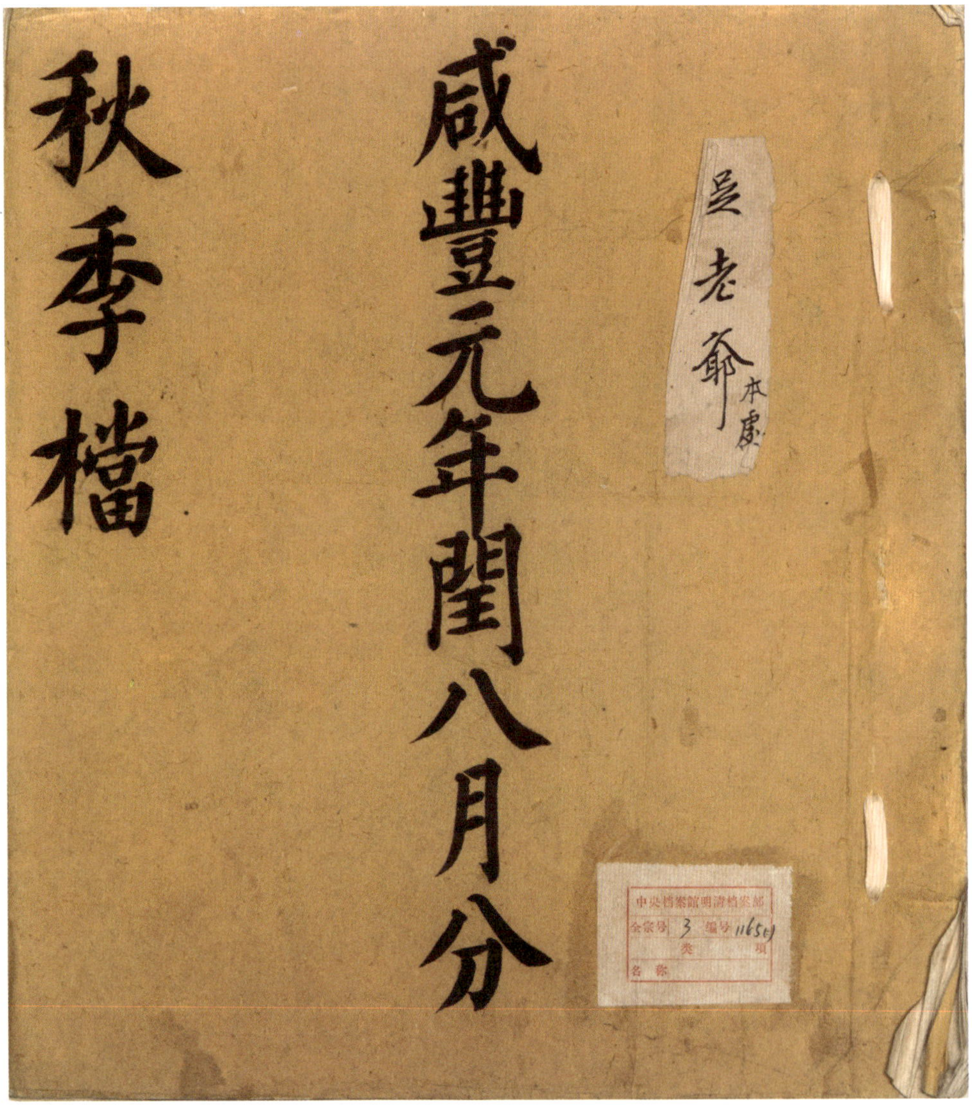
咸豐元年閏八月分
秋季檔
呈老爺
本處
中央檔案館明清檔案部
全宗号 3 编号 11651
类 项
名称

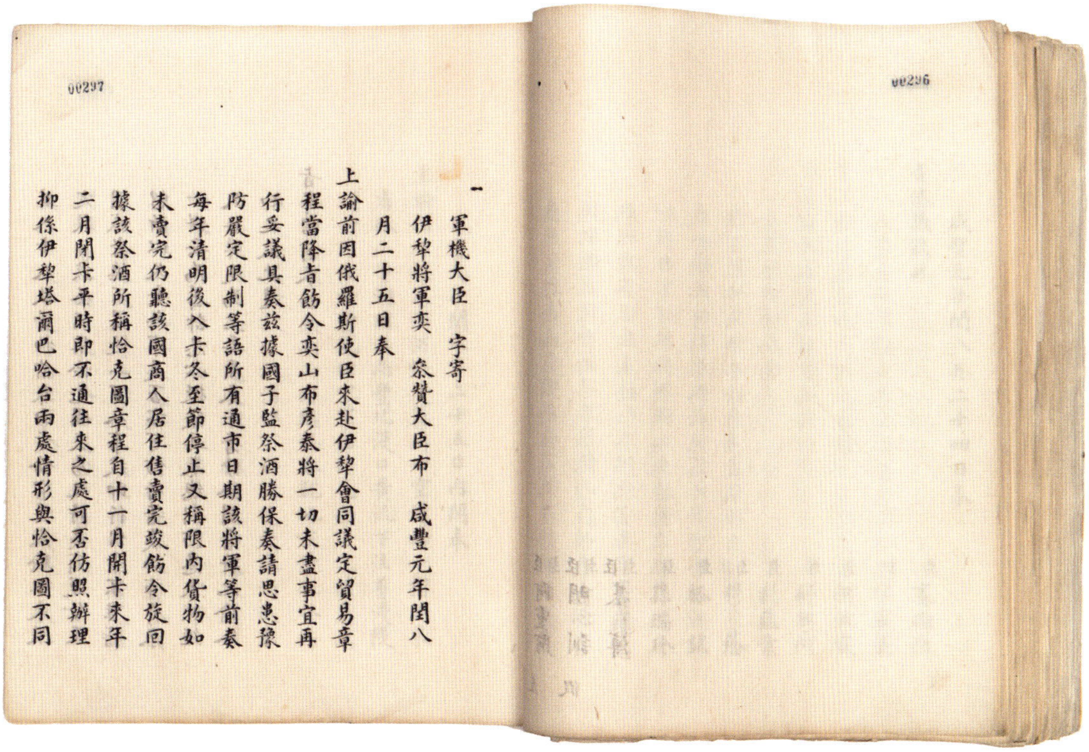

00297

軍機大臣　字寄
伊犁將軍奕　參贊大臣布　咸豐元年閏八
月二十五日奉
上諭前因俄羅斯使臣來赴伊犁會同議定貿易章
程當降旨飭令奕山布彥泰將一切未盡事宜再
行妥議具奏茲據國子監祭酒勝保奏請思患豫
防嚴定限制等語所有通市日期該將軍等前奏
每年清明後入卡冬至節停止又稱限內貨物如
未賣完仍聽該國商人居住售賣完竣飭令旋回
據該祭酒所稱恰克圖章程自十一月開卡來年
二月閉卡平時即不通往來之處可否仿照辦理
抑係伊犁塔爾巴哈台兩處情形與恰克圖不同

00296

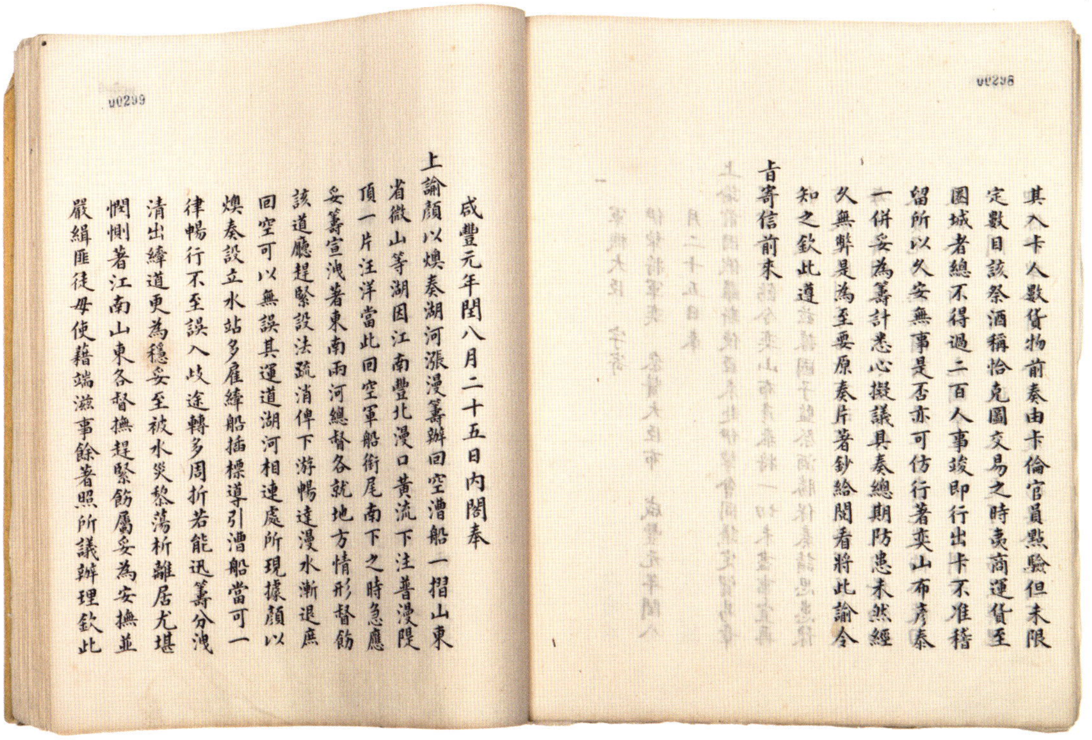

00298

其入卡人數貨物前奏由卡倫官員點驗但未限
定數目該祭酒稱恰克圖交易之時責商運貨至
圍城者總不得過二百人事竣即行出卡不准稽
留所以久安無事是否亦可仿行著奕山布彥泰
一併妥為籌計悉心擬議具奏總期防患未然經
久無弊是為至要原奏片著鈔給閱看將此諭令
知之欽此遵
旨寄信前來

00299

咸豐元年閏八月二十五日內閣奉
上諭顏以燠奏湖河漲漫籌辦回空漕船一摺山東
省微山等湖因江南豐北漫口黃流下注普漫陡
頂一片汪洋當此回空軍船銜尾南下之時急應
妥籌宣洩著東南兩河總督各就地方情形督飭
該道廳趕緊設法疏消俾下游暢達漫水漸退庶
回空可以無誤其運道湖河相連處所現據顏以
燠奏設立水站多雇縴船插標導引漕船當可一
律暢行不至誤入歧途轉多周折若能迅籌分洩
清出縴道更為穩妥至被水災黎蕩析離居尤堪
憫惻著江南山東各督撫趕緊飭屬妥為安撫並
嚴緝匪徒毋使藉端滋事餘著照所議辦理欽此

咸丰帝谕旨（咸丰元年闰八月二十五日）

苏州织造文勋题本：

为报办解咸丰三年新疆各处应需缎绸等用过料工等价银数目事

咸丰四年十月二十五日（1854 年 12 月 14 日）

咸丰三年（1853），户部将陕甘总督舒兴阿所奏报当年新疆各处应需绸缎的织造工作交由苏州、杭州、江宁三处织造负责。苏州织造瑞长与其他二处织造官员会商后分别承接，其中苏州织造负责各种绸缎 1133 匹，所需要料工价值等费用合计 5327.786 两，均从苏州藩库内支取。而当苏州织造将所承担之绸缎全部完成时，却因为太平天国运动在江南蔓延的原因无法按时北运。咸丰四年，苏州织造文勋向咸丰帝报告此事，称“迨本年可以通行，经臣遵照内务府奏准之案，咨明江苏巡抚，委员接送甘肃应用”，并将成本和运费等项造册送往陕甘总督处。

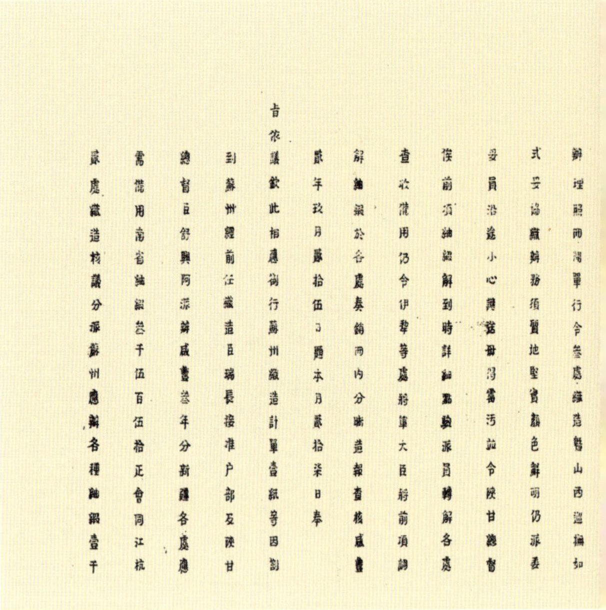

辦理照例潤單行令各處織造暨山西巡撫如
式妥協織辦務須質地堅實顏色鮮明仍派委
妥員沿途小心攢送毋得霉污論令陝甘總督
俟前項紬緞解到時詳細點驗派員轉解各處
查收備用仍令伊犂等處將軍大臣將前項詔
解紬緞於各處奏銷冊內分晰造報查核咸豐
貳年玖月貳拾伍日題本月貳拾柒日奉
旨依議欽此相應劄行蘇州織造計單壹紙等因劄
到蘇州經前任織造臣瑞長接准户部及陝甘
總督臣舒興阿派辦咸豐叁年分新疆各處應
需備用南省紬緞叁千伍百伍拾正會同江杭
貳處織造核議分派蘇州應辦各種紬緞壹千

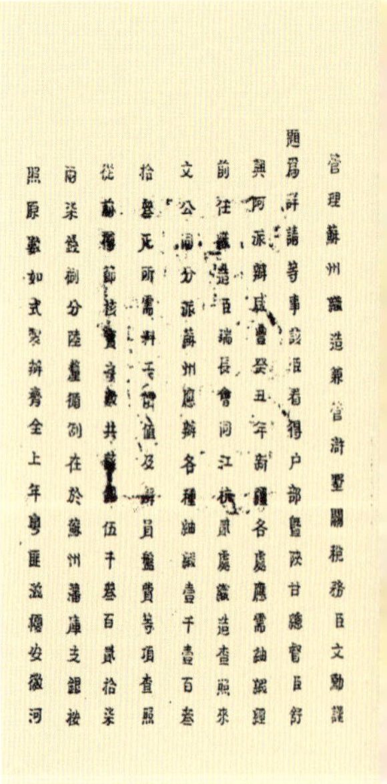

管理蘇州織造兼管滸墅關稅務臣文勳謹
題爲詳請等事竊准看得户部覽陝甘總督臣舒
興阿派辦咸豐叁年新疆各處應需紬緞經
前任織造臣瑞長會同江杭貳處織造查照來
文公同分派蘇州應辦各種紬緞壹千壹百叁
拾叁疋所需料工價值及解員盤費等項查照
從前舊例核實估計共銀伍千叁百貳拾柒
兩柒錢捌分陸釐循例在於蘇州藩庫支銀被
照原數如式製辦齊全上年粵匪滋擾安徽河

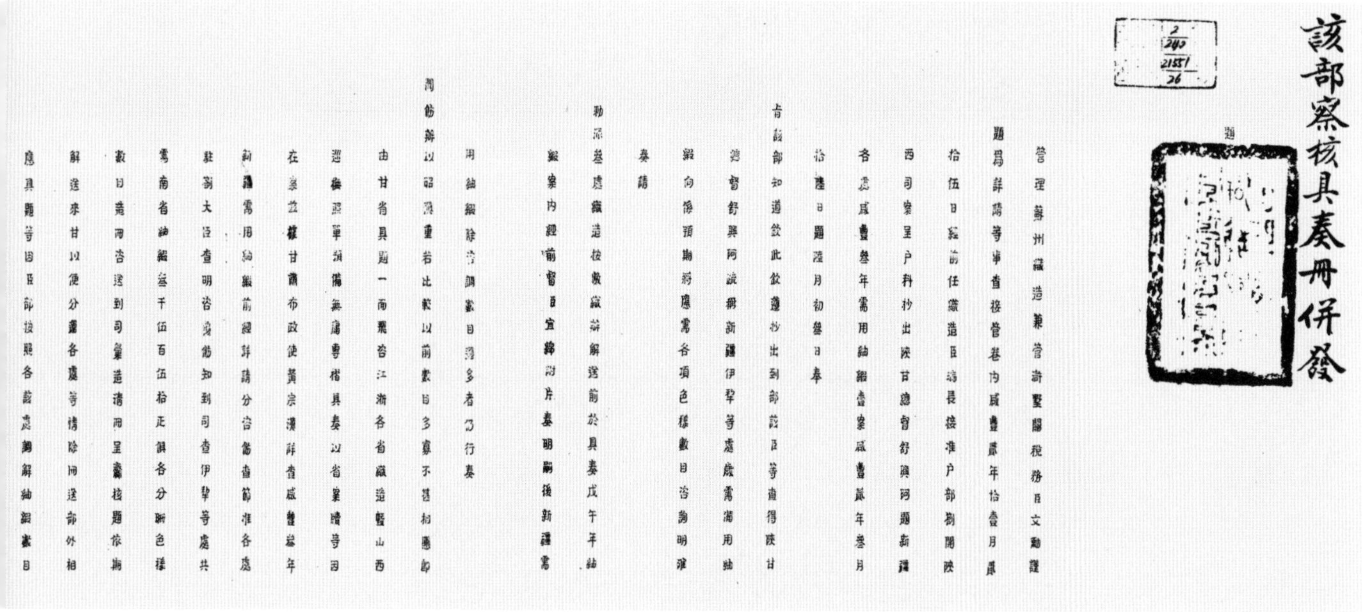
該部察核具奏冊併發
2
240
21551
26
題
管理蘇州織造兼管滸墅關稅務臣文勳謹
題爲詳請等事查核管巻内咸豐貳年拾壹月貳
拾伍日據前任織造臣璘長接准户部劄開陝
西司案呈户科抄出陝甘總督舒興阿題新疆
各處咸豐叁年需用紬緞壹案咸豐貳年叁月
拾陸日題陸月初叁日奉
旨該部知道欽此欽遵抄出到部該臣等查得陝甘
總督舒興阿疏稱新疆伊犂等處歲需滿用紬
緞向係預期將應需各項色樣數目咨詢明確
奏請
勅派各處織造按數織辦解送前於具奏戊午年紬
緞案内經前督臣宜綿附片奏明嗣後新疆需
用紬緞除咨調數目過多者仍行奏
聞飭辦以昭慎重若比較以前數目多寡不甚相懸即
由甘省具題一面飛咨江浙各省織造暨山西
巡撫照單預備無庸專摺具奏以省案牘等因
在案茲據甘肅布政使黄宗漢詳查咸豐叁年
新疆需用紬緞前經詳請分咨飭查節准各處
駐劄大臣查明咨覆飭知到司查伊犂等處共
需南省紬緞叁千伍百伍拾疋俱各分晰色樣
數目造冊咨送到司彙造清冊呈齎核題除將
解送來甘以便分晝各處等情除冊送部外相
應具題等因臣部按照各該處調解紬緞數目

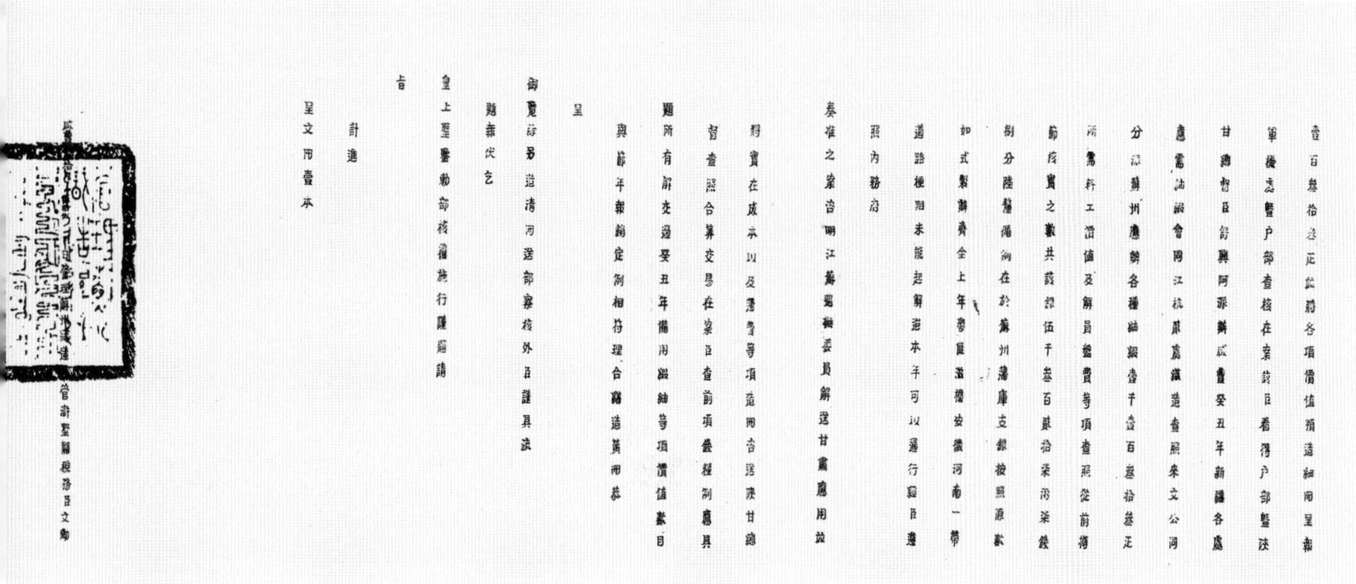
壹百叁拾叁疋並將各項價值預造細冊呈部
軍機處暨户部查核在案該臣看得户部暨陝
甘總督臣舒興阿題咸豐癸丑年新疆各處
應需紬緞會同江杭二處織造查照來文公同
分派蘇州應辦各種紬緞壹千壹百叁拾叁疋
所需料工價值及解員盤費等項查照從前
節次實之數共該銀伍千叁百貳拾柒兩柒錢
捌分陸釐陸毫在於蘇州藩庫支銀按照原款
如式製辦齊全上年奉准部咨撥安徽河南一帶
道路梗阻未能起解迨本年可以通行臣遵
照内務府
奏准之案咨明江蘇藩司派委員解送甘肅應用並
將實在成本以及運費等項造冊咨送陝甘總
督查照合算交易在案臣查前項疊程例應具
題所有解交癸丑年備用緞紬等項價值數目
與節年報銷定例相符理合纂造黄冊恭
呈
御覽另造清冊送部察核外臣謹具疏
題請伏乞
皇上聖鑒敕部核覆施行謹題請
旨
計進
呈文冊壹本
管理蘇州織造兼管滸墅關稅務臣文勳

苏州织造文勋题本（咸丰四年十月二十五日）

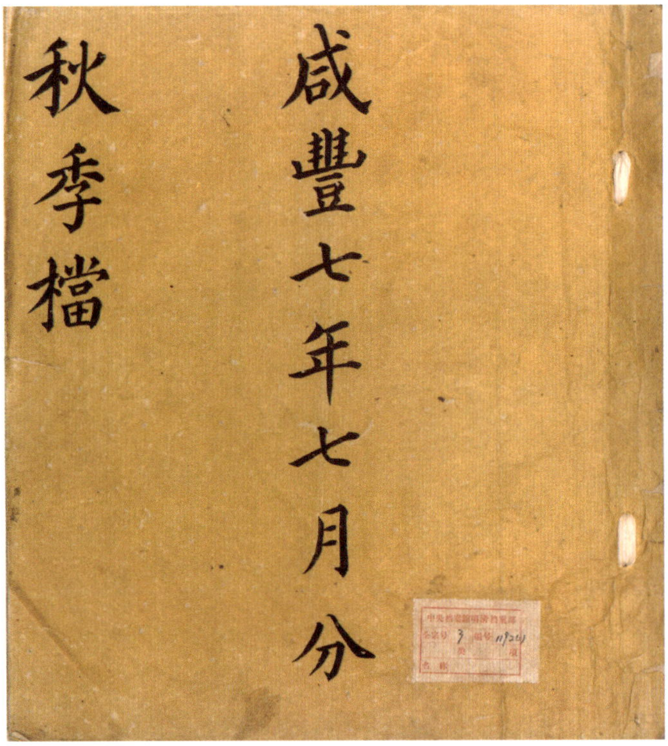

理藩院咨文：

为知照俄罗斯萨纳特衙门严禁由伊犁河水路行运通商货物事

咸丰七年七月二十日（1857 年 9 月 8 日）

咸丰七年（1857），俄罗斯向伊犁将军札拉芬泰提出，希望通过贯穿新疆西北的伊犁河来运输中、俄之间的贸易货物。札拉芬泰对此事甚为重视，命人仔细核查，发现俄罗斯人早于提出建议之前便已派人沿途勘察水道情形，踪迹诡秘，认为如果自己贸然同意将运货途径由陆路改为水路，则陆上的关卡形同虚设，对于所运送的货物更无从过问，“在彼则易于藏奸，在我则难于诘暴”，更会对当地的粮价等带来冲击。为此，六月二十二日，札拉芬泰将此事上奏咸丰帝，称“惟该夷所请造船运货一节，则其情叵测，流弊滋多，而其事断不可行”。咸丰帝于七月二十日下发谕旨，不允许俄罗斯通商货物更改货运路线，严禁由伊犁河运输货物。

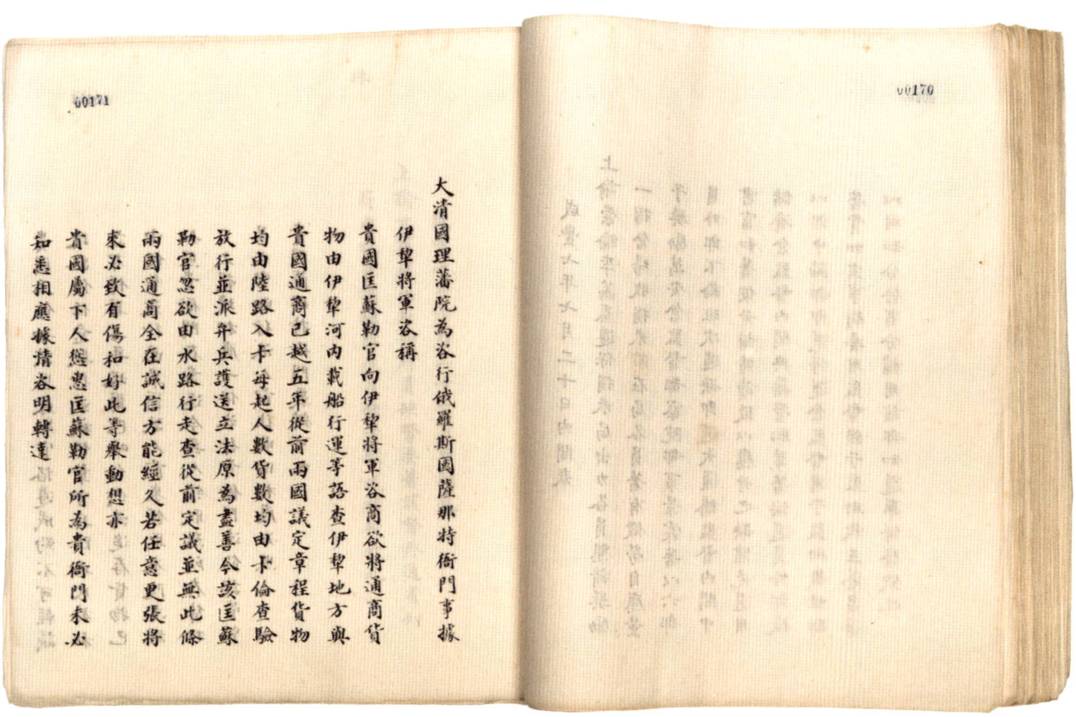
00171

大清國理藩院為咨行俄羅斯國薩那特衙門事據
伊犁將軍咨稱
貴國匡蘇勒官向伊犁將軍咨商欲將通商貨
物由伊犁河內載船行運等語查伊犁地方與
貴國通商已越五年從前兩國議定章程貨物
均由陸路入卡每起人數貨數均由卡倫查驗
放行並派弁兵護送立法原為盡善今該匡蘇
勒官忽欲由水路行走查從前定議並無此條
兩國通商全在誠信方能經久若任意更張將
來必致有傷和好此等舉動想亦
貴國屬下人慫恿匡蘇勒官所為貴衙門未必
知悉相應據情咨明轉達

00170

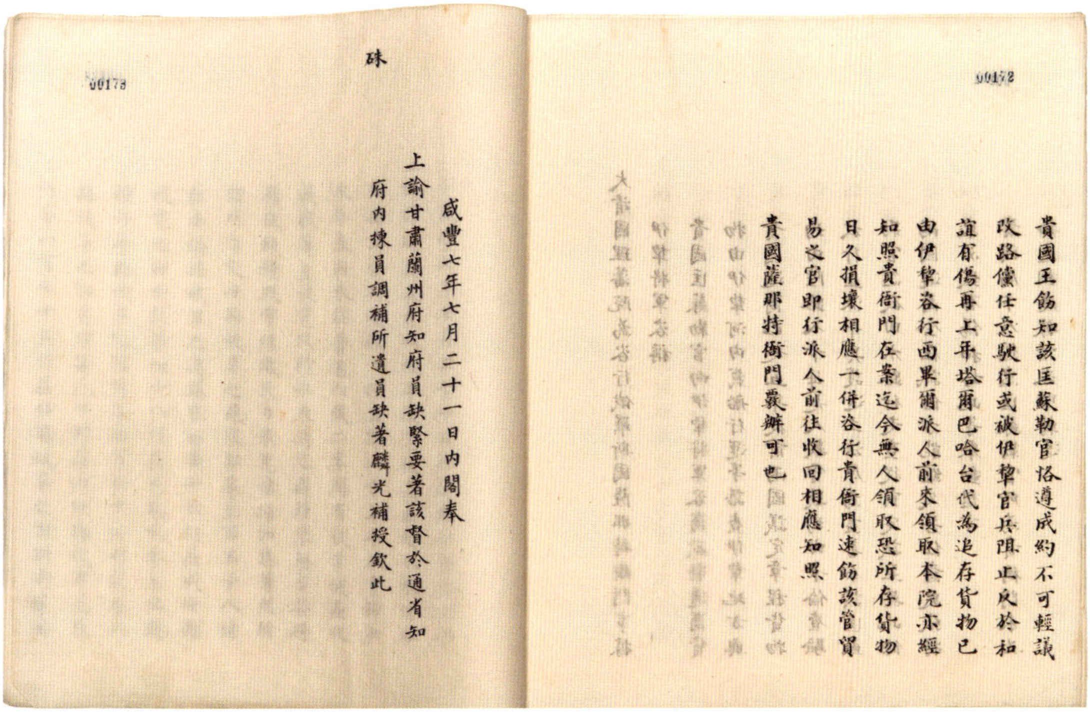
00172

貴國王飭知該匡蘇勒官恪遵成約不可輕議
改路儻任意駛行或被伊犁官兵阻止反於和
誼有傷再上年塔爾巴哈台代為追存貨物已
由伊犁咨行西畢爾派人前來領取本院亦經
知照貴衙門在案迄今無人領取恐所存貨物
日久損壞相應一併咨行貴衙門速飭該管貿
易之官即行派人前往收回相應知照
貴國薩那特衙門覈辦可也

00173

硃

咸豐七年七月二十一日內閣奉
上諭甘肅蘭州府知府員缺緊要著該督於通省知
府內揀員調補所遺員缺著麟光補授欽此

理藩院咨文（咸丰七年七月二十日）

伊犁参赞大臣法福礼等奏折：

为议准与浩罕继续通商事

咸丰八年七月二十日（1858年8月28日）

咸丰七年（1857）六月，倭里罕、铁完库里两和卓在喀什噶尔发动叛乱，驻扎于伊犁和乌鲁木齐的清军前往平叛，于八、九月间数次击溃叛军，倭里罕裹挟一万余名当地民众逃亡至浩罕。咸丰帝遂命伊犁参赞大臣法福礼与浩罕伯克胡达雅尔联系，要求其拿获并交出倭里罕，否则将禁止浩罕商人前来贸易。胡达雅尔知道咸丰帝的要求后，派人拿获了倭里罕，向法福礼请求继续通商，并由自己按照浩罕本国的经典处置倭里罕。法福礼不敢轻易答应，命人借去浩罕向胡达雅尔传咸丰帝旨意的机会，暗中打探消息，得知倭里罕被拿获后不久便已发疯，现在被看管在家中。七月二十日，法福礼将与胡达雅尔多次会商的详情，以及倭里罕的现在情形一并上奏咸丰帝，请求允许继续与浩罕通商。

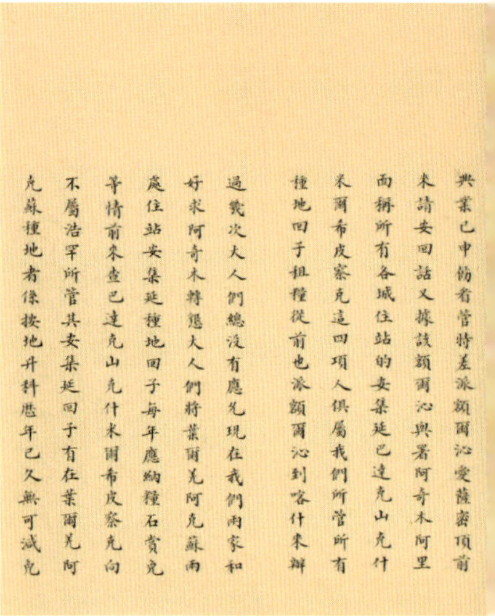
興業已中飭看管特差派額爾沁愛薩密頂前
來請安回詁又據該額爾沁與署阿奇木阿里
而稱所有各城住站的安集延已達克山克什
米爾布皮察克遠回項人俱屬我們所管所有
種地回子租糧從前也派額爾沁到喀什來辦
過幾次大人們總沒有應允現在我們兩家和
好求阿奇木轉懇大人們將葉爾羌阿克蘇兩
處住站安集延種地回子每年應納糧石賞免
等情前來查已達克山克什米爾布皮察克向
不屬浩罕所管其安集延回子有在葉爾羌阿
克蘇種地者係按地升科歷年已久無可減免

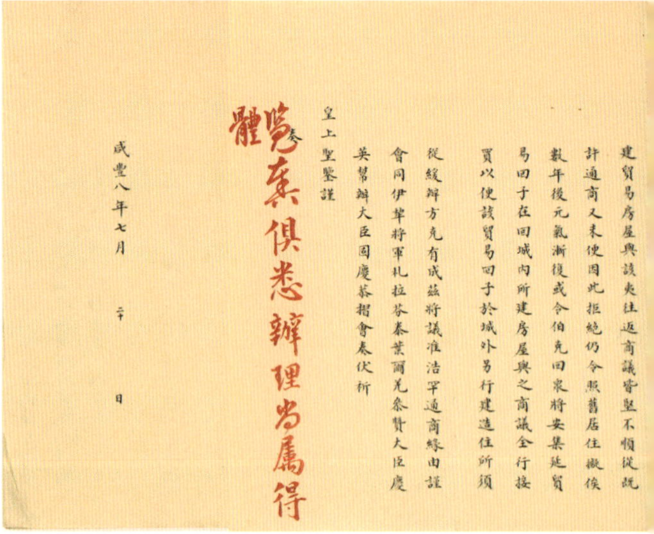
建貿易房屋與該夷往返商議督堅不順從既
許通商又未便因此拒絕仍令照舊居住撤俟
數年後元氣漸復或令伯克回衆將安集延貿
易回子在回城內所建房屋與之商議全行接
買以便該貿易回子於城外另行建造住所須
從緩辦方克有成茲將議准浩罕通商緣由謹
會同伊犁將軍札拉芬泰葉爾羌參贊大臣慶
英幫辦大臣固慶恭摺會奏伏祈
皇上聖鑒謹
奏
覽奏俱悉辦理尚屬得體
咸豐八年七月　二十　日

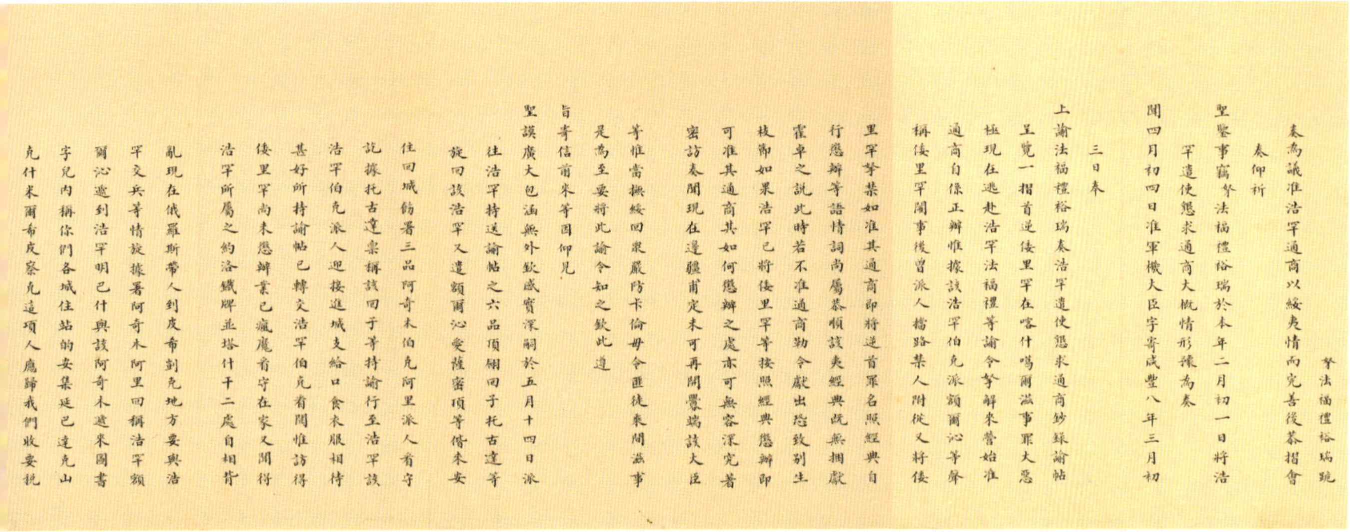
奴才法福禮裕瑞跪
奏為議准浩罕通商以綏夷情而究善後恭摺會
奏仰祈
聖鑒事竊奴才法福禮裕瑞於本年二月初一日將浩
罕遣使懇求通商大概情形據奏
聞四月初四日准軍機大臣字寄咸豐八年三月初
三日奉
上諭法福禮裕瑞奏浩罕遣使懇求通商鈔錄諭帖
呈覽一摺首逆倭里罕在喀什噶爾滋事罪大惡
極現在逃赴浩罕法福禮等諭令奴才解來營始准
通商自係正辦惟據該浩罕伯克派額爾沁等聲
稱倭里罕鬧事後曾派人擋路禁人附從又將倭
里罕等禁如准其通商即將逆首罪名照經典自
行懲辦等語情詞尚屬恭順該夷經典既無捆獻
霍卓之說此時若不准通商勒令獻出恐致別生
枝節如果浩罕已將倭里罕等按照經典懲辦即
可准其通商其如何懲辦之處亦可無容深究著
密訪奏聞現在邊疆甫定未可再開釁端該大臣
等惟當撫綏回眾嚴防卡倫毋令匪徒來閫滋事
是為至要將此諭令知之欽此遵
旨寄信前來等因仰見
聖謨廣大包涵無外欽感實深嗣於五月十四日派
往浩罕持送諭帖之六品頂翎回子托古達等
旋回該浩罕又遣額爾沁愛薩密項等偕來安
住回城飭署三品阿奇木伯克阿里派人看守
訖據托古達稟稱該回子等持諭行至浩罕該
浩罕伯克派人迎接進城支給口食衣服相待
甚好所持諭帖已轉交浩罕伯克看閱惟訪得
倭里罕尚未懲辦業已瘋癱看守在家又聞得
浩罕所屬之納洛鐵牌並塔什干十二處自相背
亂現在俄羅斯帶人到皮帝劃克地方要與浩
罕交兵等情旋據署阿奇木阿里回稱浩罕額
爾沁邁到浩罕明已什與該阿奇木遞來圖書
字兒內稱你們各城住站的安集延已達克山
克什米爾希皮察克達項人應歸我們收要稅

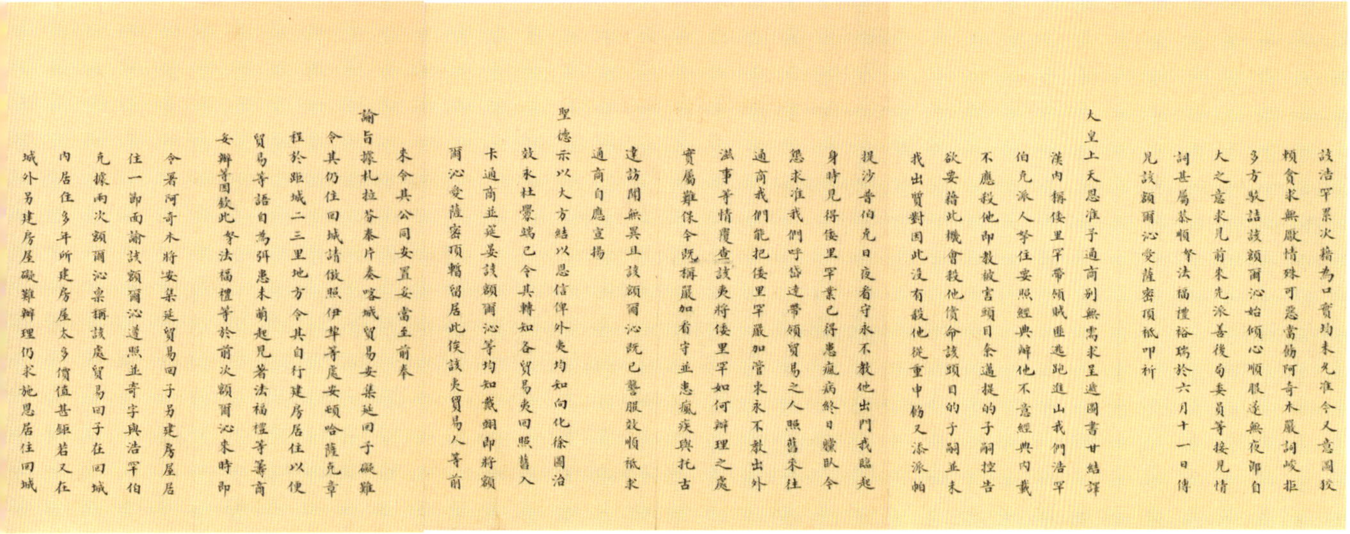
該浩罕累次藉為口實均未允准今人意圖狡
賴貪求無厭情殊可惡當飭阿奇木嚴詞峻拒
多方駁詰該額爾沁始傾心順服遂無夜郎自
大之意求見前來先派善後局委員等接見情
詞甚屬恭順奴才法福禮裕瑞於六月十一日傳
見該額爾沁愛薩密項祇叩祈
大皇上天恩准予通商別無需求呈遞圖書甘結詳
漢內稱倭里罕帶領賊匪逃跑進山我們浩罕
伯克派人等往要照經典辦他不意經典內載
不應殺他即教被害頭目余邁提的子嗣控告
欲要藉此機會殺他償命該頭目的子嗣並未
我出質對因此沒有殺他從重申飭又添派帕
提沙普伯克日夜看守永不教他出門我臨起
身時見得倭里罕業已得患瘋病終日臟臥令
懇求准我們呼岱達帶領貿易之人照舊來往
通商我們能把倭里罕嚴加管束永不教出外
滋事等情覆查該夷將倭里罕如何辦理之處
實屬難保今既稱嚴加看守並患瘋疾與托古
達訪聞無異且該額爾沁既已讋服效順祇求
通商自應宣揚
聖德示以大方結以恩信俾外夷均知向化徐圖治
效永杜釁端已令其轉知各貿易夷回照舊入
卡通商並筵宴該額爾沁等均知感戴即將額
爾沁愛薩密項暫留居此俟該夷貿易人等前
來令其公同安置妥當至前奏
諭旨據札拉芬泰片奏喀城貿易安集延回子礙難
令其仍住回城請仿照伊犁等處安頓哈薩克章
程於距城二三里地方令其自行建房居住以便
貿易等語自為弭患未萌起見著法福禮等籌商
妥辦等因欽此奴才法福禮等於前次額爾沁來時即
令署阿奇木將安集延貿易回子另建房屋居
住一節面諭該額爾沁遵照並寄字與浩罕伯
克據兩次額爾沁稟稱該處貿易回子在回城
內居住多年所建房屋太多價值甚鉅若又在
城外另建房屋礙難辦理仍求施恩居住回城

伊犁参赞大臣法福礼等奏折（咸丰八年七月二十日）

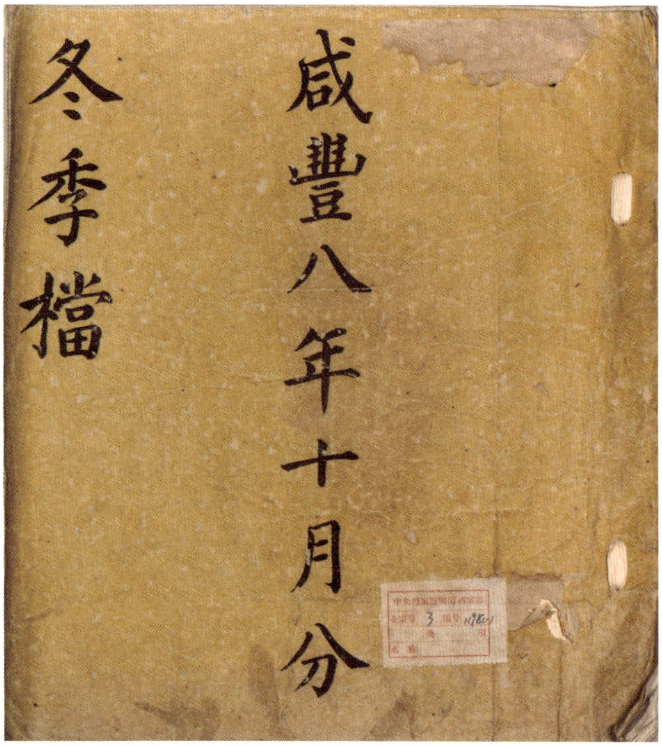
咸豐八年十月分
冬季檔

大学士彭蕴章等奏折：

为请准于新疆各城仿照喀什噶尔征收布税事

咸丰八年十月十三日（1858 年 11 月 18 日）

大学士管理兵部事务贾桢等题本：

为换防甘肃镇海协副将勒丰额于喀什噶尔办理征收布税并添收茶税著有成效遵旨议叙事

咸丰九年九月二十二日（1859 年 10 月 17 日）

咸丰八年（1858），伊犁参赞大臣法福礼、伊犁将军札拉芬泰先后就倭里罕叛乱平息后新疆善后事宜上奏咸丰帝，其中提出在喀什噶尔征收布税，并设立验税戳记一颗，报税后钤印于布包上，各关卡见此印“照验放行，毋许勒索”，“如果舆情称便，不妨推广回疆各城一体仿行，且于经费亦有裨益”，咸丰帝命军机大臣等会商此事。十月十三日，大学士彭蕴章与户部尚书柏葰等回奏称，征收布税一事实属新创，“凡一切稽察出入章程”，需要札拉芬泰等人“悉心妥议”。此后一年，在喀什噶尔参赞大臣裕瑞的精心管理下，当地布税征收情况良好，如甘肃副将勒丰额等官员因为办理征收布税等事著有成效，受到咸丰帝予以加一级从优议叙的奖励。

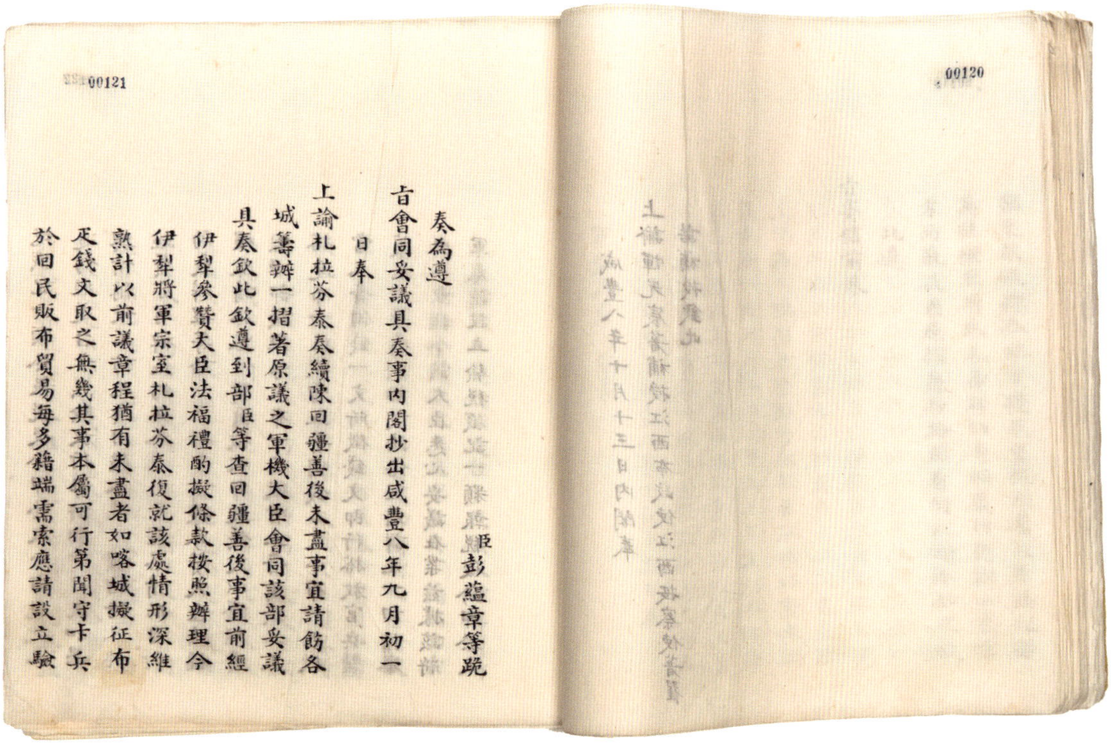
臣彭蘊章等跪
奏為遵
旨會同妥議具奏事内閣抄出咸豐八年九月初一
日奉
上諭札拉芬泰奏續陳回疆善後未盡事宜請飭各
城籌辦一摺著原議之軍機大臣會同該部妥議
具奏欽此欽遵到部臣等查回疆善後事宜前經
伊犁參贊大臣法福禮酌擬條款按照辦理今
伊犁將軍宗室札拉芬泰復就該處情形深維
熟計以前議章程猶有未盡者如喀城擬征布
疋錢文取之無幾其事本屬可行第閱守卡兵
於回民販布貿易每多藉端需索應請設立驗

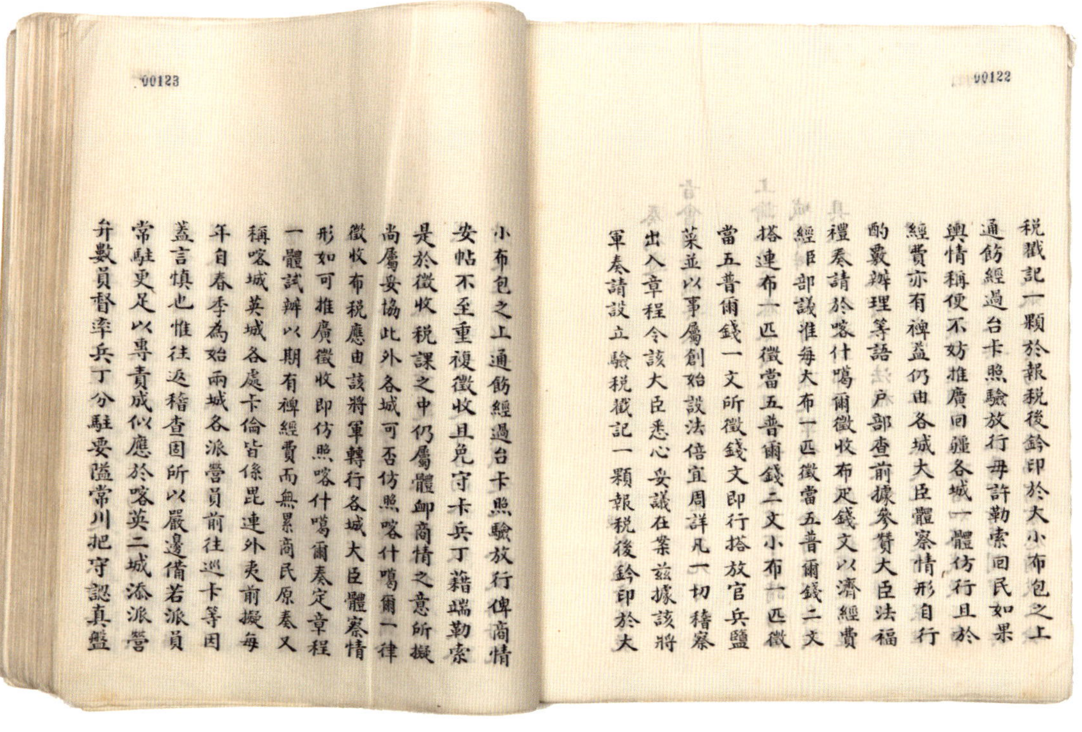
稅戳記一顆於報稅後鈐印於大小布包之上
通飭經過台卡照驗放行毋許勒索回民如果
輿情稱便不妨推廣回疆各城一體仿行且於
經費亦有裨益仍由各城大臣體察情形自行
酌覈辦理等語臣户部查前據參贊大臣法福
禮奏請於喀什噶爾徵收布疋錢文以濟經費
經臣部議准每大布一匹徵當五普爾錢二文
搭連布一匹徵當五普爾錢二文小布一匹徵
當五普爾錢一文所徵錢文即行搭放官兵鹽
菜並以事屬創始設法倍宜周詳凡一切稽察
出入章程令該大臣悉心妥議在案茲據該將
軍奏請設立驗稅戳記一顆報稅後鈐印於大
小布包之上通飭經過台卡照驗放行俾商情
安帖不至重複徵收且免守卡兵丁藉端勒索
是於徵收稅課之中仍屬體卹商情之意所擬
尚屬妥協此外各城可否仿照喀什噶爾一律
徵收布稅應由該將軍轉行各城大臣體察情
形如可推廣徵收即仿照喀什噶爾奏定章程
一體試辦以期有裨經費而無累商民原奏又
稱喀城英城各處卡倫皆係毗連外夷前擬每
年自春季為始兩城各派營員前往巡卡等因
蓋言慎也惟往返稽查固所以嚴邊備若派員
常駐更足以專責成似應於喀英二城添派營
弁數員督率兵丁分駐要隘常川把守認真盤

大学士彭蕴章等奏折（咸丰八年十月十三日）

副將勒豐額總辦稅務稽覈彈壓均屬實心欽奉
諭旨交部從優議敘臣等公同酌議應請將換防甘
肅鎮海協副將勒豐額給予加壹級從優議敘
再給予紀錄貳次恭候
命下遵奉施行再此本内閣抄於咸豐玖年伍月拾
伍日到部玖月貳拾貳日具
題臣等未敢擅便謹
題請
旨

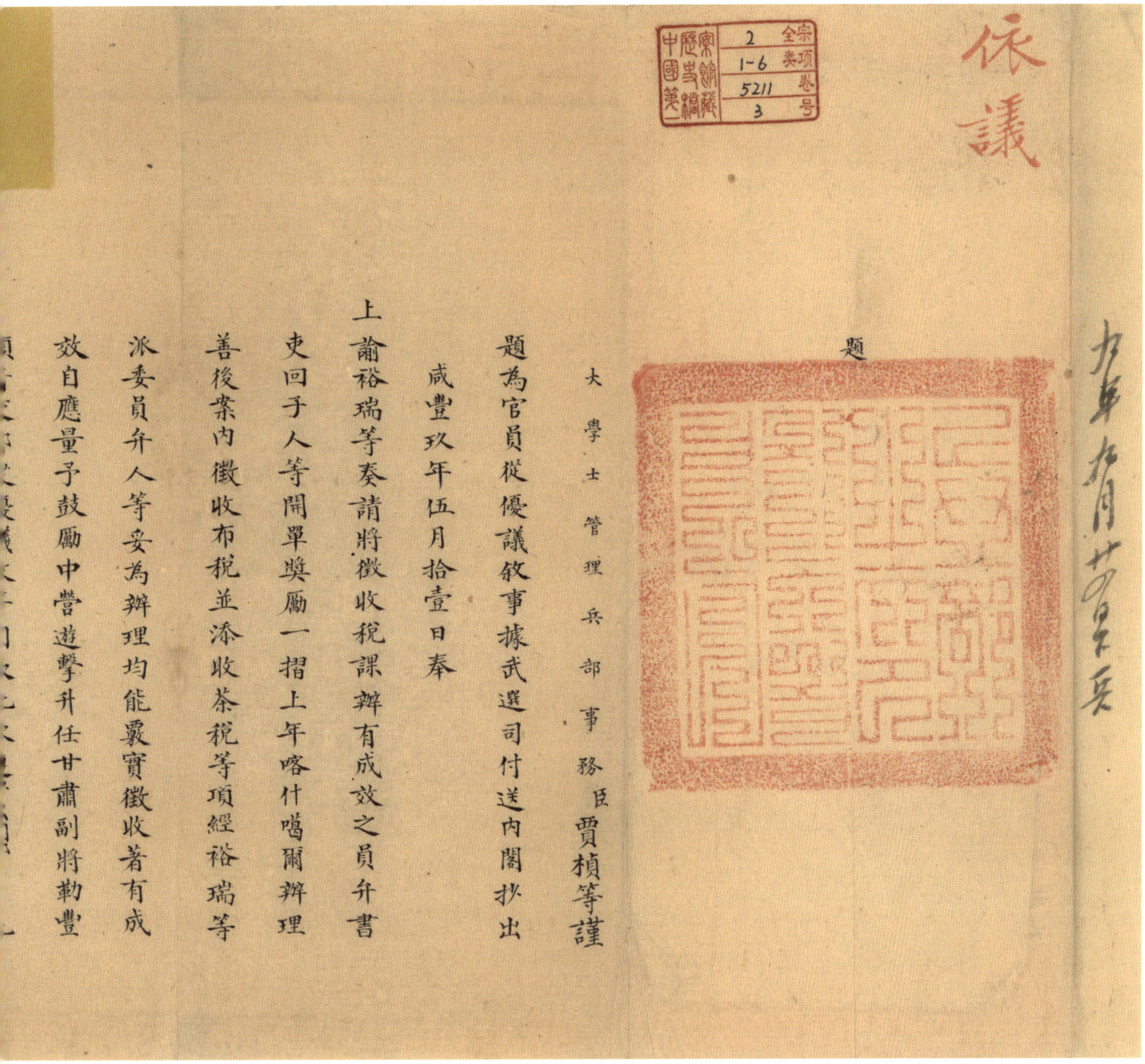
依議

九年九月廿二日奉兵

題

大學士管理兵部事務臣賈楨等謹
題為官員從優議敘事據武選司付送內閣抄出
咸豐玖年伍月拾壹日奉
上諭裕瑞等奏請將徵收稅課辦有成效之員弁書
吏回子人等開單獎勵一摺上年喀什噶爾辦理
善後案內徵收布稅並添收茶稅等項經裕瑞等
派委員弁人等妥為辦理均能覈實徵收著有成
效自應量予鼓勵中營遊擊升任甘肅副將勒豐

大学士管理兵部事务贾桢等题本（咸丰九年九月二十二日）

咸丰帝谕旨：

着令伊犁将军常清等待与俄议定停止清俄通商抽换羊只后照章办理

咸丰十一年四月二十三日（1861 年 6 月 1 日）

咸丰帝谕旨：

着令勘界大臣明谊等与俄妥议停止清俄通商抽换羊只常例事

咸丰十一年四月二十三日（1861 年 6 月 1 日）

咸丰十一年（1861）三月，伊犁将军常清和参赞大臣景廉发现，俄罗斯商人每次来伊犁、塔尔巴哈台两城通商时，都按照俄罗斯与清朝制定的贸易约定，每贩来羊十只，便将其中两只以每只一匹布的价格售与当地官府，但“现在抽换羊只无多，且皆瘦小不堪，而布价较昂”，“以价昂之布换无用之羊，中国本无裨益而该国动谓于彼有损”。因此，常清等上奏咸丰帝，提出“此条于中国既无裨益，莫若示以大方，酌拟停止，以免该国有所藉口”，请“饬下前赴塔尔巴哈台会勘边界大臣与俄国会议之便”，协商停止该条。四月二十三日，咸丰帝下旨给勘界大臣明谊等，让其与俄罗斯使臣商议停止此例，而常清、景廉等则待议定后再行照办。

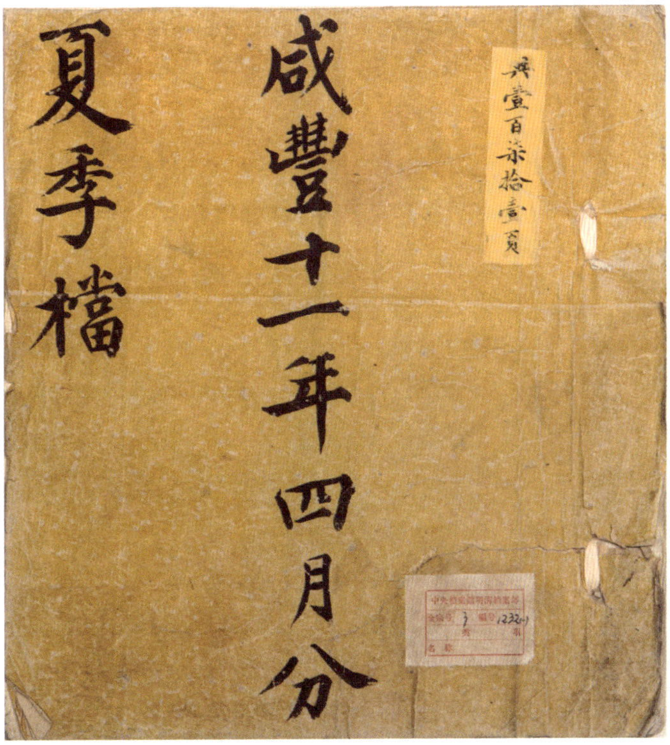
咸豐十一年四月分
夏季檔
共壹百柒拾壹頁

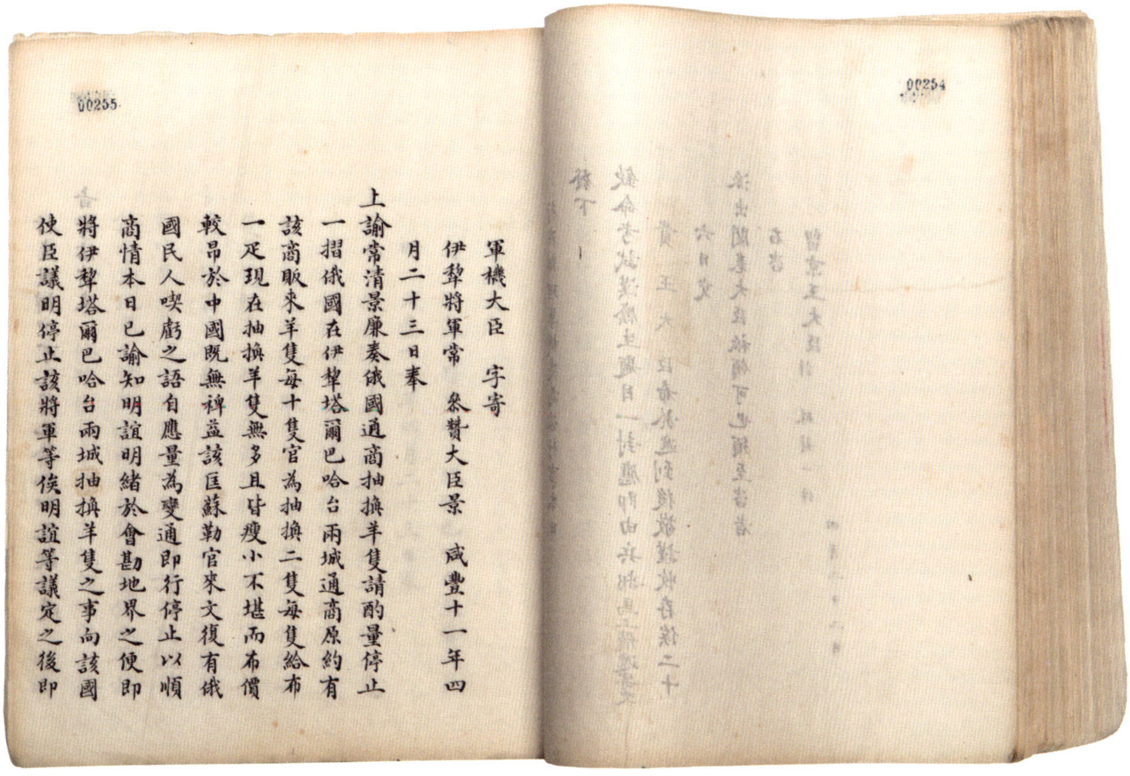
00255
軍機大臣　字寄
伊犂將軍常　叅贊大臣景　咸豐十一年四
月二十三日奉
上諭常清景廉奏俄國通商抽換羊隻請酌量停止
一摺俄國在伊犂塔爾巴哈台兩城通商原約有
該商販來羊隻每十隻官為抽換二隻每隻給布
一疋現在抽換羊隻無多且皆瘦小不堪而布價
較昂於中國既無裨益該匡蘇勒官來文復有俄
國民人喫虧之語自應量為變通即行停止以順
商情本日已諭知明誼明緒於會勘地界之便即
將伊犂塔爾巴哈台兩城抽換羊隻之事向該國
使臣議明停止該將軍等俟明誼等議定之後即
00254

咸丰帝谕旨（咸丰十一年四月二十三日）

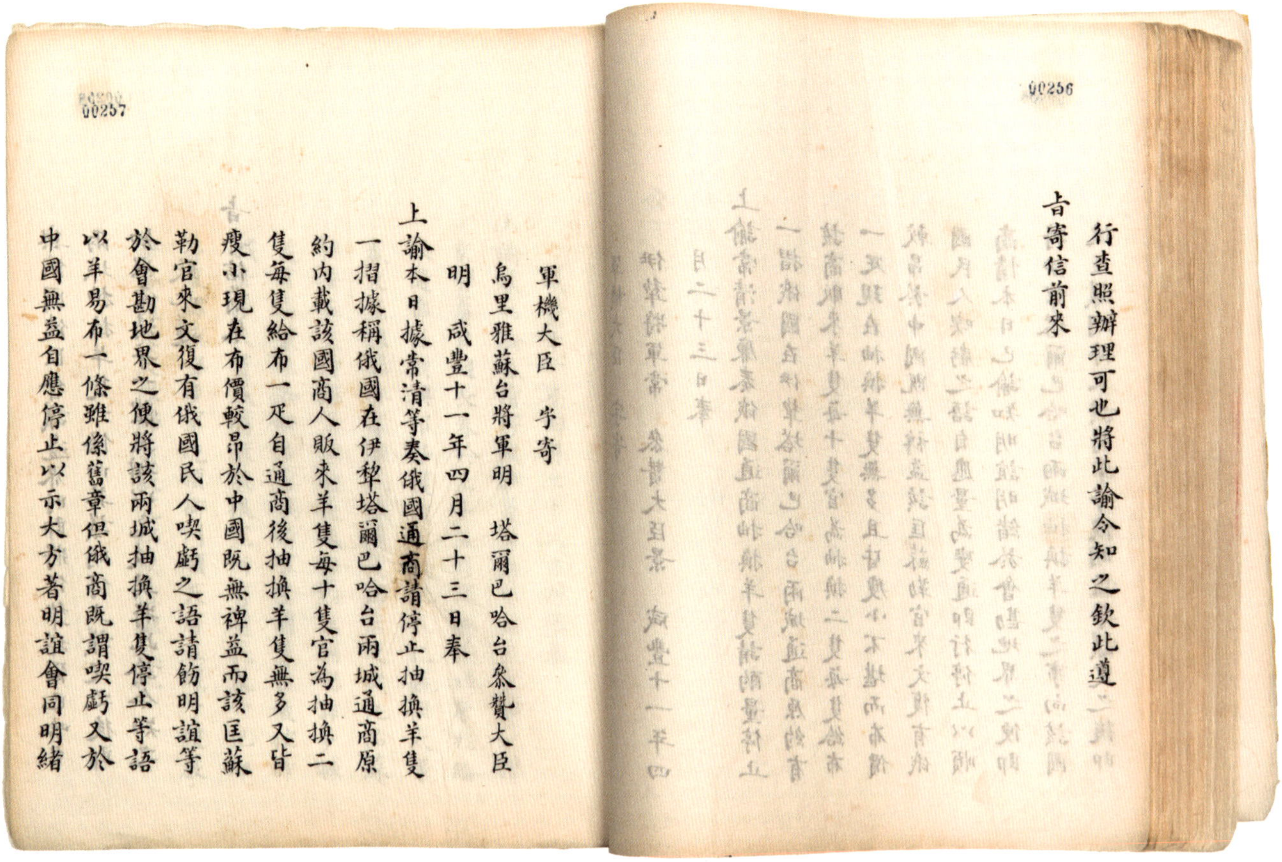
00256

行查照辦理可也將此諭令知之欽此遵
旨寄信前來

00257

軍機大臣 字寄
烏里雅蘇台將軍明 塔爾巴哈台參贊大臣
明 咸豐十一年四月二十三日奉
上諭本日據常清等奏俄國通商請停止抽換羊隻
一摺據稱俄國在伊犁塔爾巴哈台兩城通商原
約內載該國商人販來羊隻每十隻官為抽換二
隻每隻給布一疋自通商後抽換羊隻無多又皆
瘦小現在布價較昂於中國既無裨益而該匡蘇
勒官來文復有俄國民人喫虧之語請飭明誼等
於會勘地界之便將該兩城抽換羊隻停止等語
以羊易布一條雖係舊章但俄商既謂喫虧又於
中國無益自應停止以示大方著明誼會同明緒

咸丰帝谕旨（咸丰十一年四月二十三日）

與俄國使臣會議邊界時即將伊犂塔爾巴哈台兩城抽換羊隻一條向其議明停止議定之後即知照常清等一體照辦以免歧異將此諭令知之
欽此遵
旨寄信前來

咸豐十一年四月二十三日內閣奉
上諭廉兆綸奏請將被控勇目飭拏歸案究辦一摺
京營勇目趙長春於上年五月間經成琦廉兆綸派隨都司劉興邦拏獲積囤穀秕人犯蘇恒太等
奏交直隸總督審辦現據開設糧店之從九品蘇恒安在交河縣呈控趙長春曾向該鋪嚇詐多贓並有指廉兆綸姓名索銀情事案關勇目被控詐贓牽涉大員亟應澈底根究所有趙長春一犯即著直隸總督步軍統領衙門順天府五城一體嚴拏務獲交文煜歸案嚴究以成信讞欽此

署理绥远城将军定安奏折：

为北边商路梗阻拟设法疏通请咨会乌里雅苏台将军等转饬商民钦遵办理事

同治九年闰十月初四日（1870年11月26日）

同治三年（1864），浩罕军官阿古柏率军入侵新疆西南，至同治九年时，已经占领了新疆大部分地区，导致原本由嘉峪关向西去往新疆的通商贸易道路受阻，新疆各城的日用所需只能转从乌里雅苏台贩卖运送。而此时的乌里雅苏台地区流窜着不少贼匪，四处劫掠焚烧，让原本从归化、绥远两城运送货物去乌里雅苏台的商队遭到了极大的损失，不少商队停止了贸易活动。尤其恰逢当年陕甘民人暴动，对乌里雅苏台地区造成了极大的影响。署理绥远将军定安与乌里雅苏台将军福济商议解决商路梗阻的方法，最终决定上奏同治帝，请求允许为商队配备官枪，以便其遇到劫匪时自卫抵抗。

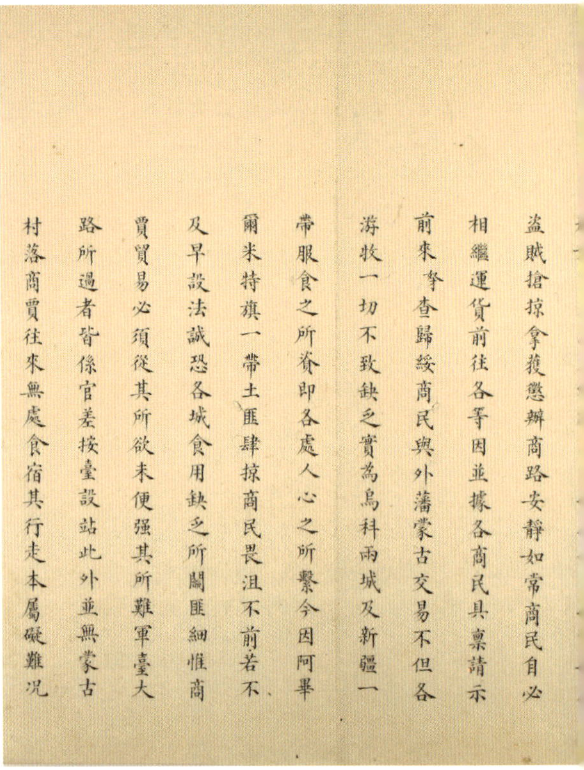
盜賊搶掠拏獲懲辦商路安靜如常商民自必
相繼運貨前往各等因並據各商民具稟請示
前來奴才查歸綏商民與外藩蒙古交易不但各
游牧一切不致缺乏實為烏科兩城及新疆一
帶服食之所資即各處人心之所繫今因阿畢
爾米特旗一帶土匪肆掠商民畏沮不前若不
及早設法誠恐各城食用缺乏所關匪細惟商
賈貿易必須從其所欲未便强其所難軍臺大
路所過者皆係官差按臺設站此外並無蒙古
村落商賈往來無處食宿其行走本屬艱難况

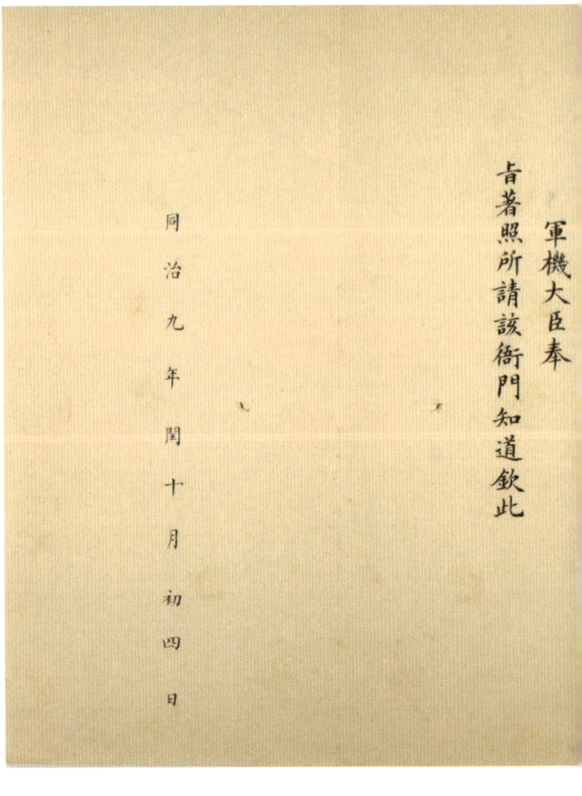
軍機大臣奉
旨著照所請該衙門知道欽此
同治九年閏十月初四日

奴才定安跪
奏為北邊商路梗阻設法疏通恭摺具陳仰祈
聖鑒事竊自西域多事以來嘉峪關外商賈不通新
疆各城日用所需皆取給於烏里雅蘇臺而烏
里雅蘇臺之百貨雲集全賴歸綏一帶向與蒙
古交易各商民懋遷販運循環不窮該商民運
貨皆領取部票每年繳舊請新以昭憑信本年
春夏之交馬賊竄擾軍臺焚掠所及以烏里雅
蘇臺所屬之阿畢爾米特旗一帶為最該旗地
方正當商民貿易之路自賊蹤竄擾之後土匪
乘機肆掠自春徂秋歸綏商民赴烏城等處貿
易被匪衆搶刼貨物殺傷鋪夥之案層見迭出
以致羣懷畏懼裹足不前本年九月間准烏里
雅蘇臺將軍咨稱近因阿畢爾米特旗有警歸
化城商民買賣全行不來本處一切食用缺乏
衆情惶惑大局堪虞查買賣路雖然不通軍臺
尚屬安靜咨請轉飭商駝暫且改行臺站以應
急需等因奴才當即札飭歸綏道曉諭商民遵照
去後旋據該道詳稱據歸化城集錦社鄉總王
申等稟稱歸化城商民向來請領部票赴外藩
蒙古各部落及烏科二城等處往返貿易歷年
已久本年春夏間外藩各和碩蒙古盜賊騎馬
持械肆行搶掠該商在各旗報明未聞究辦因
此商民聞風衆心惶惑不敢前往所示臺站舍

復舍近就遠自非其心之所欲若令由商路行
走而賊匪搶刼又各視為畏途奴才再四思維擬
自本年冬季為始如有商民赴烏科兩城及蒙
古各旗貿易者仍由商路行走令其請領官槍
途中如遇賊匪搶刼准其施放抵禦但不得藉
此別滋事端該商民等始尚游移迨再三開導
諭以與匪徒抵鬥准其格殺勿論乃各樂從現
擬有請票者令該商報明每票一張由將軍衙
門請領官槍五桿各隨鉛藥火繩什物貿易回
城即行如數呈繳所發之槍均編排字號並於
槍鞘之上黏貼某號某商請領字樣如有損壞
遺失責成該商修理賠償一俟道路安靜如常
即行停止其商民歷次在蒙古地方被刼各案奴才
已咨明烏里雅蘇臺將軍查拿究辦以安衆心奴才
為疏通北邊商路起見如蒙
俞允奴才一面咨會烏里雅蘇臺將軍庫倫辦事大臣
轉飭喀爾喀各旗一面札飭歸綏道轉飭商民
一體欽遵辦理庶商民無歇業之虞各城免匱
乏之慮盡變通之利即以裕食貨之源是否有
當理合恭摺具陳伏祈
皇太后
皇上
聖鑒
訓示遵行謹

署理绥远城将军定安奏折（同治九年闰十月初四日）

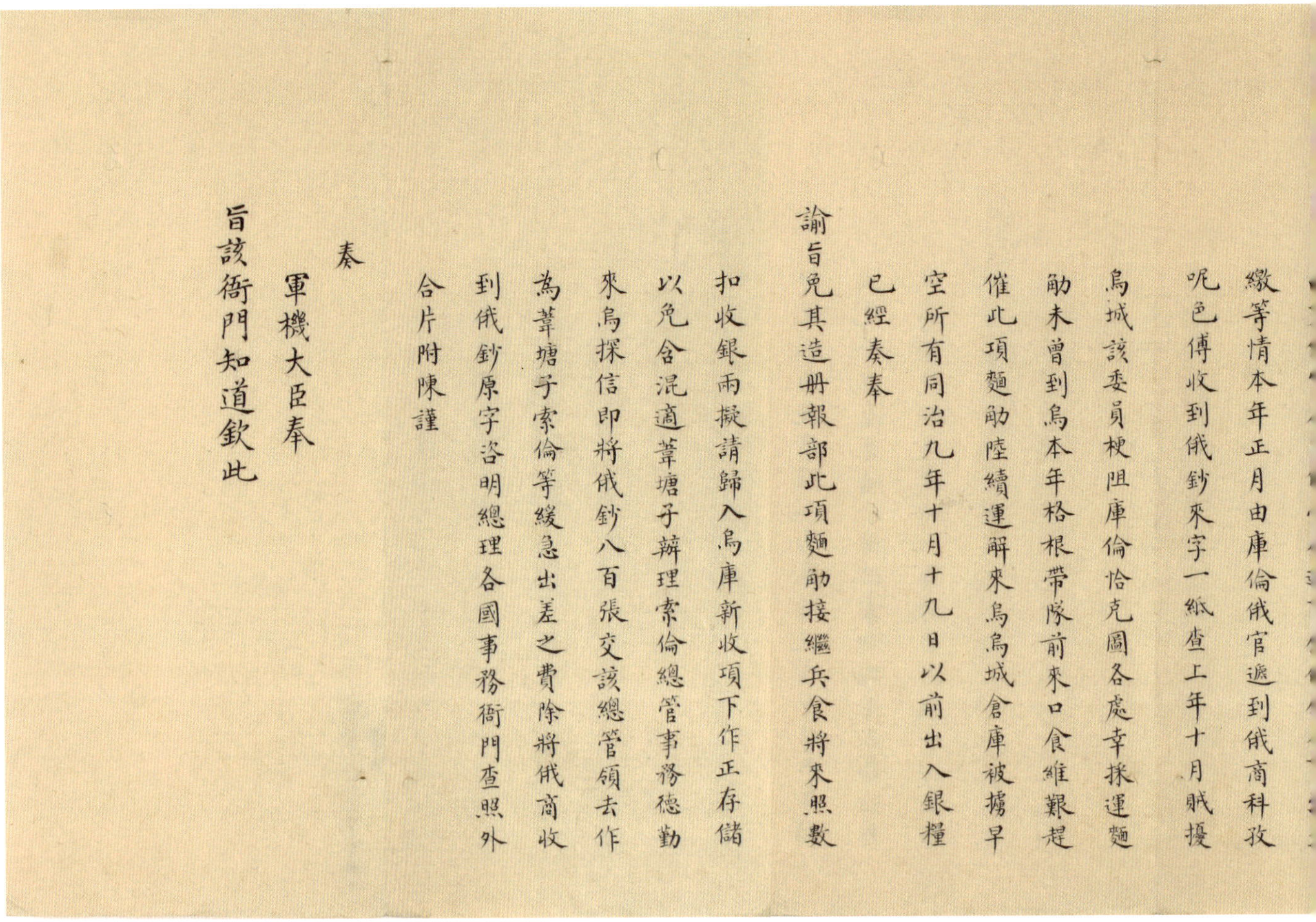
繳等情本年正月由庫倫俄官遞到俄商科孜
呢色傅收到俄鈔來字一紙查上年十月賊擾
烏城該委員梗阻庫倫恰克圖各處幸採運麵
觔未曾到烏本年格根帶隊前來口食維艱趕
催此項麵觔陸續運解來烏烏城倉庫被擄早
空所有同治九年十月十九日以前出入銀糧
已經奏奉
諭旨免其造冊報部此項麵觔接繼兵食將來照數
扣收銀兩擬請歸入烏庫新收項下作正存儲
以免含混適葦塘子辦理索倫總管事務德勤
來烏採信即將俄鈔八百張交該總管領去作
為葦塘子索倫等緩急出差之費除將俄商收
到俄鈔原字咨明總理各國事務衙門查照外
合片附陳謹
奏
軍機大臣奉
旨該衙門知道欽此

乌里雅苏台参赞大臣荣全奏片：

为动项偿还索伦等众赊欠俄商欠款事

同治十年三月十九日（1871 年 5 月 8 日）

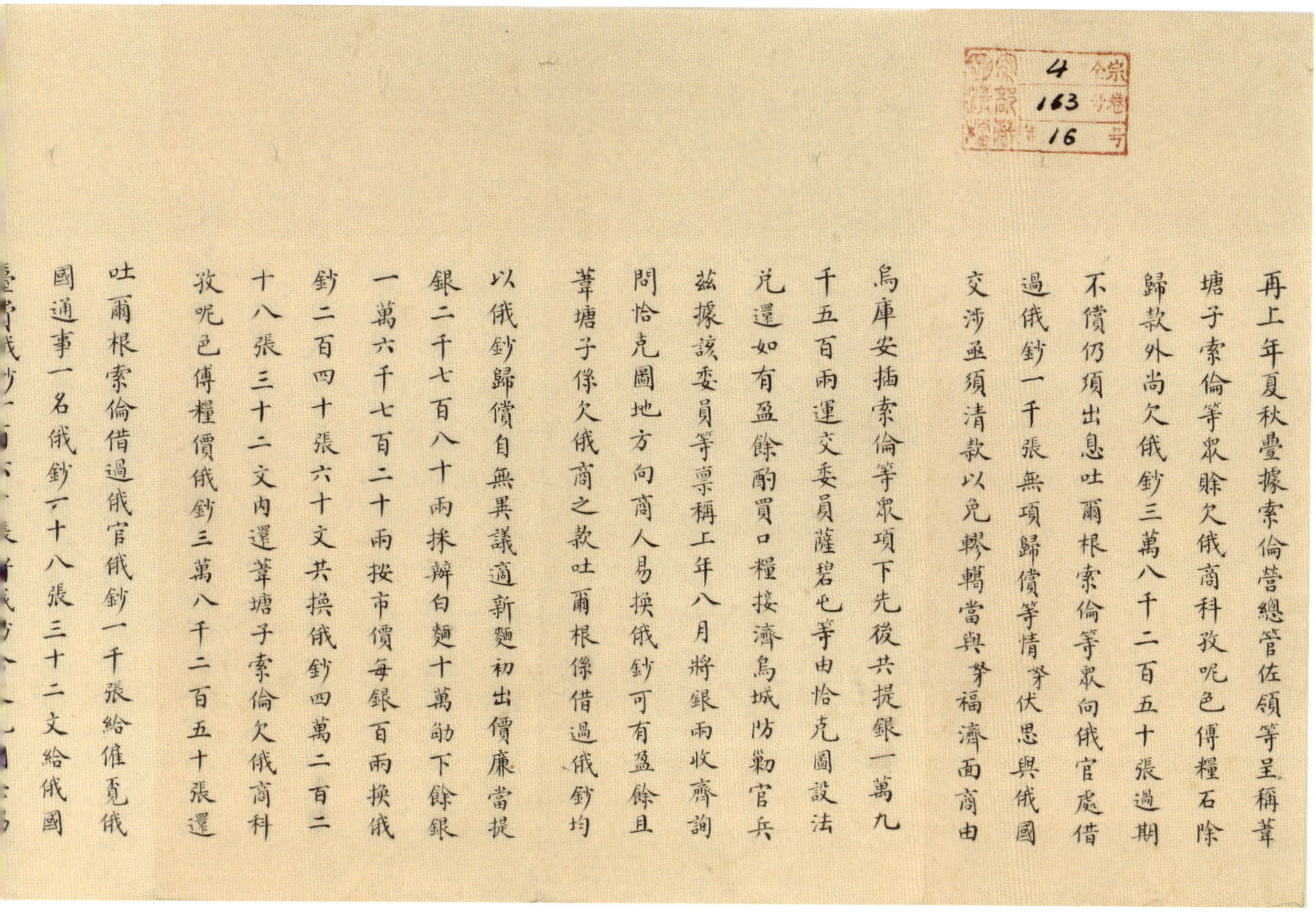

再上年夏秋疊據索倫營總管佐領等呈稱葦
塘子索倫等衆賒欠俄商科孜呢色傅糧石除
歸款外尚欠俄鈔三萬八千二百五十張過期
不償仍須出息吐爾根索倫等衆向俄官處借
過俄鈔一千張無項歸償等情竊思與俄國
交涉亟須清款以免轇轕當與奴才福濟面商由
烏庫安插索倫等衆項下先後共提銀一萬九
千五百兩運交委員薩碧屯等由恰克圖設法
兌還如有盈餘酌買口糧接濟烏城防勦官兵
玆據該委員等稟稱上年八月將銀兩收齊詢
問恰克圖地方向商人易換俄鈔可有盈餘且
葦塘子係欠俄商之款吐爾根係借過俄鈔均
以俄鈔歸償自無異議適新麵初出價廉當提
銀二千七百八十兩採辦白麵十萬觔下餘銀
一萬六千七百二十兩按市價每銀百兩換俄
鈔二百四十張六十文共換俄鈔四萬二百二
十八張三十二文內還葦塘子索倫欠俄商科
孜呢色傅糧價俄鈔三萬八千二百五十張還
吐爾根索倫借過俄官俄鈔一千張給僱覓俄
國通事一名俄鈔一十八張三十二文給俄國

乌里雅苏台参赞大臣荣全奏片（同治十年三月十九日）

同治九年（1870），索伦总营向乌里雅苏台参赞大臣荣全呈称，各索伦赊借俄罗斯商人、官员等共计39250张俄钞。荣全与乌里雅苏台将军福济商量，决定从原本用于安排索伦民众的费用中拨出部分偿还。八月，荣全已将费用收齐，恰逢当年小麦新出，便从其中拨出一部分购买小麦，其余的兑换成俄钞偿还债务，还完债务后所剩余的俄钞交给索伦总管作为经费。由于当年爆发了陕甘民众起义，乌里雅苏台的存放粮草被掠夺一空，采购的小麦一时无法运送，直到同治十年初才陆续运达。同治十年三月，荣全收到俄罗斯官员送回的还款收条，而粮食也已经全部到位，遂将如何偿还俄商及官员等欠款的办法以及采办粮食等事详细奏报同治帝。

光绪帝谕旨：

着令新疆各城邻俄罗斯等国严守现有边界不必急图进取

光绪元年二月初三日（1875 年 3 月 10 日）

自同治三年（1864）起，浩罕军官阿古柏陆续占领新疆大部分地区，他一方面欺瞒清政府，企图割据独立，另一方面则与俄、英两国来往密切，出卖清朝的国家利益换取两国对自己的支持。清政府深知阿古柏对新疆危害甚大，决心派兵西征。此时，正逢日本侵略台湾，东南各省的海防局势也十分紧张，一时间在朝廷形成了“塞防”与“海防”孰轻孰重的争论。左宗棠等人力举收复新疆，后得到朝廷支持。光绪元年（1875）二月初三日，光绪帝下旨，命军机大臣就应如何办理新疆目前之局势进行妥善筹划，暂以守住疆域为主，不必急于进取，同时督促钦差大臣陕甘总督左宗棠一面办理肃州裁兵事宜，为出关西征节饷，一面办理肃州粮运事宜，作为西征的后路粮台，并将各项准备工作秘密上奏。

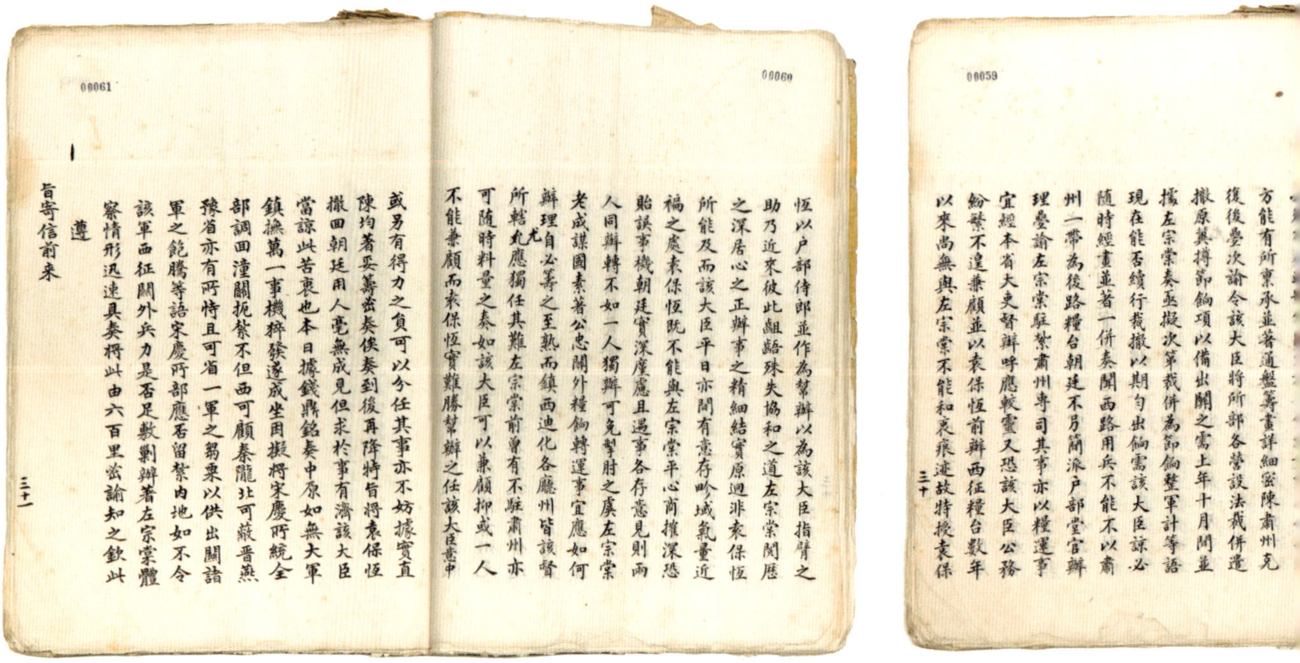
00059
方能有所禀承並著通盤籌畫詳細密陳肅州克
復後疊次諭令該大臣將所部各營設法裁併遣
撤原冀撙節餉項以備出關之需上年十月間並
據左宗棠奏亟擬次第裁併為節餉整軍計等語
現在能否續行裁撤以期匀出餉需該大臣諒必
隨時經畫並著一併奏聞西路用兵不能不以肅
州一帶為後路糧台朝廷不另簡派戶部堂官辦
理疊諭左宗棠駐紮肅州專司其事亦以糧運事
宜經本省大吏督辦呼應較靈又恐該大臣公務
紛繁不遑兼顧並以袁保恒前辦西征糧台數年
以來尚無與左宗棠不和衷痕迹故特授袁保
三十

00060
恒以戶部侍郎並作為幫辦以為該大臣指臂之
助乃近來彼此齟齬殊失協和之道左宗棠閱歷
之深居心之正辦事之精細結實原迥非袁保恒
所能及而該大臣平日亦間有意存畛域氣量近
褊之處袁保恒既不能與左宗棠平心商搉深恐
貽誤事機朝廷實深廑慮且遇事各存意見則兩
人同辦轉不如一人獨辦可免掣肘之虞左宗棠
老成謀國素著公忠關外糧餉轉運事宜應如何
辦理自必籌之至熟而鎮西迪化各廳州皆該督
所轄尤應獨任其難左宗棠前曾有不駐肅州亦
可隨時料量之奏如該大臣可以兼顧抑或一人
不能兼顧而袁保恒實難勝幫辦之任該大臣意中

00061
或另有得力之員可以分任其事亦不妨據實直
陳均著妥籌密奏俟奏到後再降特旨將袁保恒
撤回朝廷用人毫無成見但求於事有濟該大臣
當諒此苦衷也本日據錢鼎銘奏中原如無大軍
鎮撫萬一事機猝發遂成坐困擬將宋慶所統全
部調回潼關扼紮不但西可顧秦隴北可蔽晉燕
豫省亦有所恃且可省一軍之芻粟以供出關諸
軍之餉騰等語宋慶所部應否留紮內地如不令
該軍西征關外兵力是否足數剿辦著左宗棠體
察情形迅速具奏將此由六百里密諭知之欽此
遵
旨寄信前來
三十一

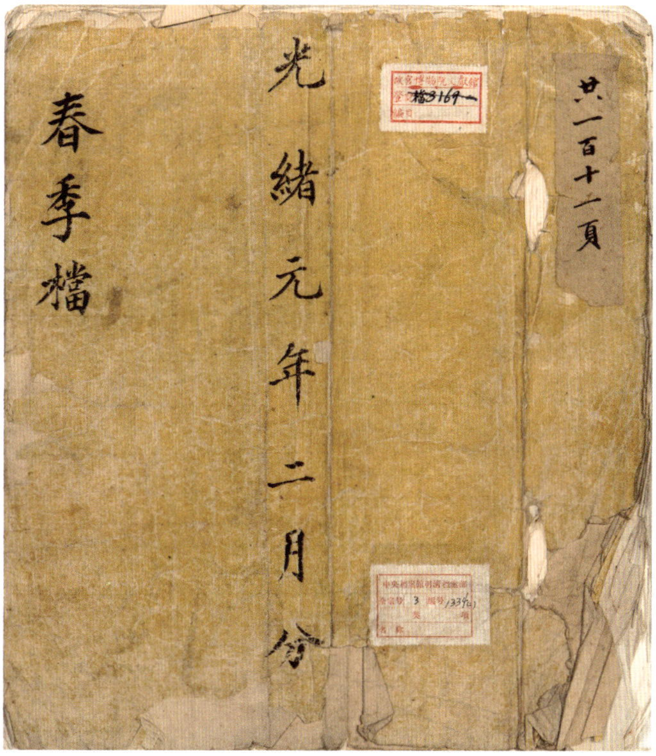
春季檔
光緒元年二月分
共一百十二頁

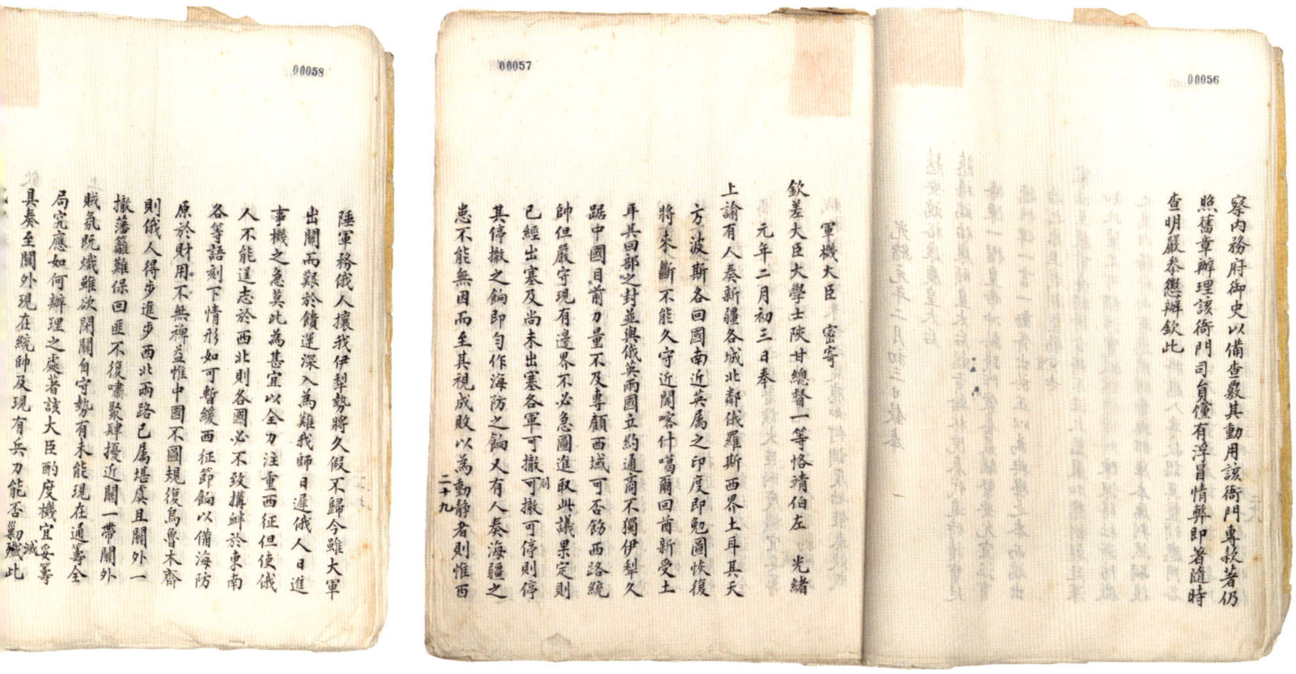
00056
咨內務府御史以備查覈其動用該衙門專款著仍
照舊章辦理該衙門司員儻有浮冒情弊即著隨時
查明嚴參懲辦欽此

00057
軍機大臣 密寄
欽差大臣大學士陝甘總督一等恪靖伯左 光緒
元年二月初三日奉
上諭有人奏新疆各城北鄰俄羅斯西界土耳其天
方波斯各回國南近英屬之印度即勉圖恢復
將來斷不能久守近聞喀什噶爾回酋新受土
耳其回部之封並與俄英兩國立約通商不獨伊犂久
踞中國目前力量不及專顧西域可否飭西路統
帥但嚴守現有邊界不必急圖進取此議果定則
已經出塞及尚未出塞各軍可撤則撤可停則停
其停撤之餉即匀作海防之餉又有人奏海疆之
患不能無因而至其視成敗以為動靜者則惟西
二十九

00058
陲軍務俄人據我伊犁勢將久假不歸今雖大軍
出關而艱於饋運深入為難我師日遲俄人日進
事機之急莫此為甚宜以全力注重西征但使俄
人不能逞志於西北則各國必不致搆衅於東南
各等語刻下情形如可暫緩西征節餉以備海防
原於財用不無裨益惟中國不圖規復烏魯木齊
則俄人得步進步西北兩路已屬堪虞且關外一
撤藩籬難保回匪不復嘯聚肆擾近關一帶關外
賊氛既熾雖欲閉關自守勢有未能現在通籌全
局究應如何辦理之處著該大臣酌度機宜妥籌
具奏至關外現在統帥及現有兵力能否勦滅此

光绪帝谕旨（光绪元年二月初三日）

奏片：

为据实沥陈上年九月向安集延商人赊马情形请准仍照市价开销事

光绪五年（1879 年）

光绪三年（1877），钦差大臣左宗棠率军击败侵占新疆的阿古柏势力，收复了除伊犁之外的新疆全境，并在收复各城、各关卡重新派兵力驻守。光绪四年，部分军队已经到防，但由于路途遥远，各营的马队损失了不少马匹，考虑到防剿任务关系重大，并且经费紧张甚至匮乏，一些马队只得先向安集延商人以高价赊马。次年，户部按照定例拨发下购马经费，但并不足以支付给安集延商人，去年曾赊马驻防的各城将军或办事大臣只好上奏光绪帝，诉其缘由，请求将此次所购马匹仍然按照市价支付给安集延商人，并保证下不为例。

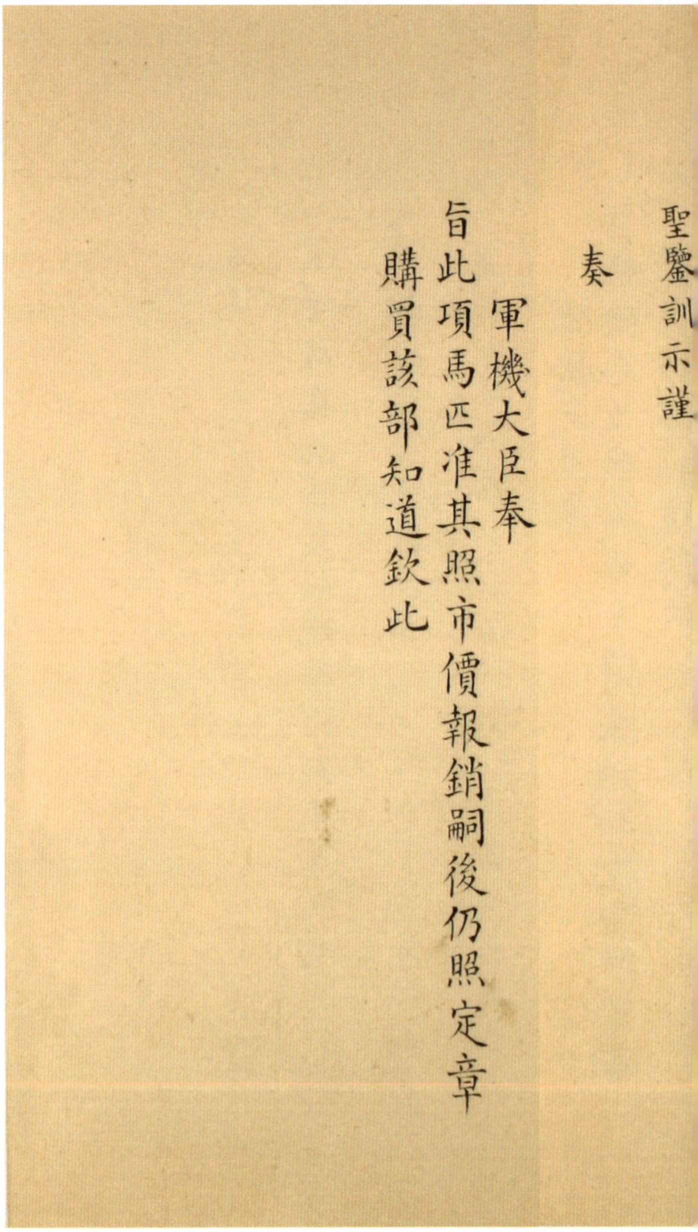
聖鑒訓示謹
奏
軍機大臣奉
旨此項馬匹准其照市價報銷嗣後仍照定章
購買該部知道欽此

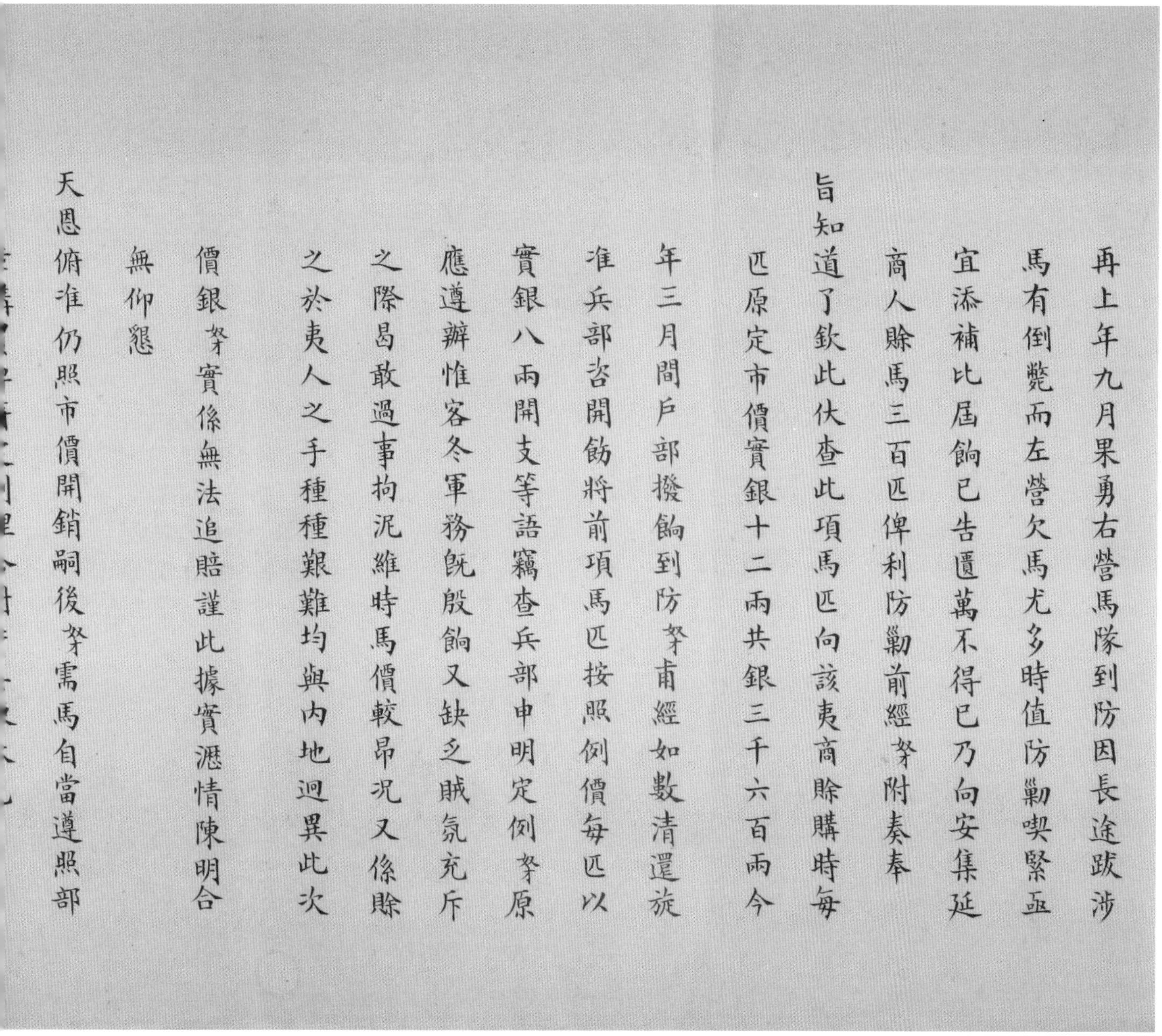
再上年九月果勇右營馬隊到防因長途跋涉
馬有倒斃而左營欠馬尤多時值防勦喫緊亟
宜添補比屆餉已告匱萬不得已乃向安集延
商人賒馬三百匹俾利防勦前經奴才附奏奉
旨知道了欽此伏查此項馬匹向該夷商賒購時每
匹原定市價實銀十二兩共銀三千六百兩今
年三月間戶部撥餉到防奴才甫經如數清還旋
准兵部咨開飭將前項馬匹按照例價每匹以
實銀八兩開支等語竊查兵部申明定例奴才原
應遵辦惟客冬軍務既殷餉又缺乏賊氛充斥
之際曷敢過事拘泥維時馬價較昂況又係賒
之於夷人之手種種艱難均與內地迥異此次
價銀奴才實係無法追賠謹此據實瀝情陳明合
無仰懇
天恩俯准仍照市價開銷嗣後奴才需馬自當遵照部

奏片（光绪五年）

塔尔巴哈台参赞锡纶奏片：

为在塔尔巴哈台设立俄商贸易圈事

光绪九年（1883 年）

塔尔巴哈台参赞大臣安成咨呈：

为录呈光绪九年清俄有关贸易圈地址条约致外务部事

光绪三十二年七月初三日（1906 年 8 月 22 日）

光绪九年（1883），俄罗斯驻扎塔尔巴哈台领事巴拉喀什与该城营务处掌关防章京办理通商事宜主事刘宽会商，希望将城北东西街市房间周围作为该国新贸易圈地址，并拟定贸易圈事宜七条等。刘宽将该事详情呈送塔尔巴哈台参赞大臣锡纶。锡纶结合塔尔巴哈台城实际，认为所订各项条款较为适宜，便奏请光绪帝允准自己率刘宽与巴拉喀什签订章程，最终得到了允许，该章程也成为了塔尔巴哈台城管理俄罗斯贸易圈的基本原则，一直沿用。光绪三十二年，俄罗斯商人企图在贸易圈外的楚克楚河东岸河滩填筑土石，修盖房屋，此举不仅违背原有章程，而且容易引起当地春夏水患。时任塔尔巴哈台参赞大臣安成便将光绪九年中俄所订贸易章程原文抄录呈送外务部，以备与俄罗斯交涉。

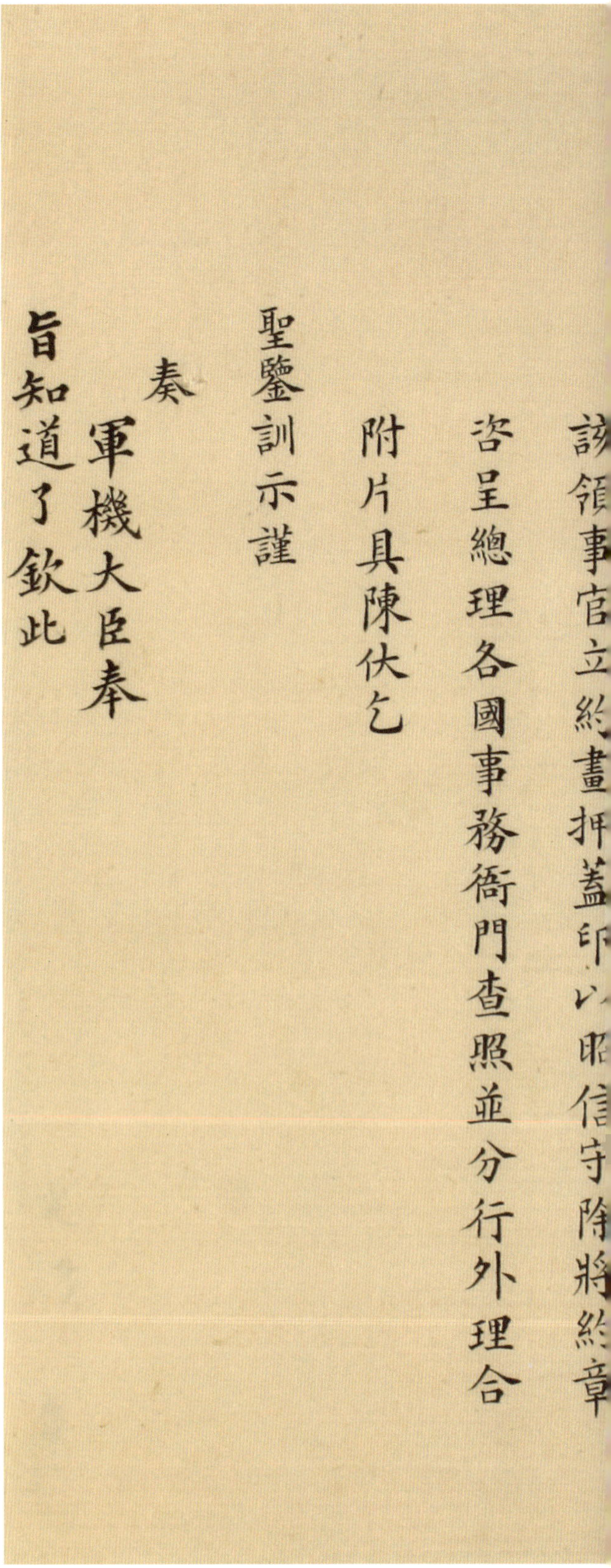
該領事官立約畫押蓋印以昭信守除將約章
咨呈總理各國事務衙門查照並分行外理合
附片具陳伏乞
聖鑒訓示謹
奏
軍機大臣奉
旨知道了欽此

再奴才據營務處掌京辦理通商事宜主事銜劉寬稟稱與駐紮塔城俄國領事官巴拉喀什會議擬自城北纏頭夷商東西街市房間周圍即作為俄國新貿易圈之地址中間隙地該領事官以便修築公所並擬議貿易圈事宜七條纏頭事宜五條會同呈閱前來奴才伏查塔城經兵燹之後自同治十一年前署伊犁將軍榮全收復駐軍以來彼時因華商未到曾准夷商蓋房貿易迨奴才到任後即於街口設立木柵以免夷商散漫今該領事官擬就此地作為貿易圈地址即將舊日貿易圈之地還回所議各條尚為允協自應照准奴才即率主事銜劉寬與

塔尔巴哈台参赞锡纶奏片（光绪九年）

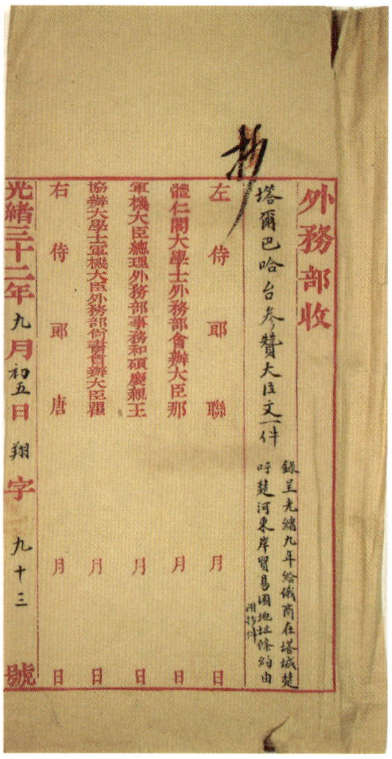
外務部收
塔爾巴哈台參贊大臣文一件
錄呈光緒九年給俄商在塔城楚呼楚河東岸貿易圈地址條約由
附抄件
左侍郎聯 月 日
體仁閣大學士外務部會辦大臣那 月 日
軍機大臣總理外務部事務和碩慶親王 月 日
協辦大學士軍機大臣外務部尚書會辦大臣瞿 月 日
右侍郎唐 月 日
光緒三十二年九月初五日 翔字 九十三 號

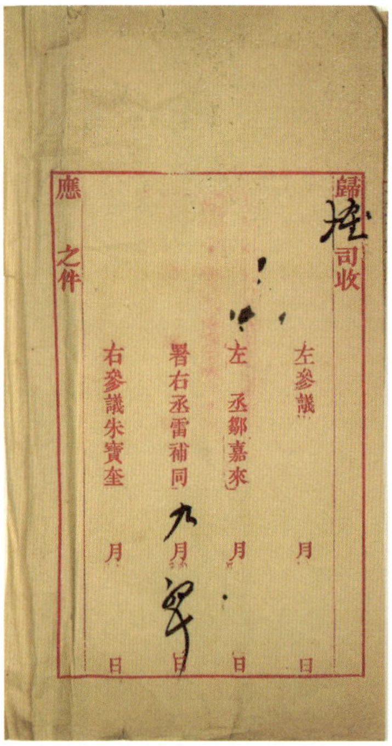
歸 司收
左參議 月 日
左 丞鄒嘉來 月 日
署右丞雷補同 九月 日
右參議朱寶奎 月 日
應 之件

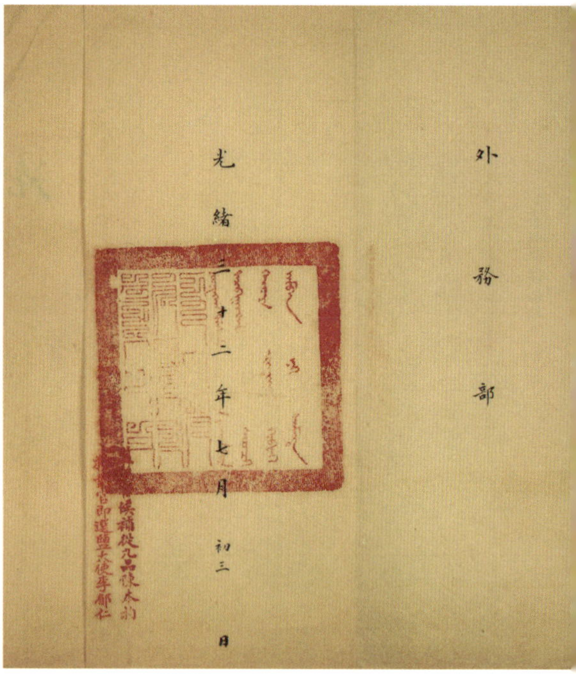
外務部
光緒三十二年七月初三日

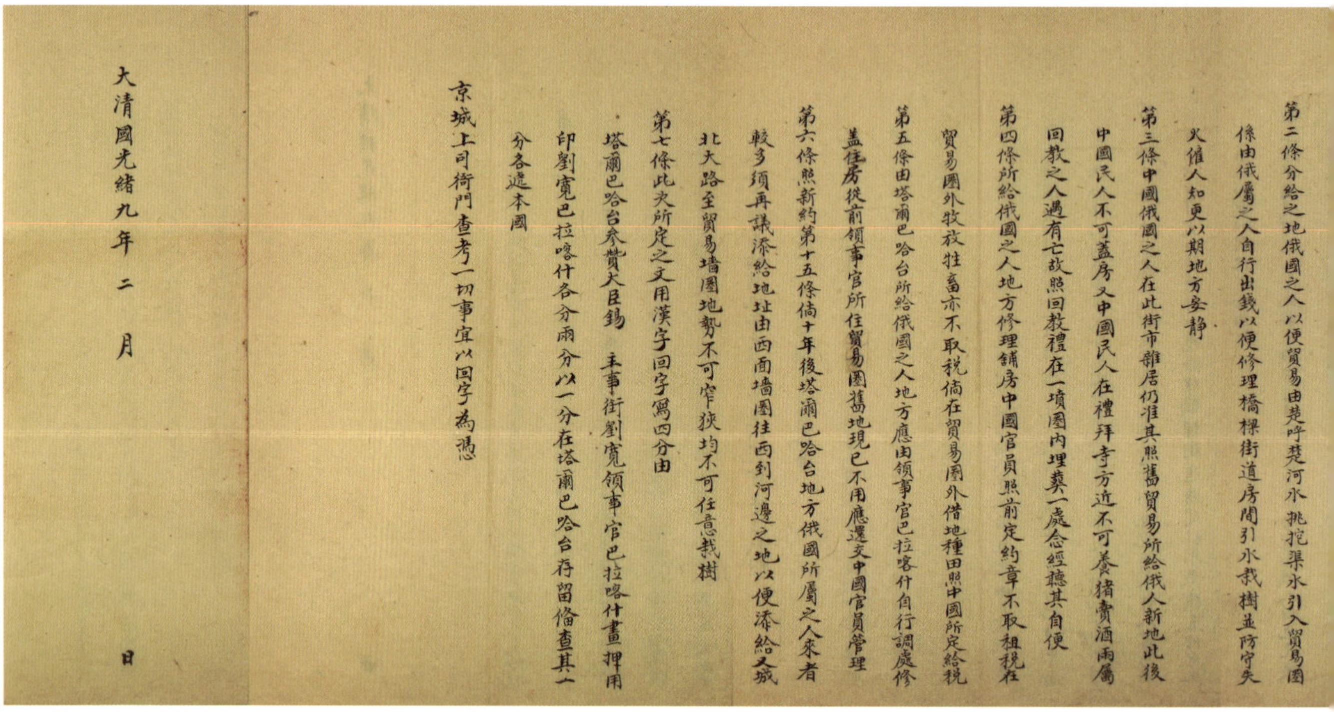
第二條分給之地俄國之人以便貿易由楚呼楚河水挑挖渠水引入貿易圈
係由俄屬之人自行出錢以便修理橋樑街道房間引水栽樹並防守失
火僱人知更以期地方安靜
第三條中國俄國之人在此街市雜居仍准其照舊貿易所給俄人新地此後
中國民人不可蓋房又中國民人在禮拜寺方近不可養猪賣酒兩屬
回教之人遇有亡故照回教禮在一墳圈內埋葬一處念經聽其自便
第四條所給俄國之人地方修理鋪房中國官員照前定約章不取租稅在
貿易圈外牧放牲畜亦不取稅倘在貿易圈外借地種田照中國所定給稅
第五條由塔爾巴哈台所給俄國之人地方應由領事官巴拉喀什自行調處修
蓋住房從前領事官所住貿易圈舊地現已不用應還交中國官員管理
第六條照新約第十五條倘十年後塔爾巴哈台地方俄國所屬之人來者
較多須再議添給地址由西面墻圈往西到河邊之地以便添給又城
北大路至貿易墻圈地勢不可窄狹均不可任意栽樹
第七條此次所定之文用漢字回字寫四分由
塔爾巴哈台參贊大臣錫 主事銜劉寬領事官巴拉喀什畫押用
印劉寬巴拉喀什各分兩分以一分在塔爾巴哈台存留備查其一
分各遞本國
京城上司衙門查考一切事宜以回字為憑
大清國光緒九年二月 日

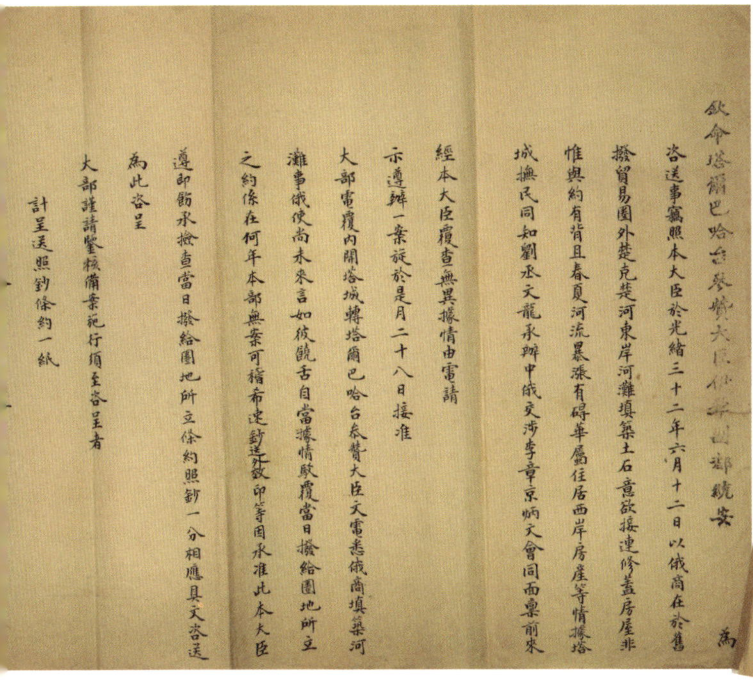
欽命塔爾巴哈台參贊大臣[illegible]都統安　為
咨送事竊照本大臣於光緒三十二年六月十二日以俄商在於舊
撥貿易圈外楚克楚河東岸河灘填築土石意欲接連修蓋房屋非
惟與約有背且春夏河流暴漲有碍華屬住居西岸房屋等情據塔
城撫民同知劉丞文龍承辦中俄交涉李章京炳文會同面稟前來
經本大臣覆查無異據情由電請
示遵辦一案旋於是月二十八日接准
大部電覆內開塔城轉塔爾巴哈台參贊大臣文電悉俄商填築河
灘事俄使尚未來言如彼饒舌自當據情駁覆當日撥給圈地所立
之約係在何年本部無案可稽希速鈔送外致印等因承准此本大臣
遵即飭承撿查當日撥給圈地所立條約照鈔一分相應具文咨送
為此咨呈
大部謹請鑒核備案施行須至咨呈者
計呈送照鈔條約一紙

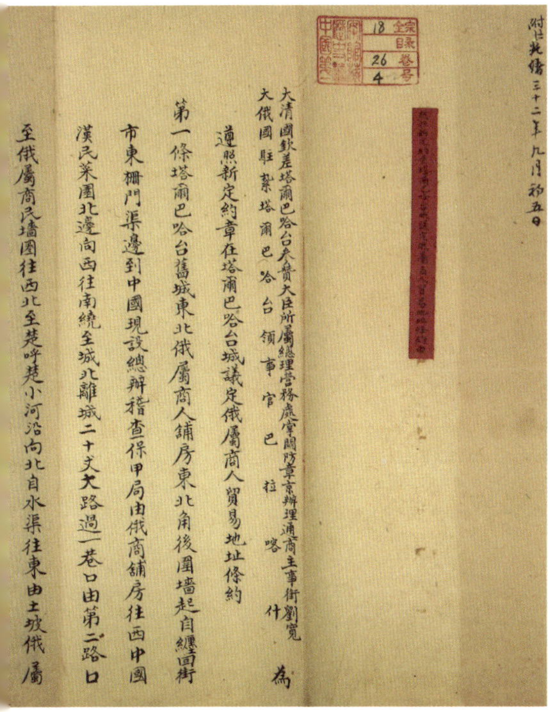
附　光緒三十二年九月初五日
大清國欽差塔爾巴哈台參贊大臣所屬總理營務處管關防章京辦理通商主事銜劉寬
大俄國駐紮塔爾巴哈台領事官巴拉喀什　為
遵照新定約章在塔爾巴哈台城議定俄屬商人貿易地址條約
第一條塔爾巴哈台舊城東北俄屬商人鋪房東北角後圍墻起自纏回街
市東柵門渠邊到中國現設總辦稽查保甲局由俄商鋪房往西中國
漢民菜園北邊向西往南繞至城北離城二十丈大路過一巷口由第二路口
至俄屬商民墻圍往西北至楚呼楚小河沿向北自水渠往東由土坡俄屬

塔尔巴哈台参赞大臣安成咨呈（附贸易地址条约）
（光绪三十二年七月初三日）

新疆吐鲁番抚民府布告（汉、维合璧）

光绪三十年十月三十日（1904 年 12 月 6 日）

光绪三年（1877）收复新疆后，清政府为了重新建立对新疆地区的管理，设立了善后机构管理当地各项事务。在新疆东部的吐鲁番地区，清政府重新设立了抚民厅，用以管理当地的民政事务，并为负责该事务的吐鲁番同知补铸了“吐鲁番同知兼管理事回民事务之关防”官印。光绪三十年十月，吐鲁番抚民厅发现当地官员在“经征钱粮，审理案件”等事务的过程中，借机向民众勒索钱财粮物，又或者以官差之名格外摊派，“以图肥己”，便贴出告示，告知当地民众如发现再有类似情况，“准该户民等来厅喊禀，立即提讯，按法重惩，绝不姑容”，倘若有“畏丁役头目而不畏本官，甘受搏噬，不肯告发者，查实一并重办”。

告示

光緒三十年拾月 日

實貼三堡勿損

欽加鹽提舉銜候補分府署吐魯番撫民府方　為

出示剴切曉諭事照得地方官經徵錢糧審理案件查拏賊盜以及供應往來大小差
務必須吩咐丁役及各頭目人等承辦丁役頭目人等即藉此苛索戶民銀錢以圖肥己
到處皆然如出一轍言之實堪髮指本廳平日署內應用物件均照民價購買並無勒派
等事本年
欽差大臣志由喀什公旋赴省道經吐境差務應用物件如棚帳碗盞海菜米麪馬料禮物包
賞耗及所僱廚夫等類均本廳自行賠貼其桌椅氈毯有由本廳自製者有各頭目人轉
借者其轉借者均飭頭目事竣查清分別退還不准遺失如有遺失者飭令照樣製
賠其餘各頭目承辦柴草麥麩車馬雞鴨羊隻彩布亦飭開報已發價值該民務向鄉約索取
本廳廉隅自勵　該戶民等諒已深知而署內丁役及頭目人等難保不向戶民假冒官差格外攤派
如果該丁役頭目人等私向該戶民等藉差派錢准該戶民等來廳喊稟立即提訊按法重懲
決不姑容此外如有假稱別項官差擡詐民錢者亦准指名控告懲辦倘該民等畏丁役頭目而
不畏本官甘受搏噬不肯告發者查實一併重辦除派親信嚴查外合行剴切示諭　為此示仰
闔屬戶民等一體遵辦毋違切切特示

右仰通知

新疆吐鲁番抚民府布告（汉、维合璧）（光绪三十年十月三十日）

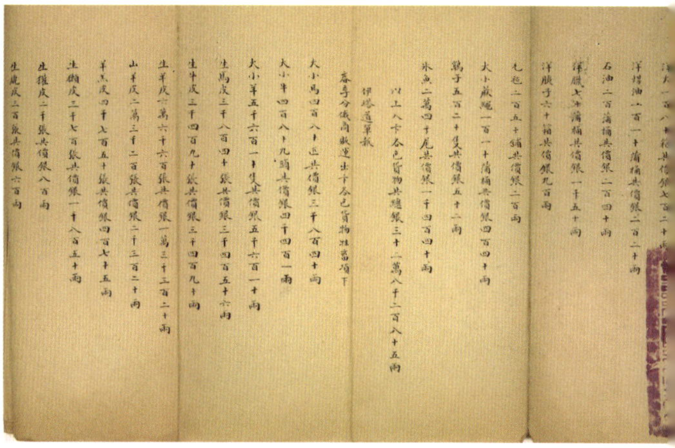
洋大一百八十[illegible]共價銀七百二十兩
洋燈油一百一十蒲桶共價銀二百二十兩
石油二百蒲桶共價銀二百四十兩
洋蠟大小蒲桶共價銀一千五十兩
洋胰子六十箱共價銀九百兩
毛毯二百五十鋪共價銀二百兩
大小麻繩一百一十蒲桶共價銀四百四十兩
鵝子五百二十隻共價銀五十二兩
冰魚二萬四千尾共價銀一千四百四十兩
以上入卡各色貨物共總銀三十二萬八千二百八十五兩
伊塔道單報
春季分俄商販運出卡各色貨物姓當項下
大小馬四百八十匹共價銀三千八百四十兩
大小牛四百八十九頭共價銀四千四百一兩
大小羊五千六百一十隻共價銀五千六百一十兩
生馬皮三千八百四十張共價銀三千四百五十六兩
生牛皮三千四百九十張共價銀三千四百九十兩
生羊皮六萬六千六百張共價銀一萬三千三百二十兩
山羊皮二萬三千二百張共價銀二千三百二十兩
羊羔皮四千九百五十張共價銀四百七十五兩
生狗皮三千七百張共價銀一千八百五十兩
生狼皮二千張共價銀八百兩
生鹿皮三百張共價銀六百兩

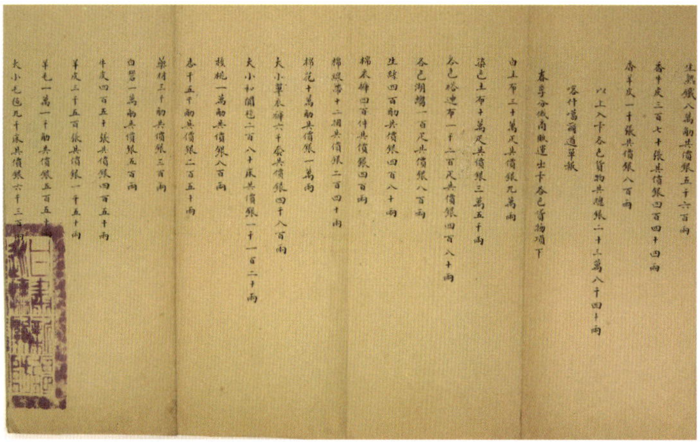
生熟鐵八萬觔共價銀五千六百兩
香牛皮三百七十張共價銀四百四十四兩
香羊皮一千張共價銀八百兩
以上入卡各色貨物共總銀二十三萬八千四十兩
喀什噶爾道單報
春季分俄商販運出卡各色貨物項下
白土布三十萬尺共價銀九萬兩
染色土布十萬尺共價銀三萬五千兩
各色褡連布一千二百尺共價銀四百八十兩
各色湖縐一百尺共價銀八百兩
生絲四百觔共價銀四百八十兩
棉衣褲四百件共價銀四百兩
棉線帶十二捆共價銀二百四十兩
棉花十萬觔共價銀一萬兩
大小單衣褲六千套共價銀四千八百兩
大小和闐氈二百八十床共價銀一千一百二十兩
核桃一萬觔共價銀八百兩
杏干五千觔共價銀二百五十兩
藥材三十觔共價銀三百兩
白礬一萬觔共價銀五百兩
牛皮四百五十張共價銀四百五十兩
羊皮三千五百張共價銀一千五十兩
羊毛一萬一千觔共價銀五百五十兩
大小毛氈九千床共價銀六千三百兩

新疆巡抚潘效苏致外务部咨呈：

为造报伊犁等处光绪二十九年俄罗斯进出口货物价值清单事

光绪三十年十二月初九日（1905年1月14日）

新疆巡抚联魁致外务部咨呈：

为造送俄商初入新疆各卡贩运各色货物估银清册事

光绪三十三年八月二十日（1907年9月27日）

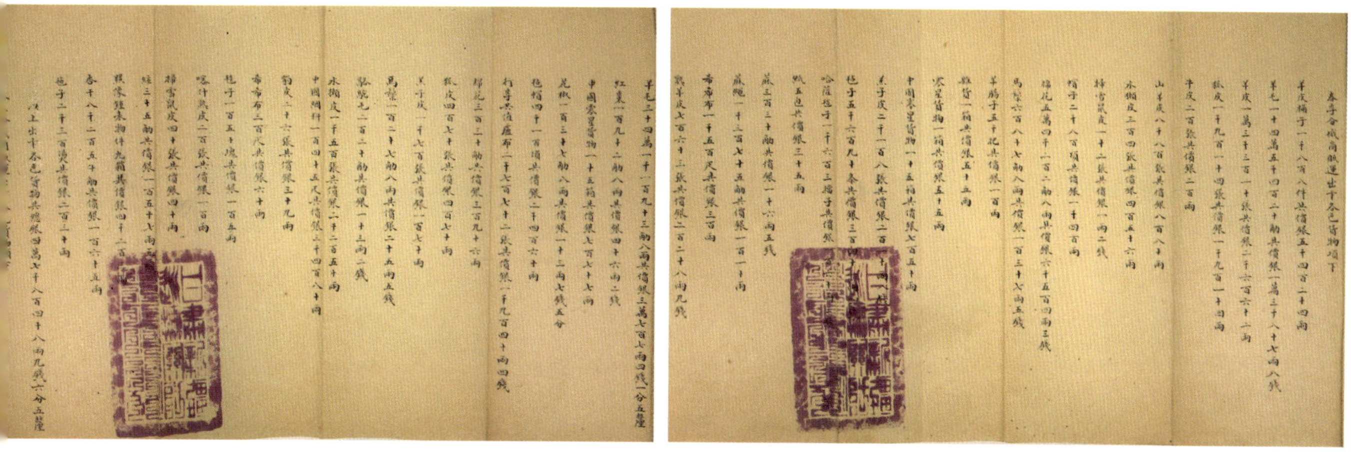

新疆巡抚潘效苏致外务部咨呈（光绪三十年十二月初九日）之一

咸丰元年（1851），俄罗斯通过《中俄伊犁塔尔巴哈台通商章程》获得了在伊犁、塔尔巴哈台两地建立贸易圈的权利。光绪七年（1881）《中俄改订条约》签订后，俄罗斯在塔尔巴哈台北郊重建贸易圈，在伊犁宁远城东北郊、喀什噶尔城北吐曼河一带兴建俄侨民区。光绪二十一年，俄罗斯又在省城迪化（今乌鲁木齐）城南关外兴建贸易圈。这些贸易圈的建立，使得中俄之间的贸易往来逐渐扩展到了天山南北。随着中俄贸易中进出口货物数量的增加，清政府从光绪十三年开始着手调查统计俄商进出口货物种类、数量与价格，以备总理各国事务衙门按规定进行收税之用。新疆巡抚着令镇迪、伊塔、阿克苏、喀什噶尔四道分别进行进出口统计，按照四季进出的总量，得出总银价报送总理各国事务衙门。根据统计，光绪二十八年俄商输入中国货物总价为3142899两有奇，运出货物总价为1339838两有奇，光绪三十二年俄商输入总价为6462504两，输出总价为2881066两。可见，清末时期，俄罗斯对清贸易已经占据了出超地位，取得了贸易顺差。清政府尽管逐年都统计进出口货物，为征税和管理做准备，却始终没有真正实现有效的管理。

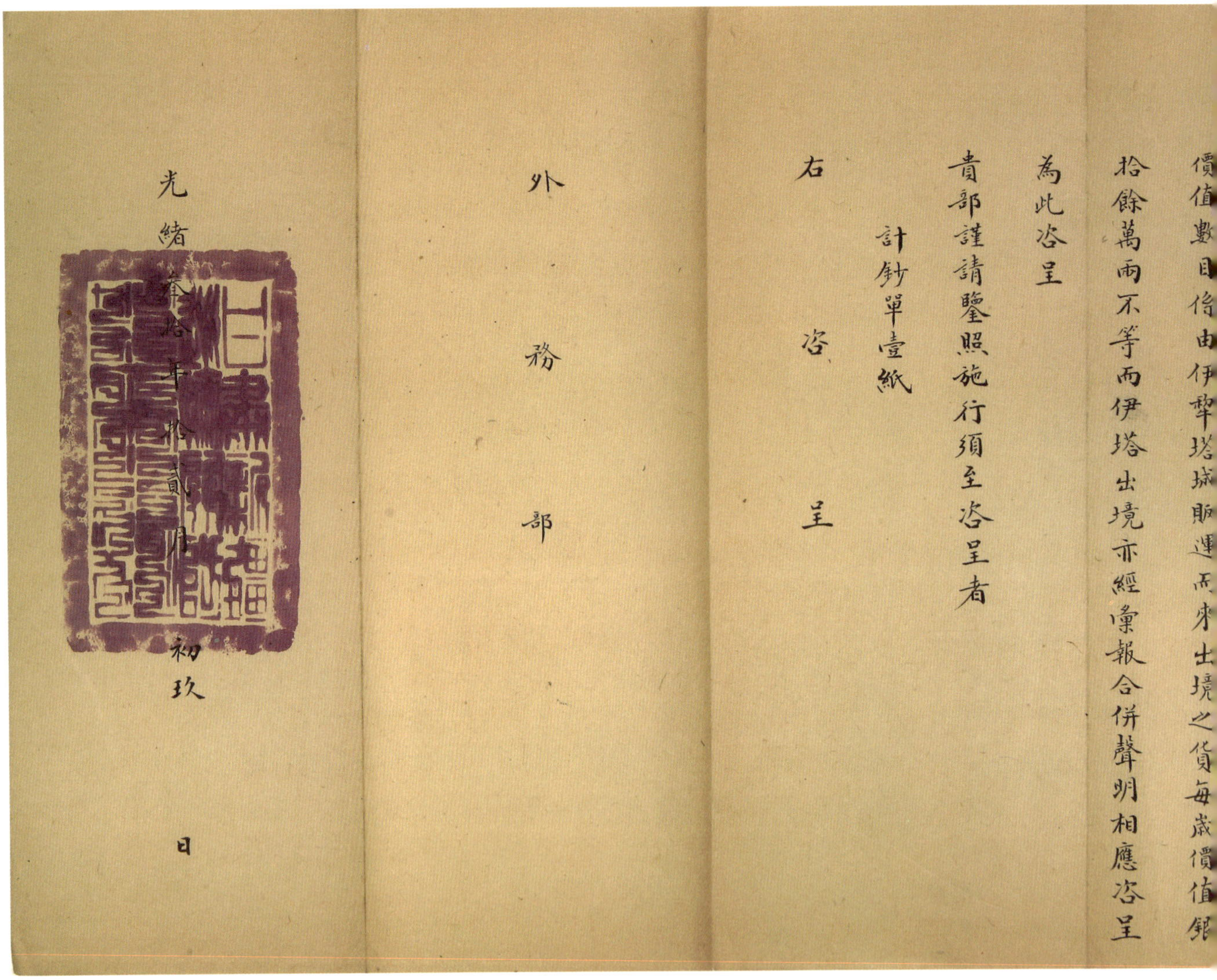
價值數目俗由伊犂塔城販運出境之貨每歲價值銀
拾餘萬兩不等而伊塔出境亦經彙報合併聲明相應咨呈
為此咨呈
貴部謹請鑒照施行須至咨呈者
計鈔單壹紙
右咨呈
外務部
光緒叁拾年拾貳月初玖日

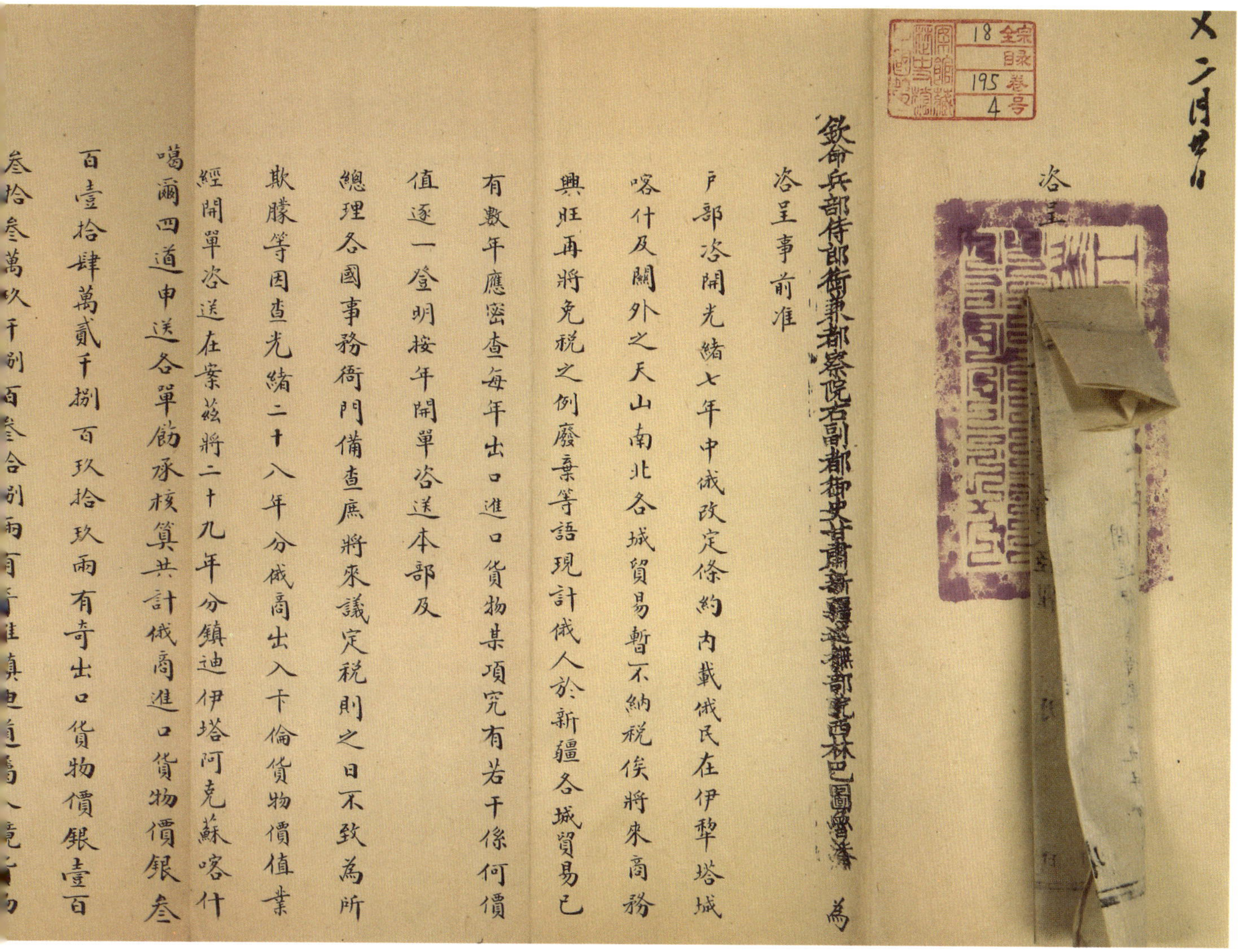
欽命兵部侍郎銜兼都察院右副都御史甘肅新疆巡撫部院西林巴圖魯潘 為
咨呈
咨呈事前准
戶部咨開光緒七年中俄改定條約內載俄民在伊犁塔城
喀什及關外之天山南北各城貿易暫不納稅俟將來商務
興旺再將免稅之例廢棄等語現計俄人於新疆各城貿易已
有數年應密查每年出口進口貨物某項究有若干係何價
值逐一登明按年開單咨送本部及
總理各國事務衙門備查庶將來議定稅則之日不致為所
欺朦等因查光緒二十八年分俄商出入卡倫貨物價值業
經開單咨送在案茲將二十九年分鎮迪伊塔阿克蘇喀什
噶爾四道申送各單飭承核算共計俄商進口貨物價銀叁
百壹拾肆萬貳千捌百玖拾玖兩有奇出口貨物價銀壹百
叁拾叁萬玖千捌百叁拾捌兩有奇惟鎮迪道屬入境之

新疆巡抚潘效苏致外务部咨呈（光绪三十年十二月初九日）之二

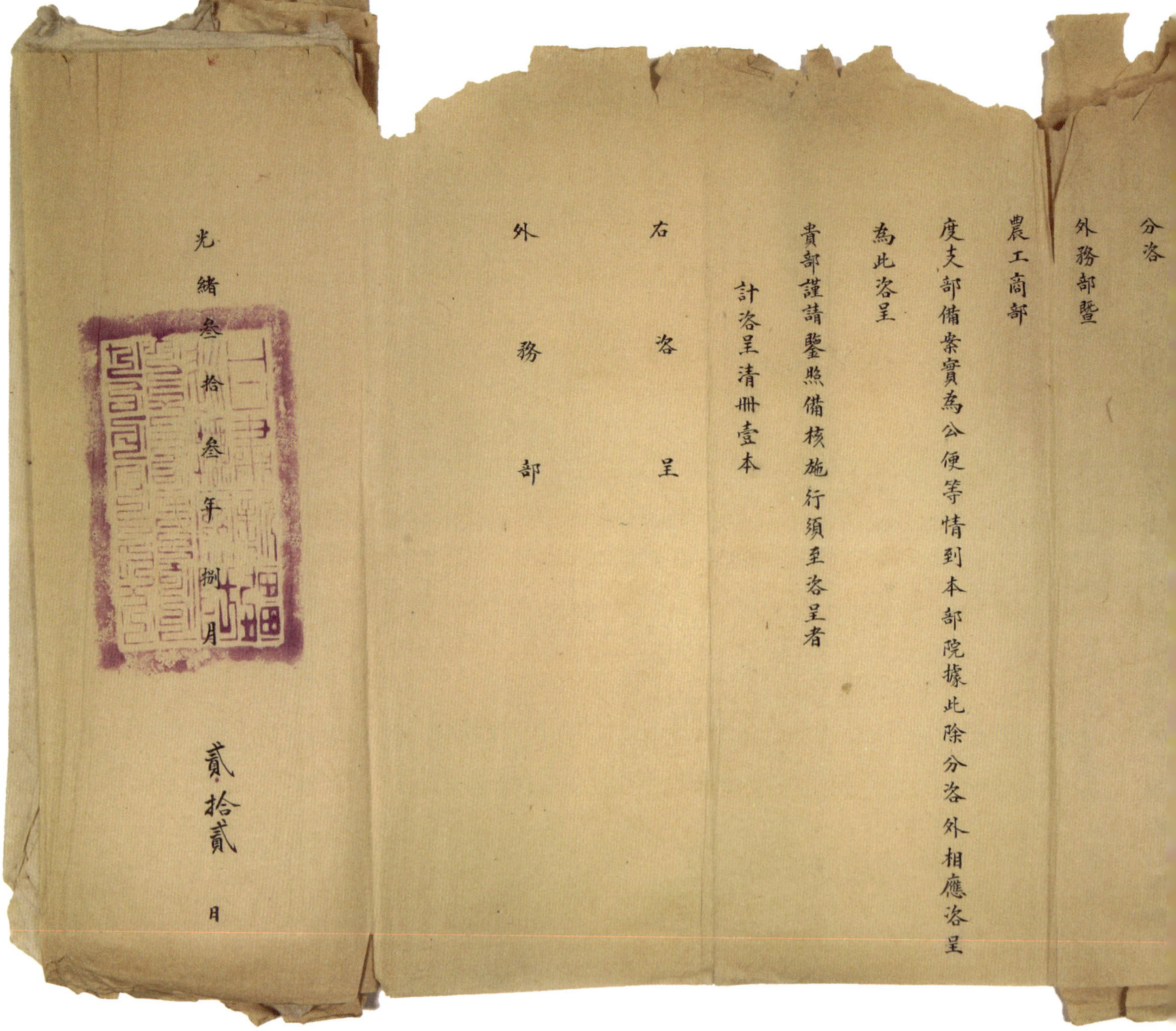
分咨
外務部暨
農工商部
度支部備案實為公便等情到本部院據此除分咨外相應咨呈
為此咨呈
貴部謹請鑒照備核施行須至咨呈者
計咨呈清冊壹本
右咨呈
外務部
光緒叁拾叁年捌月貳拾貳日

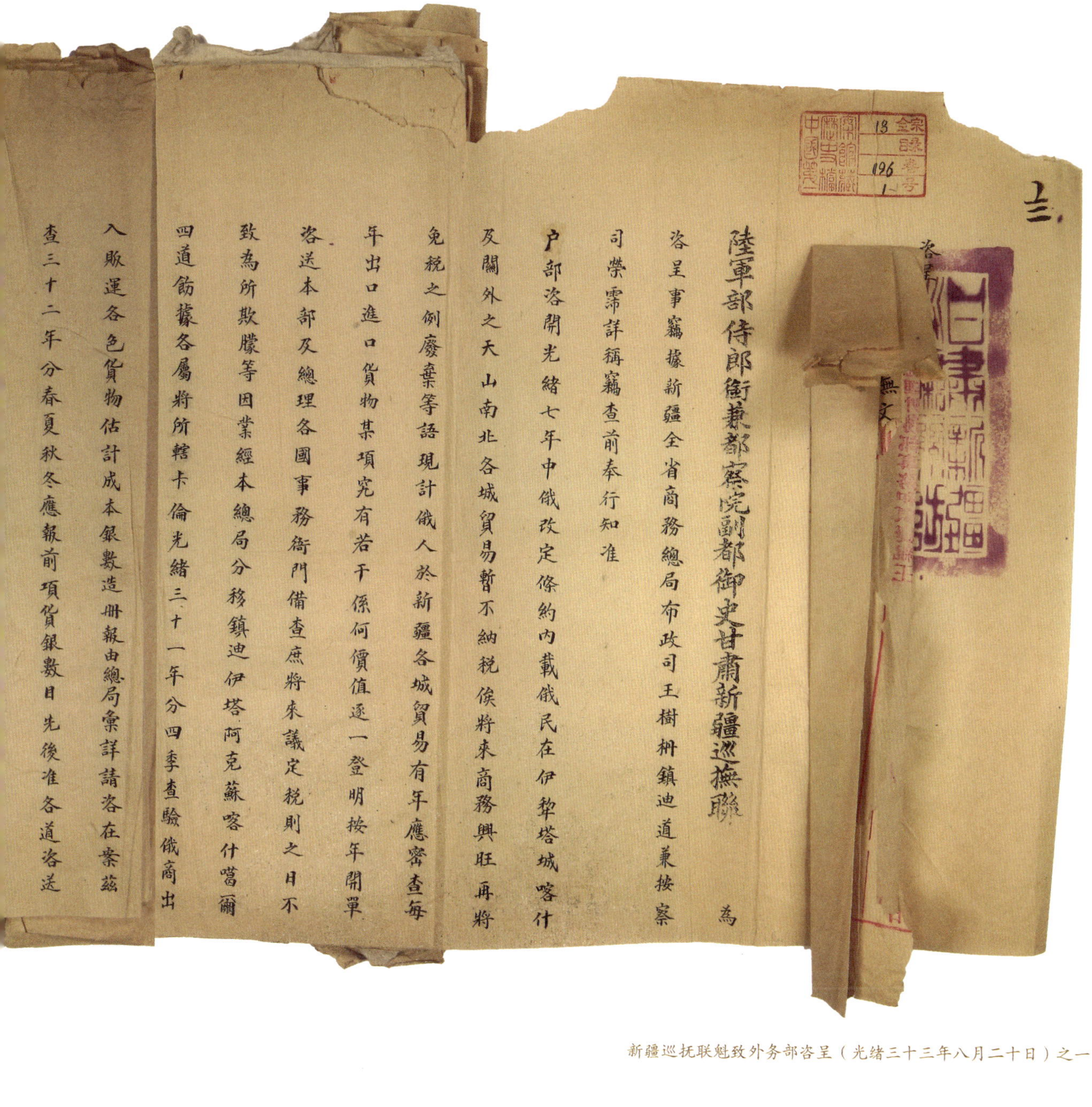
三

陸軍部侍郎銜兼都察院副都御史甘肅新疆巡撫聯　　為
咨呈事竊據新疆全省商務總局布政司王樹枏鎮迪道兼按察
司榮霈詳稱竊查前奉行知准
户部咨開光緒七年中俄改定條約內載俄民在伊犁塔城喀什
及關外之天山南北各城貿易暫不納稅俟將來商務興旺再將
免稅之例廢棄等語現計俄人於新疆各城貿易有年應需查每
年出口進口貨物某項究有若干係何價值逐一登明按年開單
咨送本部及總理各國事務衙門備查庶將來議定稅則之日不
致為所欺朦等因業經本總局分移鎮迪伊塔阿克蘇喀什噶爾
四道飭據各屬將所轄卡倫光緒三十一年分四季查驗俄商出
入販運各色貨物估計成本銀數造冊報由總局彙詳請咨在案茲
查三十二年分春夏秋冬應報前項貨銀數目先後准各道咨送

新疆巡抚联魁致外务部咨呈（光绪三十三年八月二十日）之一

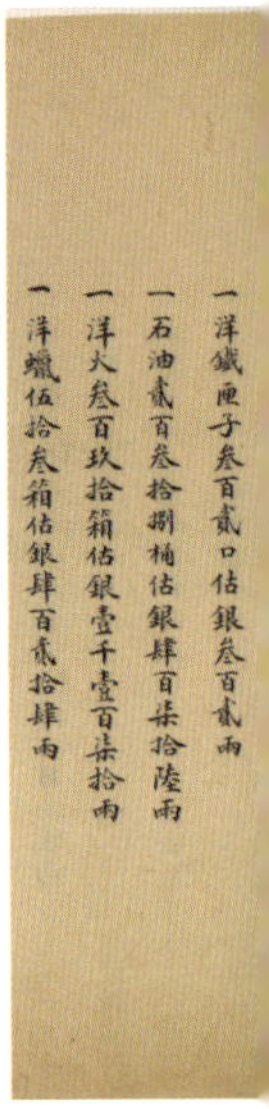
一洋鐵匣子叁百貳口估銀叁百貳兩
一石油貳百叁拾捌桶估銀肆百柒拾陸兩
一洋火叁百玖拾箱估銀壹千壹百柒拾兩
一洋蠟伍拾叁箱估銀肆百貳拾肆兩

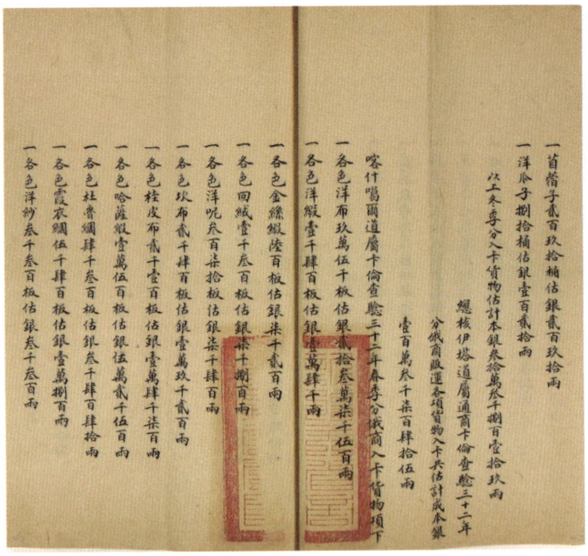
一首蓿子貳百玖拾桶估銀貳百玖拾兩
一洋胰子捌拾桶估銀壹百貳拾兩
以上冬季分入卡貨物估計本銀叁拾萬叁千捌百壹拾玖兩
總核伊塔道屬通商卡倫查驗三十二年
分俄商販運各項貨物入卡共估計成本銀
壹百萬叁千柒百肆拾伍兩
喀什噶爾道屬卡倫查驗三十二年春季分俄商入卡貨物項下
一各色洋布玖萬伍千板估銀貳拾叁萬柒千伍百兩
一各色洋緞壹千肆百板估銀壹萬肆千兩
一各色金絲緞陸百板估銀柒千貳百兩
一各色回絨壹千叁百板估銀柒千捌百兩
一各色洋呢叁百柒拾板估銀柒千肆百兩
一各色坎布貳千肆百板估銀壹萬玖千貳百兩
一各色桂皮布貳千壹百板估銀壹萬肆千柒百兩
一各色哈薩緞壹萬伍百板估銀伍萬貳千伍百兩
一各色杜賚綢肆千叁百板估銀叁千肆百肆拾兩
一各色霞衣綢伍千肆百板估銀壹萬捌百兩
一各色洋紗叁千叁百板估銀叁千叁百兩

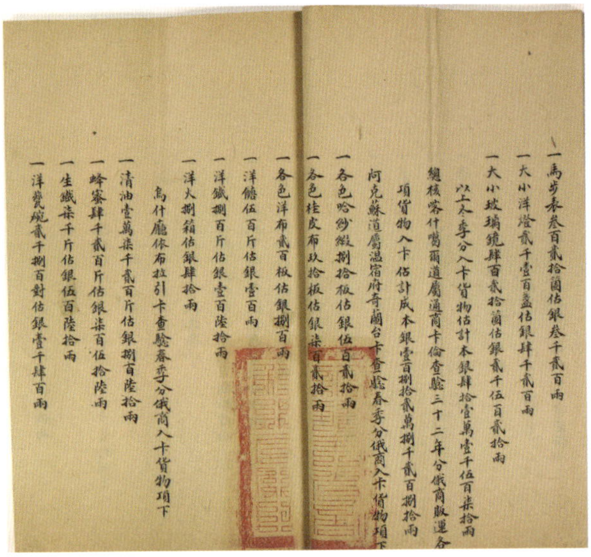
一馬步叁百貳拾箇估銀叁千貳百兩
一大小洋燈貳千壹百盞估銀肆千貳百兩
一大小玻璃鏡肆百貳拾箇估銀貳千伍百貳拾兩
以上冬季分入卡貨物估計本銀肆拾壹萬壹千伍百柒拾兩
總核喀什噶爾道屬通商卡倫查驗三十二年分俄商販運各
項貨物入卡估計成本銀壹百捌拾貳萬捌千貳百捌拾兩
阿克蘇道屬溫宿府奇爾台卡查驗春季分俄商入卡貨物項下
一各色哈紗緞捌拾板估銀伍百貳拾兩
一各色桂皮布玖拾板估銀柒百貳拾兩
一各色洋布貳百板估銀捌百兩
一洋糖伍百斤估銀壹百兩
一洋鐵捌百斤估銀壹百陸拾兩
一洋火捌箱估銀肆拾兩
烏什廳依布拉引卡查驗春季分俄商入卡貨物項下
一清油壹萬柒千貳百斤估銀捌百陸拾兩
一蜂蜜肆千貳百斤估銀柒百伍拾陸兩
一生鐵柒千斤估銀伍百陸拾兩
一洋甆碗貳千捌百對估銀壹千肆百兩

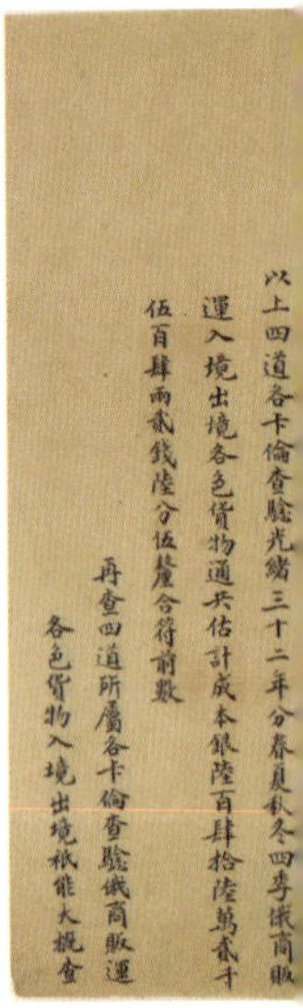
以上四道各卡倫查驗光緒三十二年分春夏秋冬四季俄商販
運入境出境各色貨物通共估計成本銀陸百肆拾陸萬貳千
伍百肆兩貳錢陸分伍釐合符前數
再查四道所屬各卡倫查驗俄商販運
各色貨物入境出境祇能大概查

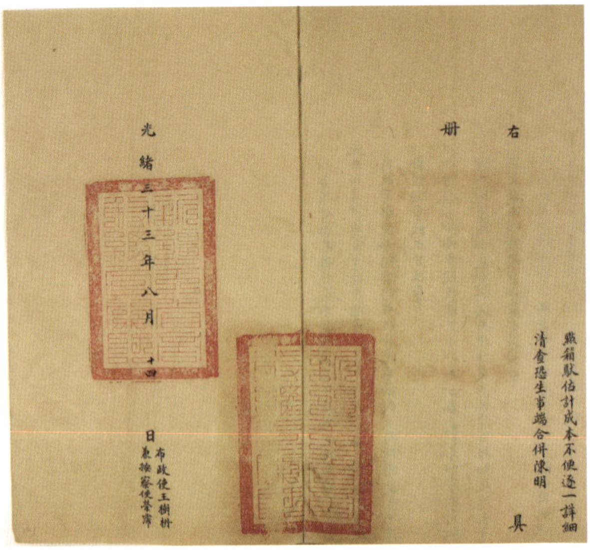
驗箱馱估計成本不便逐一詳細
清查恐生事端合併陳明
右　冊　具
光緒三十三年八月十四日　布政使王樹枏
兼按察使榮霈

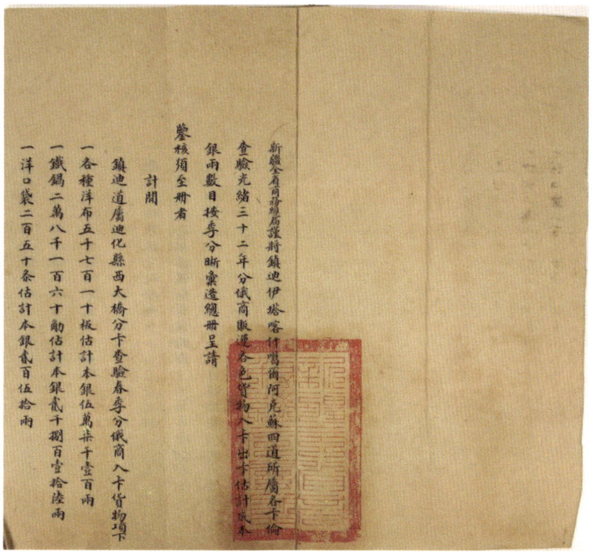

新疆全省商務總局謹將鎮迪伊塔喀什噶爾阿克蘇四道所屬各卡倫
查驗光緒三十二年分俄商販運各色貨物入卡出卡估計成本
銀兩數目按季分晰彙造總冊呈請
鑒核須至冊者
計開
鎮迪道屬迪化縣西大橋分卡查驗春季分俄商入卡貨物項下
一各種洋布五十七百一十板估計本銀伍萬柒千壹百兩
一鐵鍋二萬八千一百六十觔估計本銀貳千捌百壹拾陸兩
一洋口袋二百五十条估計本銀貳百伍拾兩

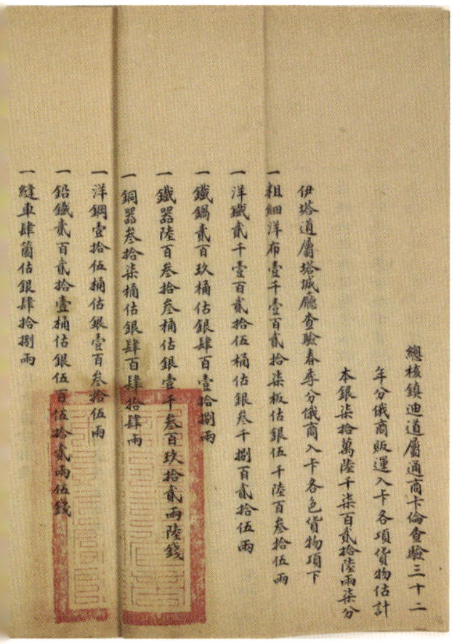

總核鎮迪道屬通商卡倫查驗三十二
年分俄商販運入卡各項貨物估計
本銀柒拾萬陸千柒百貳拾陸兩柒分
伊塔道屬塔城廳查驗春季分俄商入卡各色貨物項下
一粗細洋布壹千壹百貳拾柒板估銀伍千陸百叁拾伍兩
一洋絨貳千壹百貳拾伍桶估銀叁千捌百貳拾伍兩
一鐵鍋貳百玖桶估銀肆百壹拾捌兩
一鐵器陸百叁拾叁桶估銀壹千叁百玖拾貳兩陸錢
一銅器叁拾柒桶估銀肆百肆拾肆兩
一洋鋼壹拾伍桶估銀壹百叁拾伍兩
一鉛鐵貳百貳拾壹桶估銀伍百伍拾貳兩伍錢
一縫車肆箇估銀肆拾捌兩

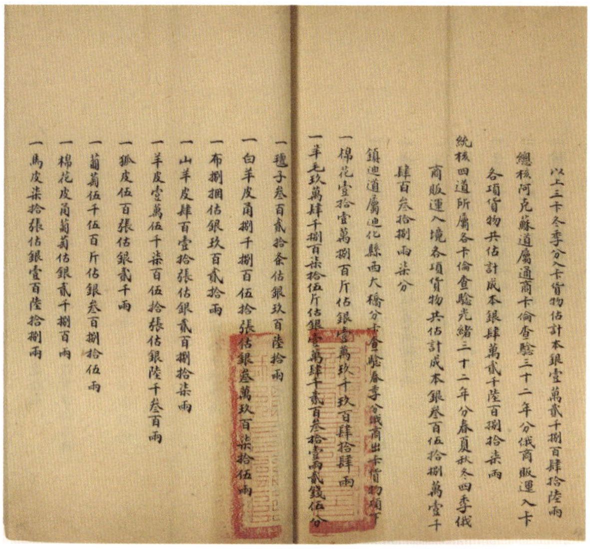

以上三卡冬季分入卡貨物估計本銀壹萬貳千捌百肆拾陸兩
總核阿克蘇道屬通商卡倫查驗三十二年分俄商販運入卡
各項貨物共估計成本銀肆萬貳千陸百捌拾柒兩
統核四道所屬各卡倫查驗光緒三十二年分春夏秋冬四季俄
商販運入境各項貨物共估計成本銀叁百伍拾捌萬壹千
肆百叁拾捌兩柒分
鎮迪道屬迪化縣西大橋分卡查驗春季分俄商出卡貨物項下
一羊毛玖萬肆千捌百柒拾伍斤估銀壹萬肆千貳百叁拾壹兩貳錢伍分
一棉花壹拾壹萬捌百斤估銀壹萬玖千玖百肆拾肆兩
一氈子叁百貳拾条估銀玖百陸拾兩
一白羊皮甬捌千捌百伍拾張估銀叁萬玖百柒拾伍兩
一布捌捆估銀玖百貳拾兩
一山羊皮肆百壹拾張估銀貳百捌拾柒兩
一羊皮壹萬伍千柒百伍拾張估銀陸千叁百兩
一狐皮伍百張估銀貳千兩
一葡萄伍千伍百斤估銀叁百捌拾伍兩
一棉花皮甬萄萄估銀貳千捌百兩
一馬皮柒拾張估銀壹百陸拾捌兩

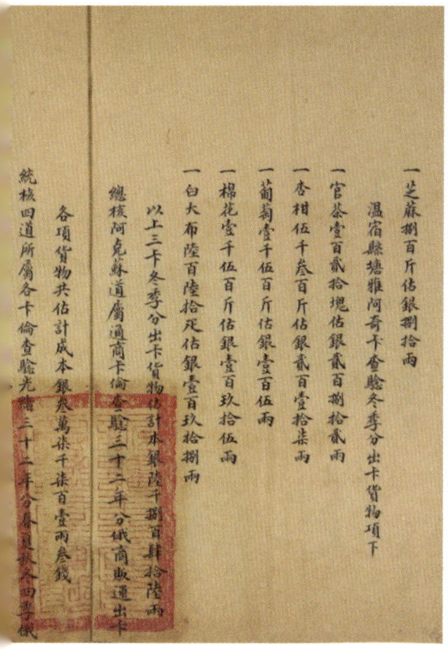

一芝蔴捌百斤估銀捌拾兩
溫宿縣塘雅河哥卡查驗冬季分出卡貨物項下
一官茶壹百貳拾塊估銀貳百捌拾貳兩
一杏相伍千叁百斤估銀貳百壹拾柒兩
一葡萄壹千伍百斤估銀壹百伍兩
一棉花壹千伍百斤估銀壹百玖拾伍兩
一白大布陸百陸拾疋估銀壹百玖拾捌兩
以上三卡冬季分出卡貨物估計本銀陸千捌百肆拾陸兩
總核阿克蘇道屬通商卡倫查驗三十二年分俄商販運出卡
各項貨物共估計成本銀叁萬柒千柒百壹兩叁錢
統核四道所屬各卡倫查驗光緒三十二年分春夏秋冬四季俄

新疆巡抚联魁致外务部咨呈（光绪三十三年八月二十日）之二

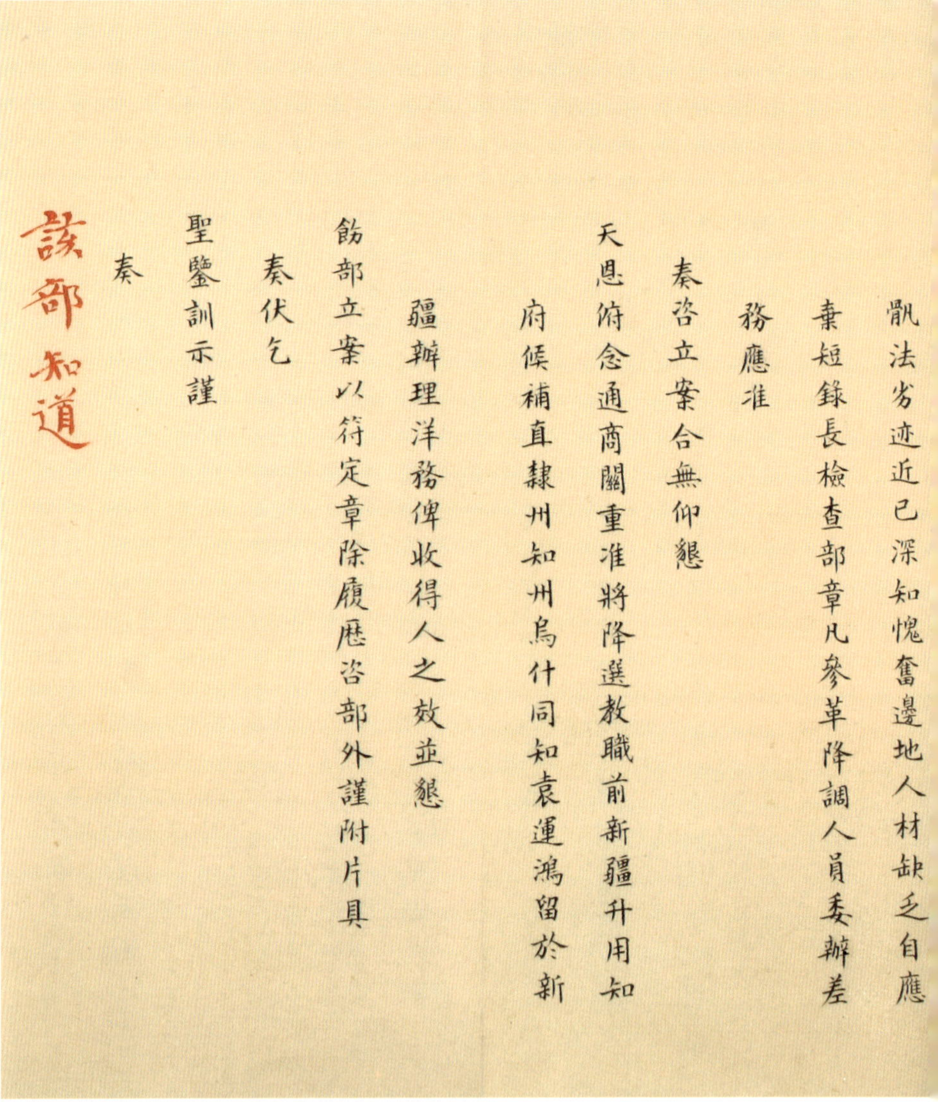
骫法劣迹近已深知愧奮邊地人材缺乏自應
棄短錄長檢查部章凡參革降調人員委辦差
務應准
奏咨立案合無仰懇
天恩俯念通商關重准將降選教職前新疆升用知
府候補直隸州知州烏什同知袁運鴻留於新
疆辦理洋務俾收得人之效並懇
飭部立案以符定章除履歷咨部外謹附片具
奏伏乞
聖鑒訓示謹
奏
該部知道

新疆巡抚潘效苏奏片：

为请将前新疆乌什同知袁运鸿留于新疆办理洋务事

光绪三十年（1904年）

清朝与俄罗斯在新疆通商以来，各类交涉事务繁多，至光绪朝末期，更是“倍益繁难”。新疆巡抚潘效苏认为办理与俄罗斯各类洋务，必须选用“熟习情形，善持大体之员”，方能胜任。潘效苏查得，前任新疆乌什同知袁运鸿在刘锦棠担任新疆巡抚期间，协助处理洋务多年，“诸臻妥

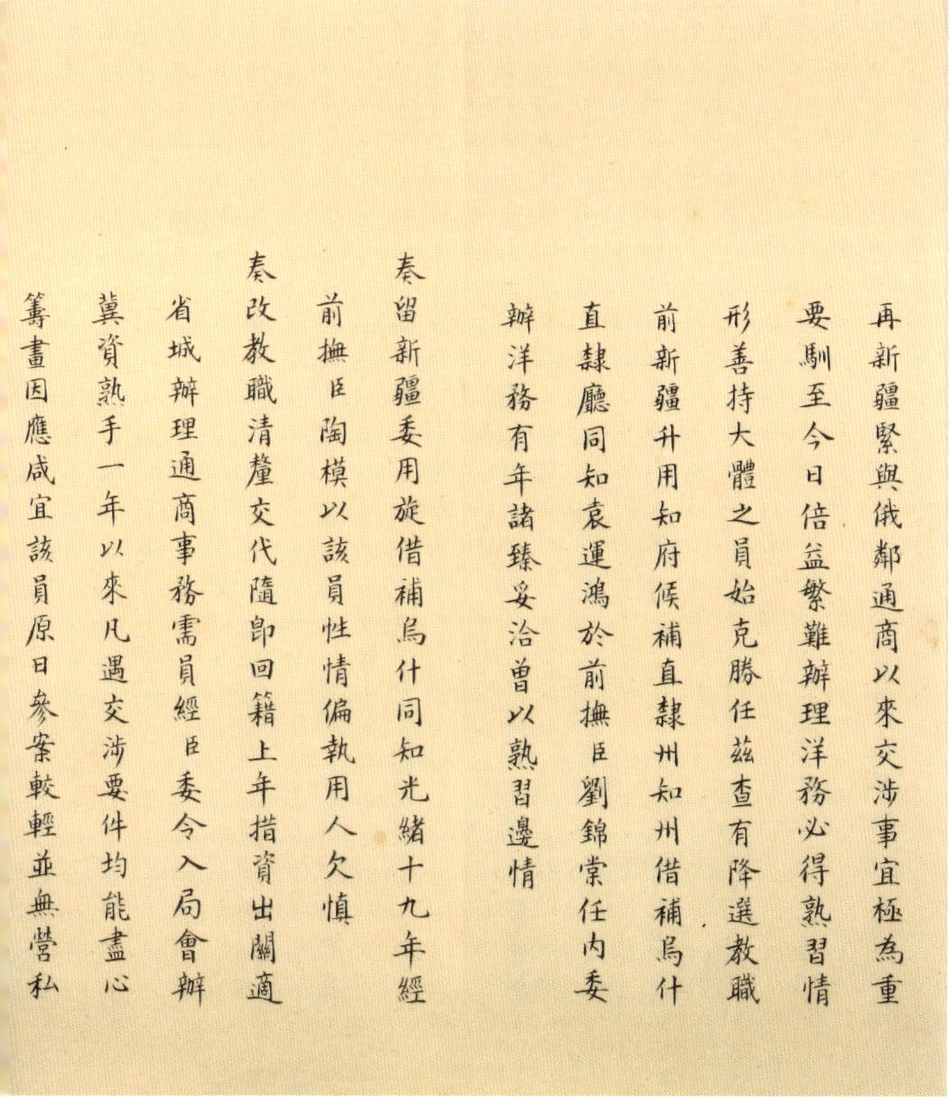
再新疆緊與俄鄰通商以來交涉事宜極為重要馴至今日倍益繁難辦理洋務必得熟習情形善持大體之員始克勝任茲查有降選教職前新疆升用知府候補直隸州知州借補烏什直隸廳同知袁運鴻於前撫臣劉錦棠任內委辦洋務有年諸臻妥洽曾以熟習邊情奏留新疆委用旋借補烏什同知光緒十九年經前撫臣陶模以該員性情偏執用人欠慎奏改教職清釐交代隨即回籍上年措資出關適省城辦理通商事務需員經臣委令入局會辦冀資熟手一年以來凡遇交涉要件均能盡心籌畫因應咸宜該員原日參案較輕並無營私

新疆巡抚潘效苏奏片（光绪三十年）

洽”，光绪十九年（1893），袁运鸿被继任的新疆巡抚陶模以“性情偏执，用人欠慎”为由，改委教职，随即回到原籍。光绪二十九年，潘效苏在新疆筹办通商事务，令袁运鸿前来参与，一年之中，袁运鸿“凡遇交涉要件，均能尽心筹画”。因此，潘效苏于光绪三十年上奏，指出袁运鸿本无大错，加之边地人才匮乏，奏请光绪帝准许袁运鸿继续留任新疆，办理洋务，“俾收得人之效”。光绪帝认为潘效苏所奏有理，遂准袁运鸿开复乌什同知。

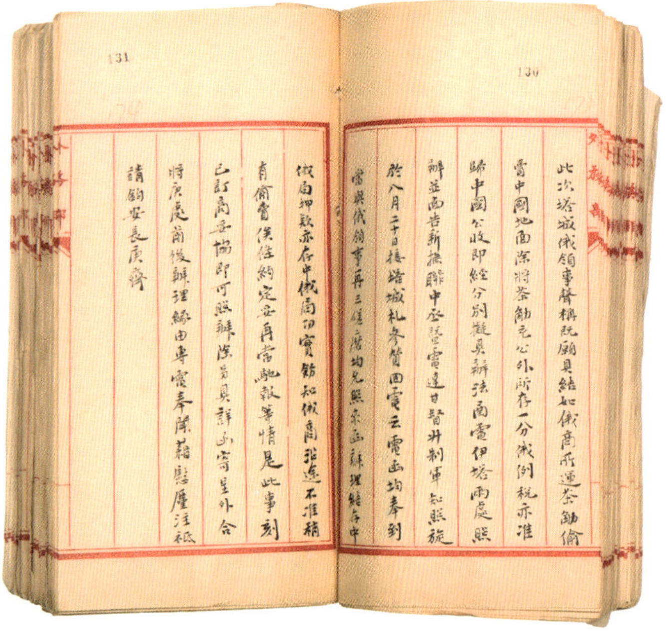

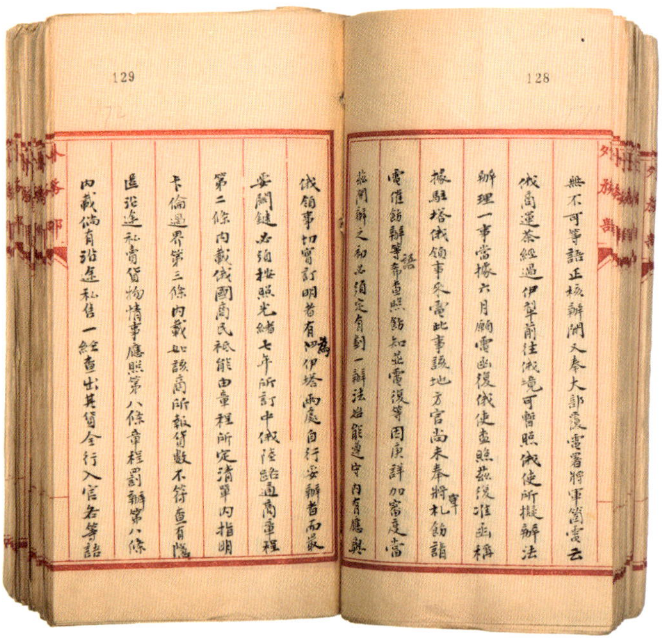

伊犁将军长庚致外务部电报：

为俄商运茶已定商妥协事

光绪三十三年九月初十日（1907 年 10 月 16 日）

伊犁将军长庚致外务部电报：

为办理俄商假道运茶事

光绪三十三年九月十九日（1907 年 10 月 25 日）

伊犁将军广福致外务部电报：

为俄商运茶章程事

宣统二年九月初二日（1910 年 10 月 4 日）

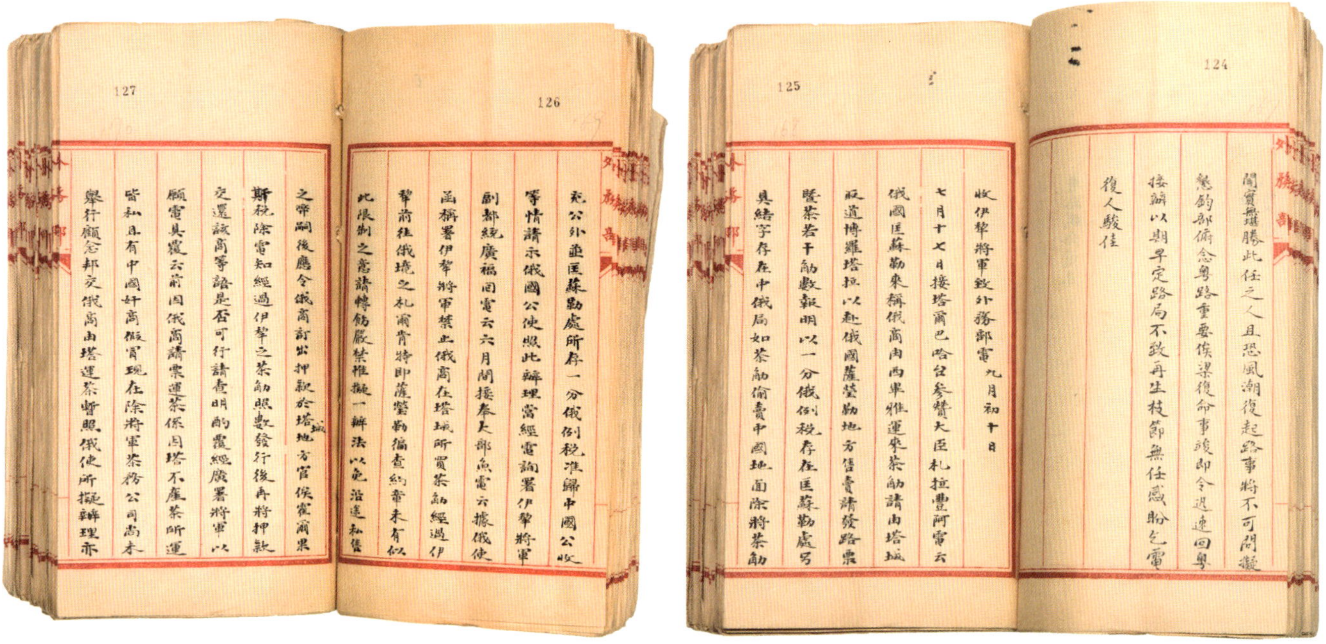

伊犁将军长庚致外务部电报（光绪三十三年九月初十日）

晚清时期，中俄之间的商贸往来主要遵循光绪七年（1881）签订的《中俄陆路通商章程》，但在实际的贸易活动中经常会出现特殊情形。光绪朝晚期，俄罗斯商人提出从俄罗斯将货物运入新疆地区后，假道运往俄罗斯其他地区。清政府对于俄罗斯的这种假道行为，考虑到其中涉及海关进出、关税管理、路面安全、非法销售等诸多事项，本来是严格禁止的。然而，俄罗斯领事多次提出此类不合理的要求，伊犁将军等新疆地方官员出于维护贸易关系的考量，与外务部通过电报反复商议后，决定同意俄商假道运送茶叶的请求。清政府对于俄商的此类请求考虑周到，积极提出合适的解决方案，至宣统年间更制定了专门章程，可以看出清朝对于维护丝绸之路贸易往来所付出的巨大诚意及努力。

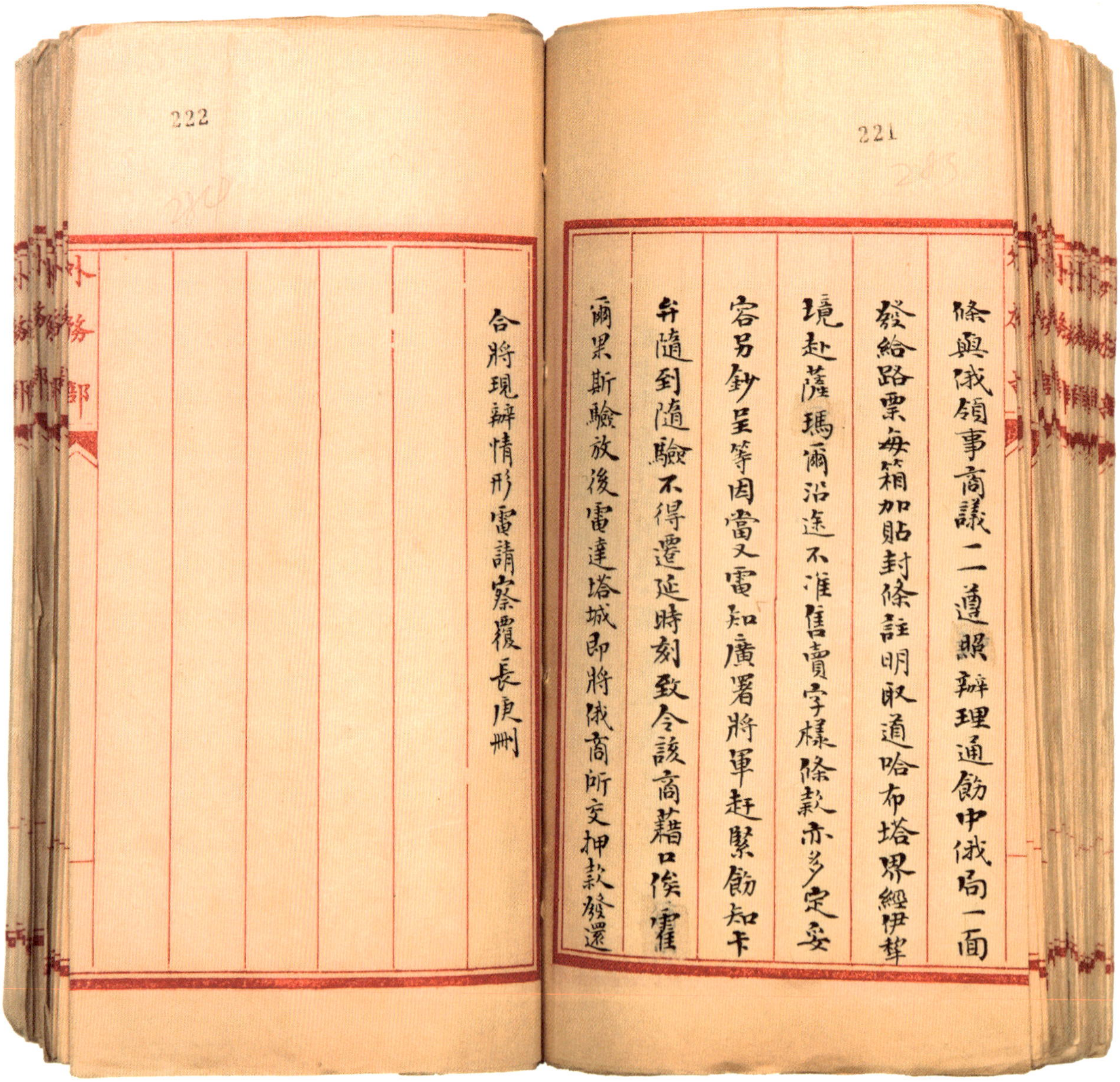

條與俄領事商議一一遵照辦理通飭中俄局一面
發給路票每箱加貼封條註明取道哈布塔界經伊犁
境赴薩瑪爾沿途不准售賣字樣條款亦多定妥
容另鈔呈等因當又電知廣署將軍趕緊飭知卡
弁隨到隨驗不得遲延時刻致令該商藉口俟霍
爾果斯驗放後電達塔城即將俄商所交押款發還
合將現辦情形電請察覆長庚刪

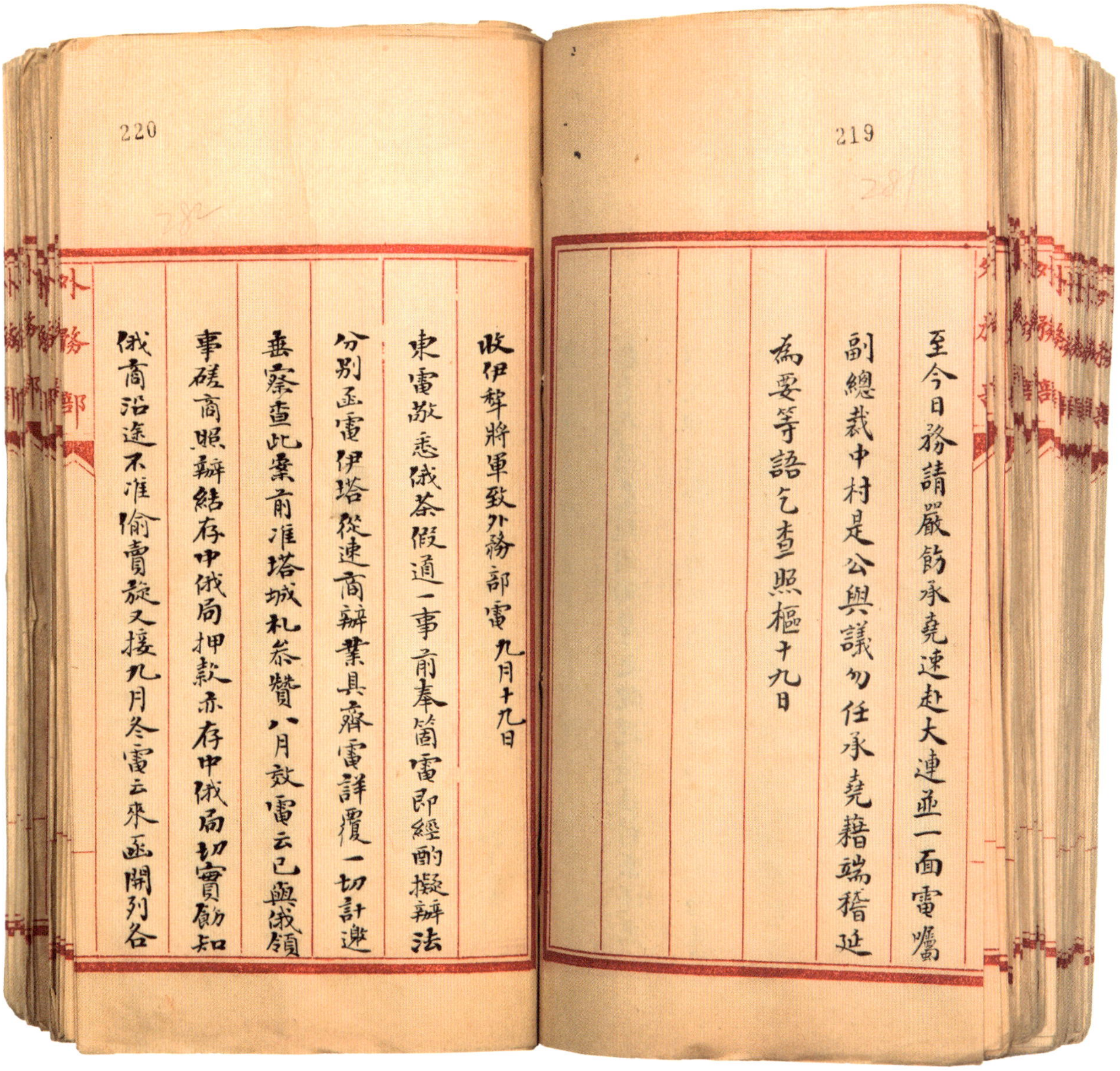

至今日務請嚴飭承堯速赴大連並一面電囑
副總裁中村是公與議勿任承堯藉端稽延
為要等語乞查照樞十九日

收伊犁將軍致外務部電 九月十九日
東電敬悉俄茶假道一事前奉箇電即經酌擬辦法
分別函電伊塔從速商辦業具齊電詳覆一切計邀
垂察查此案前准塔城札參贊八月效電云已與俄領
事磋商照辦結存中俄局押款亦存中俄局切實飭知
俄商沿途不准偷賣旋又接九月冬電云來函開列各

伊犁将军长庚致外务部电报（光绪三十三年九月十九日）

1044

應運入中境轉賣奪華商生計四飭俄商
沿途不准偷賣五中俄局給照黏連領事
執照備查驗並取結存局六過卡蓋戳
記簿不符應貼封條七貼封後將折動不
符件數註明八腳夫沿途偷賣從嚴罰辦
於俄商無干長將軍因俄商無干語欠妥

1045

咨覆酌改未准塔城續咨故未咨部茲另
鈔寄是俄商運茶向不准借界灑賣押款
已是通融今又得寸進尺昨准大咨與世
署使辯駁苦心維持惟准運俄茶與此案
稍異且俄不產茶必至影射不獨虧課華
商亦不願祈再援此案礎商以保利權為

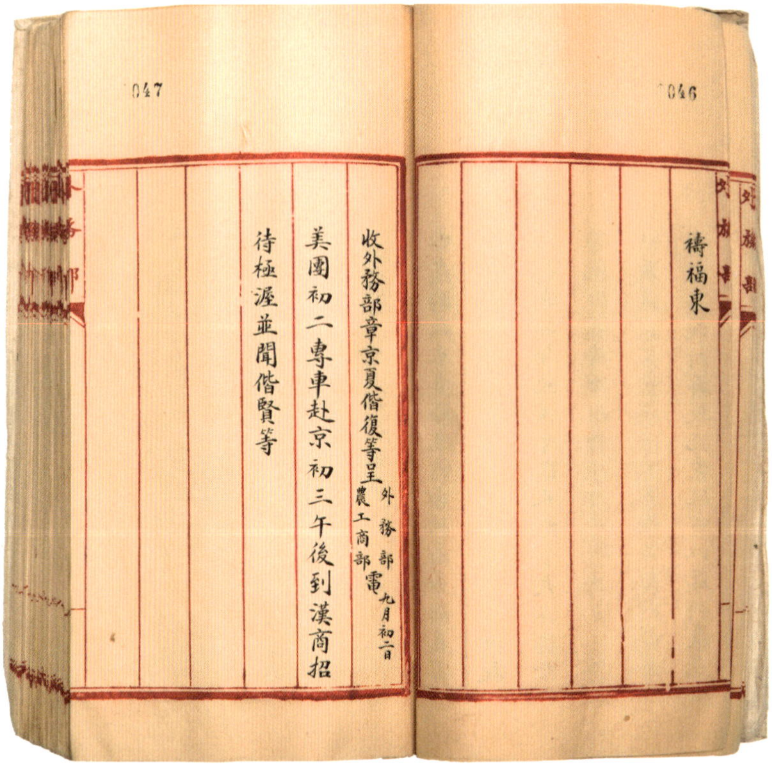
1046

禱福東

1047

收外務部章京夏偕復等呈外務部農工商部電九月初二日
美國初二專車赴京初三午後到漢商招
待極渥並聞偕賢等

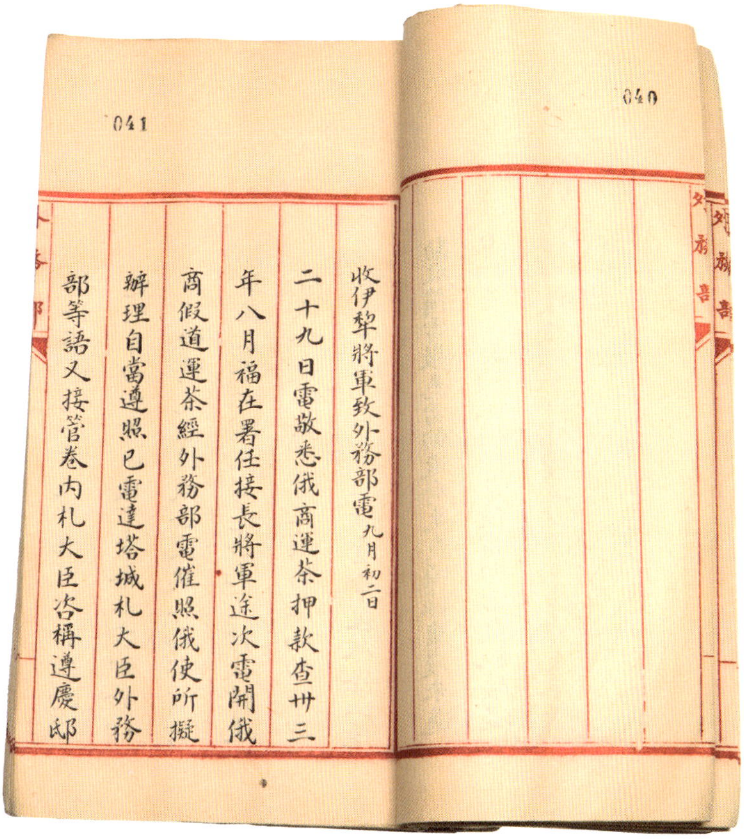
041

040

收伊犁將軍致外務部電九月初二日
二十九日電敬悉俄商運茶押款查卅三
年八月福在署任接長將軍途次電開俄
商假道運茶經外務部電催照俄使所擬
辦理自當遵照已電達塔城札大臣外務
部等語又接管卷內札大臣咨稱遵慶邸

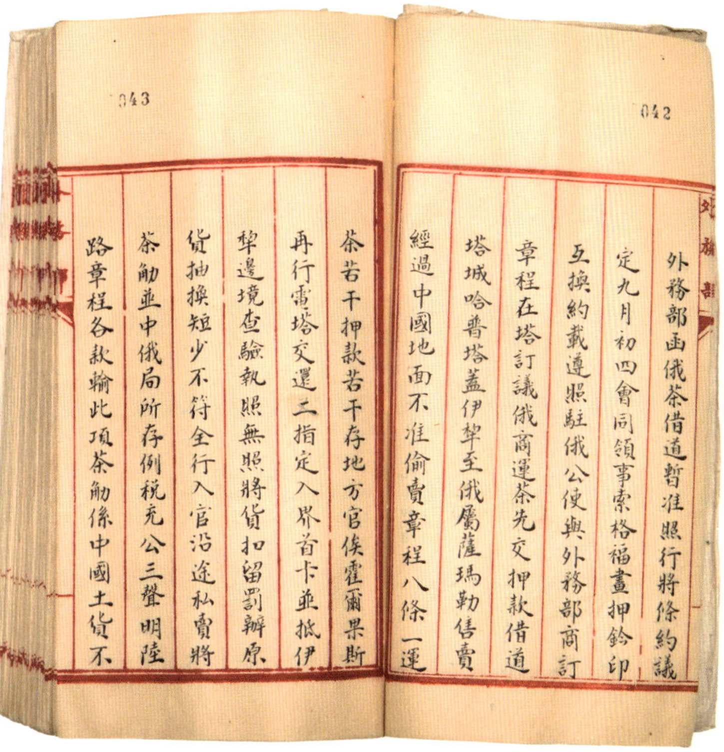
042

外務部函俄茶借道暫准照行將除約議
定九月初四會同領事索格福畫押鈐印
互換約載遵照駐俄公使與外務部商訂
章程在塔訂議俄商運茶先交押款借道
塔城哈普塔蓋伊犁至俄屬薩瑪勒售賣
經過中國地面不准偷賣章程八條一運

043

茶若干押款若干存地方官俟霍爾果斯
再行電塔交還二指定入界首卡並抵伊
犁邊境查驗執照無照將貨扣留罰辦原
貨抽換短少不符全行入官沿途私賣將
茶觔並中俄局所存例稅充公三條明陸
路章程各款輸此項茶觔係中國土貨不

伊犁将军广福致外务部电报（宣统二年九月初二日）

伊犁俄商及华商每年销货数目表

光绪朝（1875—1908 年）

伊犁中俄通商入口出口货物说明书（册）

光绪朝（1875—1908 年）

俄国各项货物上税单

光绪朝（1875—1908 年）

晚清时期，俄罗斯在新疆与清朝进行贸易往来，依仗特权独占了当地商品市场，尤其是《中俄改订伊犁条约》《改订陆路通商章程》等条约签订后，新疆地区的清俄交易数量急剧增长。其中，俄罗斯从清朝进口的主要商品从内地的茶叶变为新疆生产的羊毛、制革原料、棉花、生丝以及牲畜、毛皮、干鲜水果等，并向新疆大量出口纺织品、金属制品和石油产品等。其中相关情形，从清末俄商在伊犁销货数目表、中俄通商进出口货物清册及上税单中可窥见一二。

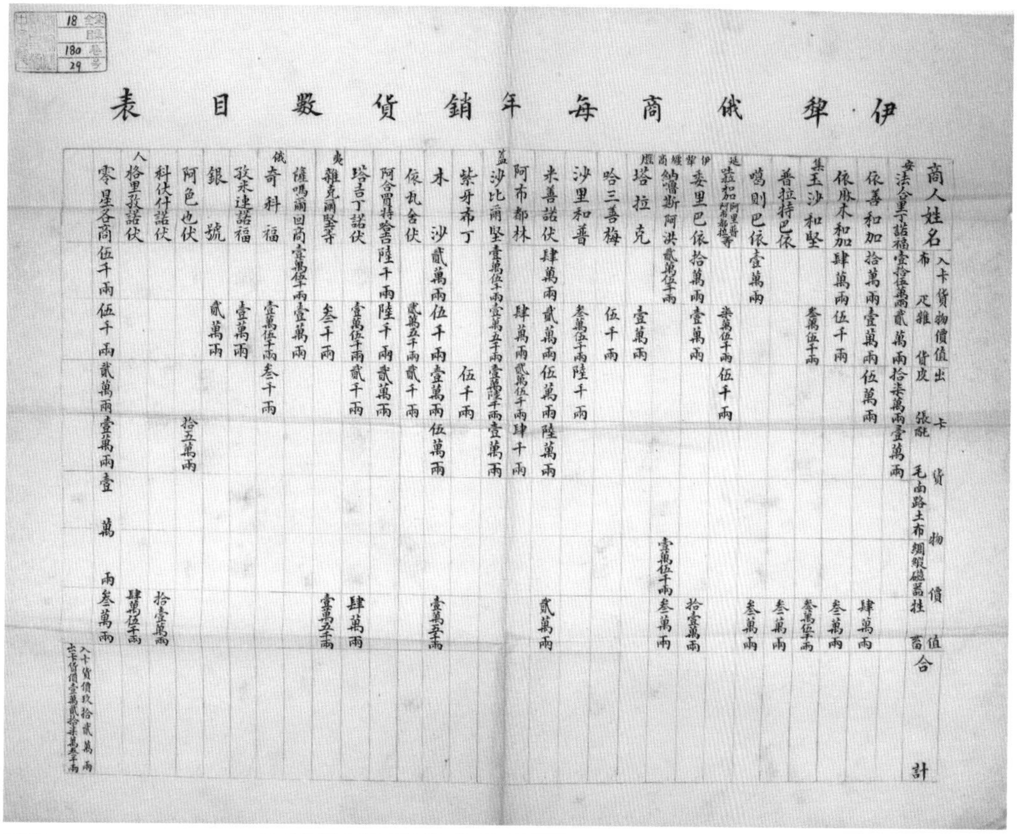

伊犁俄商每年銷貨數目表

商人姓名	入卡貨物價值（布疋、雜貨、皮張、氈）	出卡貨物價值（毛、南路土布、綢緞、磁器、牲畜）
安法合里丁諾福	壹拾伍萬兩 貳萬兩 拾柒萬兩 壹萬兩	
依善和加	拾萬兩 壹萬兩 伍萬兩	肆萬兩
依麻木和加	肆萬兩 伍千兩	叁萬兩
集玉沙和堅	叁萬伍千兩	叁萬伍千兩
普拉特巴依		叁萬兩
噶則巴依	壹萬兩	叁萬兩
延莊加阿里爾阿布都拉等	柒萬伍千兩 伍千兩	
伊犁委里巴依	拾萬兩 壹萬兩	拾壹萬兩
孀商納嚕斯阿洪	貳萬伍千兩	壹萬伍千兩 叁萬兩
塔拉克	壹萬兩	
哈三善梅	伍千兩	
沙里和普	叁萬伍千兩 陸千兩	
米善諾伏	肆萬兩 貳萬兩 伍萬兩 陸萬兩	貳萬兩
阿布都林	肆萬兩 貳萬伍千兩 肆千兩	
蓋沙比爾堅	壹萬伍千兩 壹萬五千兩 壹萬陸千兩 壹萬兩	
紫牙布丁	伍千兩	
木沙	貳萬兩 伍千兩 壹萬兩 伍萬兩	壹萬五千兩
依扎舍伏	貳萬五千兩 貳千兩	
阿合買特瞻善	陸千兩 陸千兩 貳萬兩	
塔吉丁諾伏	壹萬伍千兩 貳千兩	肆萬兩
夷雜克爾堅等	叁千兩	壹萬五千兩
薩嗎爾回商	壹萬伍千兩 壹萬兩	
俄奇科福	壹萬伍千兩 叁千兩	
孜米建諾福	壹萬兩	
銀號	貳萬兩	
阿色也伏	拾五萬兩	
科伏什諾伏		拾壹萬兩
人格里孜諾伏		肆萬伍千兩
零星各商	伍千兩 伍千兩 貳萬兩 壹萬兩	壹萬兩 叁萬兩

入卡貨價玖拾貳萬兩
出卡貨價壹萬貳拾柒萬叁千兩

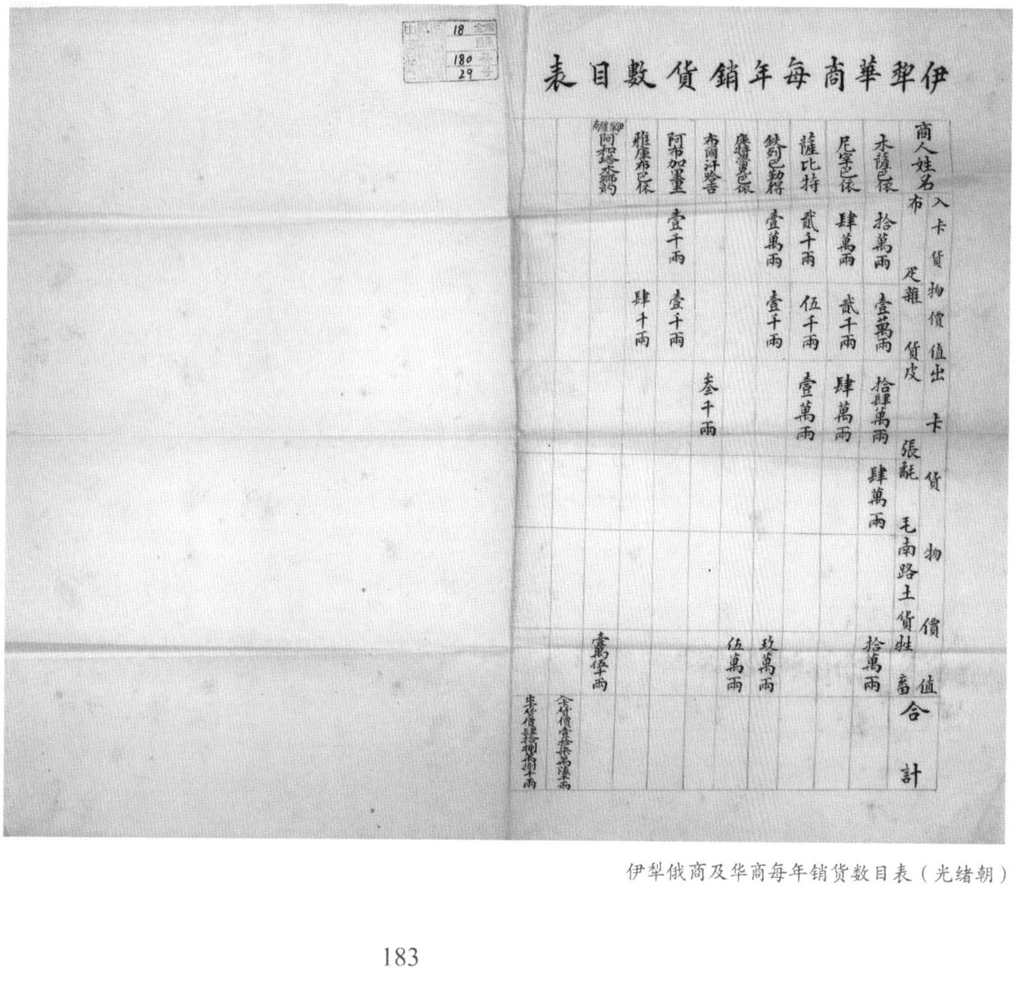

伊犁華商每年銷貨數目表

商人姓名	入卡貨物價值：布疋	雜貨	皮張	氈	出卡貨物價值：毛、南路土貨、牲畜
木薩巴依	拾萬兩	壹萬兩	拾肆萬兩	肆萬兩	拾萬兩
尼牙巴依	肆萬兩	貳千兩	肆萬兩		
薩比特	貳千兩	伍千兩	壹萬兩		
鋏劾巴勒得	壹萬兩	壹千兩			玖萬兩
麼得巴依					伍萬兩
布爾汗哈善			叁千兩		
阿布加畢	壹千兩	壹千兩			
雅庫布巴依		肆千兩			
阿和塔木聊豹					壹萬伍千兩

入卡貨價壹拾柒萬陸千兩
出卡貨價肆拾捌萬捌千兩

伊犁俄商及华商每年销货数目表（光绪朝）

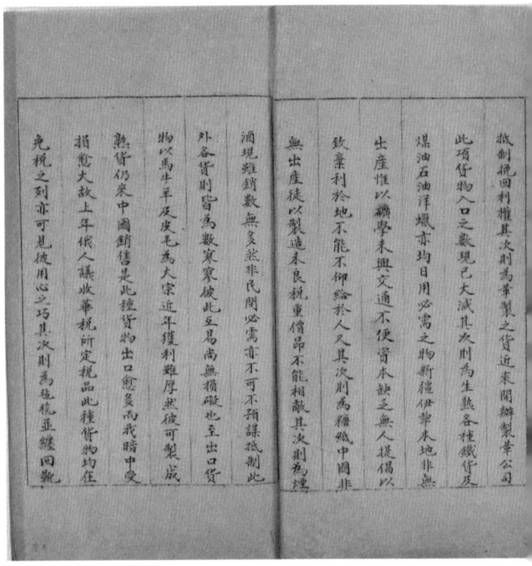
抵制挽回利權其次則為華製之貨近來開辦製華公司此項貨物入口之數現已大減其次則為生熟各種鐵貨及煤油石油洋蠟亦均日用必需之物新疆伊犂本地非無出產惟以礦學未興交通不便資本缺乏無人提倡以致棄利於地不能不仰給於人又其次則為糖紙中國非無出產徒以製造未良稅重價昂不能相敵其次則為煙酒現雖銷數無多然非民間必需亦不可不預謀抵制此外各貨則皆為數寥寥彼此互易尚無損礙也至出口貨物以馬牛羊及皮毛為大宗近年獲利雖厚然彼可製成熟貨仍來中國銷售是此種貨物出口愈多而我暗中受損愈大故上年俄人議收華稅所定稅品此種貨物均在免稅之列亦可見彼用心之巧其次則為毡毯並縫回靴

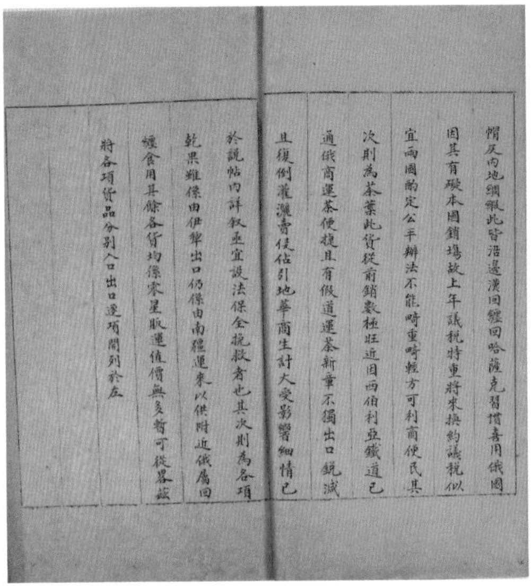
帽及內地綢緞此皆沿邊漢回纏回哈薩克習慣喜用俄國因其有礙本國銷場故上年議稅特重將來換約議稅似宜兩國酌定公平辦法不能畸重畸輕方可利商便民其次則為茶葉此貨從前銷數極旺近因西伯利亞鐵道已通俄商運茶便捷且有假道運茶新章不獨出口銳減且復倒灌灘賣侵佔引地華商生計大受影響細情已於說帖內詳敘亟宜設法保全挽救者也其次則為各項乾果雖係由伊犂出口仍係由南疆運來以供附近俄屬回纏食用其餘各貨均係零星販運值價無多暫可從略茲將各項貨品分別入口出口逐項開列於左

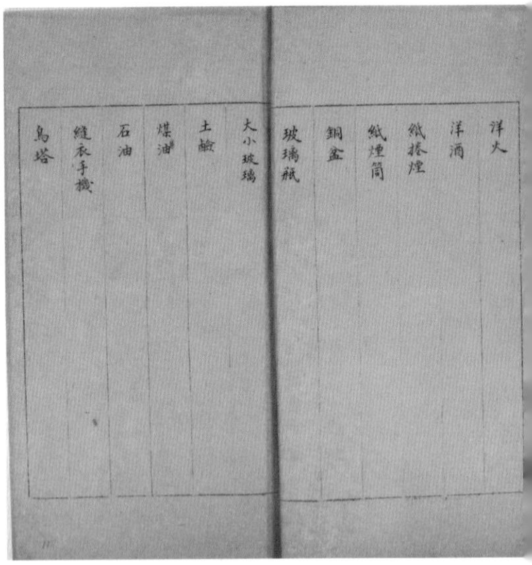
洋火
洋酒
紙捲煙
紙煙筒
銅盆
玻璃瓶
大小玻璃
土鹼
煤油
石油
縫衣手機
烏塔

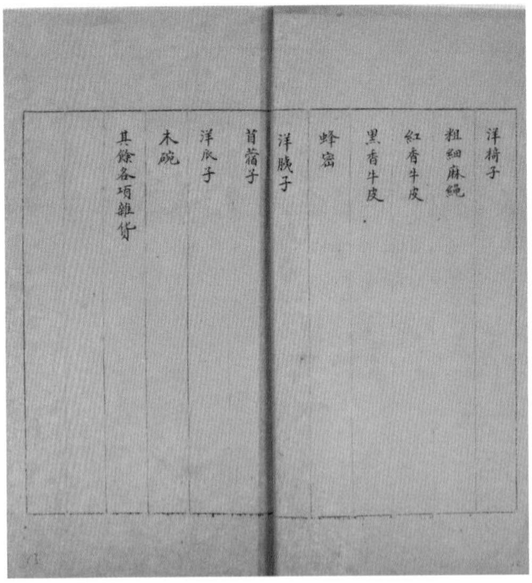
洋椅子
粗細麻繩
紅香牛皮
黑香牛皮
蜂蜜
洋胰子
苜蓿子
洋底子
木碗
其餘各項雜貨

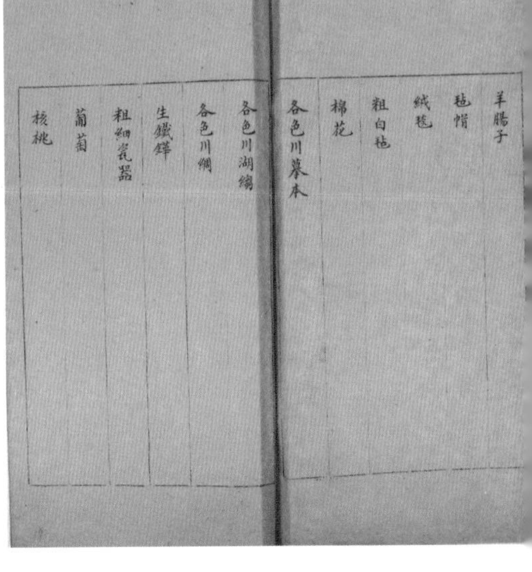
羊腸子
毡帽
絨毯
粗白毡
棉花
各色川𦾓本
各色川湖縐
各色川綢
生鐵鏵
粗細瓷器
葡萄
核桃

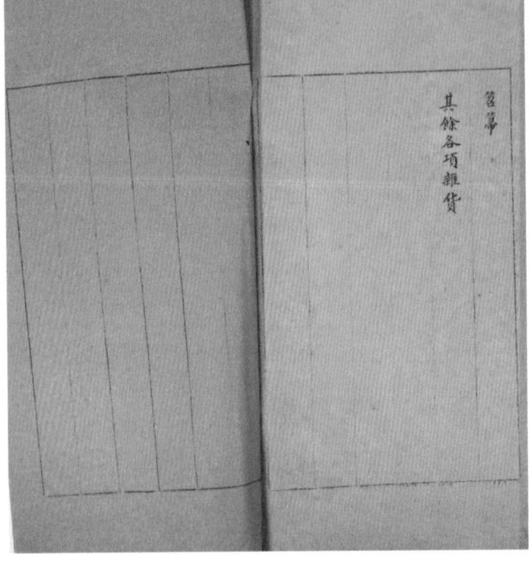
茶葉
其餘各項雜貨

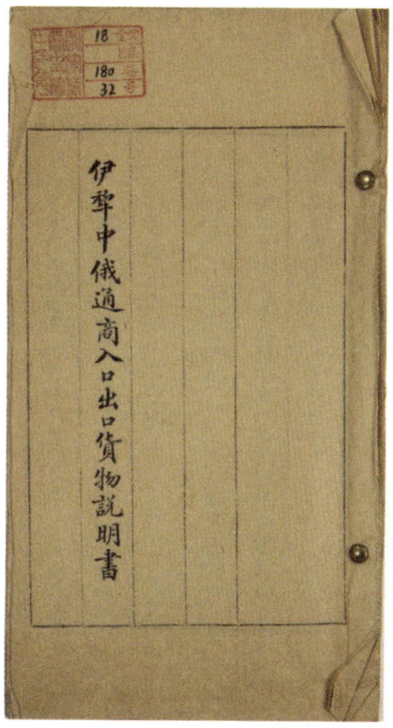

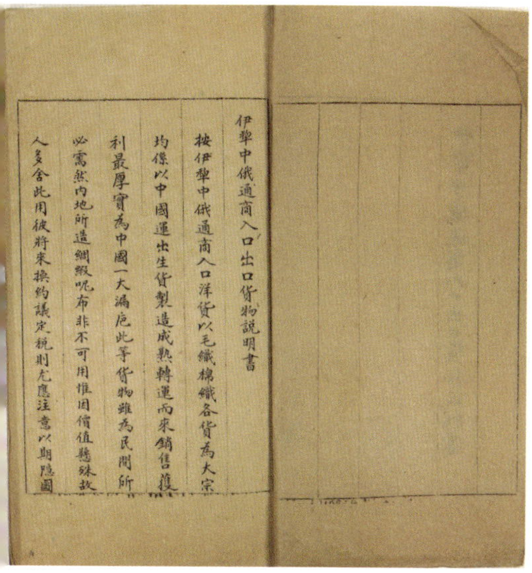
伊犁中俄通商入口出口貨物說明書

按伊犁中俄通商入口洋貨以毛織棉織各貨爲大宗均係以中國運出生貨製造成熟轉運而來銷售獲利最厚實爲中國一大漏卮此等貨物雖爲民間所必需然内地所造紬緞呢布非不可用惟因價值懸殊故人多舍此用彼將來換約議定税則尤應注意以期隱圍

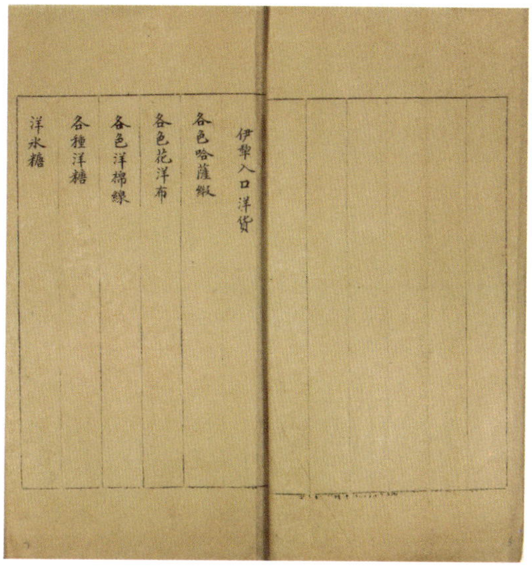
伊犁入口洋貨

各色哈薩緞
各色花洋布
各色洋棉線
各種洋糖
洋冰糖

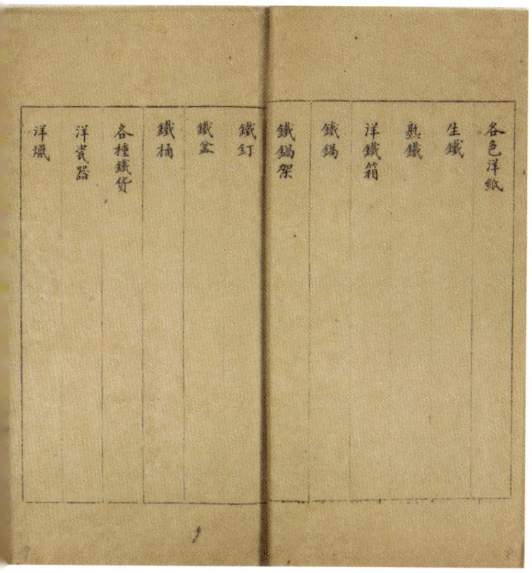
各色洋紙
生鐵
熟鐵
洋鐵箱
鐵鍋
鐵鍋架
鐵釘
鐵盆
鐵桶
各種鐵貨
洋瓷器
洋蠟

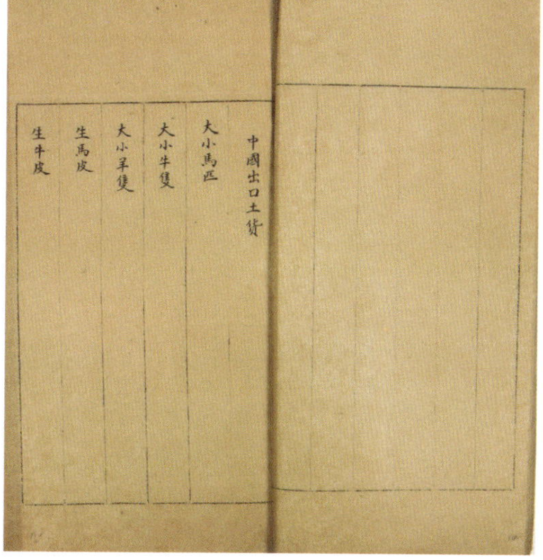
中國出口土貨

大小馬匹
大小牛隻
大小羊隻
生馬皮
生牛皮

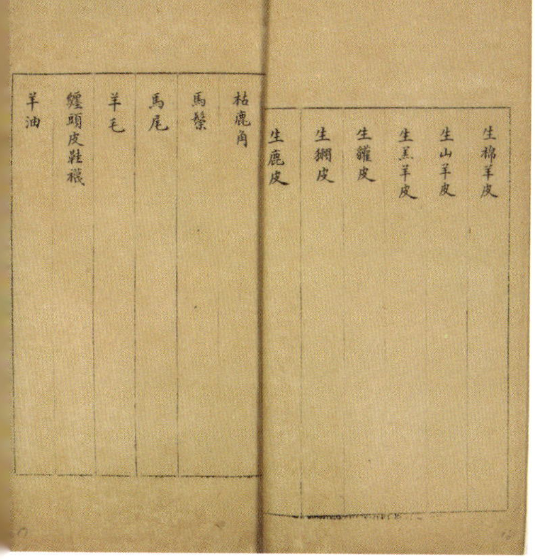
生棉羊皮
生山羊皮
生羔羊皮
生羅皮
生獺皮
生鹿皮
枯鹿角
馬鬃
馬尾
羊毛
纏頭皮鞋襪
羊油

伊犁中俄通商入口出口货物说明书（册）
（光绪朝）

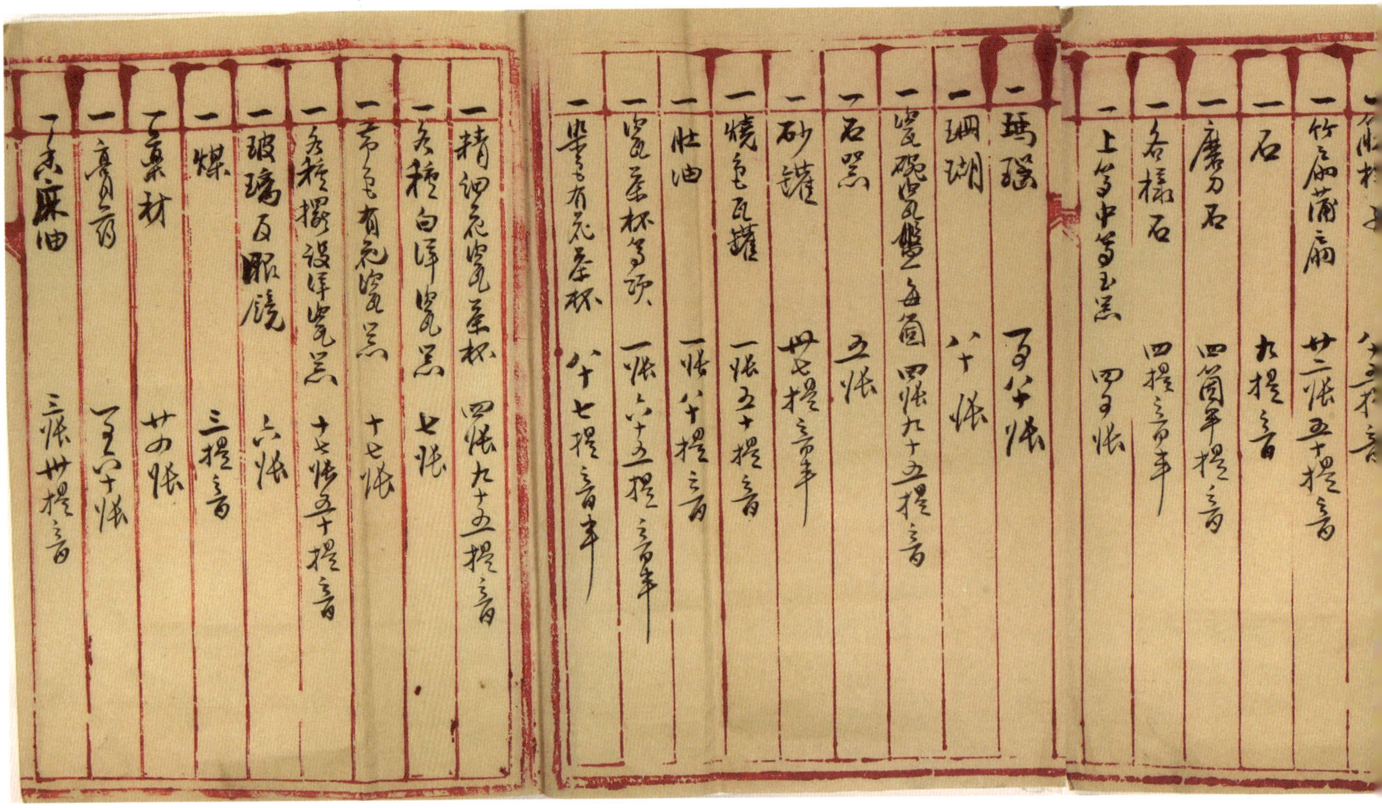

一竹扇蒲扇　廿二张五十提音
一石　九提音
一磨刀石　四箇半提音
一各样石　四提音半
一上等中等玉器　四百张
一玛瑙　百八十张
一珊瑚　八十张
一瓷碗瓷盘每个　四张九十五提音
一石器　五张
一砂罐　卅七提音半
一烧瓦罐　一张五十提音
一牛油　一张八十提音
一瓷茶杯等项　一张六十五提音半
一粗有花茶杯　八十七提音半
一精细花瓷茶杯　四张九十五提音
一各种白洋瓷器　七张
一粗有花瓷器　十七张
一各种摆设洋瓷器　十七张五十提音
一玻璃及眼镜　六张
一煤　三提音
一木材　廿四张
一膏药　百八十张
一麻油　三张卅提音

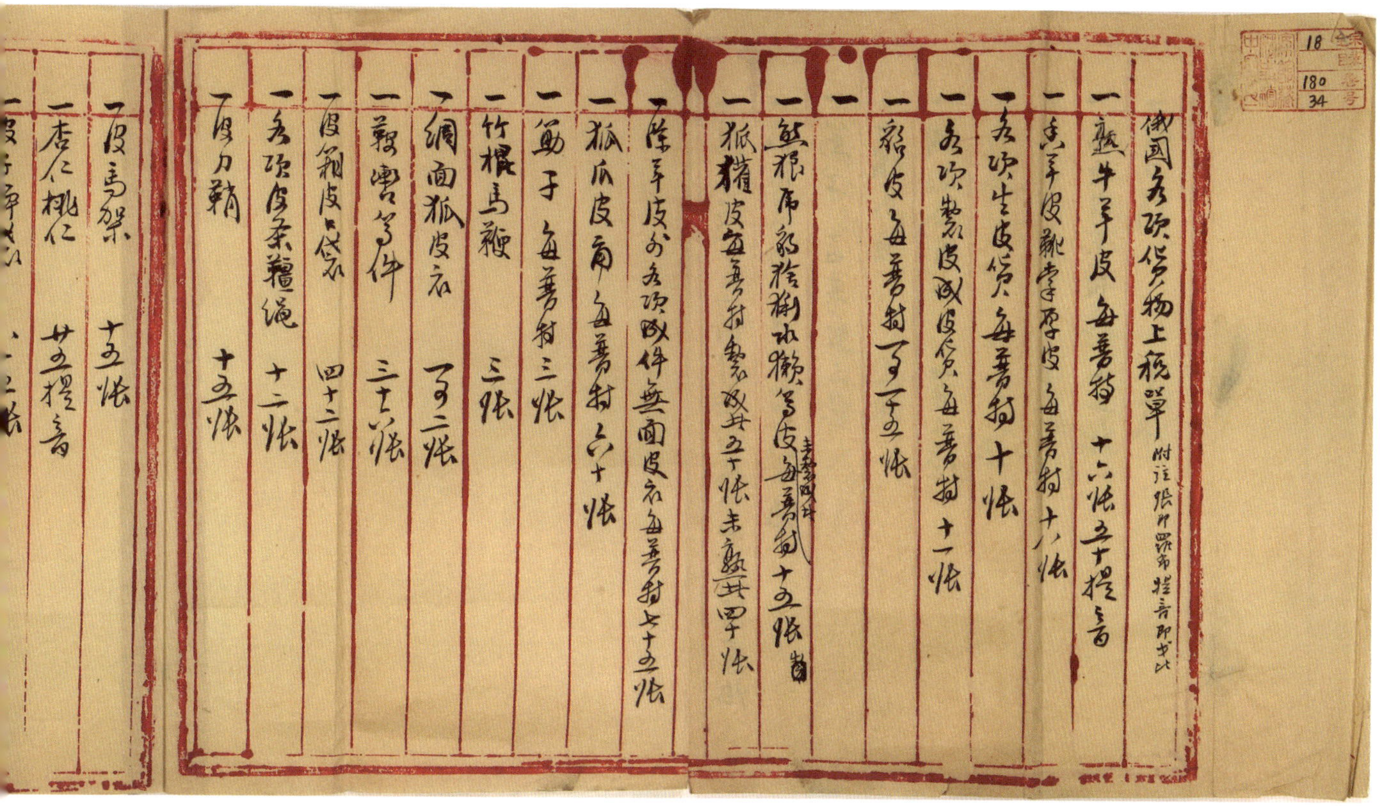
俄國各項貨物上稅單 附注張卅四號布 挂音即十比

一 熟牛羊皮 每壹封 十六張 五十提音

一 熟羊皮靴羊羔皮 每壹封 十八張

一 各項生皮貨 每壹封 十張

一 各項熟皮改皮貨 每壹封 十一張

一 貂皮 每壹封 一千五張

一

一 熊狼虎豹狐狸水獭等皮 每壹封 十五張

一 狐貍皮 每壹封 熟改五十張 未熟四十張

一 綿羊皮分各項改件無面皮衣 每壹封 七十五張

一 狐皮 每壹封 六十張

一 帽子 每壹封 三張

一 竹根馬鞭 三張

一 綢面狐皮衣 一百二張

一 鞍韂等件 三十張

一 皮箱皮口袋 四十二張

一 各項皮條韁繩 十二張

一 皮刀鞘 十五張

一 皮馬架 十五張

一 杏仁桃仁 廿五提音

俄国各项货物上税单（光绪朝）

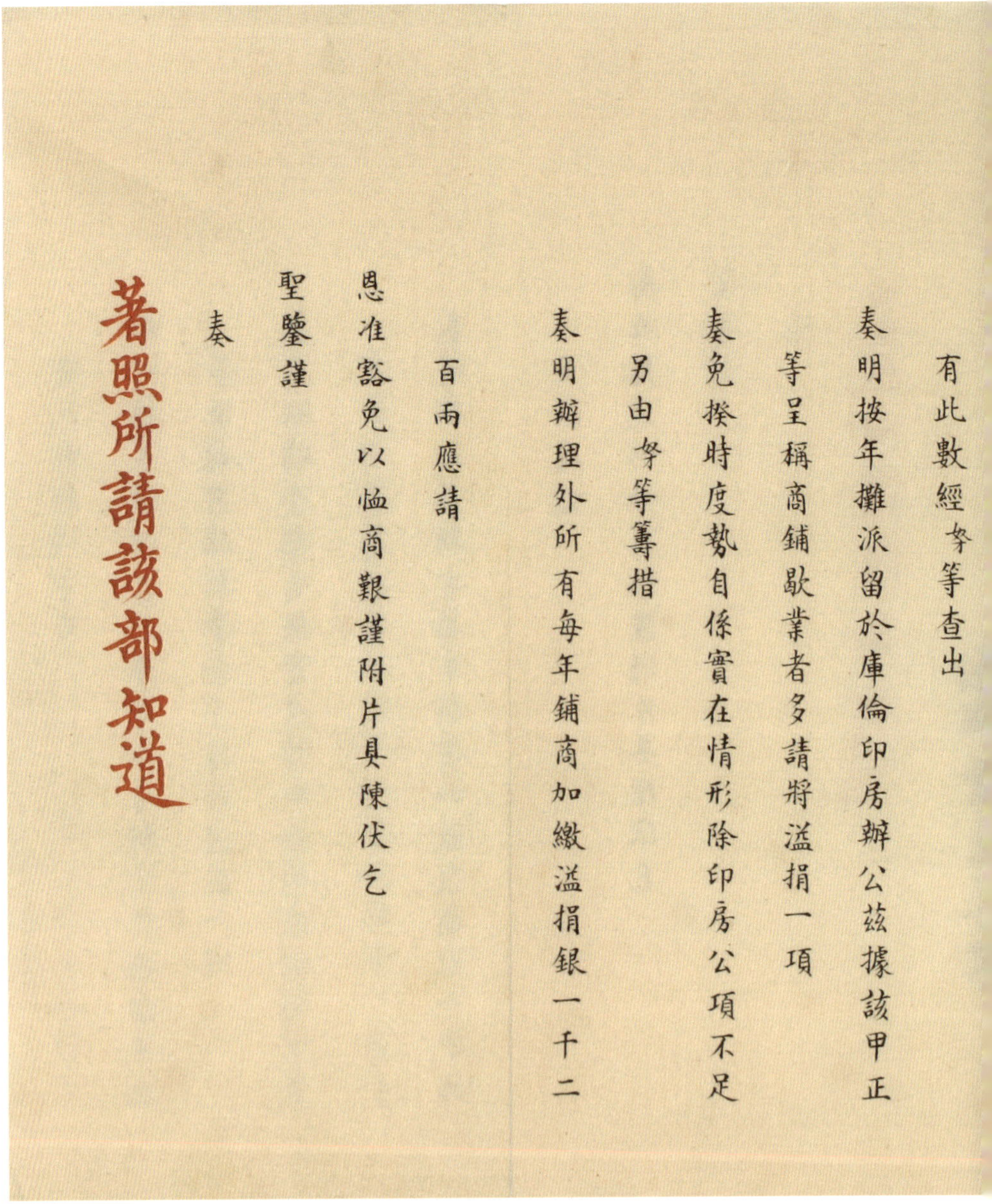

有此數經奴才等查出
奏明按年攤派留於庫倫印房辦公茲據該甲正
等呈稱商鋪歇業者多請將溢捐一項
奏免揆時度勢自係實在情形除印房公項不足
另由奴才等籌措
奏明辦理外所有每年鋪商加繳溢捐銀一千二
百兩應請
恩准豁免以恤商艱謹附片具陳伏乞
聖鑒謹
奏
著照所請該部知道

库伦办事大臣延祉奏片：

为请豁免铺商每年加缴溢捐银两事

宣统元年二月二十一日（1909 年 3 月 12 日）

自光绪二十八年（1902）开始，库伦地区商铺每年创办铺捐应交白银 1.8 万两，作为库伦当地印房等各项办公费用。而从光绪三十一年开始，每年又增加了溢捐银 1200 两，给当地商户带来了极大的压力。宣统元年（1909）春，俄罗斯突然增加了税收比例，使得库伦地

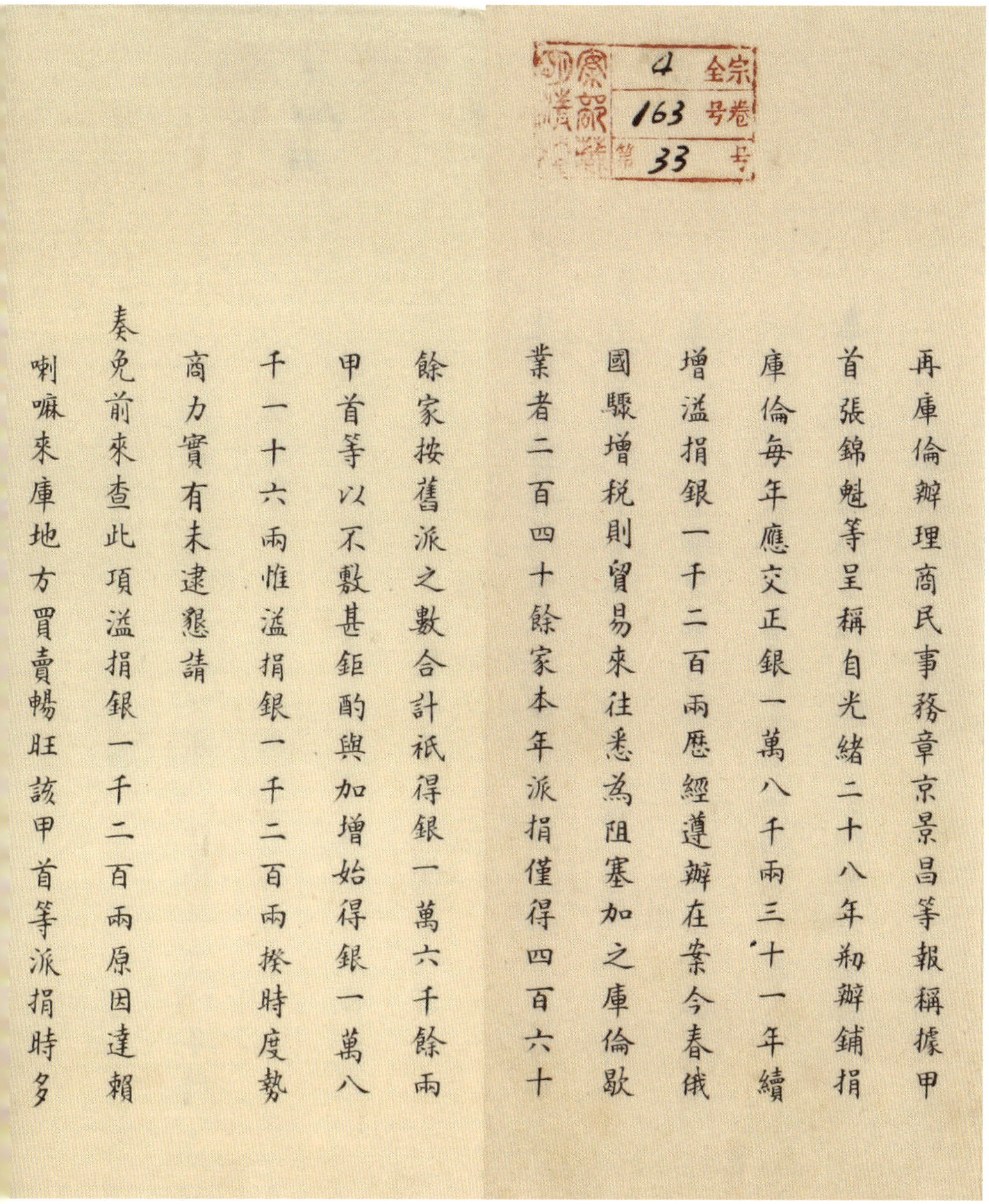
全宗 4
卷号 163
第 33 号

再庫倫辦理商民事務章京景昌等報稱據甲首張錦魁等呈稱自光緒二十八年剏辦鋪捐庫倫每年應交正銀一萬八千兩三十一年續增溢捐銀一千二百兩歷經遵辦在案今春俄國驟增稅則貿易來往悉為阻塞加之庫倫歇業者二百四十餘家本年派捐僅得四百六十餘家按舊派之數合計祇得銀一萬六千餘兩甲首等以不敷甚鉅酌與加增始得銀一萬八千一十六兩惟溢捐銀一千二百兩揆時度勢商力實有未逮懇請

奏免前來查此項溢捐銀一千二百兩原因達賴喇嘛來庫地方買賣暢旺該甲首等派捐時多

库伦办事大臣延祉奏片（宣统元年二月二十一日）

区的贸易往来受到了沉重的打击，歇业者达到了240余家，剩余的商户们已经无力缴纳当年的溢捐银。为此，负责征缴一事的甲首张锦魁向库伦办理商民事务章京景昌呈报此事，请求免除当年的溢捐银征收。景昌将此事报至库伦办事大臣延祉处，延祉经过多方考量后，于二月二十一日上奏宣统帝，陈述溢捐银产生的原因，主动提出今后印房的办公费用由自己筹措，不再从溢捐银中摊派，并请求将今后库伦商户的溢捐银一律豁免，得到了宣统帝的批准。

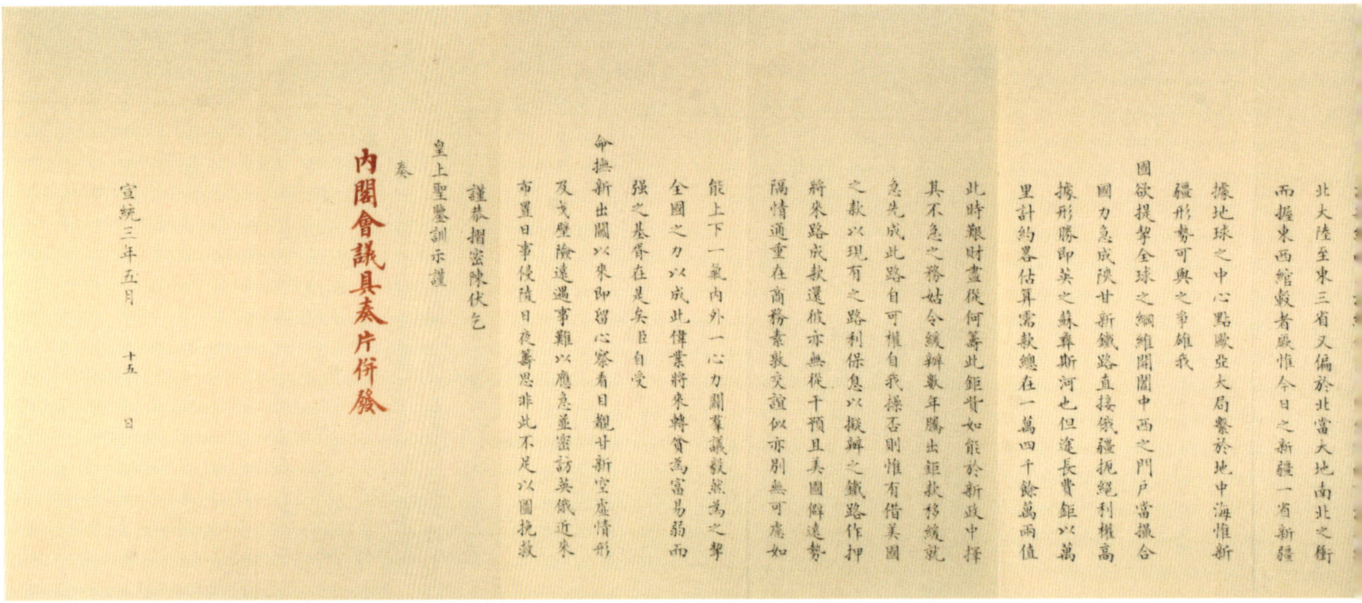

北大陸至東三省又偏於北當大地南北之衝
而握東西綰轂者厥惟今日之新疆一省新疆
據地球之中心點歐亞大局繫於地中海惟新
疆形勢可與之爭雄我
國欲提挈全球之綱維開闔中西之門户當攝合
國力急成陝甘新鐵路直接俄疆扼絕利權高
據形勝即英之蘇彝斯河也但遙長貫鉅以萬
里計約畧估算需款總在一萬四千餘萬兩值
此時艱財盡從何籌此鉅貲如能於新政中擇
其不急之務姑令緩辦數年騰出鉅款移緩就
急先成此路自可權自我操否則惟有借美國
之款以現有之路利保息以擬辦之鐵路作押
將來路成款還彼亦無從干預且美國僻遠勢
隔情通重在商務素敦交誼似亦別無可慮如
能上下一氣内外一心力闢羣議毅然為之挈
全國之力以成此偉業將來轉貧為富易弱而
强之基胥在是矣臣自受
命撫新出關以來即留心察看目覩甘新空虛情形
及戈壁險遠遇事難以應急並密訪英俄近來
布置日事侵陵日夜籌思非此不足以圖挽救
謹恭摺密陳伏乞
皇上聖鑒訓示謹
奏
内閣會議具奏片併發
宣統三年五月 十五 日

甘肃新疆巡抚袁大化奏折：

为密陈筹款修通东西铁路情形事

宣统三年五月十五日（1911 年 6 月 11 日）

内阁奏折：

为议复新疆巡抚请修东西铁路事

宣统三年八月二十三日（1911 年 10 月 14 日）

内阁咨文：

为具奏议复新疆巡抚请修东西铁路一折奉旨咨民政部事

宣统三年八月二十三日（1911 年 10 月 14 日）

宣统二年（1910）十月十二日，署山东巡抚袁大化补授甘肃新疆巡抚。袁大化在早年出任河南布政使时，便接触过铁路办理等相关事宜，深知铁路的重要性。就任新疆巡抚后，袁大化与陕甘总督长庚、陕西巡抚恩寿就修筑铁路事宜会商，认为清朝面临的局面是，东有日俄争夺东三省，

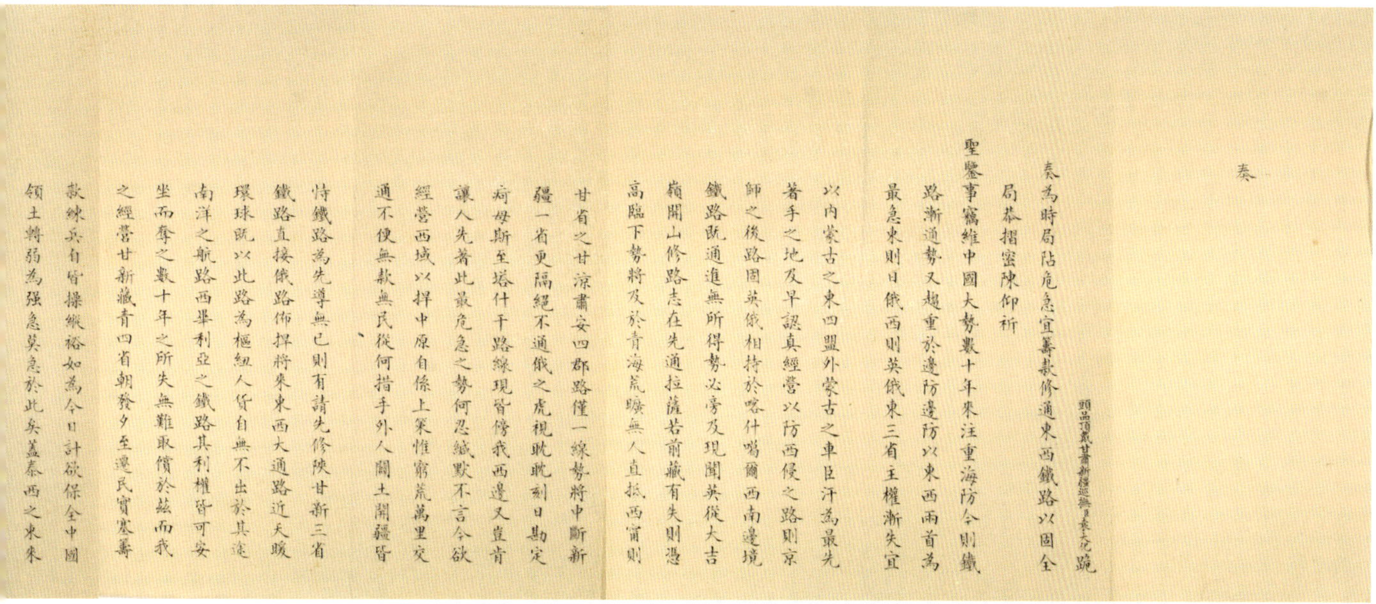
奏
頭品頂戴甘肅新疆巡撫臣袁大化跪
奏為時局阽危急宜籌款修通東西鐵路以固全
局恭摺密陳仰祈
聖鑒事竊維中國大勢數十年來注重海防今則鐵
路漸通勢又趨重於邊防邊防以東西兩首為
最急東則日俄西則英俄東三省主權漸失宜
以內蒙古之東四盟外蒙古之車臣汗為最先
著手之地及早認真經營以防西侵之路則京
師之後路固英俄相持於喀什噶爾西南邊境
鐵路既通進無所得勢必旁及現聞英從大吉
嶺開山修路志在先通拉薩若前藏有失則憑
高臨下勢將及於青海荒曠無人直抵西甯則
甘省之甘涼肅安四郡路僅一線勢將中斷新
疆一省更隔絕不通俄之虎視耽耽刻日勘定
痾毋斯至塔什干路線現皆傍我西邊又豈肯
讓人先著此最危急之勢何忍緘默不言今欲
經營西域以捍中原自係上策惟窮荒萬里交
通不便無款無民從何措手外人闢土開疆皆
恃鐵路為先導無已則有請先修陝甘新三省
鐵路直接俄路佈捍將來東西大通路近天暖
環球既以此路為樞紐人皆自無不出於其途
南洋之航路西畢利亞之鐵路其利權皆可安
坐而奪之數十年之所失無難取償於茲而我
之經營甘新藏青四省朝發夕至遷民實塞籌
款練兵自皆操縱裕如為今日計欲保全中國
領土轉弱為強急莫急於此矣蓋泰西之東來

甘肃新疆巡抚袁大化奏折（宣统三年五月十五日）

西有俄英争夺新疆、西藏地区，为了提前做好应付的准备，袁大化提议修建一条贯通陕西、甘肃、新疆三省的铁路，以便“迁民实塞，筹款练兵”，一旦西北遇事，才能守住“地扼东西咽喉，势居建瓴”的新疆，达到“经营西域以捍中原”的目的。宣统三年五月十五日，袁大化将此事详细具奏上呈宣统帝，并在五日后又附片建议将此事交由邮传部负责办理。

宣统三年，宣统帝将新疆巡抚袁大化请修东西铁路一折交内阁会商，内阁总理大臣奕劻查得原奏所陈确属“根据地势，洞悉边情，实多扼要之论。惟现在库帑支绌，而此项干路又不容缓置，必先权施工之难易，路线之短长，经费之多寡，乃可定宗旨而谋进行”。经过会商，奕劻等内阁大臣一致认为近年来许多大臣奏请修铁路，足见铁路之于国家的重要性，而袁大化所提议的东西铁路，“西干贯连数省，关系边防全局，论事势宜为国家所经营，论财款亦非绅商力量所能及”，该条铁路“究竟实需银数若干，路线如何修接，款项如何分别筹借，养路之资是否可恃，由邮传部派员分途调查，确勘详细估计再奏明”。八月二十三日，奕劻会同内阁诸大臣将意见上奏宣统帝，并分别咨行民政部、外务部等。然而，不久后武昌起义爆发，清政府无暇他顾，新疆修建东西铁路一事最终只能不了了之。

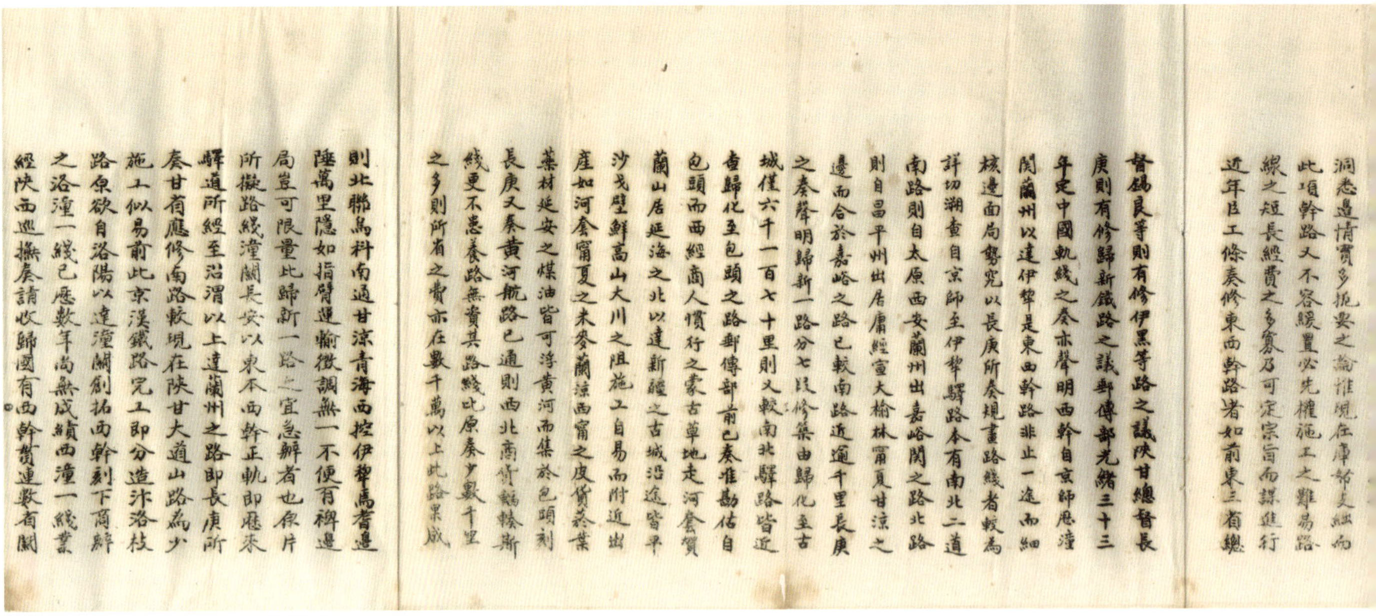
洞悉邊情實多扼要之論惟現在庫帑支絀而
此項幹路又不容緩畫必先權施工之難易路
線之短長經費之多寡乃可定宗旨而謀進行
近年臣工條奏修東西幹路者如前東三省總
督錫良等則有修伊黑等路之議陝甘總督長
庚則有修歸新鐵路之議郵傳部光緒三十三
年定中國軌綫之奏亦聲明西幹自京師歷潼
關蘭州以達伊犂是東西幹路非止一途而細
核邊面局勢究以長庚所奏規畫路綫者較為
詳切溯查自京師至伊犂驛路本有南北二道
南路則自太原西安蘭州出嘉峪關之路北路
則自昌平州出居庸經宣大榆林甯夏甘涼之
邊而合於嘉峪之路已較南路近逾千里長庚
之奏聲明歸新一路分七段修築由歸化至古
城僅六千一百七十里則又較南北驛路皆近
查歸化至包頭之路郵傳部前已奏准勘估自
包頭而西經商人慣行之蒙古草地走河套賀
蘭山居延海之北以達新疆之古城沿途皆平
沙戈壁鮮高山大川之阻施工自易而附近出
產如河套甯夏之米麥蘭涼西甯之皮貨菸葉
藥材延安之煤油皆可浮黃河而集於包頭刻
長庚又奏黃河航路已通則西北商貨轉輸斯
綫更不患養路無資其路綫比原奏少數千里
之多則所省之費亦在數千萬以上此路果成
則北聯烏科南通甘涼青海西控伊犂為着邊
陲萬里隱如指臂運輸徵調無一不便有裨邊
局豈可限量比歸新一路之宜急辦者也原片
所擬路綫潼關長安以東本西幹正軌即歷來
驛道所經至沿渭以上達蘭州之路即長庚所
奏甘省應修南路較現在陝甘大道山路為少
施工似易前此京漢鐵路完工即分造汴洛枝
路原欲自洛陽以達潼關創拓西幹刻下商辦
之洛潼一綫已歷數年尚無成績西潼一綫業
經陝西巡撫奏請收歸國有西幹貫連數省關

諭旨內閣會奏議覆新疆巡撫袁大化奏請修築東
西鐵路一摺著依議欽此

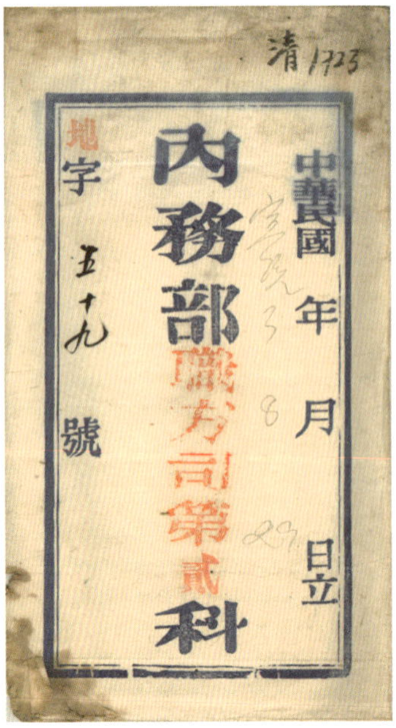
清1723
中華民國 年 月 日立
內務部
地字 五十九 號
職方司第貳科
宣統3 8 23

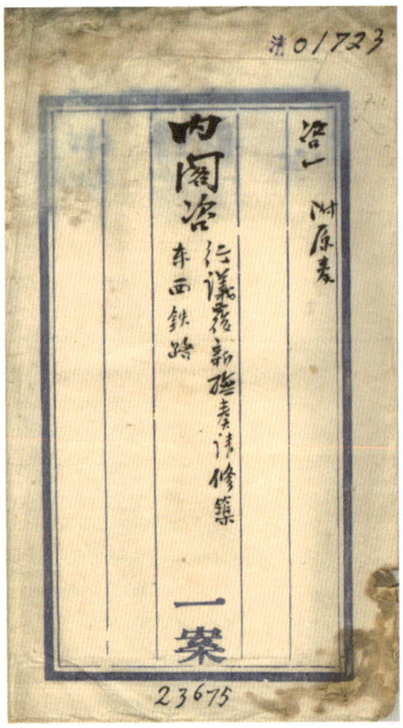
清01723
咨一 附原奏
內閣咨 行議覆新撫奏請修築東西鉄路
一案
23675

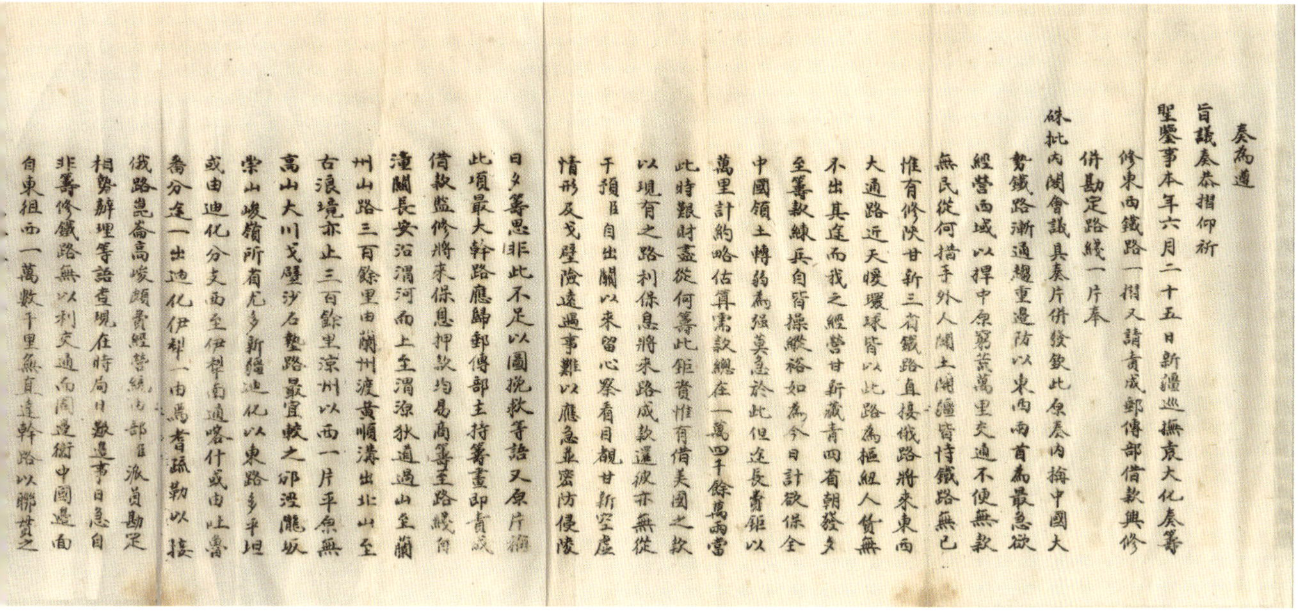
奏為遵
旨議奏恭摺仰祈
聖鑒事本年六月二十五日新疆巡撫袁大化奏籌
修東西鐵路一摺又請責成郵傳部借款興修
併勘定路綫一片奉
硃批內閣會議具奏片併發欽此原奏內稱中國大
勢鐵路漸通趨重邊防以東西兩首為最急欲
經營西域以捍中原窮荒萬里交通不便無款
無民從何措手外人闢土開疆皆恃鐵路無已
惟有修陝甘新三省鐵路直接俄路將來東西
大通路近天暖寰球皆以此路為樞紐人貨無
不出其途而我之經營甘新藏青四省朝發夕
至籌款練兵自皆操縱裕如為今日計欲保全
中國領土轉弱為強莫急於此但途長費鉅以
萬里計約略估算需款總在一萬四千餘萬兩當
此時艱財盡從何籌此鉅貲惟有借美國之款
以現有之路利保息將來路成款還彼亦無從
干預且自出關以來留心察看目覩甘新空虛
情形及戈壁險遠過事難以應急並密防侵陵
日夕籌思非此不足以圖挽救等語又原片稱
此項最大幹路應歸郵傳部主持籌畫即責成
借款監修將來保息押款均易商籌至路綫自
潼關長安沿渭河而上至渭源狄道過山至蘭
州山路三百餘里由蘭州渡黃順溝出北山至
古浪境亦止三百餘里涼州以西一片平原無
高山大川戈壁沙石墊路最宜較之邠涇隴坂
崇山峻嶺所省尤多新疆迪化以東路多平坦
或由迪化分支西至伊犁南通喀什或由吐魯
番分途一出迪化伊犁一由焉耆疏勒以接
俄路崑崙高峻頗費經營統由部臣派員勘定
相勢辦理等語查現在時局日蹙邊事日急自
非籌修鐵路無以利交通而圖邊衛中國邊面
自東徂西一萬數千里無直達幹路以聯貫之

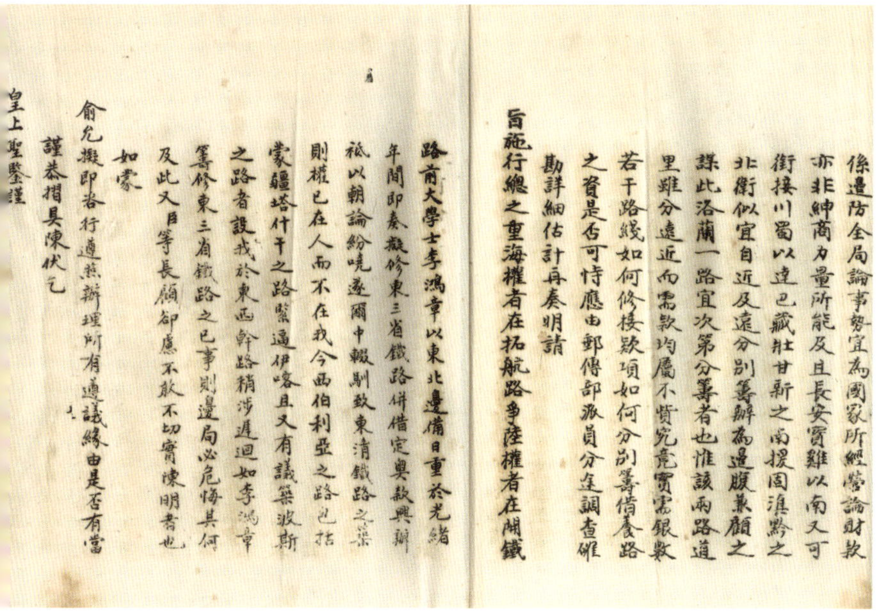
係邊防全局論事勢宜為國家所經營論財款
亦非紳商力量所能及且長安寶雞以南又可
銜接川蜀以達巴藏壯甘新之南援固滇黔之
北衛似宜自近及遠分別籌辦為邊腹兼顧之
謀此洛蘭一路宜次第分籌者也惟該兩路道
里雖分遠近而需款均屬不貲究竟實需銀數
若干路綫如何修接款項如何分別籌借養路
之資是否可恃應由郵傳部派員分途調查確
勘詳細估計再奏明請
旨施行總之重海權者在拓航路爭陸權者在開鐵
路前大學士李鴻章以東北邊備日重於光緒
年間即奏擬修東三省鐵路併借定奧款興辦
祇以朝論紛嘵遂爾中輟馴致東清鐵路之築
則權已在人而不在我今西伯利亞之路包括
蒙疆塔什干之路緊逼伊喀且又有議築波斯
之路者設我於東西幹路稍涉遲迴如李鴻章
籌修東三省鐵路之已事則邊局必危悔其何
及此又臣等長顧卻慮不敢不切實陳明者也
如蒙
俞允擬即咨行遵照辦理所有遵議緣由是否有當
謹恭摺具陳伏乞
皇上聖鑒謹

内阁奏折（宣统三年八月二十三日）

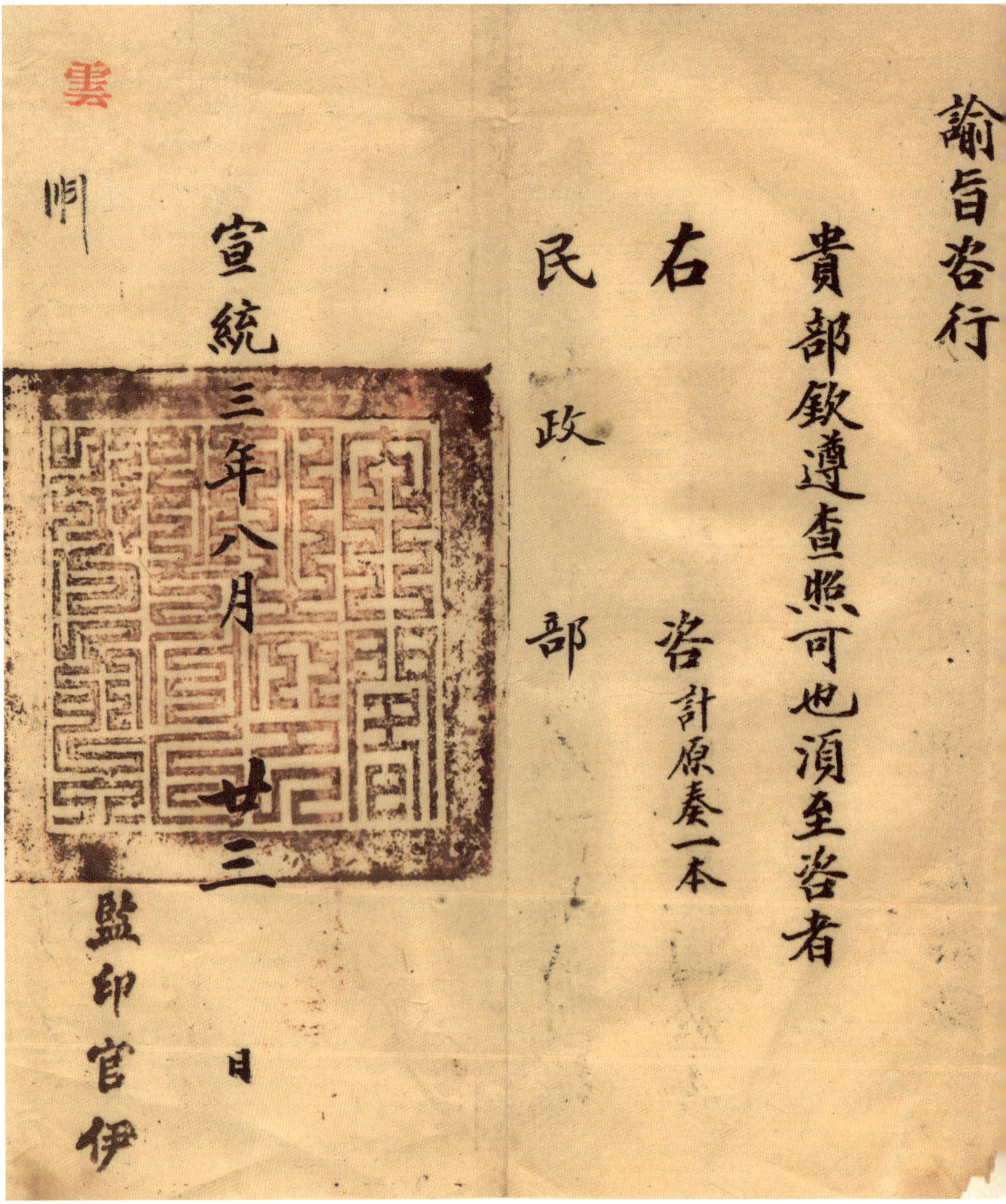
諭旨咨行
貴部欽遵查照可也須至咨者
右　　咨　計原奏一本
民政部
宣統三年八月廿三日　監印官伊
門

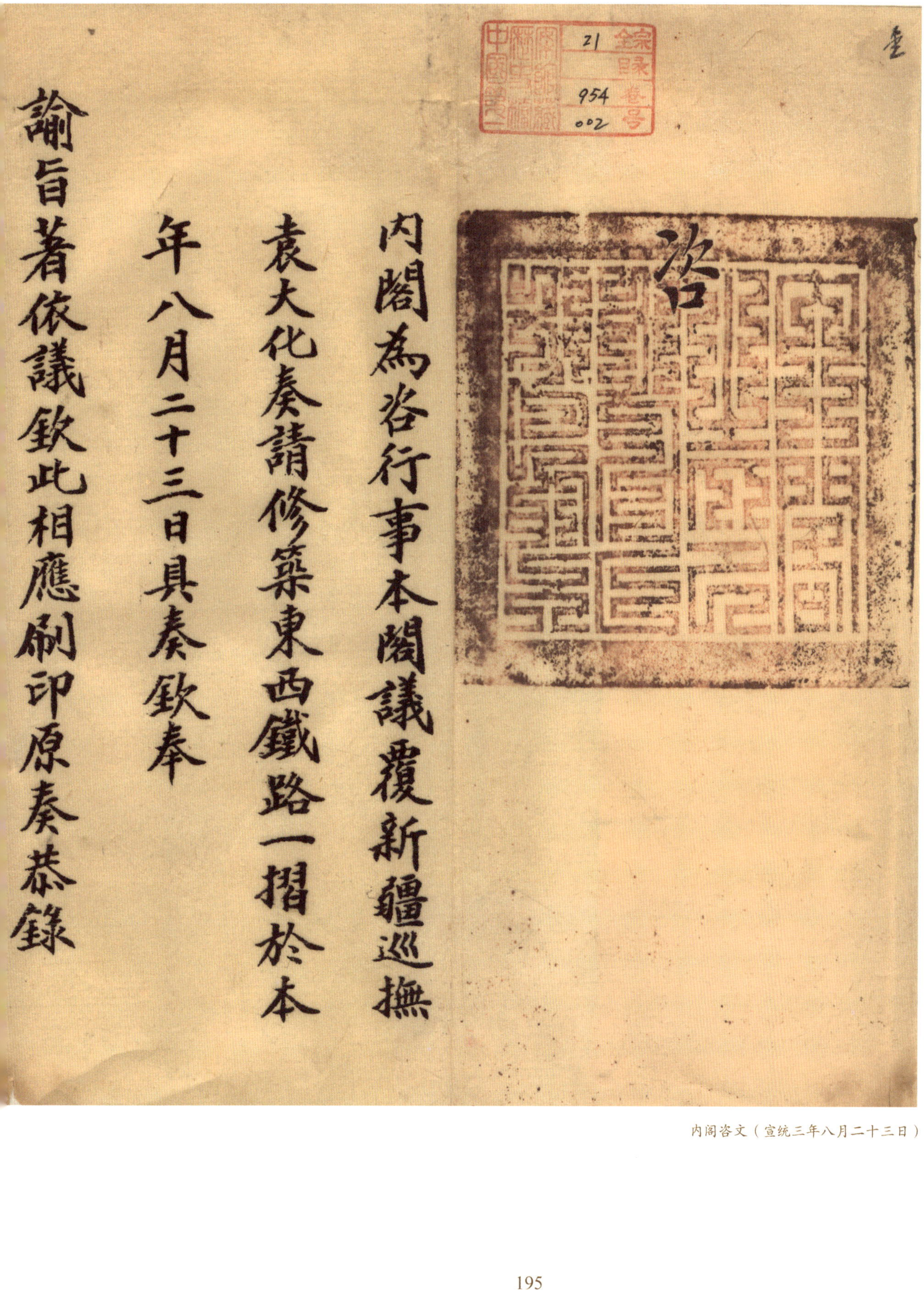
咨

内閣為咨行事本閣議覆新疆巡撫
袁大化奏請修築東西鐵路一摺於本
年八月二十三日具奏欽奉
諭旨著依議欽此相應刷印原奏恭錄

内阁咨文（宣统三年八月二十三日）